孙文光 著

GONG ZIZHEN SANLUN

龚自珍散论

安徽师范大学文学院学术文库

安徽师范大学出版社
ANHUI NORMAL UNIVERSITY PRESS

· 芜湖 ·

图书在版编目（CIP）数据

龚自珍散论 / 孙文光著. -- 芜湖：安徽师范大学
出版社, 2024. 9. -- (安徽师范大学文学院学术文库).
ISBN 978-7-5676-6759-4

Ⅰ. B251.5-53；I206.2-53

中国国家版本馆CIP数据核字第2024GM0049号

安徽省高峰学科安徽师范大学中国语言文学（诗学）建设项目
安徽师范大学中国诗学研究中心项目

龚自珍散论

孙文光◎著

责任编辑：李克非　　　　　　责任校对：胡志恒
装帧设计：王晴晴　冯君君　　责任印制：桑国磊
出版发行：安徽师范大学出版社
　　　　　芜湖市北京中路2号安徽师范大学赭山校区

网　　　址：http://www.ahnupress.com/
发 行 部：0553-3883578　5910327　5910310(传真)
印　　　刷：江苏凤凰数码印务有限公司
版　　　次：2024年9月第1版
印　　　次：2024年9月第1次印刷
规　　　格：700 mm×1000 mm　　　1/16
印　　　张：24.75
字　　　数：350千字
书　　　号：978-7-5676-6759-4
定　　　价：119.00元

凡发现图书有质量问题,请与我社联系(联系电话:0553-5910315)

作者简介

孙文光（1936—2021），安徽庐江人。1957年考入安徽师范学院（后更名合肥师范学院）。1960年考取北京大学中文系研究生，攻读中国近代文学。1964年后，历任安徽师范大学中文系副教授、研究员，研究生导师，《安徽师范大学学报》编辑部主任，安徽师范大学图书馆馆长等职。兼任中国近代文学学会常务理事、《安徽古籍丛书》编审委员会委员、芜湖诗词学会会长等。

龔自珍散論

顧廷龍題

总　序

　　安徽师范大学文学院的前身是1928年建立的省立安徽大学中国文学系，是安徽省高校办学历史最悠久的中文院系。刘文典、姚永朴、陈望道、周予同、郁达夫、朱湘、苏雪林、冯沅君、陆侃如、罗根泽、方光焘、赵景深、潘重规、宗志黄、张煦侯、卫仲璠、宛敏灏、张涤华、祖保泉等一批著名学者曾在中文系著书立说、弘文励教，形成了优良的办学传统，培养了大量出类拔萃的人才。

　　作为教育部首批"三全育人"综合改革试点院系，以及国家语言文字推广基地、国家华文教育基地、教育部人文社会科学重点研究基地中国诗学研究中心、教育部卓越中学语文教师培养改革项目建设单位，文学院拥有安徽省一流学科（中国语言文学，2017）、高峰学科（中国语言文学，2020），中国语言文学博士后科研流动站，中国语言文学博士学位、硕士学位授权一级学科点，以及课程教学论（语文）学术硕士学位点和学科教学（语文）、汉语国际教育两个专业硕士学位点。先后建立辞赋艺术研究中心、安徽语言资源保护与研究中心、传统文化与佛典研究中心、朱光潜暨皖籍现代美学家研究中心、当代安徽文学研究中心、语文教育研究中心等。有1个安徽省社会科学知识普及基地，1个安徽省文联创研基地（新时代文学创作与研究互动平台）。

学院现有汉语言文学、秘书学、汉语国际教育3个本科招生专业，1个卓越语文教师实验班；1个国家级特色专业建设点（汉语言文学），1个国家级教学团队（中国古代文学），2个省级科研创新团队，7个省级教学团队，2门国家精品资源共享课程、1门国家精品视频公开课程、1门国家精品在线开放课程、5门国家级一流本科课程、11门省级精品课程；办有CSSCI来源学术集刊《中国诗学研究》、中学语文教育专刊《学语文》。

学院在职教职工129人，专任教师107人，其中教授27人、副教授39人，博士85人，省级以上各类人才25人。近五年来，国家级项目共立项37项，其中国家社科基金重点项目6项；省部级项目64项。出版著作110种，科研成果获省部级以上奖励24项。

九十六年来，经过几代学人的努力，目前中文学科方向齐全，拥有诸多相对稳定、特色鲜明的研究领域。唐诗研究、古代文论研究、儿童语言习得研究、古典诗歌接收史研究、魏晋文学研究、金元文学研究、现代小说与左翼文学研究、梵汉对音研究等，在国内外学术界有着很高的学术声誉。特别是李商隐研究的系列成果已成为传世经典，北京大学教授袁行霈先生认为，安徽师范大学中文学科的李商隐研究直接推动了《中国文学史》的改写。

进入21世纪以来，随着老一辈学者相继退休，中文学科进入新老交替的时期，如何继承、弘扬前辈学人的学术传统，如何开启本学科的新篇章，成为摆在我们面前的迫切任务。基于这一初衷，我们自2014年以来陆续编辑出版了"安徽师范大学文学院学术文库"四辑50余种，汇集本院学者已有学术成果作整体性推介。2019年，我们接受安徽师范大学出版社的建议，从文库已出版著作中遴选部分老先生的著作推出精装本（第一辑）10种，学界反响很好。现在，"安徽师范大学文学院学术文库"精装本（第二辑）10种即将付梓。衷心感谢学界同行、校友和各兄弟单位的大力支持！

　　我们坚信，承载着近百年学术积淀的安徽师大文学院必将向学界奉献更多的学术精品，为新时代中文学科的发展、人文学术的进步贡献我们的力量。

　　　　　　　　　　　　　　　　　　　　安徽师范大学文学院

　　　　　　　　　　　　　　　　　　　　2024年8月

目　录

龚自珍散论

一、引 言

19世纪上半叶，我们中华民族正处在一个最黑暗、最痛苦的年代里。这时候，古老的封建社会，已经奄奄一息，走到它自己的尽头；而西方资本主义列强，又正纷至沓来，加紧掠夺，企图把中国变为它们的殖民地。阶级矛盾和民族矛盾极其尖锐、复杂，国家面临着空前的危机，一些具有启蒙思想的先进人物，已在这急剧变动的历史潮流中，艰难地、却又顺应时势地孕育和成长起来。

这时候，一位杰出的思想家、文学家和诗人，最先以敏锐的眼光，洞察时艰，倡言变革，自觉地用战斗的诗文，发出振聋发聩的呼喊，给黑暗腐朽的社会以猛烈的冲击，预言时代将要发生巨大的变化，成为当时先进人物中最突出的代表和近代民主主义运动的先驱。这个人，就是龚自珍。

龚自珍生于清乾隆五十七年（1792），卒于道光二十一年（1841）。他一生中的绝大部分岁月，是在中国沦为半封建半殖民地社会之前度过的。如果说恩格斯是以"中世纪的最后一位诗人，同时又是新时代的最初一位诗人"[1]评价意大利的但丁的话，那么，龚自珍的历史地位，则是中国封建

---

[1] 《共产党宣言》1893年意大利文版序言，《〈共产党宣言〉解说》，人民出版社1976年版，第56页。

社会的最后一位诗人，同时又是一个新的时代到来之前的最初一位诗人。

龚自珍在中国近代史上的贡献是多方面的。他的出现，犹如一颗灿烂的晨星，曾经闪耀在黑沉沉的黎明前的夜空，投下不可磨灭的光辉。他的思想，曾经开启了一代新风气，使"光绪间所谓新学家者，大率人人皆经过崇拜龚氏之一时期，初读《定庵文集》，若受电然"，直接有功于"晚清思想之解放"①，影响和推动着资产阶级改良主义运动的开展。他的学术著作、诗文遗产以及个人经历，为后人提供了许多方面的研究课题。从龚自珍身上，我们可以具体地看到中国近代历史所发生的深刻变化的轨迹，以及先进人物对时代发展所起过的积极作用。不过，在本文中，我们将只着重介绍龚自珍在文学创作方面的情况，了解他在中国文学史特别是在中国近代文学史上的杰出贡献、重要地位和巨大影响。

二、家庭环境

龚自珍，字璱人，一字尔玉②，号定庵，又名巩祚、易简，晚号羽琌山民。浙江仁和人。乾隆五十七年七月初五日出生于杭州东城之马坡巷。按阳历推算，诞辰应是1792年8月22日。

杭州，历来是诗礼簪缨之族、钟鸣鼎食之家集中的地方。龚自珍的家庭，在杭州也是一个世代为官并有家学渊源的名门望族。至自珍这一代，龚氏在这里至少已定居了四百年之久。他在一首诗中写道："家住钱塘四百春，匪将门阀傲江滨。"③谦称未敢夸耀自家的门阀，实际上却不无自负之意。他的祖辈和父辈，在清代都是有过功名、做过京官的人，但又都钻研学问，存有专门著作。据记载，他的堂祖父龚敬身，是乾隆己丑科进士，曾任内阁中书和云南迤南兵备道，著有《桂隐山房遗稿》。亲祖父龚禔身，是乾隆壬午科举人，己丑科会试中正榜，官至内阁中书军机处行

---

① 梁启超：《清代学术概论》，上海古籍出版社2005年版，第63页。
② 《龚橙（自珍的长子）庚帖》，见赵烈文：《落花春雨巢日记》。
③ 《己亥杂诗》之一五六。

走，著有《吟朧山房诗》。父亲龚丽正，是嘉庆丙辰科进士，曾任徽州知府和江南苏松太兵备道，署江苏按察使，著有《国语注补》《三礼图考》和《楚辞名物考》等书。他的母亲段驯，是著名文字学家段玉裁的女儿，文学修养颇深，著有《绿华吟榭诗草》。妹妹龚自璋，也工诗善书，著有《圭斋诗词》。

诞生在这样一个仕宦而兼文士的世家里，龚自珍从小就受到文学的熏陶和培养。母亲段驯，是他在文学方面的第一个导师。自珍年幼体弱，母亲特别疼爱他。六岁时，母亲带他从家乡杭州乘船由京杭大运河北上，赴父亲在北京的任所，于帐外灯前，教他读吴梅村①的诗、方百川②的文章和宋左彝③的《学古集》，最早地在文学方面给他以启蒙教育。"一种春声忘不得，长安放学夜归时。"④龚自珍直到年长，还常常充满感情地回忆起这段难以忘怀的生活。他在《三别好诗》的小序中说：

> 余于近贤文章，有三别好焉。虽明知非文章之极，而自髫年好之，至于冠益好之。兹得春三十有一，得秋三十有二，自揆造述，绝不出三君，而心未能舍去。以三者皆于慈母帐外灯前诵之，吴诗出口授，故尤缠绵于心；吾方壮而独游，每一吟此，宛然幼小依膝下时。

当然，他的父亲在这方面对他也是有影响的。自珍八岁，父亲常于课余抄《文选》授之。《己亥杂诗》有云："六义亲闻鲤对时"，则又是追忆儿时父亲给自己以诗教的事。像这样优越的家庭教育环境，是一般官僚子弟所难得到的。加以龚自珍"髫龀早慧"⑤，聪颖过人，又勤奋好学，因此，在他少年时代，便自然地走上了酷爱文学的道路。

家庭给龚自珍的影响，不仅仅在文学方面。他父亲做京官，固然使他

---

① 吴梅村：名伟业，字骏公，江苏太仓人，清初著名诗人。
② 方百川：名舟，安徽桐城人。寄籍江苏上元。
③ 宋左彝：名大樽，一字茗香，浙江仁和（浙江杭州）人，清中叶文人。
④ 《三别好诗》之一。
⑤ 吴昌绶：《定庵先生年谱》。

有机会了解到有一定社会地位的家庭同上层人士之间来往的情况，同时，因为他父亲还是一位性格豪放、笃于友情的人，与社会有着广泛的接触和联系，这也为龚自珍较早地了解和学习书本上所没有的社会知识，提供了条件。他的叔父龚守正在《龚氏家乘述闻》中，曾经详细地记载过关于他父亲的轶事。这里摘录一段，以见一斑：

> 吾家先世皆敦孝友，重根本，睦姻任恤之事，无不乐为之。至家闇斋（即龚丽正）六兄，而泛滥极矣。为诸生时，一穷措大耳，而书院膏火所积，多以赠友。任京秩时，饔飧几于不继，而座客常满。乡会试年尤甚。厥后郎中任满，将次外放，亲族之间，住京寓者愈多，每日两餐，设一圆几，少则七八人，多或至十二三人，无虚日也。往往冬衣不能取赎，而所得数金或数十金，仍为亲族告贷而去。六兄好饮好客，而诸客皆大户，每节酒债，动至五六十金。至出守新安，债盈巨万矣。在徽三年，廉谨自持，而亲族之不相谅者，仍络绎至署不绝。然六兄并不以亲族之来为可厌，且日以无力伙助为愧也。及升任上海观察，廉俸甚优，自丙子至乙酉，阅九年之久，于是六兄得大展其孟尝①好客之至，一时有九段（六兄岳家——原注）十三龚之目。此犹就常住署者言之，其余行李往来，供其困乏者，尚不在此数也。有数十年不通闻问之亲戚，而纡道以访之，有漠不相关冒认之亲友而误周恤之。来者不拒，有求必应，无论其人之智愚贤不肖，无不礼为上宾，佛法平等也。无论其为丧葬婚嫁之急需，或为淫赌之浪费，一视同仁也。

这段记载，或许有些夸张之处；自珍父亲的做法，也未尽恰当。但基本上是可信的。由于客人来自各个方面，各个阶层，可以想见，他们会将社会生活的各方面情况，各阶层人物的思想、感情、态度，也传送到龚门中来。这样，年幼的龚自珍，就有可能从耳濡目染中，了解社会情况，广

---

① 孟尝：即孟尝君田文。战国时齐国贵族。好客，门下有食客数千。

泛交结友朋，注意世情民隐，对他的"举动不依恒格"①的性格的形成，起着潜移默化的作用。龚自珍后来在描述自己的情况时说："朝从屠沽游，夕拉驵卒饮。"②从这里可知，这并非是他故作疏狂之言，相反，倒是"其来有自"的生活实录。

三、早年生活

"我生受之天，哀乐恒过人。""莫怪泪如雪，人生思幼日。"③龚自珍在诗文中，常常表示着对自己早年生活的深沉怀念。

他是一个自幼就显示出具有鲜明的个性特征的人。由于出生在封建社会，他也曾受过严格的封建正统教育。十二岁时，外祖父段玉裁亲自教他读《说文解字》，希望他能够成为有成就的"以经说字，以字说经"④的纯粹学者。可是，龚自珍却不愿走封建正统的道路。他在私塾读书时，就不像一般书香世家子弟那样循规蹈矩；相反，他天真烂漫，活泼好动，常常和同窗好友袁琴南等在一起，于春水园亭之间，看花赏景，石上题诗，尽情嬉戏，并以为这是"人间无此欢喜"⑤的快事。有时候，他更不顾塾规，公然逃学，屡屡跑到他家附近的法源寺门前，大声诵读自己喜爱的书籍，表现了对圣贤之书的大不敬。所谓"髫年抱秋心，秋高屡逃塾。宕往不可收，聊就寺门读。春声满秋空，不受秋束缚"⑥，写的就是这件事。当时，他的外叔祖段玉立（号鹤台），一位和气开朗的老人，往往寻声去找他。龚自珍又躲到竹林里同老人捉迷藏，逗笑取乐。法源寺的和尚见此情景，戏称他们祖孙二人是'一猿一鹤'。说小小年纪的龚自珍，简直像一只淘气的猴子，不听从管束。

---

① 《清史稿·龚巩祚传》。
② 《自春徂秋，偶有所触，拉杂书之，漫不诠次，得十五首》之五。
③ 《寒月吟》之四。
④ 《己亥杂诗》之五十八注。
⑤ 《百字令·投袁大琴南》。
⑥ 《丙戌秋作。独游法源寺，寻丁卯戊辰间旧游，遂经过寺南故宅，惘然赋》。

但是，龚自珍并不是一个胡乱嬉闹的孩子。在家庭的熏陶下，他较之别的儿童更早地认识到学习知识的重要性。从八岁开始，他以极大的热情，发愤攻读他认为需要阅读的书籍。他先后搜集了二百年科名掌故，学《许氏说文部目》，考古今官制，学目录学、金石学以及校雠掌故之学，等等，为他日后在学术上的深造，打下了扎实的基础。

他从小就注意广结朋友，凡是他仰慕的、与自己志同道合的人，便倾心结为知己。诗人王昙①，比他年长三十二岁，发论新奇，一生潦倒，被时人目为"狂人"。其时，凡是说到王昙的，"或齿相击，如谭龙蛇，说虎豹"②。可是，自珍于十八岁那年与王昙相会于北京东城门楼胡同寓斋时，两人抵掌欢谈，一见如故，并恨相见之晚，相约结为忘年交。嘉庆二十一年（1816），自珍随侍父亲在上海，王昙去探访，两人又盘桓达一月之久。第二年，王昙客死苏州，其亲属无力营葬，结果还是自珍多方设法，将王昙安葬于苏州著名风景区虎丘山南，并撰写了《王仲瞿墓表铭》，热情地赞扬王昙的优良品格。

他在文学创作上的起步也很早，后来曾编刻过《少作》一卷。可惜这本书已经散佚不见了。现在幸存的，只有十三岁时写的《水仙花赋》和《辨知觉》二文，它们倒可以聊胜于无地帮助人们去窥察龚自珍少年时代的一些风貌。

拿《水仙花赋》来说吧，这是一篇托物言志的小赋。自珍笔下水仙花的高洁形象，实则是自己心灵的写照。赋云："鲜翠为裾，天然装束；将黄染额，不事铅华。""一枝出沐，俊拔无双；半面凝妆，容华第几？弄明艳其欲仙，写淡情于流水。""姿既嫣乎美人，品又齐乎高士。"这些评论，都表现了他对超拔流俗的热烈追求和歌颂。

龚自珍对自己的"少作"，评价很高，不是像有的人那样持悔愧态度。他多次说过："文章酸辣早，知觉鬼神灵"③；"少年哀乐过于人，歌泣无

---

① 王昙：又名良士，字仲瞿，浙江秀水人。清文学家。著有《烟霞万古楼集》。
② 龚自珍：《王仲瞿墓表铭》。
③ 《因忆两首》之一。

端字字真"①；"文侯端冕听高歌，少作精严故不磨"②；对少作的真实内容和精严艺术，表露出充分的自信和肯定。他的塾师宋璠也评说他的文章是"行间酸辣"③。只是，流传的篇章太少，我们无法更多地了解它的丰富的现实内容和强烈的战斗精神，这是实在令人遗憾的。

四、寄寓徽州

嘉庆十七年（1812）初春，龚自珍由副榜贡生考充武英殿校录。从此，他可以走出家门，独立生活，在宦海中遨游了。然而，他没有这样去做。本年三月，当龚丽正奉命自京出任徽州知府的时候，他也放弃了官职，跟随父亲来到了徽州。

徽州，是一个令人神往的地方，那里有天下闻名的黄山，千峰竞秀，万象峥嵘：奇松、怪石、云海、温泉，号称"四绝"，不知叫多少人为之陶醉。明代大旅行家、地理学家徐霞客曾发出过"五岳归来不看山，黄山归来不看岳"的赞叹；那里有奔流不息的新安江，婉转回环，一泻千里，一直流向龚自珍出生的故土；那里更有悠久、发达的文化传统，淳朴敦厚的民风，陶冶和造就了多少知名的文人学者。有清一代的朴学大师戴震，他的家，距离郡署就不足百里之遥。

龚自珍在徽州，前后共有四个年头。直到嘉庆二十年（1815），龚丽正改任安庆知府，他才离去。在这期间，他有欢乐，有忧伤，也有深沉的思考，经历着人生的重要阶段。

他自然不会放过就近饱览黄山的机会，从大自然中吸取养料和诗情。他虽然未曾登过黄山，后悔自己"交臂神峰未一登"，但从其《黄山铭》中得知，他是很熟悉黄山，热爱黄山的。他盛赞黄山"沉沉仙灵，浩浩岩壑""苍松髯飞，丹山饭熟。海起山中，云乃海族"的雄伟壮丽的景象；

---

① 《己亥杂诗》之一七〇。
② 《己亥杂诗》之六十五。
③ 《因忆两首》之一注。

同时又慨叹多少墨客骚人的"千诗难穷，百记徒作"，无力描绘出黄山"赧岱惭衡"①的真面目。

他同徽州人民结下了深厚的情谊，热爱那里的一草一木。他参加过《徽州府志》的纂修工作，态度谨严，工作认真，使参与这一工作的一些有声望的徽州学者也表示佩服。郡斋内有株古桂，是唐代种植的遗物，自珍朝夕吟咏其下，相依四年，把它看成知己，尊称之曰"辛丈人"。在离开徽州时，特意写了一篇《别辛丈人文》，倾诉对古桂的依恋。他说：

> 我来新安，神思窈冥。昼夕何见？丈人青青。我歌其文，丈人常听。我思孔烦，言为心声。伤时感事，怀都恋京。歌不可止，舞亦不停。……匪其和余，丈人之灵。山雨春沸，城云暮扃。简而不僵，丈人之形。辛而不煎，丈人之情。逝今去兹，何年再经？华开月满，照吾留铭。

多么一往情深！作者用拟人化的手法所描绘的这株质朴古拙的古桂，难道不可以理解为他心目中的古徽州形象吗？

是的，"空桑三宿犹生恋，何况三年吟绪？"②他对徽州的感情，确实是太深了。为了永久的纪念，他亲手在郡斋内栽种了三十株梅花树。

在这四年里，自珍于刚到徽州后，即从母亲去金坛外祖父家中探视，并在那里同姑表妹段美贞结婚。这对小夫妻，新婚宴尔，鱼水和谐，与合家相处甚洽。夏天，他们又双双回到杭州。这时，距自珍上次回乡，已有十年了。他的兴致特别好。一天，他邀约朋友，泛舟西湖，几个青年人在一起，指点湖山，纵横议论天下事，大有不可一世之概。自珍曾赋一首《湘月》词述怀，内有句云："怨去吹箫，狂来说剑，两样消魂味。"一时受到人们的激赏。歙县洪子骏在一首《金缕曲》中夸赞他："结客从军双绝技，不在古人之下，更生小会骑飞马。如此燕邯轻侠子，岂吴头楚尾行吟者？"

---

① 岱：指东岳泰山。衡：指南岳衡山。
② 龚自珍：《摸鱼儿·乙亥六月留别新安作》。

不料，好景不长。第二年四月，自珍入京应顺天乡试。七月间，结婚不到一年的美贞，竟以病为庸医所误，卒于徽州府署。待到深秋，自珍自京归来，已不及见，只能够抚棺一恸。这件事，对他无疑是一个不小的刺激。但是，个人的不幸，终究是可以克制的。而这次应试的不售，壮志未伸，却使他感到难堪和愤恨。他在出都后，写过两首词，其一为《金缕曲·癸酉秋出都述怀有赋》：

> 我又南行矣！笑今年鸾飘凤泊，情怀何似？纵使文章惊海内，纸上苍生而已，似春水干卿何事？暮雨忽来鸿雁杳，莽关山一派秋声里。催客去，去如水。　华年心绪从头理。也何聊看潮走马，广陵吴市？愿得黄金三百万，交尽美人名士，更结尽燕邯侠子。来岁长安春事早，劝杏花断莫相思死。木叶怨，罢论起。

另一首为《行香子·道中书怀与汪宜伯》：

> 跨上征鞍，红豆抛残，有何人来问春寒？昨宵梦里，犹在长安。在凤城西，垂杨畔，落花间。　红楼隔雾，珠帘卷月，负欢场词笔阑珊。别来几日，且劝加餐。恐万言书，千金剑，一身难。（初相见，蒙填词见贻，有"万言奏赋，千金结客"二语）

这两首词，都表示了此次应试时的惨恶心境（从词中可见，他当时已知妻子去世的不幸消息）。不过，第一首词的调子，表面上要昂扬一点，他似乎不以科场失利为意，显得很开脱达观。而第二首，则除了流露出对在京的新朋旧侣的惜别情怀之外，已经深切地体味到"恐万言书，千金剑，一身难"的酸楚，预感到在人生的征程上将会遇到难以预料的乖舛。

龚自珍是这样艰难地处在尖锐的矛盾冲突之中：论性格、志趣，他不愿意走家庭和社会为之安排好了的封建正统道路；可是，在那个科举时代，舍此又别无他途挤进官场，发挥自己的才干，为国家效力。他依然要而且一定要沿着这条道路走下去。这，对龚自珍来说，是一个多么痛苦、多么难以承受的重负。

然而，龚自珍毕竟是一位超拔流俗的先进人物。他回到徽州，没有为他的妻子华年早逝，沉陷于过度的悲悼之中；没有为徽州的秀丽风光，流连于山水而忘怀现实；也没有为应试的不售，消磨自己的锐气。他甚至不辞得罪于自己素所尊敬的外祖父，不去驾轻就熟，"努力为名儒，为名臣"。

原来在这时候，段玉裁专门给他来过一封信，劝勉他要好好读书。信云：

> 久欲作一札，勉外孙读书，老懒中止。徽州有可师之程易田先生，其可友者，不知凡几也？如此好师友，好资质，而不锐意读书，岂有待耶？负此时光，秃翁如我者，终日读尚有济耶？万季埜①之戒方灵皋②曰："勿读无益之书，勿作无用之文。"呜呼，尽之矣！博闻强记，多识蓄德，努力为名儒，为名臣，勿愿为名士。何谓有用之书？经史是也。茂堂③泐，时年七十有九。

年近八旬的老人，对自己钟爱的外孙，抱有多么殷切的厚望啊！然而，龚自珍究竟又做了些什么呢？

他不知在什么时候已经接受了《公羊》学说的影响④。这时，他便根据多年来在京读书、供职以及南北往返途中的见闻，以《公羊》学说为指导，苦心孤诣，认真探索，对时局进行了大胆的揭露、评议和提出改革的

---

① 万季埜：即万斯同，清初著名史学家。

② 方灵皋：即方苞，清初著名文学家。

③ 茂堂：段玉裁字。

④ 《公羊》：即《公羊传》，或称《公羊春秋》。旧题战国时公羊高撰。它着重阐发《春秋》所谓"微言大义"，历代今文经学家常用来作为议论政治的工具。清代《公羊》学家以其为"托古改制"的根据。龚自珍何时接受《公羊》学说的影响，一般依照他的《杂诗，己卯自春徂夏，在京师作，得十有四首》之六，以及《己亥杂诗》之五十九自注，定为嘉庆二十四年（1819）在北京从刘逢禄问学时，实则，这是他系统研究《公羊》之始，以后曾撰成《春秋决事比》六卷。如果从在徽州时写的《明良论》四篇看，他接受《公羊》学说的影响，时间似乎要早得多。

建议，于嘉庆十九年（1814）写作了著名的《明良论》四篇。他说：

今上都通显之聚，未尝道政事谈文艺也；外吏之宴游，未尝各陈设施谈利弊也；其言曰：地之腴瘠若何？家具之赢不足若何？车马敝而责券至，朋然以为忧，居平以贫故，失卿大夫体，甚者流为市上之行。……内外大小之臣，具思全躯保室家，不复有所作为。

——《明良论一》

官益久，则气愈偷；望愈崇，则诌愈固；地益近，则媚亦益工。至身为三公，为六卿，非不崇高也，而其于古者大臣巍然岸然师傅自处之风，匪但目未睹，耳未闻，梦寐亦未之及。臣节之盛，扫地尽失。……窃窥今政要之官，知车马、服饰、言词捷给而已，外此非所知也。清暇之官，知作书法、赓诗而已，外此非所问也。……且愿其子孙世世以退缩为老成，国事我家何知焉？嗟乎哉！如是而封疆万万之一有缓急，则纷纷鸠燕逝而已，伏栋下求俱压焉者鲜矣。

——《明良论二》

今之士进身之日，或年二十至四十不等，依中计之，以三十为断。……夫自三十进身，以至于为宰辅、为一品大臣，其齿发固已老矣，精神固已惫矣，虽有耆寿之德，老成之典型，亦足以示新进；然而因阅历而审顾，因审顾而退葸，因退葸而尸玩，仕久而恋其籍，年高而顾其子孙，儽然终日，不肯自请去。或有故而去矣，而英奇未尽之士，亦卒不得起而相代。……至于建大猷，白大事，则宜乎更绝无人也。

——《明良论三》

仿古法以行之，正以救今日束缚之病。矫之而不过，且无病，奈之何不思更法！

——《明良论四》

这些议论，对朝政腐败，大臣昏聩，人才被压抑，以及国家面临的严重危机,都做了触目惊心的揭露和无情的鞭挞,曲折而又明确地指明同"君明臣良"的古训背道而驰。这在"万马齐喑"的清代,真是"石破天惊",令人为之一振。但是,这样做,对龚自珍说来,是冒着很大的风险的。以至于段玉裁在看到这组文章时,不得不煞费苦心地编排出几句评语:"四论皆古方也,而中今病,岂必另制一新方哉?毫矣,犹见此才而死,吾不恨矣。"段玉裁是未必理解自珍的思想的,不过对他所揭露的腐败现象,却深有同感。段玉裁饱经沧桑,目睹过文字狱之惨烈,这里只好以心有余悸的态度,尽可能为自珍作回护,用"古方"的说法,把四篇文章的批判锋芒遮掩起来。其实,这却是多余的。反过来,倒是有点"欲盖弥彰"了。

总之,在寄寓徽州的四年中,龚自珍是有成绩的。他以坚实的步伐,迈向社会,探求着经世致用之道,为他成为近代的启蒙思想家和文学家打下了良好的基础。

五、伫泣上海

嘉庆二十一年(1816)春天,龚自珍偕继配夫人何吉云经长江去上海省亲。"扬帆十日,正天风吹绿江南万树"[1]。途中他们曾在苏州小事勾留,与客苏的女词人归佩珊相晤。归佩珊素慕自珍的才名,至此如愿以偿,极为欢快。她说这次会见是"一面三生真有幸,不枉频年羁旅"[2]。并拿出自己的词集请自珍题词,然后又在《百字令·答龚璱人公子,即和原韵》中,称赞他"奇气拿云,清谈滚雪,怀抱空今古",夸说他们夫妇是"国士无双,名姝绝世"。

对于这次会晤,龚自珍也是高兴的。所谓"一代词清,十年心折,闺阁无前古。兰霏玉映,风神消我尘土"[3],就表达了对这位女词人的赞佩。

---

① 《百字令·苏州晤归夫人佩珊,索题其集》。

② 《百字令·答龚璱人公子,即和原韵》。

③ 《百字令·苏州晤归夫人佩珊,索题其集》。

但同时他却不无忧伤地看到:"人生才命相妨,男儿女士,历历俱堪数。眼底云萍才合处,又道伤心羁旅。"①深感在人生的征途上,是不会那么称心如意的。

到达上海之后,他经常与聚集在他父亲门下的"高材硕彦"②,如钮树玉、何元锡等人一起"搜讨典籍"③,勤奋读书。按说,这也是一种颇为惬意的贵公子生活。更何况,何吉云又是一位能文工诗的女子,他们夫妇间琴瑟和鸣,情爱笃厚。

但是,哀乐过人的龚自珍,怎能安心于这种生活呢?严重的社会危机,迫在眉睫,促使他"由是益肆意著述,贯串百家,究心经世之务"④。他当时的心迹,从他给自编的一本文集的命名上,可以找到说明。

这本文集,叫《伫泣亭文》。编成以后,曾就近投寄"吴中尊宿"王芑孙,征询意见。不久,王芑孙写来了复信,就这个集名,发表了一大通议论:

> 即如尊文名为《伫泣亭文》,愚始不晓"伫泣"所出,及观自记,不过取义于《诗》之"伫立以泣"。此"泣"字碍目,宁不知之?足下年甚少,才甚高,方当在侍具庆之年,行且排金门⑤,上玉堂⑥,和其声以鸣国家之盛,天下之字多矣,又奚取于至不祥者而以名之哉!

这位声望很高的老人,果真古道热肠,"不失为净友之义"⑦,坦率地发表了自己的看法。然而,他哪里能够理解自珍用"碍目"的、"不祥"的"泣"字名集的真正心曲呢?在他看来,自珍年少才高,又有社会地

① 《百字令·苏州晤归夫人佩珊,索题其集》。
② 吴昌绶:《定庵先生年谱》。
③ 吴昌绶:《定庵先生年谱》。
④ 吴昌绶:《定庵先生年谱》。
⑤ 金门:汉代宫门名。
⑥ 玉堂:汉代殿名。此者官署。
⑦ 张祖廉:《定庵先生年谱外纪》。

位，本当"排金门，上玉堂，和其声以鸣国家之盛"；可是，却偏偏反其道而行之，这确乎是不可思议的。

其实，一切都很清楚。梁启超在评论龚自珍和魏源时说得好："龚、魏之时，清政既渐陵夷衰微矣。举国方沉酣太平，而彼辈若不胜其忧危，恒相与指天画地，规天下大计。"①龚自珍所以用"碍目"的、"不祥"的"泣"字名集，正是表现了他在"举国方沉酣太平"的醉生梦死之中，对"陵夷衰微"的国家危机的深切关注。

在龚自珍出生前的一个半世纪，清朝统治者征服了全中国。不久，又出现了历史上著称的"康（熙）乾（隆）盛世"。那时候，它的确是赫赫扬扬，轰轰烈烈，政治、经济、军事、文化等各个方面，都取得了相当的成就，呈现着封建时代不可多见的繁荣景象。但是，从实质上看，这个"盛世"，只不过是延续了两千多年的封建社会最后一次的"回光返照"。正如曹雪芹在当时写作的《红楼梦》中所描绘的那样："如今外面的架子虽没很倒，内囊却也尽上来了。"在新的历史条件下，封建社会的固有矛盾日益激化；封建制度日益显现出它的反动性和腐朽性。清王朝正陷进无法避免和不可克服的危机之中，从而急剧地由"盛世"跌落到"衰世"，一蹶不振。

嘉庆元年（1796），龚自珍四岁时发生的白莲教大起义，是使清朝由盛到衰的转折点。这次起义，以湖北为中心，扩展到四川、湖南、陕西、甘肃等省，前后共有数百万群众参加，坚持了八九年之久。虽然起义最终为清朝统治者血腥镇压下去了，但由此而在全国各地不断掀起的反抗斗争，却动摇了清王朝的统治基础。特别是嘉庆十八年（1813）天理教首领林清，率领二百余教徒，潜入北京，打进皇宫，成为"汉唐宋明未有"的"非常之大变"；并为中国历史上最大的一次农民起义——太平天国革命运动，吹响了前奏曲。

在对外关系方面，清王朝受到资本主义列强的严重挑战，长期闭关

---

① 梁启超：《清代学术概论》，上海古籍出版社2005年版，第64页。

自守的局面被冲破了，广大人民的灾难也加重了。当时的英国，由于资本主义的发展，一直把地大物博的中国，看作是它的一块肥肉。它大量向中国输入毒品鸦片，使中国平均每年外流白银四百多万两。而吸食鸦片的人，则身心受到戕害，倾家荡产。龚自珍的好友林则徐曾经大声疾呼，如果再发展下去，那么，"中原几无可以御敌之兵，且无可以充饷之银"①了。

可是，清王朝在如此严重的内忧外患面前，还继续做着"天朝大国"的美梦。它对人民群众，采用镇压与怀柔的两手策略，企图永远保住大清基业。特别是在上层社会，它豢养和培训了一大批尸位素餐、昏庸腐朽、苟且偷安、扼杀变革的官僚。比如，道光朝的大学士②曹振镛，位高名显，红极一时。有人问他，为什么会得到皇帝的特别恩宠？他居然恬不知耻地说出了自己的诀窍：无他，但多磕头，少说话耳。这是多么典型的例子。龚自珍就是生活在这样一个极端腐败的社会里，他怎能不忧心忡忡，伫立以泣呢！

《伫泣亭文》，在自珍生前或其身后，都没有出版过。其具体面貌已难以查考。但是，可以推断，它是包括了《明良论》四篇以及在上海时写作的《乙丙之际著议（一作塾议）》等重要文章的。这些文章，现在都赫然收录在新版《龚自珍全集》里，人们从中可以具体看到，他对当时的社会，究竟发表过哪些见解。

《乙丙之际著议》，作于嘉庆二十一年（1816）和嘉庆二十二年（1817）之间，前后共写了二十五篇（现存十一篇）。在这组文章中，他明确地认为当时的社会是所谓"衰世"，并对它做了深刻而又形象的描绘：

> 衰世者，文类③治世，名④类治世，声音笑貌类治世。黑白杂而五

---

① 林则徐：《钱票无甚关碍宜重禁吃烟以杜弊源片》。
② 大学士：清朝内阁最高长官，相当于宰相。
③ 文：外表，表面现象。类：类似，好像。
④ 名：名分教化。

色①可废也，似治世之太素②；宫羽③淆而五声可铄④也，似治世之希声⑤；道路荒而畔岸隳⑥也，似治世之荡荡便便⑦；人心混混而无口过⑧也，似治世之不议⑨。左无才相，右无才史，阃⑩无才将，庠序⑪无才士，陇⑫无才民，廛⑬无才工，衢无才商，抑⑭巷无才偷，市无才驵⑮，薮泽⑯无才盗，则非但鲜君子也，抑小人甚鲜。

当彼其世也，而才士与才民出，则百不才督之缚之，以至于戮之。戮之非刀、非锯、非水火；文亦戮之，名亦戮之，声音笑貌亦戮之。戮之权不告于君，不告于大夫，不宣于司市⑰，君大夫亦不任受⑱。其法亦不及要领⑲，徒戮其心⑳，戮其能忧心、能愤心、能思虑心、能作为心、能有廉耻心、能无渣滓心。又非一日而戮之，乃以渐㉑，或三岁而戮之，十年而戮之，百年而戮之。

① 五色：指青、赤、黄、白、黑为五色。古人把五色作为正色，其他为间（杂）色。
② 太素：最纯洁、质朴。
③ 宫羽：我国古代五声音阶，分宫、商、角、徵、羽。这里泛指音乐。
④ 铄：消融。
⑤ 希声：音律单调。
⑥ 隳：毁坏。
⑦ 荡荡便便：宽广平坦。
⑧ 口过：非分的言论。
⑨ 不议：对时政无可非议。
⑩ 阃：原意是门限，这里指国门、边疆。
⑪ 庠序：古代对学校的称呼。
⑫ 陇：田野。
⑬ 廛：集市。
⑭ 抑：甚或。
⑮ 驵：市侩、掮客。
⑯ 薮泽：水草丛生的地方。
⑰ 司市：司，指有司，政府机构；市：闹市。
⑱ 任受：任命和受权，这里是指不管不问。
⑲ 要：同"腰"。领：颈，脖子。
⑳ 徒：只是。这两句的意思是：残害人才的法子，不用腰斩、砍头，只是戕害和摧残他们的心。
㉑ 渐：慢慢地。

——《乙丙之际著议第九》

这是一个多么可怕的社会图景啊！它的一切都和正常的秩序、观念，来了一个大颠倒。它是非不分，黑白混淆，真伪倒置，善美与丑恶失去了区别，一切有志之士，都被统治者所窒息、扼杀。它的前途，只能是："将萎之华，惨于槁木！"[1]

在《乙丙之际著议第七》中，龚自珍还提出了"一祖之法无不敝，千夫之议无不靡"的著名论点，继承和发展了王安石的"天变不足畏，祖宗不足法，人言不足恤"的战斗和革新精神，对统治阶级进行了有力的批判。但是，由于阶级的局限，他又认为"与其赠来者以劲改革，孰若自改革"，对推动历史前进的人民大众的伟力，缺乏应有的认识。

对于这些文章，当时便曾引起过强烈的反响和评论。如钮树玉在一首诗中说：

> 浙西挺奇人，独立绝俯仰。万卷罗心胸，下笔空依仗。余生实鄙陋，每获亲傲侻[2]。遍览所抒写，如君竟无两。君今方盛年，负志多慨慷。大器须晚成，良田足培养。阳气已潜萌，万汇滋生长。……
>
> ——《龚君率人出示诗文走笔以赠》

就连王芑孙也说他："见地卓绝，笔复超迈，信未易才也。"[3]

在上海期间，龚自珍还编有诗集一册。可惜，这本诗集也完全亡佚了。所幸在他将《伫泣亭文》投寄王芑孙时，曾附去这本诗集。王芑孙对他的诗表达过如下的意见：

> ……至于诗中伤时之语，骂坐之言，涉目皆是，此大不可也。[4]

---

① 《乙丙之际著议第九》。
② 傲侻：同"倜傥"。卓异、豪爽，洒脱不拘。
③ 王芑孙：《复龚自珍书》。
④ 王芑孙：《复龚自珍书》。

这样，关于他早期诗文的思想倾向，就已经十分鲜明地呈现在人们的面前了。

六、专力《公羊》

嘉庆二十三年（1818），龚自珍由上海去杭州，应浙江乡试，中了第四名举人。房考官评其文曰："规锓①六籍，笼罩百家，……海内睹祥麟威凤矣。"又评其诗曰："瑰玮②冠场。"看来，这似乎是一个好兆头。龚自珍该是到了骅骝得路、青云直上的时候了。然而，无情的现实，却使他从此跨上了更为荆棘丛生的道路。

第二年的春天，龚自珍怀着难言的隐痛，再从上海出发，经苏州赴北京参加会试。友人吴文征、沈锡东等在虎丘为他饯行，希望能给他一些安慰和鼓励，祝愿他应试顺利。可是，龚自珍心想，这种自我解嘲的做法，有何裨益？相反，只能增加自己的怅惘和痛苦。从嘉庆二十一年（1816）至此，他在上海已经待了四个年头，对时局发表过许多意见，也曾听到一些人说的恭维话。然而有谁能够真正理解他并给予有力支持呢？现在，难得有这样的友朋聚会的机会，于是，便写了一首题为《吴山人文征、沈书记锡东饯之虎丘》的诗，抒发出他当时的心绪：

> 一天幽怨欲谁谙③？词客如云气正酣。我有箫心吹不得，落花风里别江南。

"箫心"，是龚自珍在诗词中常常使用的一个词语，借以象征自己的哀怨之情；它又时常与象征壮志的"剑气"相对举。如："怨去吹箫，狂来说剑"（《湘月》），"一箫一剑平生意"（《漫感》），"气寒西北何人剑，声满东南几处箫"（《秋心兰首》），等等。如今，他"一天幽怨"，满怀

---

① 规锓：规，规范；锓，刻。

② 瑰玮：奇伟、卓异。

③ 谙：熟悉。

惆怅，无处能够倾诉，只好在"落花风里"匆匆北上了。

可是，京都又能怎样呢？那里的气氛比地方上更加使人窒闷；那里文人的思想负担比地方上更要沉重。当自珍应试不售后，他的好友庄绥甲，甚至劝他把《乙丙之际箸议》等有关文章中锋芒毕露的地方删掉，用以逃避统治者的迫害。同时还告诉他，如果这样做了，或许有可能得到统治者的赏识和重用。对于庄绥甲这番好心的关照，龚自珍是很感激的，但却认为自己的思想见解，未可轻易改变。他带着几分调侃的意味，对庄绥甲说的那种迎合统治者的文章有可能得到宠遇的情况很不以为然，他说：

> 文格渐卑庸福近，不知庸福究何如？常州庄四①能怜我，劝我狂删乙丙书。（庄君卿珊语也）
>
> ——《杂诗，己卯自春徂夏，在京师作，得十有四首》之二

龚自珍的这种坚持真理的精神，多么难能可贵！不过，有时他又免不了暴露出无力的个人抗争，以及由此产生的矛盾心理和消极情绪。在同一组诗中，他又写道：

> 东抹西涂迫半生，中年何故避声名？才流百辈无餐饭，忽动慈悲不与争。

这也很难怪，他的这些局限，既是他个人的，也是那个时代的。值得高兴的是：就在同一时候，他遇见了著名的《公羊》学大师刘逢禄②，向他系统请教《公羊》学。这在他的一生经历中，是件大事。他虽然较早地接受了《公羊》学说的影响，而且出色地把它运用到对社会现状的考察和评论上去，但是，他并不认为，自己在《公羊》学说上已很精通。只是到这时，他才明确宣布，此后要更加专心致志，特别致力于《公羊》学说的

---

① 常州庄四：指庄绥甲。绥甲字卿珊，江苏武进（清代属常州府治）人。排行第四。
② 刘逢禄：字申受，江苏武进人。曾任礼部主事。

研究，甘愿成为《公羊》学派的一分子。

他以一种极为愉快的心情，记述着他向刘逢禄问学的情景。他说：

> 昨日相逢刘礼部，高言大句快无加。从君烧尽虫鱼学①，甘作东京卖饼家②。（就刘申受问《公羊》家言）
>
> ——《杂诗，己卯自春徂夏，在京师作，得十有四首》之六

二十年后，在《己亥杂诗》中，他又专门写了一首诗，追述自己学术思想的师承关系和对已故的刘逢禄的深切怀念：

> 端门受命③有云礽④，一脉微言我敬承。宿草⑤敢祧⑥刘礼部，东南绝学⑦在毗陵⑧。（年二十有八，始从武进刘申受受《公羊春秋》，近岁成《春秋决事比》六卷。刘先生卒十年矣）

龚自珍如此倾倒于《公羊》学说和崇敬刘逢禄，不是偶然的。由于他生活在历史大转折的年代里，他的思想发展，曾经经历了一个艰苦、复杂、曲折的过程。如前所述：他八岁开始注意搜辑二百年科名掌故，十二岁从外祖父学《许氏说文部目》，十四岁考古今官制，十六岁为目录之学，十七岁为金石之学，二十岁为校雠掌故之学。这些方面的学习和考据活动，对于他后来成为一位著名的学者是有意义的。但是，在另一方面，又

---

① 虫鱼学：对考据学的贬称。

② 东京卖饼家：对《公羊春秋》的贬称。《三国志·魏志·裴秀传》注引《文章叙录》："严幹折节学问，特善《春秋公羊》；司隶钟繇，不好《公羊》而好《左氏》（即《春秋左氏传》），谓左氏为大官厨，而谓公羊为卖饼家。"东京：指东汉京都洛阳。

③ 端门受命：本是汉儒捏造的所谓《春秋纬演孔子图》的故事。这里暗示经学应为社会改革服务。

④ 礽：遥远的孙辈。

⑤ 宿草：《礼·檀弓》："朋友之墓，有宿草而不哭焉。"这里指刘逢禄已经逝世。

⑥ 祧：旧称承继为后嗣曰祧。这里引申为继承学术。

⑦ 绝学：指造诣专深或久已中绝的学问。

⑧ 毗陵：古县名，即今江苏省武进。

正如他自己所说，其中有些究竟是一种"以琐耗奇"的做法，分散了精力，影响了对经世致用的研究。在前些年的实践中，他已切身感受到《公羊》学说所给予自己的战斗勇气和理论力量。现在，有机会直接向刘逢禄问学，当然感到快慰无加，因而决心抛弃考据之学，甘做《公羊》学派的一分子！这是他在增长阅历，取得了丰富而又痛苦的经验之后所做出的抉择。

对于《公羊》学派的另一位著名学者宋翔凤①，他也十分仰慕。在《投宋于庭翔凤》的诗中写道：

> 游山五岳东道主，拥书百城南面王。万人丛中一握手，使我衣袖三年香。

这也几乎达到"五体投地"的程度了。

自此以后，龚自珍的思想向前大大地跨了一步。"其所造述，则益深窈简核②，但举大谊③，不为卮词④矣。"⑤他自觉地以《公羊》学说为指导，留意于当代典章制度和边疆民族地理的研究，希望能对国家有所贡献。嘉庆二十五年（1820），他写作了《西域置行省议》一文，对保卫祖国边疆，防御外敌侵略，提出了十分重要的建议。不过，在当时并未被采纳。后来，沙俄大量掠夺我国西北领土的严酷事实，证明了龚自珍见识的卓越。李鸿章在《黑龙江述略序》中，对这件事曾经发表过公平的议论。他说："古今雄伟非常之端，往往创于书生忧患之所得，龚氏自珍议西域置行省于道光朝，而卒大施设于今日。"

龚自珍这种"引《公羊》义讥切时政，诋排专制"⑥的做法，在中国

---

① 宋翔凤：字于庭，江苏长洲人。
② 简核：简要，翔实正确。
③ 大谊：大义。谊，通"义"。
④ 卮词：没有自己主见的言词。
⑤ 引自吴昌绶《定庵先生年谱》。
⑥ 梁启超：《清代学术概论》，上海古籍出版社2005年版，第63页。

近代历史上，有着开创一种新风气的巨大功绩。尤其是在戊戌变法前后，资产阶级改良运动的活动家和思想家们，无不从龚自珍那里得到启示和助益。

七、谗忧交集

龚自珍自向刘逢禄问学之后，对于自己的见解，更增强了自信。为了宣扬和维护自己的观点，他"喜与人辩驳，虽小屈，必旁征博引以伸己说"[①]。这种态度，应该说是正确的。可是，在那个黑暗的社会里，龚自珍的这种态度却不合时宜，因而招致了封建顽固派和一些人的不容与打击。

他生活在一个极其严峻、险恶的环境里。无端的造谣中伤，常常是天外飞来，使他防不胜防，整天在惶惶不安中过日子。"中夜栗然惧，沈沈生髻[②]丝"；"进退两无依，悲来恐速老"[③]。正当年富力强，奋发有为的龚自珍，不得不过早地发出了英雄迟暮的浩叹。

有一天夜里，他正同来访的友人陈奂促膝长谈，心情十分愉快。突然间，竟有一个人自外面闯来，查问他们两人议论何事。这就更使他为之愕然了。他曾有一首诗记述这件事道：

> 切切两不已，喁喁[④]心腑温。自入国西门，此意何曾宣？饴我客心苦，驱我真气还。华冠阍然入，公等何所论？
>
> ——《柬陈硕甫奂，并约其偕访归安姚先生》

然而，可悲的是，他的这一处境及其感受，一般人并不理解，包括他的好友魏源也对他产生过某种程度的误会。道光二年（1822），魏源在给

① 吴昌绶《定庵先生年谱》。
② 髻：同"鬓"。
③ 《柬陈硕甫奂，并约其偕访归安姚先生》。
④ 喁喁：低声细语。

他的一封信中写道：

> 近闻兄酒席谭论，尚有未能择人者。夫促膝之言，与广廷异；密友之争，与酬酢异。苟不择而施，则于明哲保身之谊，深恐有关。不但德性之疵而已。荷吾兄教爱，不啻手足，故率尔诤之。然此事须痛自惩创，不然结习非一日可改，酒狂非醒后所及悔也。

魏源和龚自珍是至交，思想水平不相上下，时人以及后世多以"龚魏"并称，他们同在中国近代史上享有突出的地位。但是，这封信表明，魏源尽管出自好心，怕他受到意外的祸累，然而对龚自珍当时的思想状况和某些举动，似乎也是不理解的。魏源好像没有注意到他在近年来的遭遇，特别是在本年内曾经有过"蜚语受谤"①的事。因而，在对龚自珍进行的苦口规劝中，甚至还带有若干责备的意味。

龚自珍在这一年中"蜚吾受谤"的具体情况，由于资料的散佚，我们现在已无从知晓。不过，他在本年内写的诗文，倒能帮助我们了解他在谗忧交集情况下所表现出来的切肤之痛。

七言古诗《十月廿夜大风，不寐，起而书怀》，可以认为是他的一篇代表作。诗曰：

> 西山②风伯骄不仁，虓③如醉虎驰如轮；排关绝塞忽大至，一夕炭价高千缗④。城南有客⑤夜兀兀，不风尚且凄心神。家书前夕至，忆我人海之一鳞。此时慈母拥灯坐，姑倡⑥妇和双劳人。寒鼓四下梦我至，谓我久不同艰辛。书中隐约不尽道，惝恍悬揣如闻呻。我方九流百

---

① 程秉钊语。见吴昌绶《定庵先生年谱》。
② 西山：指北京西郊群山。
③ 虓：虎怒吼声。这里指风声之烈。
④ 缗：串钱的绳子。这里代指钱。
⑤ 客：作者自称。
⑥ 倡：同"唱"。

氏①谈宴罢，酒醒炯炯神明真②。贵人一夕下飞语③，绝似风伯骄无垠，平生进退两颠簸，诘屈④内讼⑤知缘因。侧身天地本孤绝，矧⑥乃气悍心肝淳！欹斜谑浪震四座，即此难免群公瞋。名高谤作勿自例⑦，愿以自讼⑧上慰平生亲。纵有噎气自填咽，敢学大块⑨舒轮囷⑩。起书此语灯焰死，狸奴⑪瑟缩偎帱茵⑫。安得眼前可归竟归矣，风酥⑬雨腻⑭江南春。

诗的开头几句，兼用比兴和象征的手法，借骄横肆虐的风伯，来形容封建顽固派的猖獗以及社会环境的险恶，反映出诗人所感受到的欺凌和痛苦。他以一介书生之身，心神劳瘁地客居皇城，本已感到无限的凄凉和酸楚，更何况又遇上封建顽固派残酷无情的打击？接着，诗人表达了对远在南方亲人的思念，遥想慈爱的母亲和贤惠的妻子，会在这漫漫的寒夜里，正拥灯絮语，叨念着他这个在京做着小官的游子；又可能在梦里看见他回家，嗔怪他为什么不与她们一道含辛茹苦。他从前夕寄来的家信中，看出了未尽所言的隐约之辞，仿佛听到了婆媳二人的深长叹息。这几句写得温馨如画，情意绵绵，与开头写的风伯不仁的可怕景象，恰成鲜明的对照。

---

① 九流百氏：原指春秋战国时期的九种学术流派和诸子百家。这里泛指作者当时交往的各种人。

② 神明真：神志清爽。

③ 飞语：诽谤的话。

④ 诘屈：曲折，引申为反复。

⑤ 内讼：自我反省。

⑥ 矧：况且。

⑦ 自例：自比。

⑧ 自讼：自责自勉。

⑨ 大块：大地。

⑩ 舒轮囷：舒展屈曲不平之气。轮囷，屈曲的样子。

⑪ 狸奴：猫。

⑫ 帱茵：帐子和褥子。

⑬ 酥：温和。

⑭ 腻：滋润。

同时，也为全诗结尾的恩归难归的情绪，做了很好的铺垫。但是，诗人并不是一个甘受欺凌的弱者。他要抗争，要思考，探究自己为什么竟会陷入这种进退维艰的境地。他清醒地认识到，在黑暗污浊的社会里，狂放不羁，心地淳朴，只能引起封建顽固派们的憎恶；又何况不拘细节，不顾场合，谲语惊众，纵横议论天下事，只能更加激恼那些大人先生们，并给他们以怒目相向、诽谤交加的口实。诗人安慰亲人：并不是由于自己的名望太大，才招来诽谤。他认识到自己社会地位卑微，反抗也是无力的，于是只好把一腔怨愤，深深地强抑在自己的肚子里。他只希望回到杂花生树、群莺乱飞、风酥雨腻的江南，同亲人团聚，不再过这难堪的"进退两颠簸"的生活。但是，这在眼前，又怎能做得到呢！

不仅如此，这一年，龚自珍的老家又突然遭受了一场大火的袭击。他在京闻讯后，冒风顶雪，匆匆赶回杭州，具体处理火灾后急需办理的一些家务。谁知，他回家后，发现这场大火，竟烧得有点蹊跷，而且还不便向人们解释，心情跌入极度的痛苦之中。他在给邓传密[①]的信中说：

> 兄冒三十三日之冰雪，踉跄而归。家严、慈幸皆无大恙，家慈受惊不小，儿子等几手不救。痛定思痛，言之心骨犹栗。而奇灾之后，万事俱非……。此事颇有别情，患难起于家庭，殊不忍言。然外间固有微闻之者，未卜足下曾闻之否也？

这里提到的"别情"，龚自珍未忍明白地说将出来。但从描述的情况看，这确是一场"奇灾"，给他增添了惨重的创痛。再从"外间固有微闻之者"的语意去揣度，他家的这场大火，肯定已造成了一些引人注目的社会影响。而这影响，对他的家以及他个人，显然都是很不利的。他在给邓传密的另一封信里，还谈到了为什么必须回家处理善后事宜的四条理由。其中有一条提到，他的父亲当时正受着降一级留任的处分，并奉旨赔修牙署。这样，龚自珍的本无后顾之忧的家庭，从此也走上下坡路了。

---

① 邓传密：字守之，安徽怀宁人。书法家邓石如之子。

在他这一时期的诗文创作中，出现了歌颂前朝耆旧和侠士，歌颂母爱和童心等内容。如《束秦敦夫编修二章》《送刘三》《午梦初觉，怅然诗成》《三别好诗》等。这些作品，对肮脏的社会现实有所揭露，有一定的积极意义。但同时又反映出诗人在巨大压迫前的无可如何的心情。

八、收狂向禅

正当龚自珍倾倒《公羊》学，究心经世致用的时候，人们看到，他的思想在这同时也正发生着一些重大的变化。最突出的，莫过于嘉庆二十五年（1820）他二十九岁时，于苏州结识了江沅，并从江学习佛学。

这看来好像是不可协调的。龚自珍在青少年时代，他是那样热情地关心世情民隐，个人性格又是那样狂放不羁，现在，他怎么会转而学佛呢？如果稍加考察，这中间也有着"理有固然"的因素存在。

在我国历史上，曾经有过许多进步的大思想家、大文学家，他们往往同时又笃信佛学。这些人中，有的是以佛学作为学问，进行学术研究；有的是以谈禅为名，装潢自己门面；有的则是在现实生活中碰到很多钉子，无法实现理想和抱负，从而希望在佛学中寻求解脱。龚自珍的学佛，就是属于这后一类。

从有关资料看，龚自珍在早年似即瓣香佛学。他在《齐天乐》一词的小序中说过："予幼信转轮，长窥大乘。"嘉庆二十一年（1816），在苏州过访归佩珊后，归即称他为"定庵居士"，赠诗有"惊才艳古佛，妙想托莲花"①之语。不过，"收狂向禅"，却是这一年的事。

这一年，他第二次参加会试，仍不第，情绪未免有些颓唐。所谓"蘼

---

① 《代简寄定庵居士、吉云夫人》，《绣余续草》卷四。

芜①径老春无缝，薏苡谗成②泪有痕""中年百事畏重论"，便是当时进退失据、动辄得咎的遭遇和心境的写照。这一年写作的《驿鼓三首》之三，在抒发旅途中对妻子怀念之情的时候，他第一次明确表示，要"收狂向禅"，从佛门中追求精神的解脱，从读佛经中忏悔人生。诗云：

> 书来恳款见君贤，我欲收狂渐向禅。早被家常磨慧骨，莫因心病损华年。花看天上祈庸福，月堕怀中听幻缘。一卷金经香一炷，忏君自忏法无边。

他还有诗写道："何日冥鸿踪迹遂，美人经卷葬年华。"③"青山有隐处，白日无还期。病骨时流恕，春愁古佛知。"④这些都表示，只有遁入佛门，才能够避却世俗的干扰，才能使精神有所寄托。

而恰恰又在这时，他遇见了江沅。于是，他便自然地向江沅执佛门弟子礼，以其后半生的很大部分的热情和精力，倾注于诵读佛经和研究佛学之中。

道光二年（1822），在谗忧交集的景况下，他"针舌裹脚，杜绝诸缘"，过了一段"终日坐佛香缭绕中，翻经写字"⑤的生活。特别是，在他的母亲去世之后，龚自珍在居丧期间，俨然如一个佛教徒那样，极为虔诚地助刊《圆觉经略疏》，为母亲超度。他为此写了《助刊圆觉经略疏愿文》，文曰：

> 大清道光四年，佛弟子仁和龚自珍同妻山阴何氏敬舍净财，助刊《大方广圆觉修多罗了义经疏》成，并刷印一百二十部，流传施送。

---

① 蘼芜：草名。其茎叶靡弱而繁芜。

② 薏苡谗成：薏苡，又名薏米，供食用和药用。薏苡谗成，指无端蒙冤受谤。《后汉书·马援传》载：马援南征，常服食薏苡仁，轻身省欲，以胜瘴气。以南方薏苡实较大，军队北还时，马援载了一车薏苡，作为引种之用。及马援死后，有人却向皇帝进谗言，说他载了一车明珠、文犀回来。

③ 《逆旅题壁，次周伯恬原韵》。

④ 《才尽》。

⑤ 龚自珍：《致邓传密笺》。

伏因先慈金坛段氏烦恼深重，中年永逝，愿以此功德，回向逝者，凤业顿消，神之净土。存者四大安和，尽此报身，不逢不若。命终之后，三人相见于莲邦，乃至一生补处。

这种情况，在曾经笃信过佛学的思想家和文学家的著作中，或许也是罕见的。

据《己亥杂诗》之二十二自注，他诵读的佛经已满四十九万卷之数。在现存的《龚自珍全集》中，有近五十篇关于佛学的文章，几乎占他写作的有关经学和社会批判的论著总数的一半。他在自己的书房中，供奉着佛教天台宗智者大师的檀香像，朝夕礼拜。并给自己起了个佛名叫"邬波索迦"，称自己的书房为"礼龙树斋"。他甚至还动过出家的念头："何年舍家去，慧业改所托。"[1]道光十七年（1837）九月二十三日的夜里，他睡不着觉"闻茶沸声，披衣起，菊影在扉"，忽然觉得自己已证"法华三昧"[2]，心里非常高兴。两年后，还特地写了一首诗记叙这件事：

> 狂禅辟尽礼天台，掉臂琉璃屏上回。不是瓶笙[3]花影夕，鸠摩[4]枉译此经来。

> ——《己亥杂诗》之七十八

诗中说自己崇奉习诵佛教天台宗的《妙法莲华经》，已能够把破坏佛教的杂质排除净尽。如今，思想开悟了，就像可以在光净的琉璃屏上掉臂来回一样，毫无阻碍。如果不是那天晚上听到茶沸的声音和见到菊花的影子，触发我达到三昧的境界，那么，鸠摩罗什可就算白白地翻译了《妙法莲华经》了。这真是多么自得而又自负！所以，魏源说他："晚尤好西方之书，自谓

---

① 《寒月吟》之五。
② 《己亥杂诗》之七十八自注。
③ 瓶笙：茶罐子煮水沸腾时发出的声音。
④ 鸠摩：即鸠摩罗什，后秦高僧，与真谛、玄奘并称为中国三大佛经翻译家。

造深微云。"①当是指龚自珍自喜于对天台宗教义的领悟和造诣。

不过，尽管如此，龚自珍的学佛，终究是无可奈何的。这一点，在当时就有人明白地指出过。说他是："狂便谈禅，悲还说梦，不是等闲凄恨。钟声梵韵，便修到生天，也须重听。底怨西窗，佛镫深夜冷。"②真可谓龚自珍的知音。至于他自己，则在许多诗词中，反复表露了自己"收狂向禅"的悲哀。如《清平乐》云：

> 万千名士，慰我伤谗意。怜我平生无好计，剑侠千年已矣！西溪西去烟霞，茅庵小妥梅花。绣佛长斋早早，怀渠燕子无家。

也正因为如此，龚自珍在他的后半生中，并没有因为学佛而忘怀现实，改变他执着于现实的根本立场。他依然在科举和仕途上，艰难地跋涉着，奋斗着，总希望有一天能施展自己的抱负。在文学创作上，他的三次戒诗，虽然都与学佛有很密切的关系；但是，黑暗的现实，严重的危机以及人民的苦难，终于又促使龚自珍屡次破戒，发出高昂激越或委婉低沉的歌唱。

九、科场屡挫

为了谋得一个进身之阶，实现自己的理想抱负，龚自珍在成为举人以后，又从嘉庆二十四年（1819）至道光九年（1829），在科场上前后奋斗了十一个年头，参加过六次会试。在这十一年里，他经历了人生的许多忧患：父亲降级、母亲去世，老家失火，以及个人遭受谗言诽谤，等等。可是，他始终忍辱负重，未敢稍懈地赴考应试。

道光六年（1826），龚自珍第五次应会试，成绩很不错。魏源也参加了这次考试。恰巧刘逢禄担任该科部分的阅卷工作，得知后，极力向有关

---

① 魏源：《定庵文录叙》。
② 佚名：《齐天乐》。见龚自珍《影事词选》《清平乐》（人天辛苦）词自注。

主审他们试卷的人推荐，但二人仍未被录取。为这件事，刘逢禄曾特地作了一首《伤浙江、湖南①二遗卷诗》，对他们的失利，表示惋惜。

道光九年（1829）三月，龚自珍第六次参加会试，总算考取了一名进士。四月二十八日，殿试时，他当着道光皇帝的面，在《对策》答卷中，以王安石变法思想为依据，从施政、用人、治水、治边等方面，提出改革主张。过了几天，参加朝考，又就"安边绥远"问题，"胪举时事，洒洒千余言"②，提出以边安边、足食足兵等建议，心中感到非常得意。十年以后，在《己亥杂诗》中，他还是按捺不住兴奋之情，写了三首诗回忆当年廷试对策时的情景：

霜豪③掷罢倚天寒，任作淋漓淡墨看④，何敢自矜医国手，药方只贩古时丹。（己丑⑤殿试，大指祖王荆公⑥上仁宗皇帝书）

眼前二万里风雷，飞出胸中不费才。枉破期门伉飞⑦胆，至今骇道遇仙回。（记己丑四月二十八日事）

彤墀⑧小立缀⑨鹓鸾⑩，金碧初阳当画看。一队伉飞争识我，健儿身手此文官。

---

① 浙江、湖南：龚自珍是浙江人，魏源是湖南人，故云。
② 吴昌绶：《定庵先生年谱》。
③ 霜豪：气挟风霜的毛笔。豪，同"毫"。
④ 淡墨：指科举文章。
⑤ 己丑：道光九年，岁次己丑。
⑥ 王荆公：即王安石。
⑦ 期门伉飞：汉武帝时设期门郎，是皇帝微行时的护卫。伉飞也始于汉代，属禁卫军之类。此指金殿侍卫。
⑧ 彤墀：宫殿前面的阶地。
⑨ 缀：排列。
⑩ 鹓鸾：比拟同僚。此指同科新进士。

他是何等自信而又踌躇满志呀，简直有点飘飘然了！第一首诗，他虽然自谦地说：怎么敢夸耀自己是医国的圣手呢？所陈述的策略内容只不过是王安石的那一套老办法而已，任凭你们阅卷大人把它当作一般的科举文字去看好了。佢是，实际上却自负得很，所谓"霜豪掷罢倚天寒"，只此一句，正是活灵活现地表现了他当时的那股风发云逝、不可一世的劲头。

诗的第二首，写自己对万里边疆问题的烂熟于胸和对策时的才思敏捷，直教那些在金殿上守卫的武士们吃惊，认为好像遇见了天上的仙人，回去以后，仍然赞叹不已。

第三首诗，则是写他同新进士们一起在金殿阶前排班站立时的情景，引得守卫武士们争着指认他这位才识卓异的新进士，欣羡他既具有一副强健的好身手，如今又成了一位新文官了。

可是，这一切都不过是瞬息的欢乐。因为他在对策和朝考中，"直陈无隐"，已使"阅卷诸公皆大惊"①。封建统治者怎能看中他这样一位胸怀变革的异端人物呢？在他自己，对此似乎也有些预感。据魏源的后人魏季子《羽琤山民逸事》载：

> 定公己丑四月二十八日应廷试，交卷最早出场。人询之，定公举大略以对。友庆曰："君定大魁天下。"定公以鼻嗤曰："看伊家国运如何。"盖文内皆系实，对于西北屯政綦详②也。

然而，阅卷大人们毕竟是饱经世故的御用之徒，他们深谙最高统治者的喜恶，终于没有把龚自珍列入优等，压低了他的录取名次，使他不能成为翰林院庶吉士，从而彻底地失去了参与朝政的机会③。但在表面上却用了一个冠冕堂皇的名义，说是因为他的"楷法不中程"④的缘故。这显然

---

① 吴昌绶：《定庵先生年谱》。

② 綦详：极为详细。

③ 龚自珍《干禄新书自序》云："本朝宰辅，必由翰林院官。卿贰及封圻大臣，由翰林者大半。"

④ 吴昌绶：《定庵先生年谱》。

是很荒谬的。龚自珍的书法，即便不合乎统治者所要求的馆阁体的规范，但这同他们一贯标榜的选贤举能的大话怎能统一起来呢？

当然，龚自珍本人也曾为自己字写得不好而抱憾终生。两年之后，他痛定思痛，在《跋某帖后》中写道：

> 余不好学书，不得志于今之宦海，蹉跎一生。回忆幼时晴窗弄墨一种光景，何不乞之塾师，早早学此？一生无困厄下僚之叹矣！可胜负负！壬辰八月望，贾人持此帖来，以制钱一千七百买之，大醉后题。翌日见之大哭。

"男儿有泪不轻弹。"龚自珍为未能写得一手好字而号啕大哭，可见其伤心之甚。

不过，龚自珍对这件事，后来也以其特异的方式，表示过对当朝者因书废人的强烈不满和抗议。柴萼《梵天庐丛录》载云：

> （定庵）生平不善书，以是不能入翰林。既成贡士，改官部曹，则大恨。乃作《干禄新书》，以刺执政。凡其女、其媳、其妾、其宠婢，悉令学馆阁书。客有言及某翰林者，定庵必哂曰："今日之翰林，犹足道耶？吾家妇人，无一不可入翰林者。以其工书法也。"

按照龚自珍的性格，这则传闻，却是极为可信的。

十、浮沉下僚

由于科场失利，龚自珍一生在仕途上都未能得志。嘉庆二十五年（1820），他充任内阁中书，一任就是好多年。道光九年（1829）中进士后，朝廷拟派他出任知县小官，他没有同意，仍然要求担任内阁中书的原职。于是，从是年起，直至道光十九年（1839）辞官南返，中间虽然改任过宗人府主事、玉牒馆纂修官、礼部主事祠祭司行走、主客司主事等职，但官衔最高只不过六品。仕途上如此失意，龚自珍是颇不甘心的。

在那个风雨如晦、人才被扼杀的年代里，他做大官的道路虽被堵死了，可是一颗忧国忧民之心，却更加跳荡不已。他怀着深沉的自信，积极参加政治活动。有时候，他由吏部带领去觐见皇帝，总是不卑不亢，落落大方，响亮地回答皇帝的询问，陈奏着自己低微的履历。他的同事们都为他"悚息"①，捏了一把汗，他却一点也不在乎。道光九年（1829）十二月，在《上大学士书》中，他陈述自己的心情说："感慨激奋而居下位，无其力，则探吾之是非，而昌昌大言之。"因此，尽管和他在一起的八九十位同事都"坐直房，昏然安之"，在浑浑噩噩的状态中打发日子，而他却时刻在考虑'法无不改，势无不积，事例无不变迁，风气无不移易"和发掘人才等重大问题。司事们嘲笑他，怀疑他"有痼疾"，爱多管闲事，他依然我行我素，不加理睬。道光十二年（1832），他还手陈当世急务八条给大学士富俊，富曾大为欣赏；但在读到其中"汰冗滥"一条时，却动色认为难以实行。结果，连这篇文字的其余部分也都丢失不传了。

龚自珍的浮沉下僚，当然是值得惋惜的。但就他个人而言，到底是不幸呢还是幸运？或许是得失参半。倘若龚自珍仕途顺达，位高爵显，得到朝廷的重用，他是会提出和实行许多好的主张的；然而，腐败透顶的清廷，究竟能让他发挥多大的作用，恐怕还是个疑问。他的好友林则徐以及其他比较先进或开明的人物的遭遇，不就是明证吗？相反，他在仕途上的失意，倒使他有可能从困厄的环境中，广泛了解和熟悉下层社会的情况，激发他写出许多痛砭时弊，渴求变革，富有战斗气息的诗文；同时，他所抒发的个人的独特感受，也可以帮助人们了解那个时代的一些侧影。

道光五年（1825）冬，龚自珍守母丧期满，由杭州北上，做客昆山，写了一首七律《咏史》。诗曰：

---

① 见《己亥杂诗》之五十二首自注。

> 金粉①东南十五州②，万重恩怨属名流③。牢盆④狯客操全算⑤，团扇才人⑥踞上游。避席畏闻文字狱，著书都为稻粱谋。田横五百人安在，难道归来尽列侯？⑦

这首诗，借传统的"咏史"形式，吟讽时事，非常出色。前人说它是为"惜曾宾谷中丞燠之罢官"而作⑧，是不对的。实则，它的意义远远超出题咏一人一事的范围。我们知道，在清代，"金粉东南"，乃是贸易繁华之区，官僚文士的聚散之地，它的盛衰兴废，一定程度上是清王朝统治盛衰兴废的征象和缩影。诗中讽刺的"狯客""才人"，实乃窃居高位臣僚们的代称；而"避席畏闻文字狱，著书都为稻粱谋"，又是对慑服于统治者淫威之下文士状况的写照。诗中表现了诗人对所处时代的异常熟悉和深刻理解，也表现了他的深湛的艺术功力。在某种意义上，人们不妨把它作为一部最简要的清代诗史去读。

他在困厄下僚的境遇中，对封建朝廷压制人才、摧残人才的罪恶，特别敏感和憎恨。因而，他有不少的作品，都是通过自己的亲身经历和感受，典型地反映出那个时代的先进人物，特别是知识分子的艰难遭际和痛

---

① 金粉：形容繁华奢侈。

② 十五州：泛指长江下游一带。

③ 名流：指在社会上互相标榜、沽名钓誉的头面人物。

④ 牢盆：汉代煮盐的器具。此借指掌握盐政的官僚。

⑤ 操全算：掌握全局大权。

⑥ 团扇才人：东晋时，大贵族王导的孙子王珉，喜欢手拿白团扇。此人不懂政事，二十多岁时却当了掌管政府机密的中书令。一说团扇，即宫扇。才人，即掌管皇帝起居事务的女官。这里借指皇帝左右揽权的官僚。

⑦ 田横两句：田横，秦末汉初人。楚汉相争时，曾自立为齐王。刘邦称帝后，他带着五百人逃上海岛。刘邦派人去招降说："田横来，大者王，小者侯耳。不来，且举兵加诛焉。"田横带了两名门客前往洛阳，终因耻于向刘邦称臣，在途中自刎而死。留在岛上的五百人，听说田横已死，也都自杀了。这两句意思是说：田横门下的五百义士，如今到哪里去了呢？难道回到汉朝，能都封为列侯吗？这里用以同上述"牢盆狯客""团扇才人"作对照。

⑧ 曾燠罢官在道光六年，而此诗则作于道光五年，故不可能是为曾燠罢官而作。

苦情绪；反映出对压制人才、摧残人才的统治者的强烈控诉和批判。如《夜坐》二首：

春夜伤心坐画屏，不如放眼入青冥①。一山突起丘陵妒，万籁无言帝座②灵③。塞上似腾奇女气④，江东久陨少微星⑤。平生不蓄湘累问⑥，唤出姮娥诗与听。

沉沉心事北南东，一睨人才海内空。壮岁始参周史席⑦。暮年惜堕晋贤风⑧。功高拜将成仙⑨外，才尽回肠荡气中。万一禅关⑩砉然⑪破，美人如玉剑⑫如虹。

这两首诗，是诗人的细心观察与缜密思考、深沉悲凉与激励奋发的结晶。诗篇既愤慨于朝廷的高压政策，使海内出现人才尽绝的危机；诗人自己也不容于时，无法施展其聪明才智；同时，又寄希望于能够打破关卡和束缚，让人才辈出，为社会的变革效力。诗人声言，他不像屈原那样，胸中蕴蓄了许多问题要求老天做出解答；但是，他的一腔忧愤之情，只好请月里嫦娥出来听一听他在诗篇中所表示的衷曲了。

浮沉下僚的境遇，还使得龚自珍经常处于拮据的生活之中。有时候，

----

① 青冥：幽暗渺茫的天空。
② 帝座：指北极第二星。古代星象迷信以此为星象征帝王。
③ 灵：威灵。
④ 奇女气：奇人将出的征兆。语见《汉书·外戚传》。
⑤ 少微星：古代认为象征士大夫的星。
⑥ 湘累问：指屈原的《天问》。湘累：指屈原。
⑦ 周史：周王朝史官。这里借指自己三十岁时在内阁充国史馆校对，参加修撰《一统志》的工作。
⑧ 晋贤风：指晋代文士的一种狂放自傲，蔑视礼法的风气。所谓"惜"，是反语。
⑨ 拜将成仙：指韩信被拜为大将和张良在定天下后修炼神仙之术的故事。
⑩ 禅关：佛家语。借指限制人才的束缚和关卡。
⑪ 砉然：皮肉分离声。
⑫ 美人、剑：隐喻作者的理想。

他不得不靠借债过日子。如《潘阿细碣》中云："细有钗，直十金；何贷之，籴米盐；久不偿，惭以怵！"潘阿细，是他友人王元凤的妻子。王元凤被谪远戍后，她寄居在龚自珍的家里。因为经济紧张，何吉云曾向她借钗换钱去买米盐，但久久不能偿还。在《与吴式芬笺》中，他又说过："昨承通挪，数虽不多，情同千镒，甚感甚感。"为了一笔小小的借款而如此谦恭致意，这也说明龚自珍的日常生活已经窘迫到何种程度。

不仅如此，他在给吴虹生的信中，还多次提到应付别人上门讨债的狼狈情状。如：

> 弟此节俗冗，焦头烂额，对月对酒皆不乐。樽前月下，尚有剥啄之声①，如御十万敌，必须在家首先搪拒，竟无福前来望见颜色矣。红生十四哥大人节喜。
>
> ——《与吴虹生书》（八）

这是多么难堪的景象呀！龚自珍由早年比较优裕的贵公子生活，一下子跌落到这般困顿的地步，确实是可悲的。

但是，龚自珍十分清楚，这一切，并不仅仅是因为俸禄低微或发生意外事故②时才出现的。他在《寒月吟》之二中，便曾明确地道出问题的症结所在：

> 朴愚伤于家，放诞忌于国。皇天误矜宠，付汝忧患物。

原来它们都是老天爷，也就是朝廷所特别赐予的呵。

基于这样的认识，龚自珍也就不再有什么非分之想，相反，倒有点"乐天安命"似的过着这窘困的日子。而且，他还把个人的忧患同社会的危机联系在一起，从而显示了他的襟怀的冲淡和开阔。如在《赋忧患》中

---

① 剥啄之声：指索债人敲门的声音。

② 道光十八年冬，龚自珍在北京任礼部主客司主事时，曾因故（具体情况不详）被夺俸钱，生活陷入极端贫困，以致不得不向朋友乞籴。见《乞籴保阳》诗。

写道：

> 故物人寰少，犹蒙忧患俱。春深恒作伴，宵梦亦先驱①。不逐年华改，难同逝水徂，多情谁似汝，未忍托禳巫②。

这首诗，写自己多年来的痛苦感受，其中，便也包含着对内忧外患的社会所表示的执着、关切之情。这在封建时代怀才不遇的文士中，实在是难能可贵的。

十一、己亥出都

道光十九年（1839），岁次己亥，龚自珍四十八岁。四月间，他弃官南归，仓皇出都，经历着他在人生征途上的一次重大的转折。

关于出都的原因，吴昌绶《定庵先生年谱》载云：

> 先生官京师，冷署闲曹③，俸入本薄，性既豪迈，嗜奇好客，境遂大困，又才高动触时忌；至是以闇斋先生年逾七旬，从父文恭公④适任礼部堂上官，例当引避，乃乞养归。

这段记载，大体上是有依据的。其中有些情况，我们已在前面的有关章节里，分别作过叙述。但是，吴昌绶却忽略了龚自珍弃官出都的真正原因，没有指出他同当权的顽固派和投降派之间发生过深刻的矛盾冲突。虽然他也曾注意和提到了"才高动触时忌"这一点，可惜语焉不详。

那么，龚自珍弃官出都的真正原因究竟是什么呢？据清代汤鹏记载，这是因为"忤其长官，赋归去来"。汤鹏这两句话，见于他的《海秋诗后

---

① 驱：赶到。
② 禳：祭神祷告，祈求解除灾难。
③ 署、曹：官署。
④ 文恭公：即龚守正。

集·赠朱丹木》诗自注。该诗写作，距龚自珍去世不过两年。而且汤鹏和龚自珍又是亲密的朋友，彼此十分熟悉。这一记载，当不至于有什么讹误。又据近人张尔田①云："定庵出都，因得罪穆彰阿②"；"定庵为粤鸦片案主战，故为穆彰阿所恶。"③张氏与龚家世姻，熟谙内情，恐亦非无据。

道光十九年前后，清廷朝政日非，时事日警，围绕着英国利用鸦片入侵事件，主战、主和两派，朝议纷纷。龚自珍位居下僚，本可不卷进这场斗争中去。但是，他出于对国家的关切，毅然地站到了主战派的行列。他往往越位言事，引起当权的顽固派、投降派的极大憎恨。

道光十八年（1838），湖广总督林则徐入京，向道光皇帝陈述禁止鸦片事宜，奉旨以钦差大臣身份到广东查办鸦片，兼指挥水师。行前，龚自珍作《送钦差大臣侯官林公序》，极言战守之策，并陈"决定""答难""归墟"诸义，以坚其心，深望其由一省之治，使"中国十八行省银价平，物力实，人心定"。另外，又表示愿意亲自去广东，对林则徐进行具体的协助。然而，当权的顽固派、投降派，哪里会同意他的要求呢？结果，连林则徐为此也感到十分复杂和为难。在致龚自珍的复札中，林则徐说：

> 惠赠鸿文，不及报谢，出都后，于舆中细绎大作，责难陈义之高，非谋识宏远者不能言，而非关注深切者不肯言也。……至阁下有南游之意，弟非敢沮止旌旆之南，而事势有难言者。

正是在这种情势之下，龚自珍有意识地下定决心，离开京师，另求施展抱负的机会。他对一般人所企望久留的皇城，感到一天也不能再待下去。有时候，甚至郁闷得呕出血来。如他在给朋友的一封信中说：

---

① 张尔田：字孟劬，浙江人。1945年卒。曾任北京大学、燕京大学教授。
② 穆彰阿：道光朝军机大臣，深受皇帝恩宠。他阻止禁烟，打击主战派。鸦片战争中，实行卖国投降政策。
③ 见钱穆：《中国近三百年学术史》，商务印书馆1997年版，第612页。

弟因归思郁勃，事不如意，积痗^①所鼓，肺气横溢，遂至呕血半升，家人有咎^②酒者，非也。

——《与吴虹生书》（一）

所以，当他于四月二十三日离开北京的时候，行色仓皇，意志坚决，大有"壮士一去兮不复还"的味道。他没有携带妻子儿女和仆从，只是以一车自载，一车载文集百卷以行。他在京前后数十年，结识的朋友很多，可是只有吴虹生一人敢于在京城外七里的桥头，和他洒泪话别。

但是，这次出都南返，却为龚自珍的诗文创作带来了意料不到的重大收获。其标志，就是他写作了在中国古代诗歌史上堪称绝唱的《己亥杂诗》。

《己亥杂诗》凡三百一十五首，是一部以七绝形式写成的大型组诗。它占龚自珍现存诗的半数以上，是龚诗的代表作。它的产生，表现了龚自珍在诗歌艺术上的独创能力，同时也是诗史上的一个奇迹。他在追述这组诗产生的经过时说：

弟去年出都日，忽破诗戒，每作诗一首，以逆旅鸡毛笔书于帐簿纸，投一破簏中，往返九千里^③，至腊月二十六日抵海西别墅，发簏数之，得纸团三百十五枚，盖作诗三百十五首也。

——《与吴虹生书》（十二）

看来似乎是不甚经意之作；可是，实际上这组诗的写作目的非常明确，并且有着严密的结构和系统性，是一个有机的、统一的整体。诗人有

---

① 痗：忧病。
② 咎：罪怪。
③ 往返九千里：龚自珍出都后，于七月初九日回到故乡杭州。八月底到昆山羽琌山馆小住。九月十五日，再由昆山出发北行，至十一月间到达河北固安等候家眷。其妻何吉云携儿子橙、陶，至固安相会，一同南返。至十二月二十六日回到昆山。所谓"往返九千里"者，指此。

意把南北往返途中的社会见闻、个人心迹，"乃至一坐卧、一饮食，历历如绘"①地表现出来。同时，又通过回忆，将自己的生平、著述、交游、宦迹、政治主张以及思想发展等等，都在组诗中做了具体的反映。所以，这部组诗，除了艺术上的成就之外，还是研究龚自珍生平思想的一份重要资料；而且，对研究鸦片战争前夕的中国社会，也有着很大的参考价值。

《己亥杂诗》比较突出地反映了诗人晚年认识生活、批判社会的能力，已经达到了一个新的高度。比如，开头的几首诗是这样写的：

　　罡②风力大簸春魂③，虎豹沉沉卧九阍④。终是落花心绪好，平生默感玉皇⑤恩。

　　浩荡离愁白日斜，吟鞭东指即天涯。落红不是无情物，化作春泥更护花。

　　太行一脉走蜿蜒，莽莽畿西虎气蹲。送我摇鞭竟东去，此山不语看中原。（别西山）

这里写的虽然都是诗人在此时此地的独特感受，但，"一叶知秋"，它们却在总体上概括地反映了那个时代的黑暗、窒息的气氛，病入膏肓的严重危机以及对文士的沉重压迫。所谓"罡风""虎豹"等凶恶形象及其肆虐情景，恰是那个时代窃据要津的顽固派、投降派拨弄朝政的形象体现。所谓"此山不语看中原"，则是对那个危机四伏、不堪收拾的社会的深沉慨叹。而所谓"终是落花心绪好，平生默感玉皇恩"者，只不过是一种曲笔、反语，借以表示对自己遭遇的不满和戏嘲，在一定程度上反映着当时文士们的共同情绪。至于"落红不是无情物，化作春泥更护花"这样的名

---

① 《与吴虹生书》（十二）。
② 罡风：高天的风。
③ 春魂：原指宫人之魂，此借指花。
④ 九阍：指朝廷。
⑤ 玉皇：道家所说的"天帝"。这里暗喻皇帝。

句，其含义，则是显豁的。它告诉人们，弃官出都，仓促南返，虽然宣告了龚自珍在仕途上的挫折，然而，他绝不会自此而一蹶不振，对一切都感到绝望；相反，他要到更广阔的地方去，以便进行新的战斗，尽可能地为国为民效力，多做贡献。

由于走出了京师，走出了书斋，龚自珍的视野开阔了，接触的人和事物也更多了。世上疮痍，人间疾苦，他都有机会直接地进行观察，并在某种程度上设身处地地去思考或分担一部分苦痛。因此，《己亥杂诗》中某些有关国计民生和人民灾难的诗篇，思想感情也就更加亲切和深挚。如：

满拟新桑遍冀州①，重来不见绿云稠。书生挟策成何济？付与维南②织女愁。（曩陈北直种桑之策于畿辅大吏）

只筹一缆十夫多，细算千艘渡此河。我亦曾糜太仓③粟，夜闻邪许④泪滂沱。（五月十二日抵淮浦⑤作）

不论盐铁不筹河⑥，独倚东南涕泪多。国赋三升民一斗，屠牛那不胜栽禾？

这几首诗，是颇为感人的。龚自珍没有如一般诗人（包括某些进步诗人）那样，在表现人民疾苦时，往往采取一种纯客观的描述，或者居高临下，给人民以一种赐予式的怜悯和同情。相反，他的态度是真诚的、平等的，并将自己的认识、感情，倾注到作品中去。这里引的第二首诗，是他在抵淮浦时作的。一方面，对纤夫的繁重劳动和悲惨生活深表同情，并细算朝廷给他们所带来的深重苦难；另一方面，又反躬自省，深愧有负于劳

① 冀州：指清代的直隶省。
② 维南：泛指南方。
③ 太仓：京师的国家粮仓。
④ 邪许：指纤夫劳动时的号子声。
⑤ 淮浦：今江苏清江市，旧称清江浦。
⑥ 筹河：筹划治理黄河。

动人民的供养，不禁泪如雨下。这情感，实在是难能可贵的。而且，它还会促发读者的联想，正是那些尸位素餐的王公大臣们，给下层人民带来了无穷无尽的灾难。

特别是，《己亥杂诗》中的几首评议鸦片事件的诗，鲜明地表现了龚自珍的炽烈的爱国主义精神以及报国无门的悲愤。诗云：

> 津梁条约遍南东①，谁遣藏春深坞②逢？不枉人呼莲幕客③，碧纱橱护阿芙蓉④。
>
> 鬼灯⑤队队散秋萤，落魄参军⑥泪眼荧。何不专城⑦花县⑧去？春眠寒食未曾醒。
>
> 故人横海拜将军⑨，侧立南天未蒇勋⑩。我有阴符⑪三百字，蜡丸⑫难寄惜雄文。

第一首诗，诗人揭露了一个重要的社会问题，即清政府虽在东南各省港口明令禁止鸦片入口，可是鸦片走私活动和设烟馆的现象却普遍存在着；而且从事这些非法活动的，又大都是被人称为"莲幕客"的幕僚们。既然他们带头去干，那么，大量的走私活动，又怎能够禁止得了呢？

---

① 津梁条约：指清政府禁止贩运鸦片的条例和规定。津梁，渡口和桥梁。

② 藏春深坞：北宋官僚刁约，晚年在镇江筑藏春坞，闲居游乐。这里借指吸食鸦片的地方。

③ 莲幕客：幕僚。

④ 阿芙蓉：鸦片的别名。

⑤ 鬼灯：比喻鸦片烟灯。

⑥ 参军：官名，历代职务不同。这里泛指官吏。

⑦ 专城：一城之主。

⑧ 花县：借指盛产阿芙蓉（花）的地方。一说为广东之花县，在广州市北，是鸦片进口处。

⑨ 此句指林则徐受命禁止鸦片，兼指挥水师。

⑩ 蒇勋：大功告成。

⑪ 阴符：古兵书名。此借指诗人有关抵御外国侵略的意见。

⑫ 蜡丸：指献计的密书。

在第二首诗里，诗人生动地刻画和讽刺了鸦片烟鬼们的丑态。大约在此前的七八年，魏源在其《江南吟》中，就写过吸食鸦片之害。如云："不知何国香风过，醉我士女如醇酎。夜不见月与星兮，昼不见白日，自成长夜逍遥国。长夜国、莫愁湖，销金锅里乾坤无。"对沉湎于吸食鸦片的人进行了形象的揭露。但是，龚自珍的这首诗，更使人感到憎恶和惊怵。试想，在那鸦片烟谙内，鬼灯队队，鬼影幢幢，他们不辨晨昏，醉生梦死。每当烟瘾发作的时候，涕泪交流，丑态出尽。他们已无廉耻之心，早把国家、民族的利益，统统置诸脑后，即使在传统的禁举烟火的寒食节，他们也照样大吸其鸦片而不知省悟。此情此景，怎能不使关心国事的人为之焦虑和愤怒！

"故人横海拜将军"一诗，是诗人为怀念林则徐而作的。近一年的时间，时局和个人都有很多的变异，可是抵御外侮之心，仍然耿耿于怀。当此漂泊无依之际，益增壮志难酬和报国无门之叹。

当然《己亥杂诗》中最引人注目的篇章，乃是龚自珍在过镇江的时候写作的那首著名的绝句：

九州生气恃风雷，万马齐喑①究可哀。我劝天公重抖擞，不拘一格降人才。

这首诗，是《己亥杂诗》中的最强音。诗末自注："过镇江，见赛②玉皇及风神、雷神者，祷词万数。道士乞撰青词③。"其实，这哪里是什么"青词"呢？龚自珍只不过是借题发挥，通过它揭露和批判清王朝的残酷统治带给人们的思想禁锢和精神创伤，造成了一个死气沉沉的局面。他预言一场大的变革不久将会到来，并且热情呼唤变革的风雷狂驰迅击，一扫"万马齐喑"的沉闷、窒息气氛，意气风发地参与创造新局面的活动。所

① 喑：哑。
② 赛：指赛神会。
③ 青词：道教的祭神文，用朱笔写在青藤纸上，因称青词。

以，这首诗，也是他一贯鼓吹变革、要求变革思想的集中体现。

《己亥杂诗》也有它的缺点。表现在内容上，其中不乏"选色谈空"以及其他没有什么积极意义的篇章；在艺术上，也有一些不求工整的率意之作。不过，这只是"白璧之玷"，而对研究龚自珍诗作的思想和艺术来说，它们都同样有着不可忽视的重要价值。

十二、丹阳暴卒

道光二十一年（1841）的八月，刚到上海驻守不久的江苏巡抚梁章钜，正兴高采烈，吩咐仆从打扫庭宇，安排床铺，准备迎接龚自珍的到来，共同讨论防堵英国的侵略事宜。不料，没有几天，却传来了龚自珍于八月十二日（1841年9月26日）在丹阳云阳书院暴卒的凶讯。他禁不住老泪纵横，写了一首挽诗：

> 渤海佳公子，奇情若老成。文章忘忌讳，才气极纵横。正约风云会，何缘露电惊。旧时过庭地，忠孝两难成。

一切是这样的突然。几天之前，他们明明是还在通信"论时事"，龚自珍"并约即日解馆来访，稍助筹笔"。可是现在，龚自珍连他自己也毫无思想准备地、永远地和灾难深重的祖国诀别了。梁章钜怎能不"为之泫然"[1]，长歌当哭呢！

是的。在封建社会中，先进的文士们，大都是逃脱不了"人生才命相妨"这个带有规律性的遭遇的。龚自珍对此也早有深切的体会。可是，他似乎比封建社会中的一般文士更加不幸和困顿。那个腐败黑暗的社会，对他是太不公平、太苛刻了。

他在己亥出都之后，费了近十个月的时间，才好不容易将家小在昆山安顿了下来。第二年，即道光二十年（1840），他每个月都要经水路往还

---

① 引文均见梁章钜：《师友集》。

于老家杭州与昆山之间，分别照料着年迈的父亲和无力自给的妻子儿女。所谓"在舟中之日居多"①，就是这种生活的实录。不过，从所著《庚子雅词》看，这一年，他在两地奔波的同时，确乎也过着"颓放无似"②的风流名士的生活。某生在致友人书中说他："所至通都大邑，杂宾满户，则依然渠二十年前承平公子故态，其客导之出游，不为花月冶游，即访僧耳。"③在这一段时间里，表现得尤为突出。这种不检细行的浪漫生活，反映了封建地主阶级的情趣，是不足取的。

八月间，他去过南京，游秦淮河，曾涉足青楼，并住在"溪山幽绝，人迹罕至"④的四松庵。不久，又去苏州，寓沧浪亭，同友人王子梅等谈艺甚欢，王子梅推誉他为艺坛"教主"。

然而，我们又同时看到，龚自珍的心情是极为矛盾和复杂的。他在一首调寄《定风波》的词中，一面说："除是无愁与莫愁，一身孤注掷温柔。"但是又说："晚岁披猖终未肯，割忍，他生缥渺此生休。"他是多么痛苦啊！

不过，他的一腔报国热忱，从未消歇。当他写信给吴虹生时，还殷殷拜托吴虹生转告在京的老朋友："见时说定庵心绪平淡，虽江湖长往，而无所牢骚，甚不忘京国也。"⑤

道光二十一年（1841）一月，龚自珍终于经不住一年多浪迹江湖生活的磨难，于大年初三匆匆离开家门，去就任丹阳云阳书院的讲席。对于担任这件事，他也是出于无奈的。他说：

> 弟今年仍不能不出门，向来薄宋士大夫罢官后乞祠官，今之书院讲席，又出领祠之下，乃今日躬自蹈之。已就丹阳一小小讲席，岁修不及三百金，背老亲而独游，理兔园故业，青灯顾影，悴可知已。
>
> ——《与吴虹生书》（十一）

---

① 《与吴虹生书》（十二）。
② 《与吴虹生书》（十二）。
③ 见《己亥杂诗》之一〇二首后附录。
④ 《庚子雅词·应天长》小引。
⑤ 《与吴虹生书》（十二）。

三月间，龚丽正在杭州病故，他赶忙回到家中办理父亲的丧事，并接替父亲任紫阳书院讲席，仍兼丹阳讲席。七月，再到丹阳，住于县署。至八月十二日，以暴病死于云阳书院。终年五十岁。

龚自珍充满活力的生命，就是这样被黑暗的社会所吞噬了。这是他个人的悲剧，也是时代的悲剧。然而意想不到的是，在他死后，关于死因的问题，竟然引起截然不同的议论，直接影响着对他的评价。这里似有说明的必要。

一说，龚自珍的暴卒，是由于他与顾太清有暧昧关系，两年前即因此被迫出都，终被顾的夫家害死。这一说法，纯系附会。几十年前，即为北京大学教授孟森先生所详加驳斥，不能成立。

一说，龚自珍因眷恋妓女灵箫，同别人发生了争风吃醋的丑事，结果，灵箫受别人指使，毒死了他。这一说法，也找不到任何根据。

还有一说，即认为龚自珍的暴卒，与穆彰阿的迫害有关。这一说法，联系到龚自珍出都前后，一直与当权的投降派做斗争以及近期将赴上海协助梁章钜防堵外侵的情况，倒是很有可能的。

十三、诗歌成就

作为文学家和诗人，龚自珍在文学方面的最高成就，是他的诗歌创作。他以自己的诗歌主张和实践，成为近代诗坛首开风气的奠基诗人。

不同凡响的诗歌主张

龚自珍没有专门的论诗著作。但是，散见在诗文集中有关诗歌的片段论述，却相当系统地表达了他的见解。

他非常重视诗的作用，强调诗与史要联系起来。他说：

> 诗人之指，有瞽献曲之义，本群史之支流。又诗者，讽刺诙怪，

连犴①杂揉，旁寄高吟，未可为典正。

——《乙丙之际塾议第十七》

他认为，诗"本群史之支流"，应当成为社会历史批评的一种形式。这是一个新的看法。所谓"未可为典正"，不是对诗含有菲薄的意思，而是要区分"群史"与"正史"的界限。他解释说："群史之法，颇隶太史氏，不见述于孔氏"，既"言祥"，又"言凶"，比较符合客观现实，表达作者自己的褒贬态度；它不像"正史"那样，要完全按照统治者的意图编纂，带有浓厚的统治阶级观点。对于自己的诗，他反复说明："贵人相讯劳相护，莫作人间清议看"（《杂诗，己卯自春徂夏，在京师作，得十有四首》之八）；"安得上言依汉制，诗成侍史佐评论"（《夜直》），自觉地把诗作为"著议""评论"的武器。因此，他的诗，大都具有充实的内容，反映出时代和个人的风貌。这种见解，和那些把诗当作歌功颂德、粉饰太平工具的主张，是很不一样的。

他主张诗必须反映现实，诗人要有丰富的社会阅历和历史知识。他在叙述自己戒诗以后，为什么又要破戒的时候说过：

顾弢②语言，简文字，省中年之心力，外境迭至，如风吹水，万态皆有，皆成文章，水何容拒之哉！

——《与江居士笺》

这就是说，风（社会现实）吹水（诗人心境）动，诗人不可能无动于衷。诗人必须把社会现实生活，真实地反映到作品中来，才能尽到自己的责任。

关于社会阅历问题，他在《送徐铁孙序》中说：

---

① 连犴：相从随和。
② 弢：掩藏。

平原旷野，无诗也；沮洳①，无诗也；跷确②狭隘，无诗也；适市者，其声嚣；适鼠壤者，其声嘶；适女间③者，其声不诚。天下之山川，莫尊于辽东。辽俯中原，逶迤万余里，蛇行象奔，而稍稍泻之，乃卒恣意横隘，以达乎岭外。……要之山川首尾可言者则尽此矣。

徐铁孙为辽东人，故序中侧重说："天下之山川，莫尊于辽东。"实则，龚自珍以为，诗人必须具有丰富的社会阅历，方能扩大视野，增长见识，使作品的内容具备一定的广度和深度。但是，仅仅做到这一点，还是不够的。因而，他又说道：

于是乃放之乎三千年青史氏④之言，放之乎八儒、三墨、兵、刑、星气、五行，以及古人不欲明言，不忍卒言，而姑猖狂恢诡以言之之言，乃亦揫证之以并世见闻，当代故实，官牍地志，计簿客籍之言，合而以昌其诗，而诗之境乃极。则如岭之表，海之浒，磅礴浩汹，以受天下之瑰丽，而泄天下之拗怒也，亦有然。

这里更进一步要求诗人广泛学习古代文化遗产，把书本上的历史知识和实际的社会经验结合起来，发前人之所未发，这样，才能达到诗的最高境界。

他提倡"诗与人为一"说，力求做到"完"。在《书汤海秋诗集后》一文中，列举唐代以来的著名诗人李白、杜甫、韩愈、李贺、李商隐、苏轼、黄庭坚、元好问以及吴梅村等，称赞他们"皆诗与人为一，人外无诗，诗外无人，其面目也完"。但这"完"字，究竟有哪些具体内容呢？龚自珍解释说，诗人"心迹尽在是，所欲言者在是，所不欲言而卒不能不

---

① 沮洳：低湿之地。
② 跷确：土地坚瘠。
③ 女间：旧称娼妓居住的地方。
④ 青史氏：古代以竹简记事，因称史书为青史。

言在是，所不欲言而竟不言，于所不言求其言亦在是。要不肯捋扯①他人之言为己言"。这就是说，诗必须抒发作者的真实的思想感情，要表现出作者鲜明的个性，真正做到诗如其人。这在当时是很有意义的。它尖锐地批评了诗坛脱离现实的不良倾向。

他主张诗要平易、自然。他说：

> 欲为平易近人诗。……
> ——《杂诗，己卯自春徂夏，在京师作，得十有四首》之十四
> 万事之波澜，文章天然好。不见"六经"语，三代俗语多。
> ——《自春徂秋，偶有所触，拉杂书之，漫不诠次，得十五首》
> 之十二

但是，在这个问题上，后人对他是有误解的，总是认为他好像专爱写些晦涩的诗。实际上，他是不愿意那样去做的。在他现存的诗作中，确乎有不少平易近人、自然流畅的篇什。他的不避"俗语"，不假雕琢，为黄遵宪"我手写我口"的主张，提供了有益的借鉴。

大转折时代的形象写照

龚自珍一生，写作了大量诗歌。据《己亥杂诗》第65首自注："诗编年始嘉庆丙寅（1806），终道光戊戌（1838），勒成二十七卷。"道光十九年（1839）写作的《己亥杂诗》三百一十五首以及后来写作的诗，都未计算在内。但很可惜，他从十五岁至二十七岁之间（1806—1818）的作品，已经全部亡佚了。现存的各体诗，仅有六百余首。

龚自珍的诗具有强烈的时代气息、卓绝的见识和战斗精神，同时又有比较完美的艺术形式，以及强烈的艺术效果。这些成就，是使他区别于和高出于同时代作家的重要原因之一。

但是，我们知道，龚自珍的诗取得这些成就，并不是很容易的。他的

---

① 捋扯：摘取。

诗歌创作，同其思想发展一样，也经历了一段相当复杂、曲折和艰辛的历程。

他的好友孔宪彝在一首诗中说过："戒诗以后诗还富，哀乐中年感倍增。"①这两句诗，恰好是对龚自珍现存的诗的最概括、最准确的说明。据资料记载，龚自珍曾三次戒诗。第一次是在嘉庆二十五年（1820）的秋天，第二次是在道光七年（1827）的夏秋之间，第三次是在道光十九年（1839）出都南下之前。这三次戒诗，直接的、具体的原因，现在都还不太清楚；但是，当时的政治压迫、文网威胁，给他以深刻的影响，都是可以肯定的。他说：

> 危哉昔几败，万仞堕无垠。不知有忧患，文字樊其身。岂但恋文字，嗜好杂甘辛。
>
> ——《自春徂秋，偶有所触，拉杂书之，漫不诠次，得十五首》之十四

这分明道出了文章招忌的事实。不过，这几次戒诗，时间都不很长，几乎旋戒又旋破了。如道光七年那次戒诗，他曾说："今年真戒诗，才尽何伤乎！"②而实际上，他这一年并未严格戒诗，相反，却留下了六十多首诗，占现存诗总数的十分之一。这是很值得注意的。

在第一次戒诗的时候，他专门写了《戒诗五章》，以记述自己的心迹。其二云：

> 百脏发酸泪，夜涌如原泉。此泪何所从？万一诗祟焉。今誓空尔心，心灭泪亦灭。有未灭者存，何用更留迹？

当时龚自珍正潜心向禅，企图从佛门中寻求精神上的解脱。可是，在

---

① 孔宪彝：《龚定庵在吴中寄示己亥杂诗刻本，读竟题此，即效其体》，《对岳楼诗续录》卷一。

② 《自春徂秋，偶有所触，拉杂书之，漫不诠次，得十五首》之十五。

是否戒诗这个问题上，乃然掩盖不了自己的矛盾心情。虽然最终还是戒诗了，但一旦幽愤满腔，他又顾不得许多时忌，奋然破戒。第二年，即道光元年（1821）的夏天，他考军机章京未被录取，于是，便愤而赋《小游仙诗》十五首，对官场的鬼蜮伎俩和炎凉世态，作了痛快淋漓的讽刺。所以，他说自己"戒为诗，于毁语言，简思虑之指言之详，然不能坚也"①。

只是在这种矛盾、复杂的情况下，龚自珍在写诗时，就不能不存有这样或那样的戒心：

> ……第一欲言者，古来难明言。姑将谲言之，未言声又吞。不求鬼神谅，翘向生人道？东云露一鳞，西云露一爪。……况凡所云云，又鳞爪之余。
>
> ——《自春徂秋，偶有所触，拉杂书之，漫不诠次，得十五首》之十五

遮遮掩掩，吞吞吐吐，不能直抒胸臆，写下的又尽是"鳞爪之余"，这中间，该含有多少的隐痛和苦衷呵！于此，人们也不难理解，龚自珍的诗为什么会有那么一些比较晦涩难懂的篇章了。

但是，从总体上看，龚诗并不是不可理解的。在我国古代著名诗人中，能够在自己的作品里深刻表现时代的面貌以及个人的情绪，显现出极其鲜明的个人风格的，应当说，龚自珍是相当突出的一位。

首先，揭露和批判社会黑暗，始终是龚诗的一个基本主题。例如，嘉庆二十五年（1820）写的《逆旅题壁·次周伯恬原韵》诗：

> 名场阅历莽无涯，心史纵横自一家。秋气不惊堂内燕，夕阳还恋路旁鸦。东邻嫠老难为妾，古木根深不似花。何日冥鸿踪迹遂，美人经卷葬年华。

---

① 龚自珍：《跋破戒草》。

这首诗，本为哀叹自己会试下第以及周伯恬怀才不售的不幸遭际而作，可是，由于凝聚了诗人长期在"名场"中的阅历感受，反映的却是一幅充满迟暮之感的风俗图画。尤其是"秋气不惊堂内燕，夕阳还恋路旁鸦"一联，最精炼不过地把当时醉生梦死的社会面貌勾勒出来了，从而使人们认识到，这"秋气""夕阳"，正是鸦片战争前夕社会危机的准确概括。

在另一首诗里，他又写道：

> 楼阁参差未上灯，菰芦深处有人行。凭君且莫登高望，忽忽中原暮霭生。

诗末自注："题陶然亭壁。"它表面上也似乎确是一首普通的即景题壁诗，实则，寓意是颇为深长的。所谓"菰芦深处有人行"，正如有的人所说，其中隐喻着京师内外反抗清王朝会党人物的潜伏活动；而"忽忽中原暮霭生"，则更透露出龚自珍对弥漫全国的社会危机的预感和忧虑。

因此，这两首诗，不论诗人的主观意图如何，客观上都深刻揭示了封建统治的反动腐朽的本质，揭示了清王朝所面临的无可挽回的衰败颓势。

不仅这样，龚自珍还注意到从社会的各个侧面，尤其是从上层社会的各个侧面去进行解剖，具体地描绘他所处时代的病态。如《行路易》一诗，有意将乐府古题《行路难》，易名为《行路易》，实为一种反语，借以传达内心更为愤激的情绪，引起读者的注目。诗中所言："东山猛虎不吃人？西山猛虎吃人。南山猛虎吃人，北山猛虎不食人？漫漫趋避何时已"，以及"我欲食江鱼，江水涩咙喉，鱼骨亦不可以餐；冤屈复冤屈，果然龙蛇蟠我喉舌间，使我说天九难，说地九难"，等等，都形象地表现了那个时代官场上的黑暗和险恶。其他如《伪鼎行》《汉朝儒生行》《歌哭》等诗，有的托物影射，有的借古讽今，有的直发议论，都对当时官僚们的欺世盗名，统治阶级内部的排挤倾轧，以及文士们的虚情矫性，作了无情的讽刺和抨击。

其次，关心和同情人民疾苦，是龚诗的一个重要内容。龚自珍是在中国近代史的前夜最先"睁眼看世界"的先进人物之一。他比其他人更加自觉地看到社会危机的严重性以及人民大众所蒙受的深重苦难。道光七年（1827），他在《自春徂秋，偶有所触，拉杂书之，漫不诠次，得十五首》之二中写道：

> ……四海变秋气，一室难为春。宗周若蠢蠢，褰纬烧为尘。所以慷慨士，不得不悲歌。看花忆黄河，对月思西秦。贵官勿三思，以我为杞人。

他是以"杞人"自命，对国家、人民的命运，表示严重的关切和忧虑的。我们从他现存的诗篇中见到，只要有机会，他总是要对民生疾苦的有关问题，表示自己的意见和建议，并且希望朝廷和各级官府能够采取措施，切实解除人民的痛苦，使国家强盛起来。当他窘困万状，前去保阳借债的时候，还念念不忘提出种植桑树、发展纺织的建议，用以抵御英国殖民主义者的侵略。他说：

> 我观畿辅间，民贫非土贫。何不课以桑，治织纴组紃①？昨日林尚书②，衔命下海滨。方当杜海物，氄毳③拒其珍。中国如富桑，夷物何足捃④？
>
> ——《乞籴保阳》之三

他的这种反对外国掠夺，维护民族经济的思想，反映了强烈的爱国主义精神，在那个时代，实在是非常难得的。

第三，鼓吹变革，坚持理想，是贯串龚诗的一条主线。龚自珍一生乖

---

① 纴组紃：纴，布帛；组，丝带；紃，丝绳；这里泛指丝织品。

② 林尚书：指林则徐。

③ 氄毳：细毛，这里代指进口的呢绒毛料。

④ 捃：取。

舛，哀乐过人，反映在诗歌作品中，有不少篇章涂上了浓重的感伤色彩。如《己亥杂诗》之一二〇云：

> 促柱危弦觉太孤，琴边倦眼眺平芜。香兰自判前因误，生不当门也被锄。

这首诗便深刻地表现了诗人在沉重的黑暗势力面前，个人无力反抗的哀伤自悼的情绪。但是，他在屡经挫折之后，初衷始终不变；他要继续为社会的变革进行鼓吹和苦斗。如长诗《能令公少年行》，豪气纵横，才情逸放，其要旨便在于说明为人不要因年老而气馁，不要在困厄的境遇中"言愁无终"，消极下去；相反，应当放宽心怀，做自己应该做的事，让青春永葆，"而与年少争光风"。这首诗里，虽然也流露了不健康的情绪，但他在小序中说得很清楚："龚子自祷祈之言也，虽弗能遂，酒酣歌之，可以怡魂而泽颜焉。"

在另外一些诗篇里，他还以明确的语言，表达出为追求理想而战斗的那种"虽九死其犹未悔"的执着精神。如：

> ……酒杯清复深，秋士多春心；且遣秋花妒，毋令秋魄沉。
> ——《秋夜花游》

> ……死我信道笃，生我行神空。障海使西流，挥日还于东。
> ——《自春徂秋，偶有所触，拉杂书之，漫不诠次，得十五首》之一

这些诗句，都描绘了一个美好、坚定的志士形象。

他甚至准备效法西汉大政治家晁错"朝衣东市"的故事①，决心为实

---

① 朝衣东市：晁错曾向汉景帝提出"削藩策"，坚持国家统一，反对地方分裂，被吴王刘濞以"清君侧"为名，加以杀害。晁错当时身穿朝衣，在长安东市被斩。

现自己的理想付出最大的牺牲。即使被冤枉杀害，也心甘情愿。他说：

> 三寸舌，一枝笔，万言书，万人敌。九天九渊少颜色；朝衣东市甘如饴，玉体须为美人惜！

——《行路易》

当然，龚自珍的诗，在思想内容上也有着严重的局限和消极因素。他有时在执着于现实和愤慨于壮志难酬的同时，又不免转而逃避现实，洁身自好，企图从仰慕义士、赞美豪杰、缅怀前辈、追念童心、歌唱爱情，以至花月冶游、访僧谈佛等方面去寻求寄托。这样，就使他有时处于自相矛盾之中，暴露出他的时代的、阶级的局限性。尤其是所谓"风云材略已消磨，甘隶妆台伺眼波"[①]、"忽然阁笔无言说，重礼天台七卷经"[②]，表示要在醇酒妇人和礼佛参禅中讨生活，更不免流露出封建士大夫的卑俗和逃避现实斗争的怯懦。

别开生面的艺术特色

龚自珍的诗，是在中国封建社会末期和近代社会发端之际产生的一种别开生面的艺术。它以浪漫主义为基调，在继承我国古代诗歌进步传统的基础上，进行了许多有益的探索和创造。他的诗，使"天下震矜"，固然由于内容上的"声情沈烈，恻徘道上，如万玉哀鸣"；而艺术上的"变化从心，倏忽万匠，光景在目，欲捉已逝，无所不有"[③]的成就，更是令人为之心折的一个极其重要的因素。

龚诗的浪漫主义基调，首先植根于大转折的历史时代的土壤和强烈要求变革的先进思想的指导；其次，则渊源于对古代诗歌中浪漫主义传统的合理继承。关于前一点，我们通过对他的生平的介绍，大致可以了解它们

---

① 《己亥杂诗》之二五二。
② 《己亥杂诗》之三一五。
③ 程金凤：《己亥杂诗跋》。

之间的密切关系。而后一点，龚自珍自己则曾做过多次的说明。

他十分推崇庄子、屈原、李白，并把他们作为一脉相传的浪漫主义体系，加以研究和学习。他说：

> 庄骚两灵鬼，盘踞肝肠深。[①]

> 六艺但许庄骚邻，芳香悱恻怀义仁。[②]

> 庄、屈实二，不可以并，并之以为心，自白始。[③]

因此，他能够自觉地以庄子、屈原、李白作为榜样，吸取他们的成功经验，从事创作。在对待陶渊明的评价上，他也一反习惯的看法，不主张把陶渊明看作是和平静穆的"田园诗人"。他说：

> 陶潜诗喜说荆轲，想见停云发浩歌。吟到恩仇心事涌，江湖侠骨恐无多。
>
> ——《己亥杂诗》之一二九
>
> 陶潜酷似卧龙豪，万古浔阳松菊高。莫信诗人竟平淡，二分梁甫一分骚。
>
> ——《己亥杂诗》之一三〇

这也说明，他是如何善于从前人的遗产中，发现和撷取有益于自己的成分，用以作为创作的借鉴。

但是，由于时代和个人条件的差异，龚自珍不可能也不屑于机械地重复和模仿前人提供的程式。他不守故常，奋力创造，尽可能地使自己的诗作呈现出个人的艺术特色。这种特色，大致说来，有如下几点：

---

① 《自春徂秋，偶有所触，拉杂书之，漫不诠次，得十五首》之三。
② 《辨仙行》。
③ 《最录李白集》。

一是雄奇、平淡的风格。龚自珍的诗，千姿百态，异彩纷呈。不论是纵横议论时事的"著议"，还是委婉舒徐的抒情，都有着自己的鲜明个性。不过，比较而言，那雄奇、平淡的作品，却最能代表龚诗的艺术风格。

什么是"雄奇"呢？这主要是指那些不受格律束缚，刚健豪放，甚至带有几分粗野和"霸气"的诗篇。比如《西郊落花歌》：

> 西郊落花天下奇，古来但赋伤春诗。西郊车马一朝尽，定庵先生沽酒来赏之。先生探春人不觉，先生送春人又嗤。呼朋亦得三四子，出城失色神皆痴。如钱塘潮夜澎湃，如昆阳战①晨披靡。如八万四千②天女洗脸罢，齐向此地倾胭脂。奇龙怪凤爱漂泊，琴高③之鲤何反欲上天为？玉皇宫中空若洗，三十六界④无一青蛾眉。又如先生平生之忧患，恍惚怪诞百出无穷期。先生读书尽三藏⑤，最喜《维摩》卷⑥里多清词。又闻净土⑦落花深四寸，冥目观想尤神驰。西方净国未可到，下笔绮语⑧何漓漓⑨！安得树有不尽之花更雨新好者，三百六十日长是落花时。

这首诗，本写衰败的落花，一般情况，很容易写出落花的凋残不堪的景象，从而表现诗人对自己的命运无力主宰的心绪。但是，这首诗，却写得气势恢豪，形象飞动。龚自珍神游天外，想落人间，把衰败的落花描绘得如此绚丽璀璨，充满着生气。这种奇崛的思想和表现方式，确是独具个

---

① 昆阳战：指公元23年，汉光武帝为解除王莽军队对昆阳包围的一次战斗。是历史上以弱胜强的著名战役。昆阳，故城在今河南省叶县境内。

② 八万四千：佛家语。形容事物极多。

③ 琴高：人名，相传为战国赵人，善鼓琴。后修神仙之术，入琢水，乘赤鲤而出，又复入水去。

④ 三十六界：即三十六天，道教迷信说法。

⑤ 三藏：佛典经藏、律藏、论藏的总称。包藏一切教义。

⑥《维摩》卷：即《维摩诘所说经》，中有天女散花故事。

⑦ 净土：即所谓"极乐世界"，亦即下文的"西方净国"。

⑧ 绮语：佛家语。指杂秽不正的话，是佛戒十恶之一。

⑨ 漓漓：水流的样子。这里形容言词的滔滔不绝。

性的。

再看以下的例子:

> 狼藉丹黄窃自哀,高吟肺腑走风雷。不容明月沈天去,却有江涛
> 动地来。(右题方百川遗文)

这是《三别好诗》中的第二首。全诗仅二十八字,而气象却颇宏大。
他为了表示对方百川的景仰之忱,以充沛的激情,昂扬的格调,对其遗文
作了有声有色的评价。

什么是"平淡"呢?这就是龚自珍常说的"欲为平易近人诗,下笔清
深不自持"[①]中的"清深",或是那"万事之波澜,文章天然好"[②]中的
"天然"。"清深"和"平易",并不是互相矛盾的。所谓"清深",它本身
就包括作品的形式(如语言)和内容这两个方面。"清"指的是形式,
"深"指的是内容。两者应是有机的整体。在龚自珍的诗集中,按照这个
要求写的作品,占有相当的数量。比如:

> 夜起数山川,浩浩共月色。不知何山青?不知何川白?幽幽东南
> 隅,似有偕隐宅。东南一以望,终恋杭州路。城里虽无家,城外却有
> 墓。相期买一丘,毋远故乡故。而我屏见闻,而汝养幽素。舟行百里
> 间,须见墓门树。南向发此言,怳欲双飞去。

——《寒月吟》之一

> 弃妇丁宁嘱小姑,姑恩莫负百年劬。米盐种种家常话,泪湿红裙
> 未绝裾。

——《己亥杂诗》之十六

这些诗,信手拈来,不着痕迹,有如晤对故人,娓娓倾谈,于不经意
中流露出内心深处的细微流动的情绪,是很能表现他的"平淡"风格之一

---

① 《杂诗,己卯自春徂夏,在京师作,得十有四首》之十四。
② 《自春徂秋,偶有所触,拉杂书之,漫不诠次,得十五首》之十二。

斑的。

二是奇特巧妙的构思。这是龚诗艺术的又一重要特色。他想象丰富，构思奇特，创造了许多不寻常的诗的意境和形象。在他的诗集中，有不少气势磅礴，气象峥嵘，意境开阔，形象鲜明的名篇，最能引起人们浮想联翩，受到强烈的艺术感染。如：

> 黄金华发两飘萧，六九童心尚未消。叱起海红帘底月，四厢花影怒于潮。

> ——《梦中作四截句》之二

这是一首写梦境的诗。后两句中描写的景物，是人们常见的景象。但一经他精心结构，便使平常的景物于虚幻中出现，涂上了一层带有某种程度的神秘色彩。读者的面前，仿佛真有一轮明月应声而出，它照映四厢纷披的花影，怒盛如潮，展现出一幅绚烂多姿的画面。

又如：《夜坐》之二"春意伤心坐画屏"这首诗，他从现实到苍穹，从凡间到仙境，写出了否定黑暗、追求理想的意愿。诗末想唤出姮娥对语，以极写人才困厄之恨，也具有很大的艺术魅力。

此外，他对某些司空见惯的丑恶现象，采用寓言式的描写，去进行讽刺和鞭挞，也颇别致。如：

> 缱绻依人慧有余，长安俊物最推渠。故侯门第歌钟歇，犹办晨餐二寸鱼。

> ——《己亥杂诗》之一二〇

诗末自注：'忆北方狮子猫。'但是，弦外之音，这首诗不正是给京城中的官僚们画了一幅绝妙的肖像吗？

三是多种多样的形式。龚自珍自己说过，平生作诗，"自周迄近代之体，皆用之；自杂三四言，至杂八九言，皆用之。"①就现存的作品看，这并非夸大之词。如：四言有《黄犊谣》《四言六章》等；六言有《以"子绝四"一节题，课儿子为帖括文……》；五七言杂言诗有《汉朝儒生行》《太常仙蝶歌》等。但写得最多的乃是五七言近体诗。其中又以七绝为大宗。他对各种形式的运用，都很熟练。一般地说，他的古体诗中，杂三四言以及五言诗，简洁凝练；七言诗粗豪奔放。在近体诗中，律诗雄奇沉郁，绝句隽秀自然。他所以要写各种形式的作品，同他的厚实的艺术功力有关，但更重要的，是由其复杂丰富的思想内容所决定的。《己亥杂诗》三百一十五首的写作，就是一个突出的例证。这一大型组诗，是他在学习传统诗歌的基础上，根据叙事抒怀的需要，创造性地劳动的成果。它进一步拓展了七言绝句的表现范围，并且形成了一种各自独立、连缀起来又是一体的长篇自叙诗的形式。这形式，对后来的影响较大，如黄遵宪在六十年后，也曾写过《己亥杂诗》九十首。

四是丰富多彩的语言。语言，是文学作品的最基本材料。作家的思想和艺术风格，在很大程度上，是通过语言来体现的。龚自珍的诗，雄奇平淡，瑰丽璀璨，与他驾驭语言的能力，有着密切的关系。在他的诗集中，我们既可以见到华丽、飞动、险怪、浅易等各色各样的辞藻；也可以见到一般诗人所不习用的语词、典实，从经、史、子、集，到小说、金石、佛语等，无一不为他所驱使。他把它们交错起来，融会贯通，造词遣句，用以表达丰富、深刻、曲折、复杂的思想感情，造成一般诗人所不能取得的艺术效果。他的一些作品，被认为是表现了所谓"古雅""幽灵"风格的，这类诗，除了奇特构思，突兀想象之外，大都是广泛采用了与屈原、李白作品相类似的词藻来写作的。如：

> 秋心如海复如潮，但有秋魂不可招。漠漠郁金香在臂，亭亭古玉佩当腰。气寒西北何人剑？声满东南几处箫。斗大明星烂无数，长天一月坠林梢。

① 《跋破戒草》。

　　我所思兮在何处？胸中灵气欲成云。槎通碧汉无多路，土蚀寒花又此坟。某水某山迷姓氏，一钗一佩断知闻。起看历历楼台外，窈窕秋星或是君。

——《秋心三首》之一、之三

　　黑云雁背如磬堕，蟋蟀酸吟螗蚼和。欲开不开兰蕊稀，似泪非泪海棠卧。主人对此情无聊，早起脉脉容光雕。果然故人讣书至，祖魂十丈为飘摇。……难为词，况寻约，白日西倾花乱落，买山纵成良不乐，放声问君君定哭。东山乌飞飞满陲，西山秋老雨如丝。君魂缥缈归何处？吹裂湖心笛一枝。

——《哭洞庭叶青原昶》

　　这些诗，既较完美地抒写了自己的丰富感情，又流露出一种"芳香悱恻"的气息。

　　总之，龚自珍的诗，"奇境独辟"[①]，别开生面，这是客观的存在。但是，它在艺术上也有明显的缺陷。这就是有的作品用典过繁，用语过僻，或者过于古奥，或者过于含蓄，因而晦涩艰深，令人很难理解。这中间，固然有他的难以明言的苦处，但有的作品，却似乎表明他在这些方面也有着某种程度的"怪癖"。这是很不足以为训的。

十四、散文和词

　　龚自珍的散文，在当时比他的诗更有名气。有人说他"盱衡[②]六合[③]逞词锋"[④]，主要就是指他的散文而言的。

---

　　① 林昌彝：《射鹰楼诗话》卷十。
　　② 盱衡：纵观。
　　③ 六合：指天地四方。
　　④ 程秉钊：《乾嘉三忆诗》之一。

　　龚自珍在开始他的写作活动的时候，正是桐城派风靡一时的年代。但是，他不愿受桐城派的羁束，另辟蹊径，这无疑给当时沉闷的文坛吹来一股清风，因而特别受到人们的注目。

　　他的散文创作，丰富多彩。今本《龚自珍全集》，便收有"政治和学术论文"等八大类。这里，我们仅就其中文学性较强的几类，简要地做一些介绍。

　　（一）政论文。这类文章，是龚自珍散文中成就最高的部分。它以其充实、深刻的内容和论辩力量，起过开一代风气的作用。它的鲜明特色，一是"以朝章国故世情民隐为质干"①，对天下事纵横议论；一是"以经术作政论"，"往往引《公羊》义讥切时政，诋排专制。"著名的《明良论》《乙丙之际著议》等作品，就是这类文章的代表作。龚自珍吸收周秦诸子纵横议论的长处，在写作这类文章时，力求做到逻辑严密，说理透辟，文笔犀利。凡论述某一观点或某一事件，他总是在提出问题之后，反复申诘，层层剖析，务求明彻地表达出自己的意见。比如，在《平均篇》里，为了论述社会动荡不安的根本原因在于贫富不均时，他写道：

　　　……贫相轧，富相耀，贫者阽②，富者安，贫者日愈倾，富者日愈壅。或以美慕，或以愤怨，或以骄汰，或以啬吝，浇漓③诡异之俗，百出不可止，至极不祥之气，郁于天地之间，郁之久乃必发为兵燧，为疫疠，生民噍类④，靡有孑遗⑤，入畜悲痛，鬼神思变置⑥。其始，不过贫富不相齐之为之尔。小不相齐，渐至大不相齐；大不相齐，即至丧天下。

---

　　① 魏源：《定庵文录序》。
　　② 阽：危险。
　　③ 浇漓：刻薄。
　　④ 噍类：指动物。
　　⑤ 孑遗：后代。
　　⑥ 变置：改朝换代。

这里，他把贫富不均的严重性及其对社会的影响，条分缕析，论述得合情合理，使读者不能不为之信服。

他的政论文，还很注意文采，讲求文字的生动性和形象性。他善于取事用譬，以尽形容之妙，并在比喻之中，传达出时代气氛和个人情绪。如写"衰世"的景象：

> 履霜之屩①，寒于坚冰；未雨之鸟，戚于飘摇；痹瘯②之疾，殆于痈疽；将萎之华，惨于槁木。
>
> ——《乙丙之际著议第九》

这段文字，是相当精美的，颇能让人感受到一种腐败死闷的气息。此外，他还根据内容的需要，严格选用相适应的辞藻加以表现，感情色彩强烈，并注意到节奏感和音韵美等。

（二）寓言式杂文。龚自珍写作的寓言式杂文，显示了他在文学上的独创性。

寓言，是一种古老的文学样式。在我国，早在春秋战国时代，《庄子》《韩非子》等著作中，即曾出现了许多寓言故事。到唐代，经过大古文家柳宗元的努力，使寓言发展成了一种独立的文体。它结构短小，故事简单，要求含有较深的道理，用以表示劝谕或讽刺。龚自珍运用这种文学样式，而又有所变化。他的这类作品的内容，比一般寓言要丰富、复杂得多；在篇制上，也因内容的要求，远比一般寓言为阔大。因此，他的这类文字，不是严格意义的寓言，而是一种别具一格的寓言式杂文。

这类文章的代表作，当推早年写的《尊隐》。他自己也很喜欢它，直到晚年还写诗赞叹道："少年《尊隐》有高文，猿鹤真堪张一军。"③

文章题名《尊隐》，其实并不是尊崇逃避现实的"隐士"。它通篇运用

---

① 屩：草鞋。
② 痹瘯：慢性疾病。
③ 《己亥杂诗》之二四一。

曲笔，通过"京师"和"山中"力量消长的对比，肯定未来时代必将发生巨大的变化；期待他所尊崇的"山中之民"的兴起。他全身心地充满着激情，呼唤"山中之民"，赞美"山中之民"，极力渲染"山中之民"出现前的沉沉黑暗和出现时的鲜明壮丽景象：

> 俄焉寂然，灯烛无光，不闻余言①，但闻鼾声，夜之漫漫，鹖旦②不鸣，则山中之民，有大声起，天地为之钟鼓，神人为之波涛矣。

这兴起于神奇气氛中的"山中之民"，在龚自珍看来，只能是在野的地主阶级革新派。他还坚信，"山中之民"是保守势力的对立面，他们在社会变革中是定能大有作为的。

在寓言式的杂文中，《捕蜮第一》《捕熊罴鸥鸩豺狼第二》和《捕狗蝇蚂蚁蚤蝎蚊虻第三》等三篇，以更奇特的面貌引人注目。他还告诉友人汤鹏，说要写篇《捕龙蛇虎豹文》，但这篇文章到底写了没有，目前尚无法查考。仅从这三篇来看，龚自珍是有意借蜮、熊罴、鸥鸩、豺狼、狗蝇、蚂蚁、蚤蝎、蚊虻这些毒虫猛兽对人危害的特性，揭露它们阴险善妒、残忍嗜杀、吸血成性等本质，用以讽刺、鞭挞社会上形形色色的"小人"。

在写法上，这组文章借佛、道两家常用的"敕令"形式，表示对这些毒虫猛兽的愤怒和声讨，虽带有某种迷信色彩，但透过这层外衣，它倒更似战斗的檄文，直接体现着人的意志，并根据不同的对象，提出相应的有效办法，来歼灭这些为害人类的丑类。

（三）记叙文。龚自珍的记叙散文，取材广泛，形式多样。记人、记事、记物、记山川形胜，各具特色。其中有一些作品，是百余年来传诵不衰的名篇。

他继承和发展了我国古代记叙散文的优良传统。在所描写的具体对象上，描摹逼真，形神毕肖，语言工丽，文采斐然。特别是，他的记叙文，

---

① 余言：未说尽的话。
② 鹖旦：古代传说中用啼叫声迎接黎明的号寒鸟。

一无例外地在细致的刻画中，倾注了自己的思想感情和涂抹上时代的风采，或者伴以精警的议论，具有浓烈的抒情性。

《杭大宗逸事状》，是他的记人作品的优秀之作。这是一篇很别致的文章，它采用条列直录的方式，入木三分地表现了封建君臣之间的极不平常的关系。如其中有云：

> 一、乾隆癸未岁，杭州杭大宗以翰林保举御史，例试保和殿，大宗下笔为壬千言。其一条云：我朝一统久矣，朝廷用人，宜泯满、汉之见。是日旨交刑部，部议拟死。上博询群臣，侍郎观保奏曰："是狂生，当其为诸生时，放言高论久矣。"上意解，赦归里。
>
> 一、乙酉岁，纯皇帝南巡，大宗迎驾，召见，问："汝何以为活？"对曰："臣世骏开旧货摊。"上曰："何谓开旧货摊？"对曰："买破铜烂铁，陈于地卖之。"上大笑；手书"买卖破铜烂铁"六大字赐之。
>
> 一、癸巳岁，纯皇帝南巡，大宗迎驾。名上，上顾左右曰："杭世骏尚未死么？"大宗返舍，是夕卒。

这几节文字，简单、质朴，没有任何修饰，也没有什么议论。可是，这却是一篇爱憎分明，语意激烈，直接唐突皇帝的战斗性很强的文章。他把鲜明的思想倾向，隐喻在缜密的字斟句酌之中，让读者从冷静的、客观的直录里，去感受封建君主的淫威、权诈、虚伪和冷酷。

《王仲瞿墓表铭》，是龚自珍记人的又一力作。它和《杭大宗逸事状》风格迥异。如果说，《杭大宗逸事状》采用的是内向的、幽冷的笔调，那么，《王仲瞿墓表铭》则是采取外现的、热烈的写法。这可能是由于杭大宗乃先辈人物，并且要牵涉到皇帝，因而不得不那样假春秋笔法，传襃贬之情；而王仲瞿，则是自己的忘年之交，相濡以沫，默契极深。王仲瞿的一言一行，在某种程度上，也反映了他自己的志趣和意向。因此，他笔下的王仲瞿，形象突兀，神采飞扬，虎虎有生气。如写王仲瞿的狂放情态以

及人们对他的印象时说:

> 每会谈,大声叫呼,如百千鬼神,奇禽怪兽,挟风雨、水火、雷电而下上,座客逡巡引去,其一二留者,伪隐几,君犹手足舞不止。以故大江之南,大河之北,南至闽、粤,北至山海关、热河,贩夫走卒,皆知王举人。言王举人,或齿相击,如谭龙蛇,说虎豹。

凌厉怪发,是颇能使人如见其人、如闻其声的。

不仅如此,他还注意表现王仲瞿的内心世界,以恢复其被歪曲了的本来形象。他在热情奔放,自由挥洒的笔势之中,不忘对这位忘年知己做出严谨的、"盖棺论定"的赞颂:

> 其为人也中身,沉沉芳逸,怀思恻悱;其为文也,一往三复,情繁而声长;其为学也,溺于史,人所不经意,累累心口间;其为文也,喜胪史;其为人也,幽如闲如,寒夜屏人语,絮絮如老妪,匪但平易近人而已。其一切奇怪不可迸之状,皆贫病怨恨,不得已诈而遁焉者也。

此外,如《书金伶》之对金德辉致力于戏剧艺术的描绘,《松江两京官》之对封建官吏尔虞我诈本质的揭露,《记王隐君》之对九十高龄避世老人行迹的记述,等等,或直或曲,或隐或显,或详或略,都在一定的侧面上,写出各自不同人物的思想感情和性格,都是值得一读的好作品。

关于记物、记山川形胜的散文,龚自珍写得较多。突出的作品有《说京师翠微山》《说居庸关》《己亥六月重过扬州记》《病梅馆记》等。因为篇幅有限,我们不可能一一介绍。这里仅以《说居庸关》《病梅馆记》二文为例。

《说居庸关》,与同类的其他篇章相比,文辞显得古拙质朴,笔势陡峭。但是,它仍然表现出一气呵成、往复回环的气韵。由于龚自珍精通舆地学，所以在他为友人送行来居庸关时，便对当地的形势、风物、道路以至里程等，都做了一番人真的调查研究。为了把这些琐细的材料，恰当地组织到文章中去，他不得不用较多层次来表达。但是，他剪裁得体，布置相宜，在论说居庸关"疑若可守然"后，接连六次以"自入南口"起段，分别叙说有关风物的情况，一点也不觉重叠、累赘，反而清晰地表现了他精心结构、巧驭文字的能力。

《病梅馆记》，作于弃官南归之后。它一题《疗梅说》，可见龚自珍写作的意旨所在。在这篇文章中，他借用梅花比喻天下的人才，用文人画士不爱自然健康的梅花、偏爱梅花的病态，影射清王朝对人才的严酷摧残和扼杀。他痛心疾首，愤怒谴责：

> 有以文人画士孤癖之隐，明告鬻梅者，斫其正，养其旁条，删其密，夭其稚枝，锄其直，遏其生气，以求重价，而江、浙之梅皆病。文人画士之祸之烈至此哉！

他在如何看待病梅这个问题上，坚持表现了他的要求变革现状、解放个性的强烈愿望。他以无比的勇气，"甘受诟厉"，以疗救梅花为己任。他写道：

> 予购三百盆，皆病者，无一完者。既泣之三日，乃誓疗之、纵之、顺之，毁其盆，悉埋于地，解其棕缚；以五年为期，必复之全之。予本非文人画士，甘受诟厉，辟病梅之馆以贮之。呜呼！安得使予多暇日，又多闲田，以广贮江宁、杭州、苏州之病梅，穷予生之光阴以疗梅也哉？

他的坚决措施和广博胸怀，不禁令人联想到他有可能从杜甫的"安得广厦千万间，大庇天下寒士俱欢颜"那里得到启示。然而，时代前进了，龚自珍的思想，无疑要比杜甫具有更多、更新的内容，带有民主主义的性质。而这，却是由巧妙地运用托物喻人的方式和曲折诡奇的文字来加以表现的。

（四）书信。龚自珍的书信，收入全集的只有三十余封，连同近年来陆续发现的佚文，一共也不过六十篇左右。这些书信，大都是同亲朋好友的通讯，因人遣笔，即事陈词，更能直接地窥见他的坦露的胸怀和深厚的文学修养。

比如，《与吴虹生书》（二），写他在弃官南归前愤激的心情以及对腐败官场的清醒认识，直可作"他自己的简洁的注释"[1]。他摒弃一切藻饰排场，披肝沥胆，把当时的所见所感，毫无保留地披露给自己的知己。他写道：

> 弟事尚无准驳明文，而有一书办来求见，弟不屑见之，该吏留一札而去，大指欲挑斥呈中词，与例文稍有未符之处。谓家大人现既不就养京师，即系不符，且劝弟撒谎，谓家大人业已来京，即可邀准。弟宁化异物做同知，而断不愿撒此谎也。只合瞑目，听其自然，听诸一定之数，使梦寐中无愧怍，不肯欺亲，又欺君，又欺子孙耳。……如明日部中竟惟书办是从，将弟驳斥，弟亦俯首就选，投笔出都。男子初生，以桑弧蓬矢[2]，射天地四方，何必一生局促软红尘土中，以为得计乎？惟望阁下勉事圣朝，不日跻九列[3]，弟翘首青云，预有荣施。其准信明晚自知，然已知十之九也。醉后狂书一纸，先以报左右。《圆圆曲》[4]云："错怨狂风扬落花，无边春色来天地。"以此自祝。又云："此际岂知非薄命，此时只有泪沾衣。"则今日我两人之情也。

这封信，写得如此率真，而文字又足以表现其决绝而又复杂的情绪，

---

① 鲁迅：《且介亭杂文二集·孔令境编〈当代文人尺牍抄〉序》。
② 桑弧蓬矢：《礼记·内则》："国君世子生，告于君，……射人以桑弧蓬矢六射天地四方。"象征男子应有大志。
③ 九列：九卿之位，喻高官。
④ 清初诗人吴梅村作。

这是颇能令人一眼就能看出他的光明磊落的思想性格，以及他的傲岸不羁的音容笑貌的。

又如，在《与吴虹生书》（十二）里，他写过如下一段情辞真切的话：

> 江春靡靡，所至山川景物，好到一分，则忆君一分，好到十分，则忆君亦到十分。所至恨不与虹生偕，亦不知此生何日获以江东游览之乐，当面夸耀于君，博君且美且妒，一拊掌乃至掀髯一相嘲相诟病。已矣，恐难言之矣。

这封信，是道光二十年（1840）春天写的。其时，龚自珍出都已近一年，但他的生活还没有安定下来，心绪是很不好的。可是，在给挚友写信的时候，他禁不住一往情深，娓娓陈言，诉说别后怀念之苦。如果从字面看，他还似乎自得其乐地徜徉在山川景物之间，期待着有那么一天同老友见面，无拘无束，拊掌倾谈，让离愁别恨，一霎间化为烟云。但是，"已矣，恐难言之矣！"一句话，却将不尽的哀愁，透露在情致恻悱的言辞之外。他预感到，这种重晤的机缘，再也不可能有了。所以，信里越是强作嘲谑之言，则越发衬托出他的心情的悲凉凄切，越发觉得险恶的社会像一块无形的磐石，沉重地压在他的头上而使他不能够有瞬暂的喘息。他这封信，果真像一纸谶语，一年之后，他终于抱恨长辞人世。

龚自珍的词，同他的诗文相比，成就是不算很高的。但是，在我们阅读他的全部作品时，却不能忽视他的词在其文学创作中所应占有的地位。

他从十九岁开始填词，到三十一岁，就编印了《无著词》（初名《红禅词》）、《怀人馆词》《影事词》和《小奢摩词》等集。南归后，他又写作和编定了《庚子雅词》一卷。现共存有词一百余阕。

龚自珍的词，在当时也是颇负盛名的。他二十一岁时，段玉裁在《怀人馆词序》中就夸奖他"造意立言，几如韩、李①之于文章，银碗盛雪，明月藏鹭，中有异境。"清末词学家谭献更称赞他的词："绵丽沉扬，意欲

---

① 韩、李：指唐代古文家韩愈、李翱。

合周、辛①而一之奇作也。"

的确，龚自珍在清代词坛上，可以说是一位杰出的作家。有些词，同他的诗文一样，抒发着对社会现实的强烈不满以及个人的悲愤情绪，有一定的思想意义。在艺术上，也很讲究意境的铸造，构思的精巧和语言的锤炼。或豪放，或蕴藉，或沉雄，或清逸，风格多样，耐人咀嚼。如：

> 人天无据，被侬留得香魂住。如梦如烟，枝上花开又一年。十年千里，风痕雨点烂斑里。莫怪怜他，身世依然是落花。
>
> ——《减兰》

这首词的题下有"小序"云："偶检丛纸中，得花瓣一包，纸背细书辛幼安'更能消几番风雨'一阕，乃是京师悯忠寺海棠花，戊辰暮春所戏为也。泫然得句。"写的是童年戏拾的花瓣；实际上，是以落花自喻，饱含着十年来南北奔波的漂泊之感。

又如《鹊踏枝·过人家废园作》：

> 漠漠春芜芜不住。藤刺牵衣，碍却行人路。偏是无情偏解舞，濛濛扑面皆飞絮。绣院深沉谁是主？一朵孤花，墙角明如许！莫怨无人来折取，花开不合阳春暮。

这首词，构思巧妙。上片写废园荒芜景象而带象征意味，暗喻当时社会的衰败和充满荆榛的情况。下片，写寂寞开放的"孤花"，无人欣赏，实则也是哀叹自己生不逢辰和有才难售的际遇。

再如《百字令·投袁大琴南》：

> 深情似海，问相逢初度，是何年纪？依约而今还记取，不是前生夙世。放学花前，题诗石上，春水园亭里。逢君一笑，人间无此欢喜（自注：乃十二岁时情事）。无奈苍狗看云，红羊数劫，惘惘休提起！

---

① 周、辛：指宋代词人周邦彦、辛弃疾。

客气渐多真气少，汩没心灵何已！千古声名，百年担负，事事违初意。心头阁住，儿时那种情味。

在这首词里，龚自珍表现了他那对纯真童心的无限怀念。上片通过回忆儿时天真活泼生活的描绘，同丑恶的世俗作了强烈的映照；而下片则以怅惘之情，对汩没"真气"的社会表示慨叹，反映出因不愿趋时就俗、同流合污而"事事违初意"的痛苦。全词意切情真，委折而又质朴。

此外，龚自珍还在不少的词作里，以浓重的感伤和悲愤情调，倾诉自己壮志难酬以及无可奈何地寄情山水、写经礼佛的内心矛盾。如：

> 沉思十五年中事，才也纵横，泪也纵横，双负箫心与剑名。
>
> ——《丑奴儿令》

> 平生沉俊如侬，前贤倘作，有臂和谁把？问取山灵浑不语，且自徘徊其下。幽草粘天，绿阴送客，冉冉将初夏。流光容易，暂时着意潇洒。
>
> ——《湘月·甲戌春泛舟西湖赋此》

> 只片语告君休怒。收拾狂名须趁早，鬓星星渐近中年路。容傍我，佛灯住。
>
> ——《金缕曲，赠李生》

这些词句，都是可以作为他的诗文的补充去读的，从又一个侧面加深人们对他的嵚崎磊落、才高情逸形象的认识。

十五、深远影响

"三百年来第一流，飞仙剑客古无俦。"[1]几十年前，诗人柳亚子用这两句诗称赞龚自珍的创作成就，的确是一个很有见地的评价。

---

[1] 柳亚子：《定庵有三别好诗，余仿其意作论诗三截句》。

　　龚自珍在中国近代史的开端时期，最早地用文学作品发出变革社会、向往自由的呼声，这本身就同他的政治思想一样，对近代资产阶级文学家，起着巨大的启蒙作用。他不受当时文坛的各种羁绊，独辟蹊径，大胆实践，表现了极大的创造性。他的诗文，不仅在有清一代堪称"第一流"，即自元、明以后，也是不多见的。倘从对诗歌发展的贡献来说，他是继南宋陆游之后的一位最杰出的诗人。

　　但是，对于龚自珍的文学成就，当时的看法，并不是一致的。推崇他的人，说他"文情奥衍，富齿淹闻，造诣未可量"[①]；说他的诗"奇境独辟"，[②]别开生面。甚至有人将他的诗稍做改动，变成自己的诗，如蒋湘南的《偶成三首》之一，显系从《秋心三首》之一衍化而来，这说明他的作品，在当时就有着多么大的吸引力。

　　不过，像这样的评价，毕竟是少数。一般人对他是不能理解的。所谓"一虫独警谁同觉，万马无声病养痾"[③]，龚自珍在文坛上的遭遇，并不比他在科举、仕途上的遭遇要好一些。道（光）咸（丰）时代，以程恩泽、祁隽藻、曾国藩等为代表的一些人，利用他们在政治上的特殊地位，提倡桐城派古文，推助宋诗运动，一直同龚自珍在文学方面所开启的新风气进行着反复的斗争。清末张之洞，则更怀着仇视的心情，把他看成是乱阶祸首[④]。

　　直到19世纪末叶，以康有为、梁启超等人为代表的资产阶级改良派兴起，龚自珍的启蒙思想和文学成就，才引起人们的广泛注意。梁启超身体力行，创作一种"纵笔所至不检束""笔锋常带感情，对于读者，别有一种魔力"[⑤]的散文，同龚自珍在文学上的打破清规戒律、力求创新的精神

---

　　① 包世臣：《清故拣选知县道光辛巳举人包君行状》。

　　② 林昌彝：《射鹰楼诗话》卷十。

　　③ 程秉钊：《乾嘉三忆诗》之一。

　　④ 张之洞在光绪二十九年（1903）写的《学术》诗说："理乱寻源学术乖，父仇子劫有由来。刘郎不叹多葵麦，只恨荆榛满路栽！"并注云："二十年来，都下经学讲《公羊》，文章讲龚定庵，经济讲王安石，皆余出都以后风气也。遂有今日，伤哉！"

　　⑤ 梁启超：《清代学术概论》，上海古籍出版社2005年，第72页。

是完全一致的。而著名的"诗界革命"，则是直接继承和发展了由龚自珍所开创的诗歌创作传统。它的主要人物，如黄遵宪、谭嗣同、夏曾佑、梁启超等，有的是以诗名家的诗人，有的是以"余事作诗人"的，但他们都是改良运动的主将或积极参加者。在他们的诗篇里，反映现实，纵横议论时事，明显地接受了龚自珍用诗歌"著议"的影响。他们更自觉地运用诗歌形式，抨击社会现状，鼓吹救亡图存、抵抗资本主义列强侵略和反对清朝腐朽统治，使诗歌发挥了巨大的战斗作用。

辛亥革命前后，革命文学团体"南社"的诗人们，如陈去病、高旭、柳亚子等，他们对龚自珍更为推崇备至。他们的作品，从内容到形式，都以龚诗为楷模，成为龚诗的遗调。"南社"中还有不少诗人，爱集龚诗句，作为表达自己思想感情的一种方式。以1936年出版的《南社诗集》为例，其中集龚诗句，即有二十五家三百余首之多。这充分表明，龚自珍的作品，不仅唱出了鸦片战争前夕的时代声音，而且，其内容所概括的深度，在旧民主主义革命阶段，还能引起资产阶级革命诗人的共鸣。说他在近代文学史上开启了一代新风，并非是夸大的。

其实，龚自珍的影响远不止此。现代伟大作家鲁迅，生前也十分爱好龚自珍的文学作品。他的旧体诗，诗味醇厚，时人曾评为"洗炼出定庵"[1]。而1933年作的《悼杨铨》：

> 岂有豪情似旧时，花开花落两由之。何期泪洒江南雨，又为斯民哭健儿。

他的挚友许寿裳则直接评曰："这首诗，才气纵横，无异龚自珍。"[2]

此外，现代作家中旧体诗造诣较深的人，如郁达夫、王统照等，也都从龚自珍那里，吸取过有益的营养。

自然，龚自珍对近代文学的影响，也有其消极的一面。章太炎说他

---

[1] 唐弢：《晦庵书话》。
[2] 许寿裳：《亡友鲁迅印象记》。

"文辞侧媚"，"佻达无骨体"①，是不正确的。但龚文有时也确有逞辞炫耀、晦涩过甚的毛病。他的诗，有的由于时代和阶级的局限，也带有浓厚的感伤色彩或颓废情调。这些作品，很容易在资产阶级文人中引起共鸣。资产阶级改良派和"南社"中的某些诗人，在作品中往往反映出动摇、软弱和歌哭无端，首先同这些人自己的思想有关，但他们从龚诗中片面地接受消极影响的事实也是存在的。而"南社"的某些诗人表现得尤为明显。至于有人集龚句，作为抒发个人丽情的工具，那是对龚诗的歪曲，是不应由龚自珍来负责的。

1983年3月于芜湖凤凰山

[原名《龚自珍》，上海古籍出版社1985年版]

---

① 章太炎：《校文士》。

《龚自珍词笺说》序

1985年10月，北京大学、安徽师大、南京师大和安徽省文学学会联合主办的龚自珍诗文学术讨论会，在安徽芜湖举行。这是龚自珍逝世一百多年来的第一次。当时，我写过《论龚五首》绝句，向会议表示祝贺。其中有一首云：

> 周辛合铸未参商，门户何须话浙常。
> 量碧裁红原自晦，月明鸳影本无双。

诗的内容，是谈龚自珍词的创作的，曾蒙与会的段熙仲、季镇淮、冒效鲁、宛敏灏、祖保泉、孙钦善诸位师长和学友的称许。同时，我们也很清楚地了解，在龚学研究中，历来最热门的对象是诗文。在某些特定的历史时段，它们甚至成为一种"显学"。而对龚词的研究，却一直十分冷清，不仅研究的专著阙如，就连单篇的论文也少得可以屈指数计，有时候几乎成了"绝学"。

为什么会出现这种现象呢？首先，重要的原因之一，可能在于传统的文学观念束缚了人们的思想，那些"文载道""诗言志"和词为"小道"的传统论断，把龚自珍的文、诗、词的成就和价值，人为地分裂开来，从而丢失了统一的、科学的、公允的评价尺度。其次，由于龚词特重抒情，用语藻丽，精究格律，并多含有本事，也会让一些读者和研究者望而却步。

　　其实，作为开启一代风气的中国近代文学开山作家的龚自珍，其在诗、文、词创作方面的整体贡献，是不可分割的。龚自珍最先以敏锐的眼光，洞察时艰，倡言变革，自觉而直接地用战斗的诗文，发出振聋发聩的呼喊，给黑暗腐朽的社会以猛烈的冲击，预言时代将要发生巨大的变化，诚然是他的最为主导的一面；但他在词的理论和创作上独树一帜，奋力摆脱当时风行的浙派和常州派的樊篱，认真坚持"尊情""宥情"的原则，推尊词体，讲求寄托，热烈抒发"怨去吹箫，狂来说剑"的感慨，尽量回避轻佻浮靡的"才人之词"以及饾饤学究的"学人之词"的羁绊，务求所作词与诗文血乳交融、表里互补。应该说，这是龚自珍在中国近代文学史开端时期的独特贡献，对中国词学的发展具有深远的意义。

　　然而，龚自珍的努力和贡献，却不是很容易为人们所理解的。著名的词学评论家谭献，对龚诗颇有微词，而对龚词十分倾倒。但他又说："定公词能为飞仙剑客之语，填词家长爪、梵志也。昔人评山谷诗，如食蟛蜞，恐发风动气，予于定公词亦云。"①谭献所指的令人"发风动气"的作品，实际上就是那些非"浙"非"常"，独辟蹊径；量碧裁红，展示人性；呼唤变革，憧憬未来，带有近代意识的佳作，只是他不甚理解和不乐意接受而已。他在《箧中词》里，还记述过一则自认为谐趣的故事："鲁川廉访官比部时，予入都游从，屡过谈艺。一日酒酣，忽谓予曰：'子乡先生龚定庵言，词出于《公羊》，此何说也？'予曰：'龚先生发论，不必由衷，好奇而已。第以意内言外之旨，亦差可傅会。'"这些都在一定程度上，反映了人们对龚词探索的兴趣以及认识上的模糊或猜想。

　　当然，对龚自珍词做出正确评价的，也不乏其人。针对谭献的论述，词曲专家卢前在《望江南·饮虹簃论清词百家》中便明确地表达过自己的意见："食蟛蜞，动气发风疑。剑客飞仙真绝壁，红禅两字最相宜。梵志岂能奇。"

---

　　① 《箧中词》卷四。

1839年，岁次己亥，龚自珍在他的概述"平生出处、著述、交游"[①]的大型组诗《己亥杂诗》中，曾就自己的词创作写道：

> 不能古雅不幽灵，气体难跻作者庭。
>
> 悔杀流传遗下女，自障纨扇过旗亭。

这首诗，看似不藏不掩，直陈无隐，几乎成为一些论者评论龚自珍轻视词的创作或龚词成就不高的主要依据。但是，我们不能忽视，龚自珍还有"举动不依恒格，时近俶诡"的另一面。在"避席畏闻文字狱"[②]的年代里，"姑将谲言之，未言声又吞"，"东云露一鳞，西云露一爪"，是人们保护自己的一种手段。这首诗，与其说，是龚自珍自悔自省的表示，毋宁说，是龚自珍自勉自信的流露。从现存的全部龚词看，无论是早期或晚年的作品，无论是言志抒情或花月冶游的吟唱，龚词绝少那种低级恶俗的篇什，而龚自珍更绝无必要去做"自我检讨"。

龚自珍一生坎坷，命运多舛。他心地坦荡，胸无芥蒂，敢于正视各种谗言或批评。己亥出都南下途中，见到某生与友人书，批评他"依然渠二十年前承平公子故态，其客导之出游，不为花，月冶游，即访僧耳"。他不以为忤，反而"即书其后"，坦承"网罗文献吾倦矣，选色谈空结习存"[③]，并且将这封信作为附录收入《己亥杂诗》之中，用以自警和昭示读者。这在中国文学史上或许也是一个特例。同样，在词的创作和欣赏上，他也热心与亲朋好友互为交流思想情绪，期盼得到回应与批评。他的爱女阿辛，抄录冯延巳词，日日诵习、"自言能识此词之旨"，龚自珍大为感动，为赋诗曰："词家从不觅知音，累汝千回带泪吟。惹得而翁怀抱恶，小桥独立惨归心。"[④]他曾在挚友吴虹生座上，"酒半咏宋人词，呜呜然"，得到吴虹生的激赏，"以为善于顿挫也"。可是"近日中酒，即不能高咏

---

① 吴昌绶：《定庵先生年谱》。

② 龚自珍《咏史》。

③ 《己亥杂诗》之一○二。

④ 《己亥杂诗》之一一八。

矣",不禁发出曲高和寡、知音难得的慨叹:"回肠荡气感精灵,座客苍凉酒半醒。自别吴郎高咏减,珊瑚击碎有谁听?"①

今年元旦,新岁伊始,杨柏岭教授以其新著《龚自珍词笺说》校样见示,真令人大喜不禁。百余年来,被冷落的龚词,终于有了研究专著出版,其在龚学领域中的填补空白和开拓之功,着实值得庆贺。柏岭先后受业于词学专家祖保泉先生和邓乔彬先生,学有师承,术有专攻,近年来又专力于近代词的教学与研究,有《近代上海词学系年初编》《晚清民初词学思想建构》等专著面世,又有《唐宋词审美文化阐释》一书,成绩斐然。而在本书的笺注解说中,更注重融新知与旧学于一冶,考索本事而不机械坐实;详注典故而不掉书袋;鉴赏导读而不牵强附会;独出机杼,博采众长,剥蕉抽茧,探寻本真,力求还原龚自珍词的本来面目及其在近代词史上的开拓意义,尤见卓识和功力。相信这将大有裨益于龚学研究,并且也会得到龚学爱好者和广大读者的欢迎。是为序。

2010年1月

[原载《龚自珍词笺说》(杨柏岭著),黄山书社2010年版]

---

① 《己亥杂诗》之二一七。

千古文章两怪才

——郑燮与龚自珍

郑燮和龚自珍，是清代文坛上两位杰出的作家。郑燮生于1693年（康熙三十二年），龚自珍生于1792年（乾隆五十七年），相距恰恰一个世纪。他们两人生活的具体年代并不相同，家世和教养的条件迥异，在仕途和治学方向上，又各有着自己独特的经历。但是，在思想性格、文学主张和创作实践等方面，两个人却有许多相似之处。他们犹如两颗耀眼的星辰，前后辉映，为清代文坛增添了绚丽的光彩。在纪念这两位杰出作家诞生三百周年和诞生二百周年的时候，对他们做一些比较，还是有意义的。

一

郑燮是清代中叶著名的"扬州八怪"之一。人们之所以谥他曰"怪"，其本意是褒贬参半的。他生当"康乾盛世"，在科举仕途上大小也算有一席地位。"康熙秀才，雍正举人，乾隆进士"，身经三代，每代都向前跨了一步，他自己有时也不无沾沾自喜的表示。比如"丙辰进士"的头衔，就曾镌刻在闲章上。他做过山东范县和潍县的县令，虽不过是"七品官耳"，但连任的十一年间，终究有了一个施展抱负的机会。按照当时一般人特别是社会上层人士的理解，郑燮应当成为正统的"儒生"和"儒官"，老老实实，兢兢业业为封建统治阶级服务才是。可是，他却偏偏依着自己的秉性行事。他"少颖悟，读书饶别解"；"性落拓不羁，喜与禅宗尊宿及期门弟子游。日放言高谈，臧否人物"，无所忌讳；"及居官，则又曲尽情伪，餍塞众望"，与大吏为忤①。所有这些，焉得不为时人目为"怪"，焉得不"以是得狂名"？

不过，郑燮在文学艺术方面所表现出来的"狂""怪"，却得到人们的普遍认可和肯定。他的"诗词书画皆旷世独立，自成一家"②，得到评论家和社会的各阶层的高度推崇和赞誉。人们称他为"郑虔三绝"，赞扬他在文艺上的创造精神。如有诗云：

> 板桥作字如写兰，波磔奇古形翩翩，板桥写兰如作字，秀叶疏花见姿致。
>
> 未识顽仙郑板桥，其人非佛亦非妖，晚摹瘗鹤兼山谷，别辟临池路一条③。

甚至，他每有所作，即为观者叹绝。"豪贵家虽踵门请乞，寸笺尺幅，未易得也"④。其间，固不免"附庸风雅"者流的凑热闹和捧场，但引起我们思考的是，为什么他的"狂""怪"的思想和举止不容于时，而他的狂怪的诗词书画却能够大得各阶层人士的热爱呢？个中原因，恐怕是由于他的文艺作品别有魅力在！然则，这魅力又是什么呢？评论家们对此早就得出过答案。例如比郑燮稍后的诗人张维屏就说过："板桥有三绝，曰画、曰诗、曰书。三绝之中又有三真，曰真气、曰真意、曰真趣。"⑤而当代评论家李一氓则明确地指出："所谓怪，无非是其人怪，其画怪，其书法怪。怪就怪在其艺术别有境界。创新多于守旧。"⑥

无独有偶，比郑燮晚生整整一百年的龚自珍，在新的历史条件下，同

---

① 《清史列传·郑燮传》。
② 蒋宝龄：《墨林今话》。
③ 蒋宝龄：《墨林今话》。
④ 蒋宝龄：《墨林今话》。
⑤ 张维屏：《松轩随笔》，见马宗霍《书林藻鉴》。
⑥ 李一氓：《郑板桥判牍序》。

样被人视作"怪人""狂士",或恶谥为"龚呆子",但却带有更多的时代印记。

龚自珍主要生活在嘉、道时期。这时候,清王朝承"康乾盛世"的流风余韵,依然表现出一副"泱泱大国"的派头。但实际上,正如龚自珍所反复揭露的,清王朝已进入了"衰世",整个社会危机四伏,矛盾丛生,阶级矛盾和民族矛盾达到空前尖锐的程度,只不过是"秋气不惊堂内燕,夕阳还恋路旁鸦"①而已。如果借用曹雪芹早在乾隆盛世时所写的《红楼梦》中的几句话来做形容和概括,那就是"如今外面的架子虽没很倒,内囊却也尽上来了"②。

龚自珍出生于官僚和文士的家庭,生活和教养条件比之出身寒微的郑燮不知要优越多少倍。他的祖辈和父辈,在清代都是有过功名、做过京官的人,但又都钻研学问,有相当的学术造诣。他的外祖父是著名的大文字学家段玉裁。他的家庭和亲戚,希望他既能成为有成就的"以经说字,以字说经"③的学者,又能在朝廷做大官。即"努力为名儒,为名臣"④。可是,龚自珍却不愿意走封建正统的道路,公开声言:"我生受之天,哀乐恒过人"⑤。从少年时代起,便对国家的前途命运表示极大的关注。他在学习丰富典籍的基础上,"益肆意著述,贯串百家,究心经世之务"⑥,对当时社会政治进行深刻的揭露和批判。他的诗文中"伤时之语,骂座之言,涉目皆是"⑦,以至于关心他的老辈也感到吃惊,认为"足下年甚少,才甚高,方当右侍具庆之年,行且排金门,上玉堂,和其声以鸣国家之盛",怎么能放言无忌呢?"此大不可也"⑧。但是,作为启蒙思想家、文

---

① 龚自珍:《逆旅题壁,次周伯恬原韵》。
② 曹雪芹:《红楼梦》第二回。
③ 龚自珍:《己亥杂诗》之五十八注。
④ 段玉裁:《与外孙龚自珍札》。
⑤ 龚自珍:《寒月吟》之四。
⑥ 吴昌绶:《定庵先生年谱》。
⑦ 王芑孙:《复龚瑟人书》。
⑧ 王芑孙:《复龚瑟人书》。

学家和诗人的龚自珍在洞察时艰之际，却不能不以高度的历史责任感，发出振聋发聩的呼喊，倡言变革，企望国家能够强盛。这正如梁启超在评论龚自珍和魏源时所说："龚、魏之时，清政既渐陵夷衰微矣。举国方沉酣太平，而彼辈若不胜忧危，恒相与指天画地，规天下大计。"然而，这一切是当时腐朽的社会力量所绝不能容忍的。他一生在科举和仕途上都不得意，始终在困厄和忧谗交集中过着艰难的日子。

鸦片战争前夕，他深怀感触地大声疾呼："九州生气恃风雷，万马齐喑究可哀。我劝天公重抖擞，不拘一格降人才"，始终得不到当政者的响应。当他的好友林则徐衔令赴广东禁烟时，他曾热情地作序送行并自荐协助，林则徐因碍于"难言"的"事势"①也未能满足他的愿望。他只能在《己亥杂诗》中倾吐报国无门的慨叹："故人横海拜将军，侧立南天未蕆勋。我有阴符三百字，蜡丸难寄惜雄文。"直到最后他不得不弃官南返，在进退失据中，以五十岁的英年而早逝，与"落拓扬州一敝裘"的郑燮一样，遭受着所处社会的极不公平的待遇。

二

中国近代的民主主义思想，在强大的正统的封建思想桎梏下，从明代后期始，一直艰难地在萌发着。在文学领域，明代后期产生的小说、戏曲、民歌以及一些诗文作品，如"三言""二拍"与徐渭、汤显祖、李贽和公安派诸人的创作，反映新兴的市民阶层的意识，显露了民主主义思想的萌芽。清代中叶以前，《儒林外史》《红楼梦》等伟大作品问世，则鲜明地表现出初步民主主义的倾向。然而，对大多数传统诗文的作者来说，囿于正统的封建主义思想和文艺观，他们作品中的民主主义因素显得十分微弱。"一代正宗才力薄，望溪文集阮亭诗"②。袁枚评价清初文坛状况的两句诗，不仅是直率地对当时的寂寞文坛深感遗憾；同时也含蓄地对当时文

① 见林则徐：《复龚自珍札》。
② 袁枚：《小仓山房诗集》。

学缺乏创造性，奄奄无生气的现象提出了批评。袁枚本属封建统治阶级营垒中的一员，他的思想和文艺观点，从总体上看并未超出当时的统治思想的范围。但其人其行，又不完全遵循封建统治阶级的规范，在一定程度上，带有追求个性发展、离经叛道的色彩。他的《随园诗话》就不乏新颖的见解；他的诗歌也有一些独抒性灵的佳作。

郑燮与袁枚是好友。他曾有《赠袁枚》诗云："室藏美妇邻夸艳，君有奇才我不贫。"两人"同声相应，同气相求"。大有"惺惺惜惺惺"之意。他们都以旷达疏狂而名于时，尤其是，郑燮以其出身贫寒，长期生活在下层人民中间，以后又久居金粉繁华的扬州，习知市民阶层的感情和愿望。他和汪士慎、金农等一起，朝夕切磋，形成自具面目的"扬州八怪"画派。在他的身上，朴素的民主主义思想，较之同时代的文人，似乎有更多的表现。虽然这些表现并不是很自觉的、系统的，而且在表现方式上也未必完全是积极的，但毕竟是反映了时代的进步思潮，反映了社会发展的趋向。

他的民主主义思想的特征之一，是反映在他的诗文书画作品中的"民胞物与"的真挚感情，他对国家的命运、人民的疾苦，以及亲朋好友的生活，是那样一往情深，有血有肉：

国破家亡鬓总皤，一囊诗酒作头陀。横涂竖抹千千幅，墨点无多泪点多。

——题屈翁山诗札、石涛石溪八大山人山水小幅、并白丁墨兰共一卷

衙斋卧听萧萧竹。疑是民间疾苦声。些小吾曹州县吏，一枝一叶总关情。

——潍县署中画竹呈年伯包大中丞括

特别是他的"农民本位"思想，丰富和加深了这种感情的内涵。在我国，反映农民生活、同情农民疾苦的作品，从《诗经》始，历代都有相当的数量，有些作品，如李绅《悯农》等，更成为家弦户诵的幼儿启蒙教

材。但是，正确认识"以农立国"的历史事实，把农民作为"四民之首"来加以肯定和歌颂，在文学史上，则少见有如郑燮者。他在《范县署中寄舍弟墨第四书》云：

> 我想天地间第一等人，只有农夫，而士为四民之末。农夫上者种地百亩，其次七八十亩，其次五六十亩，皆苦其身，勤其力，耕种收获，以养天下之人。使天下无农夫，举世皆饿死矣。

这席话说得何等真切，何等热忱，绝无一丝矫饰的意味。在那个时代，能够有如此深刻的认识，是多么的难能可贵！

他的民主主义思想的另一特征，是他的诗文书画中摆脱一切羁绊，追求个性自由解放的精神。他敢于突破陈规，大胆探索，创造出前无古人的"六分半书"！他敢于对"束狂入世犹嫌放，学拙论文尚厌奇"[1]的保守势力和风气进行猛烈的抨击。他还以一种"返朴归真"的方式，表现与世俗决绝和对人格自由的向往。如《破盆兰花》："春雨春风洗妙颜，一辞琼岛到人间。而今究竟无知己，打破乌盆更入山。"这首诗，以物拟人，情见乎辞，分明是他的民主主义思想的一种艺术反映。

当然，由于时代和个人条件的局限，特别是郑燮对哲学、史学等领域尚欠深入的研究，对社会生活尚缺乏更广泛的阅历，他的民主主义思想还不可能达到人所期望的高度，他的追求，他的理想，只能有待于后起的先进分子去发扬光大。

"浙西挺奇才，独立绝俯仰。"[2]龚自珍在继承前人先进的思想遗产，包括郑燮民主主义思想的基础上，在中国历史大转折的关头，勇敢地挑起开启一代风气的历史重任，使近代民主主义思想的内容，发展到一个新的层次。

龚自珍学力深厚、阅历丰富。他能纵览古今，盱衡六合，以高屋建瓴的姿态，批判现实，呼唤未来。他对空前严重的民族危机，水深火热的人

---

① 郑燮：《自遣》。
② 钮树玉：《龚君率人出示诗文走笔以赠》。

民灾难，不只表现出博大的悲天悯人的襟怀，而且还能提出改革的设想和措施。他特别反对扼杀人才，压制新生力量，尊重人的尊严，尊重人的个性自由和解放。他的《病梅馆记》，便艺术地反映了他在这方面的见解。

《病梅馆记》作于弃官南归之后。它一题《疗梅说》，可见龚自珍写作的意图是别具怀抱的。他借用梅花比喻天下的人才，用文人画士不爱自然健康的梅花，偏爱梅花的病态，影射清王朝对人才的严酷摧残和扼杀。他痛心疾首，愤怒谴责：

> 有以文人画士孤癖之隐，明告鬻梅者。斫其正，养其旁条，删其密，夭其稚枝，锄其直，遏其生气，以求重价，而江、浙之梅皆病。文人画士之祸之烈至此哉！

面对病梅遭受惨烈残害的现实，他以无比的勇气，"甘受垢厉"，以疗救梅花为己任。他继续写道：

> 予购三百盆，皆病者，无一完者。既泣之三日，乃誓疗之、纵之、顺之，毁其盆，悉埋于地，解其棕缚，以五年为期，必复之全之。予本非文人画士，甘受诟厉，辟病梅馆以贮之。呜呼，安得使予多暇日，又多闲田，以广贮江宁、杭州、苏州之病梅，穷予生之光阴以疗梅也哉！

龚自珍这种坚决要求改变现状、解放个性的态度，鲜明体现了一代启蒙思想家和文学家的胆略和卓见，同时也为近代民主主义斗士冲决一切网罗提供了生动形象的资料。

三

郑燮和龚自珍，在文学创作上各有千秋。他们的独特成就，各自确立了在文学史上的地位。在师承传统、创作方法和风格等方面，他们有许多共同之处，也有不尽一致的地方。引人注目的是，他们对方百川时文（八股文）的评论，却在一个侧面上表现了对文学创作的理解。

方百川（1665—1701），名舟，安徽桐城人，康熙诸生，著名桐城派大师方苞之兄。他幼习《左传》《史记》，通五经训义，综串百家。方苞以师事之。为文工制艺，刊有《自知集》和《方百川遗文》。当时的时文大家韩菼（慕庐，1637—1704）尝评曰："二百年无此矣！"他以诸生终老，"而所为时文，自其同时以逮没后二百余年，天下学子皆诵习之。"①为什么方百川的时文会有如此大的影响呢？就当时多数的读者来说，可能是为了"宜场屋，利功名"②的缘故。但郑燮和龚自珍却不然，他们都是把方百川的时文当作文学作品来看待的。

郑燮对方百川时文的评价极高。他说：

> 无论时文、古文、诗歌、辞赋，皆谓之文章。今人鄙薄时文，几欲摈诸笔墨之外，何太甚也，将毋丑其貌而不鉴其深乎！愚谓本朝文章，当以方百川制艺为第一，侯朝宗古文次之；其他歌诗辞赋，扯东补西，拖张拽李，皆拾古人之唾余，不能贯串，以无真气故也。百川时文精粹湛深，抽心苗，发奥旨，绘物态，状人情，千回百折而卒造乎浅近。朝宗古文标新领异，指画目前，绝不受古人羁绁：然语不道，气不深，终让百川一席。忆予幼时，行匣中惟徐天池《四声猿》、方百川制艺二种，读之数十年，未能得力，亦不撒手，相与终焉而已。
>
> ——《潍县署中与舍弟墨第五书》

这一段话，对方百川不无溢美之词，但其中包含有三层意思倒值得注意。其一，郑燮将时文作为文体之一，与古文、诗歌、辞赋并列，称之为"文章"。这一说法，亦未为不可。时文这种体裁，本为明清朝科举取士的

---

① 马其昶：《桐城耆旧传·方舟传》。
② 郑燮：《仪真县江村茶社寄舍弟》。

工具，程式僵死，束缚思想，自无积极意义可言。但是，"时文虽无与于诗古文，然不解八股则理路终不分明"①，却也是"以八股为文化时代"的明清作者们的共同体验②。同时，时文在其自身发展的过程中也有变化。正如郑燮在《仪真县江村茶社寄舍弟》中所言："先朝董思白（其昌），我朝韩慕庐，皆以鲜秀之笔，作为制艺，取重当时。思翁犹是庆（隆庆）、历（万历）规模，慕庐则一扫从前，横斜疏放，愈不整齐，愈觉妍妙"。《清史稿·韩菼传》亦云：韩菼"所撰制义。清真雅正，开风气之先，为艺林楷则"。其二，郑燮对清初正统文坛现状的评价是客观的、符合实际的，与袁枚的"一代正宗才力薄，望溪文集阮亭诗"的评论正好相互发明。其三，这段议论反映郑燮一贯坚持的一个重要的文艺观点，即努力创造出一种"抽心苗，发奥旨，绘物态，状人情"的"真气"文章。人们所熟悉的郑燮的另一些论述，诸如："英雄何必读书史，直摅血性为文章，不仙不佛不贤圣，笔墨之外有主张，纵横议论析时事，各医疗疾进药方。"③文章要"敷陈帝王之事业，歌咏百姓之勤苦，剖晰圣贤之精义，描摹英杰之风猷"④等，其着眼点都在论述文艺的社会功能。实际上，郑燮对文艺有着更高的要求，他在著名的《偶然作》末尾即云："呜呼文章自古通造化，息心下意毋躁忙"。而在《贺新郎·述诗二首》之二中则说得更为醒豁："文关国运犹其小，剖鸿濛清宁厚薄，直通奥窔。寒暑阴阳多殄忒，笔底回旋不少，莫认作书生谈笑"。

再看龚自珍。他对方百川是怀有特殊感情的，也是他平生"三别好"之一。龚自珍与郑燮一样，都是血性男儿，秉性真纯，对母爱童心极为珍视。但郑燮四岁失去慈母，全凭乳母费氏悉心抚养，两人情同母子，后来，郑燮曾作《乳母诗》专纪其事。龚自珍比郑燮要幸运得多，他自幼是在母亲的膝下接受良好的启蒙教育的。稍长，又在慈母的帐外灯前，习读

---

① 王士禛：《池北偶谈》。

② 参见陈柱：《中国散文史》，东方出版社1996年版，第279页。

③ 郑燮：《偶然作》。

④ 郑燮：《潍县署中与舍弟第五书》。

吴伟业《梅村集》、方舟遗文和宋大樽《学古集》，并且成为"三别好"而结下终生不解之缘。

他在《三别好诗》的序中说：

> 余于近贤文章，有三别好焉，虽明知非文章之极，而自髫年好之，至于冠益好之。兹得春三十有一，得秋三十有二，自揆造述，绝不出三君，而心未能舍去。以三者皆于慈母帐外灯前诵之……。吾知异日空山，有过吾门而闻且高歌，且悲啼，杂然交作，知高宫大角之声音，必是三物也。

关于方百川，他的《三别好诗·右题方百川遗文》一诗云：

> 狼藉丹黄窃自哀，高吟肺腑走风雷。不容明月沉天去，却有江涛动地来。

但是，龚自珍并不感情用事，他对方百川的评价很有分寸。一方面，他明确指出方百川遗文"非文章之极"；另一方面，又热情称赞方百川遗文具有"高吟肺腑走风雷"的特色。也就是说，方百川的时文写作，发自肺腑，吐露真情，不虚假，不矫饰，与当时的时文乃至文坛创作的风气迥异。相反，与他本人所提倡的"歌泣无端字字真"[①]的主张是完全一致的。也许正是从这一点出发，他才"明知非文章之极，而自髫年好之，至于冠益好之"，"而心未能舍去"的。

郑燮和龚自珍，这两位清代文坛上的杰出作家，距离我们都很遥远了。他们的时代，既造就了他们的独特的"狂""怪"的思想和性格；同时也使他们未尽其才。他们的文学成就和历史地位，不尽相同，但却各自独铸伟词，彪炳千古。他们留下的丰富精神遗产，将永远值得我们珍视和研究。

[原载《安徽师大学报》（哲学社会科学版）1993年第4期]

---

① 龚自珍：《己亥杂诗》之一七〇。

少年哀艳杂雄奇

——论郁达夫诗及其与龚诗的关系

一

在中国现代文学史上，郁达夫是以小说、散文名家的。他的小说作品以"清新的笔调，在中国的枯槁的社会里好像吹来了一股春风，立刻吹醒了当时的无数青年的心"①，这也是为文艺批评界和广大读者所公认的。但是，考察他的全部创作活动，我们应当补充说一句，他还是一位杰出的诗人。

郁达夫的文学生涯，始于五四前夕。其时，胡适、陈独秀、沈尹默等在《新青年》上，已经开始倡导白话诗的写作，热情而认真地为中国诗歌探索着新的道路，但郁达夫并没有投身到这一行列中去，人们至今尚未发现他的白话诗作品。然而，他却以其诗人的气质和天才，以其深厚的传统文学的功底，运用具有永恒魅力的中国传统诗歌（一称"旧体诗"或"旧诗"）的形式，特别是近体诗的形式，长歌当哭，写下了许多咏叹人生咏叹家国的哀艳清丽、优美动人的诗篇，成为新文学作家中堪与陈独秀、鲁迅、郭沫若、田汉等并驾而精于写作传统诗词的一位健将。对于他的诗歌，郭沫若曾经作过如下的评论：

---

① 郭沫若：《论郁达夫》。

在他生前我曾经向他说过：他的旧诗词比他的新小说更好。他的小说笔调是条畅通达的，而每每一泻无余；他的旧诗词却颇耐人寻味。古人说"多文为富"，他名叫郁文，真可谓名实相副，"郁郁乎文哉"了。

读了这四百多首诗词（按：指《郁达夫诗词抄》），觉得我以前的看法还是正确的。达夫的诗词实在比他的小说或者散文还好。

——《郁达夫诗词抄序》

郭沫若这段评论，是否完全符合客观实际，评论家和读者自可见仁见智。但是，郁达夫既是一位小说家、散文家，同时又是一位诗人，而且是一位杰出的诗人，当是没有疑义的。

二

郁达夫的诗歌创作，起步甚早。他天资颖悟，早慧过人。七岁入私塾上学，九岁时就能作韵语，写得一手好诗，其《自述诗十八首》之六有云："九岁题诗惊四座，阿连少小便聪明。"十五岁毕业于富阳县立高等小学堂时，获奖得《吴梅村诗集》，遂又成为他"平生专心研求韵律"[1]之契机。及至十九岁考入日本东京第一高等学校预科，他的诗才和造诣，已令学人为之瞩目。据郭沫若回忆："一九一四年我在日本东京和他同班同学时，已经知道他会做旧体诗词，而且已经做到了可以称为'行家'或者'方家'的地步。"[2]此后，他更是乐此不疲，一发而不可收，使自己的诗艺大进，成就斐然，最终成为诗词大家，在中国诗史上赢得了宝贵的一席地位。

然而，经过五四新文化运动的洗礼，并且是狂飙突进的创造社重要成

---

① 郁达夫：《自述诗十八首》第十二首自注。
② 郭沫若：《〈郁达夫诗词抄〉序》。

员郁达夫，在诗歌创作方面，为什么不参与新诗的创作与探索，而独钟情与执着于旧体诗歌？这却是一个耐人寻味的问题。郁达夫对此曾经作过多次的解释，他说：

> 讲到了诗，我又想起我的旧式的想头来了。目下流行着的新诗，果然很好，但是像我这样懒惰无聊，又常想发牢骚的无能力者，性情最适宜的，还是旧诗。你弄到五个字，或者七个字，就可以把牢骚发尽，多么简便啊！
>
> ——《骸骨迷恋者的独语》

> 中国的旧诗，限制虽则繁多，规则虽则谨严，历史是不会中断的。过去的成绩，就是所谓遗产，当然是大家所乐为接受的，可以不必再说；到了将来，只教中国的文字不改变，我想着着洋装、喝着白兰地的摩登少年，也必定要哼哼唧唧地唱些五个字或七个字的诗句来消遣，原因是音乐的分子，在旧诗里为得天独厚。
>
> ——《谈诗》

这两段话，其中固不免带有一点偏颇的意味，比如说旧诗最适宜于"发牢骚"云云，无论对传统诗以及他本人创作实际，都有失妥帖。但是他同时又道出了中国旧体诗所以具有永恒魅力的原因所在。他喜爱旧诗，写作旧体诗，并不反对新诗。他之所以运用旧体进行创作，一方面是因为他熟悉这种形式，可以"驾轻就熟"，舒卷自如地抒情遣兴；而另一方面，也因为旧体诗词自身具有长久的生命力——既为"大家所乐为接受"，又可为诗人提供出一种特定的、经过历史考验的、成功的艺术形式去表达丰富的思想内容。这种见解和实践，即便在新诗创作走过了八十年历程的今天，也仍然是有意义的。滥觞于晚清"诗界革命"的新诗运动，顺应了历史潮流，力图创造出一种全新的中国气派的诗歌，使中国诗再创辉煌，这无疑是十分正确的。并且，在任何时候，都应当坚持以新诗创作为主。但是，在我们这样一个具有悠久文化传统的泱泱大国里，一些文艺样式尽管古老而仍然有着旺盛的生命力，那么，我们也就应当乐意去承传它，让它继续开放出璀璨的花朵。

三

郁达夫的诗歌，具有鲜明的个性特征。他的诗，如同他的为人一样，"天然去雕饰"，直率无隐，忠实而又艺术地展现了他的时代和个人经历。作为诗人，他情感极其丰富，细致地描绘了自己多侧面的心灵历程，包括常人认为属于个人隐私的那一部分；而作为烈士，他对祖国的大好河山以及祖国的危机和苦难，自年少以至殉难，始终倾注着深沉的眷恋和无限的关切。龚自珍论诗时尝言"少年哀艳杂雄奇"。如果我们借来概括郁达夫的诗歌创作特色，似乎也是恰当的。

1931年1月，郁达夫在上海写过一首题为《旧友二三，相逢海上，席间偶谈时事，嗒然若失，为之衔杯不饮者久之，或问昔年走马章台，痛饮狂歌意气今安在耶？因而有作》的诗，比较典型地反映出诗人所独有的情绪和表达方式。诗云：

> 不是樽前爱惜身，伴狂难免假成真。
> 曾因酒醉鞭名马，生怕情多累美人。
> 劫数东南天作孽，鸡鸣风雨海扬尘。
> 悲歌痛哭终何补，义士纷纷说帝秦。

诗的前两段，异常坦率地叙说"昔年走马章台，痛饮狂歌"的意态，不掩饰，不矫情，曾经博得不少识者的肯定与赞许；而后两联，讥评时事，却包含着多么深厚的难以尽言的苦痛。这首诗写好后，作者一反惯常的做法，没有即刻发表。但在当年三月，他被迫离沪，辗转回到富阳家中时，给原配夫人孙荃写了一段话说："钱牧斋受人之劝，应死而不死；我受人之害，不应死而死。使我得逢杨爱，则忠节两全矣！"并在访桐庐严子陵钓台时，将此诗题壁以泄愤。1932年，作者有《钓台的春昼》一文记其事，又将诗易名《钓台题壁》载入文内。

郁达夫的诗歌，哀感顽艳，多凄苦之词，这同他个人的气质、经历和所处时代分不开的。他自幼哀乐过人，歌哭无端，反映出气压如磐的时代所带给他的伤痛。民国初年，他年方弱冠，留学于日本，本当意气风发，挥斥方遒，然而，他的诗作，却无不涂抹上一层浓重的哀伤色彩，流动着一股渗人心脾的幽愤情绪。试读以下两首诗：

> 悔将辞赋学陈琳，销尽中原万里心。
> 书剑飘零伤白也，英雄潦倒感黄金。
> 三年铅椠貂裘敝，一服参苓痼疾深。
> 闻说求田君意定，富春江上欲相寻。
>
> ——《寄曼陀长兄》（1914年，日本）
>
> 醉拍阑干酒意寒，江湖寥落又冬残。
> 剧怜鹦鹉中州骨，未拜长沙太傅官。
> 一饭千金图报易，五噫几辈出关难。
> 茫茫烟水回头望，也为神州泪暗弹。
>
> ——《席间口占》（1925年，日本）

回国以后，郁达夫积极参加或主持创造社的活动，致力于文学创作和教育工作，情绪也曾昂扬奋发过，但日本帝国主义的侵略威胁日甚，反动政府和时局的日益窳败，大难当头，又使郁达夫陷入失望之中。1935年10月，他经过南宋义士谢翱哭祭文天祥的西台，愤而赋《偶过西台有感》一诗以寄慨：

> 三分天下二分亡，四海何人吊国殇！
> 偶向西台台畔过，苔痕犹似泪淋浪。

诗后自记："双十节近在目前，我想将这几句狗屁诗来应景，把它当作国庆的哀词，倒也使得。"如果不是痛极难平，其激愤之辞，一何至此！

抗日战争期间，郁达夫曾任军委政治部第三厅设计委员、中华全国文艺界抗敌协会理事，并去徐州、山东、河南等前线慰劳抗敌将士。他的母亲，在日寇攻占杭州、入侵富阳时饿死故里。他的胞兄法律家郁华（曼陀），在上海又惨遭敌伪暗杀。国恨家仇，集于一身，其负重之情，不难想象。然而这时他依旧逃脱不了反动势力的压迫，加上毁家纾难，其痛苦更不待言。最后不得不漂流海外，在极难忍受的境遇中，坚持抗日活动，直到被日寇杀害，结束了悲剧的一生。但是，不管处境多么艰难险恶，郁达夫始终不改他的诗人本色。他孤悬海外，生死难凭，却"几乎每天写了一首诗"[①]，用以抒写故国之情、乡土之恋。著名篇什有《冯焕章先生今年六十，万里来书，乞诗为寿。戏效先生诗体》《为晓音女士题海粟〈芦雁〉》《题悲鸿画梅》《闻杨云史先生之讣》《离乱杂诗十一首》《无题四首》等。而在目前所能收集到的最后年代（1945年春）写的《题新云山人画梅》一诗中，他殷殷唱出的"十年孤屿罗浮梦，每到春来辄忆家"的心声，尤令人意黯神伤，不忍卒读。

当然，郁达夫在性格上也有他的弱点，他的诗歌也有若干浅率甚或平庸之作，但瑕不掩瑜，读者也不必去苛求责备。他的好友胡愈之，在《郁达夫的逃亡和失踪》一文中，曾有一段精彩的论述，可以帮助我们认识郁达夫及其诗作。他说：

> 作为一个诗人与理想主义者的郁达夫，是"五四"巨匠之一。他永远忠于"五四"，没有背叛过"五四"。正如赵胡子是郁达夫的伪装一样，他的表面的生活态度，谈醇酒妇人做香艳诗，也不过是诗人的伪装，用以应付他的敌人、他的迫害者罢了。所以只有那些没有性灵，从未和他真正接近的人，才会从达夫的生活的表面去作评价。如果是接近他的和读过他的作品的人，便会明白达夫对生活是何等的严肃，对人类是何等的热爱！

---

① 郑子瑜：《论郁达夫的旧诗》。

四

郁达夫在诗坛的地位，是由其独特的创作个性和风格而确立的。但是，他的诗歌所以取得卓越成就的一条重要原因，乃是由于博采兼收、转益多师的结果。

他十分清醒地认识到，古今诗人由于所处的时代、环境、心境的不同，因而在选取体裁、铸造意境以及表述方式上也必须各异其趣。他说："近代人既没有那么的闲适，又没有那么的冲淡，自然做不出古人的诗来了。所以，我觉得今人要作旧诗，只能在说理一方面，使词一方面，排韵练句一方面，胜过前人，在意境这一方面，是怎么也追不上汉魏六朝的。唐诗之变而为宋诗，宋诗之变而为词曲，大半的原因，也许是为此。"①正因为这样，他依据自己的兴趣、爱好和审美需要，广泛地向李白、杜甫、李商隐、温庭筠、杜牧、陆游、元好问、吴伟业、钱谦益、厉鹗、黄仲则等前代诗人学习。他从他们那里别择抉微，各有取舍：或取其清新俊逸，或取其沉郁顿挫，或取其雄浑奔放，或取其清丽芊绵，综贯融通，熔铸陶冶，进而形成自己的独特的风格。而给予他影响至深至巨的，则莫过于他的浙西乡先贤、中国近代文学的开山作家龚自珍。

然而，值得玩味的是，他与龚诗的关系，在自己的诗作中，却讳莫如深地避而不说，或者曲意地加以掩饰。他对龚自珍的作品，可谓烂熟于心；对其为人，可谓景行行止；对龚诗的研究可谓擘肌入理，细致独到，非一般人所可企及。可是他却出人意表地写过这样的一首诗：

> 江湖流落廿三年，红泪频揩述此篇。
> 删尽定公哀艳句，侬诗粉本出青莲。
>
> ——《自述诗十八首》之一

这是一组诗的开篇。他首先声言"删尽定公哀艳句，侬诗粉本出青

---

① 郁达夫：《谈诗》。

莲"，意谓自己的诗歌诗作，与龚自珍的影响无关，但据日本富长觉梦所藏《自述诗》手稿，诗后原有"仁和龚瑟人有己亥杂诗三百十五首，余颇喜诵之"的附言来看，这组《自述诗》便分明是在龚自珍《己亥杂诗》的启发下写作的。如果再从组诗的内容安排、结构布局、章法以及语言运用等方面来考察，则更是龚诗的遗调。

不仅如此。倘就郁达夫诗歌创作的整体而言，郁诗与龚诗本来就存在着密不可分的"血缘"关系。郁达夫远绍李太白，取径吴梅村，这与龚自珍的学诗经历完全一致。郁达夫自诩"侬诗粉本出青莲"，而龚自珍于合庄（子）屈（原）而一的李白，也倾倒备至。郁达夫念念不忘十五岁时"忽遇江南吴祭酒，梅花雪里学诗初"[①]的情景，而龚自珍更无比珍惜"一种春声忘不得，长安放学夜归时"[②]，于帐外灯前，依膝下听慈母口授吴梅村诗的经历。二人之间只不过在成就上存在着差别而已。龚自珍诗奇景独辟，锐意创新，而郁达夫诗也注意着力琢磨，自铸新貌。龚自珍堪称七绝圣手，郁达夫在近体诗创作上也大下功夫。郁达夫对龚诗可谓心有灵犀，深得三昧。他的诗，可以说脱胎于龚诗而自具面目。龚诗的影响在郁诗中几乎无所不在；化用、借用、反用龚诗的事例，在郁诗中随处可见。这里且摘录几例，以见一斑：

郁　诗	龚　诗
伤乱久嫌文字狱，	避席畏闻文字狱，
偷安新学武陵渔。	著书都为稻粱谋。
今日不挥闲涕泪，	今日不挥闲涕泪，
挥戈先草册倭文。	渡江只怨别蛾眉。
鸢肩火色长如此，	我马玄黄日又曛，
我马玄黄日又曛。	关河不窘故将军。
一夜罗衾嫌梦薄，	为恐刘郎英气尽，

---

① 郁达夫：《自述诗十八首》。
② 龚自珍：《三别好诗》。

晓窗红日看梳头。　　　　　卷帘梳洗望黄河。

不向东山谋一醉，　　　　　悔杀流传遗下女，

独遮纨扇过西京。　　　　　自障纨扇过旗亭。

几度沧江逐逝波，　　　　　风云材略已消磨，

风云奇气半消磨。　　　　　甘隶妆台伺眼波。

四十余人皆爱我，　　　　　五十一人皆好我，

三千里外独离群。　　　　　八公送别益情亲。

首阳薇蕨钟山宴，　　　　　五都黍尺无人校，

不信人间一饱难。　　　　　抢攘人间一饱难。

书剑飘零伤白已，　　　　　别有樽前挥涕泪，

英雄潦倒感黄金。　　　　　英雄迟暮感黄金。

试看郁达夫对龚诗的融汇、磨合乃至"拿来"，已经达到多么娴熟的程度。

再就单篇而论，诸如：

许侬赤手拜云英，未嫁罗敷别有情。

解识将离无限恨，阳关只唱第三声。

杨柳梢头月正圆，摇鞭重定定情篇。

此身未许缘亲老，请守清闺再五年。

　　　　　　——《奉赠五首》之一、之三（1917年9月5日，杭州）

凭眺湖山日又曛，回车来拜大王坟。

虫沙早已丧三镇，猿鹤何堪张一军？

河朔奇勋归魏绛，江南朝议薄刘蕡。

可怜五百男儿血，空化田横岛上云。

　　　　　　——《三月初九过岳王墓下改旧作》（1934年，杭州）

尺枉何由再直寻，兰成哀思及时深。

> 美人香草闲情赋，岂是离骚屈宋心？
>
> ——《和曾广勋先生赐赠之作四首》之二（1940年，新加坡）

这些诗，除了时代背景、用典使事，抒发特定的情怀而外，在气韵、格律、声调和色彩等各个方面，都与龚自珍诗无异。它们都足以说明郁达夫在学习和继承龚诗方面，已臻化境。

郁达夫在评苏曼殊诗时说过："他的诗是出于定庵的《己亥杂诗》，而又加上一脉清新的近代味的，所以用词很纤巧，择韵很清谐，使人读下去就能感到一种快味。"[①]这段话完全可以移过来评论他自己的作品，在某种意义上，也可以认为是一种"夫子之道"吧！

［原载《安徽师范大学建校七十周年论文集》（1928—1998），安徽人民出版社1998年版］

[①] 郁达夫：《杂评曼殊的作品》。

龚自珍己亥出都和丹阳暴卒考辨

1935年，朱杰勤先生在《龚定庵研究》一书中，曾经颇为感慨地写过一段话，他说：

> 定庵至今，仍无详细之专传。而稗史所载，信口雌黄，以笔随人，全无负责。间有捏造事实，污他名节，以致一代奇士，沦于正人君子之口，亦一不幸事也。

如今，时光流逝了半个世纪。应当说，学术界对于龚自珍的研究有了很大的进展。特别是，中华人民共和国成立后，许多同志努力运用马克思主义的观点，从总体以至各个侧面，实事求是地评论和肯定了龚自珍作为中国近代的启蒙思想家和开一代风气的文学家在历史上的地位和影响，清扫了相当长的一段时间里泼洒在龚自珍身上的污秽，使他的本来面目得到了恢复。但是，毋庸讳言，在某些具体问题上，至今仍然存在着很不一致的看法。这就需要我们继续做一些考辨的工作，以求对龚自珍其人其行，做出全面而又合乎实际的评价。本文试就争论较多的己亥出都和丹阳暴卒的原因问题，发表一些不成熟的意见。

一

关于龚自珍己亥出都的原因，吴昌绶在光绪二十六年（1900）写竟的《定庵先生年谱》中有如下的记载：

> 先生官京师，冷署闲曹，俸入本薄，性既豪迈，嗜奇好客，境遂大困，又才高动触时忌，至是以闇斋先生年逾七旬，从父文恭公适任礼部堂上官，例当引避。乃乞养归。

这段记载，就龚自珍的为人和他当时所处的境遇看，当是可信的；就吴昌绶记叙的态度看，也是审慎的，负责的。不过，在引人注目的"才高动触时忌"这个关键的地方，语焉而不详。这或许因为吴氏生当清季，也不得不回避"时忌"，从而采取了一种含蓄的表达方式。

然而，遗憾的是，从清末民初至建国前夕，有些人始终置《定庵先生年谱》记载的这些基本事实于不顾，在己亥出都这个问题上，他们编造了一个龚自珍与女词人顾太清之间的暧昧关系的故事，并说因此而招致顾太清夫家的逼迫，龚自珍在不得已的情况下才仓皇出都。于是，口耳相传，谜团顿起，在专记遗闻佚事的笔记里，在诗人消闲遣兴的吟咏中，这个故事几乎成为时髦的题材，屡见不鲜。其最著者，号称晚清四大谴责小说之一的《孽海花》，便假借龚自珍儿子龚孝拱的侍妾之口，添油加醋地敷衍出一段龚、顾的风流艳史。因而造成了更为广泛的影响和混乱。

其实，这些编造并不高明，不少研究者对此曾经作过有力的辩驳。其中以20世纪30年代发表的孟森先生的《丁香花公案》[①]和雪林女士的《丁香花疑案再辨》[②]两文尤为突出。它们用丰富的材料，细致的分析，周密的论证，向人们说明龚、顾之间的暧昧关系以及顾氏夫家寻仇之事之不可

---

① 载孟森：《心史丛刊》，大东书局1936年版。
② 载武汉大学《文哲季刊》第1卷第1号，1931年。

能，笔者完全同意他们的意见，这里就不再辞费。

那么，龚自珍己亥出都的真正原因究竟是什么呢？笔者认为，首要的原因是由于政治上的压迫。龚自珍具有先进的思想，能洞察时艰，敏锐地看到社会的危机，时刻以天下为己任。正如梁启超所说："龚、魏之时，清政既渐陵夷衰微矣，举国方沉酣太平，而彼辈若不胜其忧危，恒相与指天画地，规天下大计。"他尖锐揭露和批判封建社会的黑暗腐败、热情倡言社会变革、积极宣传抵御外国侵略。而这一切却都是封建朝廷所不愿听取和不能容忍的，因此，龚自珍无以施展自己的宏图抱负。

他和林则徐一样，在中国近代史上是最先睁眼看世界的先进人物之一。鸦片战争爆发前的十七年，即道光三年（1823），他在《阮尚书年谱第一序》中便说："粤东互市，有大西洋，近惟英夷，实乃巨诈，拒之则叩关，狎之则蠹国。"表现了对英国殖民主义的深刻认识，这是颇为难得的。及至道光十九年（1839）前后，朝政日非，时事日警，围绕着英国利用鸦片入侵事件，主战、主和两派，朝议纷纷。这时的龚自珍位居下僚，本可以不卷进这场斗争中去。但是，他出于对国家的关切，毅然地挺身而出，站到了主战派的行列。他往往越位言事，招致了当权的顽固派、投降派的极大憎恨和迫害。这里，有几件事可资说明：

第一，他曾被夺去俸钱。这件事发生在道光十八年（1838）。详细情形，由于资料的散佚，目前尚难于查考。不过，有一点似乎是可以肯定的，就是这次罚俸，不是他个人的失误所造成的，相反，乃是由于朝廷施加的打击和迫害。在被夺去俸钱以后，龚自珍的生计陷入极度的窘困之中，精神上也受到极大的摧残。是年冬（1839年初），在妻子何颌云的建议下，他不得不远走三百里去保定，向旧友托浑布借贷，用以糊口度日。当时龚自珍曾以悲愤的心情，写了题为《乞籴保阳》四首诗，记述自己的不幸遭遇和心迹。其一云：

> 长安有一士，方壮龚先老。读书一万卷，不博侏儒饱。掌故二百
> 年，身先执戟老。苦不合时宜，身名坐枯槁。今年夺俸钱，造物箴弄

巧。相彼蚴蟧梅，风雪压敧倒。剥啄讨屋租，诟厉杂僮媪。笔砚欲相吊，藏书恐不保。妻子忽献计，宾朋佥谓好。故人有大贤，盍乞救援早？如藏孙乞籴，素王予上考。西行三百里，遂抵保阳道。

诗中虽未具体说明夺俸的原因，但"苦不合时宜，身名坐枯槁。今年夺俸钱，造物簸弄巧。相彼蚴蟧梅，风雪压敧倒"数句，不是含蓄深沉而又发人深思么？

第二，他曾要求去广东，协助林则徐禁烟备战，结果受到阻挠。道光十八年，林则徐奉旨以钦差大臣身份到广东查办鸦片，兼指挥水师。龚自珍特地写了一篇《送钦差大臣侯官林公序》为林送行。序中极言战守之策，并表示自己要去广东，为林则徐助一臂之力。但是，把持朝政的主和派，怎会让他这个位微言轻、夺俸受罚的人去实现报国的宏愿呢？因此，林则徐为难地给他写了一封复信。信中说：

> 惠赠鸿文，不及报谢。出都后，于舆中紬绎大作。责难陈义之高，非谋识宏远者不能言，而非关注深切者不肯言也……至阁下有南游之意，弟非敢阻止旌旆之南，而事势有难言者。

这封信很清楚地表明，不是林则徐拒绝他去南方，而是因为有"事势有难言者"的奥妙在。林则徐说的"事势有难言者"，到底指的是什么，那是十分明白的。

第三，他曾上过万言书，反对裁撤天津水师，结果遭到否决，据沈鉴《怀旧录》"仁和龚定庵先生"条载：

> ……道光二十年（笔者按：误。疑为道光十九年初或十八年），直督请裁撤天津水师，谓无所用，计费且数十万，上可其奏。先生上书万言，言不可撤状，不报。先生旋引疾。后二年，英夷内寇，其目朴鼎查直抵津门，上章请和，要挟失国体，人始服其先识。

这项资料，郭则沄在《清词玉屑》卷五中，亦曾予以援引，惜乎未引起人们的重视。同时，龚自珍的万言书，至今尚未被发现，也为进一步的考察和研究，带来了困难。但是，不论怎样，上万言书不报这件事，促进了早有去志的龚自珍的辞官出都的决心，是完全可以肯定的。他在出都前半个月写给吴虹生的信中说："弟因归思郁勃，事不如意，积痗所鼓，肺气横溢，遂致呕血半升，家人有咎酒者，非也。"其中提及的不如意"事"，很可能就是指的这件事。忧愤而致呕血，足见所遭迫害之烈之深。京师已再无他的存身之地，于是他也就不得不怀着决绝的心情，仓皇出都，并且在北上迎眷南返时，到了固安县，再也不愿向京师前进一步了。

所以，我们说龚自珍己亥出都的首要原因是政治的压迫，从以上所举三事，即可得到充分的证明。如果再进一步考察当时的有关记载和龚自珍本人的诗文，那么我们还可以获得不少有力的旁证。比如龚自珍的友人汤鹏，在龚氏死后二年写的一条诗注中说过："定庵舍人忤其长官，赋归去来。"[1]便具体地道出他的辞官出都，是由于得罪了朝廷的当权派。及至数十年后，龚氏的世姻张尔田更为明确地说："定庵出都，因得罪穆彰阿，外传顾太清事，非实也。""定庵为粤鸦片案主战，故为穆彰阿所恶。"[2]

至于龚自珍自己在这一时期创作的诗文，其揭露批判社会黑暗，积极倡导变革，慷慨许身报国的情怀，比之过去有了更为淋漓尽致的发挥。但是，这些作品，却又无不同时地涂抹上一层在如磐高压下的悲愤色彩。请看：

> ……如明日部口竟惟书办是从，将弟驳斥。弟亦俯首就选，授笔出都。男子初生，以桑弧蓬矢射天地四方，何必一生局促软红尘土中，以为得计乎？……《圆圆曲》云："错怨狂风飏落花，无边春色来天地，"以此自祝。又云："此际岂知非薄命，此时只有泪沾衣。"

① 汤鹏：《赠朱丹木太守》诗注，《海秋诗集》后集。
② 转引自钱穆：《中国近三百年学术史》，商务印书馆1997年版，第612页。

则今日我两人之情也。

——《与吴虹生书》（二）

他这封写给挚友的信，写来何等沉痛！在国家面临深重危机情况下，他原期望在京都能够有作为。但是，对来自当权派的高压以及书办之流的要挟，他决不低头，以求苟活。他要走出京城，"以桑弧蓬矢射天地四方"，寻求为国家多出力量的机会。

除了政治原因而外，龚自珍己亥出都与生活窘困和"例当引避"，也的确有一定的关系。但是，这理由，与政治迫害的因素相较，毕竟都是次要的。

二

龚自珍暴卒的原因，过去流行的说法，主要有以下几种：

第一，龚自珍的暴卒，是由于顾太清夫家的谋害。

第二，龚自珍的暴卒，是因为他所眷恋的妓女灵箫另有新欢，灵箫受人指使，毒害了他。

第三，龚自珍的暴卒，与穆彰阿的迫害有关。

第四，龚自珍的暴卒，是由于暴病的不治。

对于这四种说法，笔者试逐一说明自己的看法：

关于第一说，谈论者最多。他们不仅以《己亥杂诗》中之"忆宣武门内太平湖之丁香花"诗为据，并且又举出定庵词中《桂殿秋》《忆瑶姬》《梦玉人引》诸阕作为旁证，确认龚自珍与顾太清之间有暧昧关系；龚自珍被迫出都后，顾氏夫家又派人跟踪到南方，害死了他。对于这一说法，本文前已说明，早在30年代，即为孟森、雪林诸先生所驳斥，事属子虚乌有，不足为信。

关于第二种说法，也找不到任何根据。考灵箫其人，确乎是存在的；她与龚自珍的关系也异常亲密。但是，从现有资料看，没有理由去说她的品格有亏，并且是她亲手毒死了龚自珍。

龚自珍和灵箫之间，并非是一般的关系。在他的晚年生活里，灵箫似乎夺去了继配夫人何颉云的"专房之宠"，占据着相当重要的位置。龚自珍曾亲自编录唐宋词读本供她阅读[①]，又曾在品题碑帖时，常常由她在侧陪伴[②]。他还准备在昆山的羽琌墅与灵箫偕老。而每当在诗中写到灵箫的时候，龚自珍则又几乎是用一种顶礼膜拜的心情去刻画。如：

> 天花拂袂著难销，始愧声闻力未超。青史他年烦点染，定公四纪遇灵箫。
>
> 灵箫合贮此灵山，意思精微窈窕间。丘壑无双人地称，我无扪笔到眉弯。（祈墅）
>
> 此是《春秋》据乱作，升平太平视松竹。何以功成文致之，携箫飞上羽琌阁。（又祈墅）
>
> ——《己亥杂诗》

此外，龚自珍的好友孙月坡在《定庵将归，托寄家书，赋此送别，调金缕曲》词的上阕中也曾写道："把酒留无计！渺烟波，西风一舸，载花归矣。囊底黄金原易散，空使英雄短气。问甚日重游胜地？名士高僧何足算，有倾城解佩成知己，题艳句。绿窗里。（原注：谓阿箫校书。）"这些都充分说明，灵箫是一个有教养的、不幸沦落风尘的女子，而不是一个水性杨花、心地狠毒的荡妇；她和龚自珍之间是一种纯正的知己关系，而不是一种世俗的青楼女子与嫖客之间的来往。由此，我们可以推断，灵箫不会去为了什么而抛弃龚自珍另觅新欢，她更没有可能去为了新欢而置龚自珍于死地。这大概是无可怀疑的。

关于第三种说法，如果与前两说相比，则是比较合乎情理的，笔者过

---

① 参见吴昌绶《洞仙歌》小序。
② 参见龚自珍：《上清真人碑书后》。

去一直倾向于此说①，近年来，在学术界亦逐渐为不少同志所采用。

为什么说，这一说法比较合理呢？这是因为：第一，它可以同龚自珍被迫出都的政治原因联系起来，从而摆脱了那种根据"事出有因，查无实据"的遗闻佚事来作判断的羁绊。第二，它还可以同龚自珍出都南返之后的政治环境和个人遭遇，紧紧相对应。

龚自珍己亥出都以后，费了近十个月的时间，才好不容易地将家小在昆山安顿了下来。从第二年起，又开始了所谓"在舟中之日居多"②的劳顿生活。他差不多每个月都要经过水路往还于老家杭州和昆山之间，分别照料着年迈的父亲和无力自给的妻子儿女。到了第三年，也就是他逝世的这一年，他终于经不住一年多的浪迹江湖生涯的磨难。大年初三，便匆匆离开家门，勉为其难地到江苏就任丹阳书院讲席。当然，在这期间，他也偶尔过着选色谈空的"颓放无似"③的生活。但是，我们注意到，他的一腔报国热忱，从未消歇。不论是在己亥那一年，他于两度南返北上途中，通过诗文纵横议论时事，热情宣传改革，慷慨抒发报国无门的慨叹，留下了诸如《己亥杂诗》三百十五首和《己亥六月重过扬州记》《病梅馆记》这些带有鲜明时代印记的不朽篇章；即便在寄迹江湖、萍踪不定的时候，他也没有忘记对时局的关注。正像他在给吴虹生写信时，还殷殷拜托吴虹生转告在京城的老朋友："见时说定庵心绪平淡，虽江湖长往，而无所牢骚，甚不忘京国也。"④

特别是，在他逝世前不久。他和刚到上海驻守的江苏巡抚梁章钜"邮书论时事，并约即日解馆来访，稍助筹笔"⑤，表现了他的一贯的以身许国的决心。可是没过几天，扫榻以待的梁章钜，不仅未能迎候到龚自珍的来临，相反，却意外地接到了他于农历八月十二日（1841年9月26日）暴卒的凶讯。所以，梁章钜禁不住老泪纵横，特地为他写了一首挽诗：

---

① 参见孙文光：《龚自珍》，上海古籍出版社1985年版。

② 龚自珍：《与吴虹生书》（十二）。

③ 见《己亥杂诗》附录。

④ 参见孙文光：《龚自珍》，上海古籍出版社1985年版。

⑤ 梁章钜：《师友集》。

渤海佳公子，奇情若老成，文章忘忌讳，才气极纵横。正约风云会，何缘露电惊。日时过庭地，忠孝两难成。

因此，人们根据龚自珍最后两年的经历，推论他为自己的"宿敌"、当权派的穆彰阿所谋害，不是没有道理的。

但是，推论终归是推论。直至目前为止，我们还没有发现直接记载穆彰阿下属谋害龚自珍的资料，因而要把它作为定论来看，这也不能认为是科学的态度。

最后，让我们来谈谈对第四种说法的意见。这种说法，就我们见到的已经公开问世的资料，它最早记载于吴昌绶的《定庵先生年谱》。谱云："八月十二日，暴疾捐馆。"这个记载，应当说是比较明确地指出了龚自珍系因突然发病死于阳丹书院的。稍嫌欠缺的是没有载明症状而已。不过，尽管如此，这对于澄清那些认为龚自珍"死于非命"的说法，无疑是大有作用的。可惜的是，在那个稗史笔记蜂起、龚自珍暴卒成为风流趣闻的年代，吴昌绶提供的这条材料，只能作为"孤证"。它被深深地掩盖住了，没有引起人们的足够注意。

去年初夏，承顾廷龙先生的指教和帮助，笔者在上海图书馆善本室检读了陈元禄著《羽琌逸事》的清代抄本，这使我有机会对有关问题进行了考核。这部著作，作于道光二十一年（1841）十月，即龚自珍逝世后的两个月，可以断言，它是记载龚自珍生平逸事的最早的一部作品。加之，作者陈元禄又系龚自珍儿子的妻弟，与龚氏本人多有往还，这更增加了这部著作所载内容的可靠程度。经过初步比较：我们发现，张祖廉的《定庵先生年谱外纪》，几乎全部是从这部著作里加以移录的。并且，在文字上也极少有改动。

关于龚自珍的逝世，陈元禄在《羽琌逸事序》中是这样写的：

道光二十一年八月日，定公以疾卒于客，讣至京师，元禄为位以哭。

看到这段文字，真使笔者大喜不禁。百余年来，一个争论不休的问题，竟一朝在迟迟发现的最早记载中得以解决：龚自珍确实是死于疾病，而不是死于非命。

[原载《安徽师大学报》（哲学社会科学版）1986年第3期。]

"继往开来　义不容辞"

——记季镇淮先生与"龚学"

先师季来之先生逝世已有一年多了。每一念及，总觉得恩师难忘，绝不是一篇文字所能尽述的。这里，我仅着重记述季师关于龚自珍研究以及对"龚学"发展做出的特殊贡献。

自龚自珍逝世以后，龚自珍研究曾有过几起几落的局面。从道光末经咸丰至同治年间，龚氏似乎尚未引起学界的注意。直到光绪初年，由于时代的发展，都下才出现"文章讲龚定庵"（张之洞《学术》诗注）的情况。而至戊戌变法时期，龚氏遗集方大行于世，梁启超所言"晚清思想之解放，自珍确与有功焉，光绪间所谓新学家者，大率人人皆经过崇拜龚氏之一时期；初读《定庵文集》，若受电然"，便是当时龚集风行盛况以及强烈反响的生动写照。民国成立前后，南社中许多诗人步趋龚自珍，学龚仿龚成为一种时尚，但他们对龚氏的理解有失片面。他们自己"一方投身革命，自诩侠烈；一方寄情声妓，着意风流"，他们也以自己的理解比附龚自珍。典型的例子，莫过柳亚子的《定庵〈破戒草〉》一诗："三百年来第一流，飞仙剑客古无俦。只愁辜负灵箫意，北驾南舣到白头。"这首诗以"三百年来第一流"推许龚自珍，评价不可谓不高，可是最后的落脚点却放在了灵箫的身上。

进入20世纪30年代，孟森、钱穆、苏雪林、缪钺、张荫麟和朱杰勤等先生，相继发表专文或专著，分题论述龚自珍的生平、思想和著述，使龚自珍研究向前跨进了一大步。但学术界反响似仍寥寥。据不完全统计，从1921年到1949近三十年间，公开发表的各类研究龚自珍的文章，汇总起来，还不足30篇。

50年代，龚自珍和中国近代文学研究，正式被推上学术界研究日程，这中间，与毛泽东倡导开展中国近百年史的研究和他在《介绍一个合作社》中引用龚自珍"九州生气恃风雷"一诗的推动不无关系。然而更重要的却是学术研究本身日益深入的必然发展。1958年，由北京大学中文系开端，率先组织1955级同学编写《中国文学史》，第一次在中国文学通史著作中，专辟"近代文学"为一编，并以龚自珍为首开近代文学新风气的作家而详加论述，季师自始至终是以很大的热情参与指导和修订工作的。随后，他又为学生开讲近代文学和龚自珍的专题课，并最早地招收近代文学方向的研究生。1961年，国家高等教育部组织编写高等学校文科教材，季师与游国恩先生等受命主编四卷本《中国文学史》，其中《近代文学——晚清至"五四"的文学》一编，则全部由季师撰稿。他对近代文学全貌的勾勒描述和对龚自珍"思想带有极大的叛逆性，文学极富于创造性"的深刻论析，成为当时龚自珍和近代文学研究实绩的显著标志。

"文革"时期，季师和全国学术界的很多学者一样，被迫中断了正常的研究活动。但是，他深入探究近代文学和龚自珍的愿望，仍念念不忘于怀。他在1973年4月25日给我的一封信中说：

> 现在没有人再要求或希望我们继续编文学史。将来如何搞很难说，估计暂时不会再有文学史的研究了。至于龚自珍的研究我已停止七八年，偶然翻一下，已觉生疏，兴趣更非昔时可比。但还未放弃研究的企图，将来如有可能，还想彻底搞一下。主要是想根据他看一些佛书，弄通他的思想的全貌。从前你写的论文和搜集的有关资料，不知你发表过没有？中文系资料室屡经变动，论文无可查考。如在你校刊物发表过全部或一部分，还能找到，望寄我一份，留待参考。你找到的有关龚曾上万言书一事至为重要，有机会写一短文发表，提供学术界研究讨论，对弄清龚的政治思想大有帮助。但在目前估计发表这

类短文的可能性还是不大的。北大中文系五五级有位同学杨天石（近作《王阳明》一书已出版）一直研究龚自珍，偶一相见，听其所谈，获益不少。你如能回到教学岗位，以龚自珍研究为重点，上窥乾嘉，下及近代，切实弄通这一段的思想文化包括文学的源流变迁，我想是很有意思的。我本人也想留意于此，只是精力已有所不逮，虽有愿望，恐只是谈谈而已。

"四人帮"覆灭后，季师精神焕发，重现青春。他在担任北京大学中文系主任重任的同时，还以极其认真负责的精神，投入《中国大百科全书·中国文学卷》近代文学分支的主编工作。他规划结构，拟订条目，联系作者，事必躬行，并且亲自撰写了"近代文学""龚自珍""康有为"等一批重点词条的释文。其中"龚自珍"一条，评述龚自珍的生平和思想、文学创作以及本集和研究资料，准确公允，简要精当，为学术界提供了一份具有权威性的专论。

1985年初，为了交流和推动龚自珍的研究，我与严家炎先生（时任北大中文系主任）、孙静、孙玉石兄，谈凤梁先生（时任南京师大副校长）、李灵年兄等反复联系，商定由北京大学、南京师范大学、安徽师范大学等单位联名发起召开一次"龚自珍诗文学术讨论会"。会议计划邀请对龚自珍研究做出实绩的学者参加，人数控制在二三十人，务求开出实效。这个打算，立即得到季师的有力支持和指导。他在当年3月5日给我的信中说：

　　召集数十人讨论龚学，我很赞成。我预备参加此会。南方九十月间，天气还未冷，可以出门。现在讨论会甚多，大抵赶热闹者多，真正讨论问题者少；或放言高论，不着边际，无法理解。我参加此类会甚少，至今还未参加一个。你（们）定的题目小，无法放言，甚好。

十月中旬，会议如期举行。钱昌照、唐弢、王瑶、顾廷龙、王蓬常、缪钺、任访秋、苏渊雷、刘逸生、陈旭麓等先生寄来贺信或论文，季师在孙钦善、顾国瑞兄陪同下莅临芜湖，与段熙仲、冒效鲁、何满子、李锦全、王俊年、钟贤培、王飚、张中等老中青三代学者参加了会议。季师为会议致开幕词并作了一次中心发言，受到了与会者的热烈欢迎和推重。他还为我写了一幅字，内容是他依照龚自珍的《三别好诗》而自作的一首绝句，概述平生治学的三大特别爱好是研究司马迁、韩愈和龚自珍。诗云：

> 昌黎文集定庵诗，汉史诤诤血泪词。
>
> 吾亦自有三别好，江河万古令人思。

第二年夏天，我因事赴杭州，得知城东马坡巷有一所民宅传为龚自珍故居的消息，随即赶去实地访问。只见这所民宅，布局严整，环境清幽，庭院精巧，确是一座古民居，但若指认它龚氏故居，尚缺少依据。当时院内住有十来户人家，行将拆迁，另建新楼。于是我又分别找到浙江省文物局和杭州市园林文物管理局，建议他们设法保护，以备将来作为建立龚自珍纪念馆之用。因为这里肯定有保护价值：第一，这一带为龚自珍的出生地是毫无疑问的；第二，这所民宅至少为清代建筑遗存，不是假古董。如果把它拆掉，另觅新址，那么在人们心中必将大打折扣。两个单位的同志都同意我的看法，但以碍于城市整体规划，表示无能为力。他们提出，如果请到国内文化知名人士联名向浙江省和杭州市政府发出倡议，或许能有作用。在他们的启发下，同年九月，我趁赴京参观"北京首届国际图书博览会"的机会，向季师汇报了事情的经过。季师听后，十分赞成倡议龚自珍纪念馆的意见，并当即口授要点，命我在他的书桌上起草倡议书。倡议书全文如下：

> 近代启蒙思想家、文学家龚自珍，是我国近代史上一位倡言社会改革，抵御外国侵略，开启一代风气的伟大人物。他世居仁和，并撰有不少与杭州有关的诗文，他的名字是和杭州紧紧地联系在一起的。
>
> 为了纪念这位伟大的历史人物，我们认为，如果能在杭州市建立

一所"龚自珍纪念馆",那将是很有意义的。目前,龚自珍诞生地——杭州市东城马坡巷内,尚留有一所清代民用建筑,保存基本完好,可以作为合适的馆址加以考虑。一旦纪念馆建成,不仅可为后人提供一个缅怀前贤、激发改革之情的纪念地,同时也将永久地使美丽的杭州山水增色。

倡议书誊清后,季师第一位在上面郑重地写了自己的名字,随后再向有关人士征集签名。结果,签名者有钱昌照、黎澍、唐弢、顾廷龙、钟敬文、许杰、苏渊雷、陈旭麓、段熙仲、吴调公、刘逸生诸位先生。倡议书发出后,《羊城晚报》迅即在第一版做了报道,浙江省和杭州市很快责成杭州上城区予以落实。经过几年的筹建,国内唯一的一座龚自珍纪念馆终于在1990年元旦落成开馆,近代文学和龚自珍的研究者从此多了一处学术活动场所和龚学资料中心。杭州市和浙江省先后评定该馆为市级、省级"爱国主义教育基地"。

1991年9月26日,是龚自珍逝世150周年的纪念日。龚自珍纪念馆与北京大学、南京师大、安徽师大、杭州大学和浙江社科院联合举办龚自珍纪念会暨学术研讨会。会议诚恳邀请季师出席指导,但这时季师的健康状况,已大不如昔,秋凉季节更不宜远行。他请孙静兄给大会带来了一封热情洋溢的祝贺信,对自己"因身负宿疾,不克赴会,深感遗憾";同时,对龚学的发展提出了殷切的期望。他在信的末尾说:

> 到五六十年代之际,龚自珍被重新提上研究日程,在马克思主义观点的启发下,重新给以历史的评价,是理所当然的。现在这一研究课题,已取得一定的成绩,正向纵深发展。除继续搜集佚文外,要在政治、思想、学术、文学、语言各方面,深入发掘,联系历史传统与生平实践,加以全面的研究,得出令人信服的科学的结论。这进一步的研究任务,不得不落在我辈的肩上了,继往开来,义不容辞。

这铮铮的言辞，出自一位年近八十高龄的老人之口，充分体现了季师对龚学研究的历史使命感，体现了他的"烈士暮年，壮心不已"的高尚情怀。这既是他晚年敬业的自励，也是对后辈的殷殷瞩望和鞭策。因此，当这封信在会上宣读的时候，与会人员无不为之震动和鼓舞。

也是在这次会上，我写过二首小诗，寄奉季师阅正。季师很快复信并附来《和孙文光纪念龚自珍逝世一百五十周年二首》七绝。诗曰：

> 宏音高座震群流，忧患无端天下秋。两议筹边难比例，一腔孤愤与谁侔？

> 近代诗风启自龚，从容纵横见高踪。文章自古源于史，岂在千山万木重！

在同一封信中，季师还对拟议中的"纪念龚自珍诞辰二百周年学术会议"表示关切。他说："秋季杭州会议，我因宿疾未根治，恐不能成行；无论如何，兄亦当尽力而为，促其圆满成功！"（1992年1月14日信）

此后，季师体质日渐衰弱，哮喘不时发作，视力又大不济，加上师母病逝，哀伤逾恒，生活上有很多困难。但是，季师仍以顽强的毅力，坚持研究，写作不辍。最后几年，我每次进京，照例都要去朗润园拜见他，有时恰遇他哮喘病发，我们相对而坐，一两个小时无法说上一句话。有时他病情稍稳，总是迈着缓慢、沉重的脚步，亲自开门，高兴地说："你来得好，我有话要和你说。"接着又是谈写诗，谈龚定庵。1996年秋，季师因伤病住在北京协和医院。9月1日，我闻讯冒雨趋前探视。这是我和季师的最后一面。当时季师正由平子喂饭，气色尚佳，但精力已明显衰惫，无力说话，他只是静静地看着我，似乎仍在想着几十年间他同我常谈论的话题，想着研究不尽的龚自珍！多少年前，季师曾对我说过，朱东润先生劝他写一本《龚自珍评传》，自己也想有时间静下来从容动笔。可是因为多方面的干扰，这一打算始终未能实现。重病中的季师，是不是还在想着这件未了的工作呢！

　　在龚自珍研究中，季师一贯倡导从总体上把握，尽可能地正确评价龚自珍开启近代风气的巨大贡献及其历史地位；同时也应从细微处入手，探究一些具体的问题和难解的典实。比如龚诗七律《咏史》"金粉东南十五州"句中的"十五州"一词，一般解释为"泛指长江下游苏、浙、皖三省的富庶地区"，或"泛指江南地区"。从字面看，似无不妥。但季师总觉得不实在。60年代初，在《近代诗选》编注方竣、《中国文学史》撰稿工作开展之时，我就听季师提出要查出它的来历，并叮嘱我们也要留意。他为此曾问过冯沅君、吴晗、段熙仲等先生，也没有得到确解。直到1994年，季师重读《资治通鉴》，见卷二百三十一写道：浙江东、西节度使韩滉，闭关梁，筑石头城，修坞壁，唐德宗闻讯，疑之，"以问李泌，对曰：'滉公忠清俭，自车驾在外，滉贡献不绝。且镇抚江东十五州，盗贼不起，皆滉之力也。'"胡注云："唐时浙江东、西道所统，惟润、昇、常、湖、苏、杭、陆、越、明、台、温、衢、处、婺十四州。前此滉遣宣、润弩手援宁陵，盖兼统宣州，为十五州也。"这个问题，历时三十余年，终于获得圆满的答案。季师这种锲而不舍的治学精神，实在令人钦佩。

　　今年5月，我返校参加北京大学百年校庆活动。二日下午，根据孙玉石兄的详细指点，我和顾国瑞兄一道专程赴香山陵园拜扫季师墓茔。我们从团城演武厅附近沿着小路向陵园攀登，到处飘落着散发清香的洁白槐花，为人们平添了几许哀思；"千秋万岁名，寂寞身后事"的怅惘，也不禁在我们的脑际萦回。但是，当我们来到季师和师母的合冢前，眼下一片开阔，气象万千，玉泉山、昆明湖、博雅塔、水木清华乃至整个北京城都可遥遥在望。这时，我想季师几年前在这儿安葬师母并为自己预留墓穴时，是不是和龚自珍当年一样，也对这"元气古来积，群灵咸是依"的北京西山特别眷恋？"太行一脉走蜿蜒，莽莽畿西虎气蹲"（龚自珍《己亥杂诗》）。北京西山将永远陪伴着季师安息！

1998年岁末写戎

[原载《季镇淮先生纪念集》，北京大学出版社1999年版]

龚自珍集外文录

龚自珍（1792—1841）是我国19世纪上半叶杰出的思想家和文学家。他生前著述繁富，曾准备"写全集清本数十分，分贮友朋家"①。可惜因为他的坎坷遭遇和意外暴卒，这一愿望并没有能够实现。去世以后，别人为他编刻集子，作品遗失的情况非常严重。1959年，中华书局出的《龚自珍全集》，在前人研究的基础上，做了大量的辑佚工作，是目前能够见到的"堪称最完备"的本子，但正如校印者王佩诤先生所指出的，也还有许多佚著尚待进一步寻访搜集。

这里辑录的龚自珍书信、楹帖等二十一件，都是《龚自珍全集》所未载的佚著。其中《与吴式芬笺》十八件，是二十年前，从北京大学图书馆藏《吴式芬藏名人手扎》中抄录的。其他各件，则是从别的书刊上辑录的。现在一并录出，并略作说明，供同志们参考。

题周伯恬盟鸥馆联

别馆署盟鸥，列两行玉佩珠帘，幻出空中楼阁；

新巢容社燕，约几个晨星旧雨，来寻梦里家山。

这副联文见于梁章钜《楹联丛话》。约作于嘉庆二十五年（1820）。是年，龚自珍在北京会试下第后，南返途中，曾与周伯恬多所交往。《楹联

---

① 《己亥杂诗》之二一一注。

丛话》卷五载云："周伯恬仪暐先世丰于财，辟盟鸥馆，结客极盛。家落旋售去。龚定庵巩祚来游，留一联云……"。《龚自珍全集》收有本年诗作：《逆旅题壁，次周伯恬原韵》《赠伯恬》《广陵舟中为伯恬书扇》等。

按：周伯恬，名仪暐，江苏阳湖人。嘉庆九年举人。道光二十六年卒，年七十。伯恬工诗，与同里陆继辂、李兆洛并负盛名，著有《夫椒山馆诗集》。诗集卷十八有《富庄驿题壁和龚孝廉自珍韵》云："何曾神女有生涯，渐觉年来事事赊。梦雨一山成覆鹿，颓云三角未盘鸦。春心易属将离草，归计宜栽巨胜花。扇底本无尘可障，一鞭清露别东华"。

与吴式芬笺

（一）

又送上甗卣拓本各一种，付硬黄为妙。前夕硬黄各件，其鲁自器二种，的是愈字。说文有癒无愈，然不□□说文无之，而谓古文无之也。此字已定无检□，而□□皆有不可识处（触目成滞），仍欲携就左右求教，不敢草草作释文，以欺来者。明日午后，携熏卢及刚卯二器及前夕各种走谒。此订。即候子苾仁兄道安，巩祚顿首。初二日申刻。

吴老爷

（二）

三仓一册检还。闻旌拂廿二南指，届期诣国西门握别，如能留墨迹少许见惠，以为异日相思资，大幸。如冗极不暇作字，有旧题跋尾在碑在画者，皆妙。外呈弟杭州住址一条，乞留览。上子苾仁兄，巩祚顿首。八月望。

（三）

问渠寄来拓本十四件，昨始由子贞交来，而不知子毅已付硬黄否？今送呈尊处，以归画一，并前为十七件，信中云明年要寄还也。其中虎邱鼎梁茞林丈赋七古者在焉，喜极。此件望即付钩，并茞林诗册付来为妙。上子苾仁兄，巩祚顿首。十七日。

再拙作《龙藏考证》如抄毕，大妙。

（四）

送上孙观察兰枝家所藏钟拓本二纸，又松江陈璞所藏镼（晚周之器）榻本系全图一纸（柄在下非钟也），齐侯罍阮藏一纸，又前夕所说之彝盖榻本一纸，弟断为睽卦之睽字，从双日者，睽睽之籀文也。计凡四种。日长无事，愿以考释消遣之。望付郭君手先钩摹于油纸，必须在尊斋。如尊斋有事，则弟寓亦别有一椽静室，可招之来，目同钩摹，较放心也。其墨拓，荷屋先生之宾客所旧钩二纸，现在弟处，弟前曾校之拓本，知其全失面目，故欲重钩。非好更张，求安心也。如欲将渠旧摹本互勘之处，即送上。弟昨日下园，酉正方回，自兹以往，皆无事之日，灯下仍拟赐谭。此候子苾仁兄韶安，巩祚顿首。四月廿六。吴老爷外一包

又芝龄师家之汉量，如有两纸，望惠我一纸，而以一纸付郭君。

（五）

徐问蘧寄来之齐侯器拓本，求赐我一读。阮师前夕以卷子命题识，诸君题时此拓本未寄到，想未及引。兹弟欲两器互斟，必可多识数字，以补诸君阙疑之一二，故求读之也。子苾仁兄，巩祚顿首。廿五二更。

吴老爷

外墨一纸赐览。

（六）

启者，求考兄、生字凡几见，示下。又弟以拓本校郭君双钩本，有一纸实不可用，欲剔去，求子毅重摹之。又有卣一种（铭只四字），第一字亚形者，似乎姚圣常一册有旧释文，求示下（似庚字记不真），以亚形中之字，未能定也。又问渠之三种尚易钩（单勿双），可否付郭君。又日内颇有所得新义，愿走政，约何时在斋中也，示知。巩祚顿首，子苾仁兄史席。

（七）

荣觐归，尚未趋贺，不日想有坊局之喜。送上唐鱼符拓本二种，乞钩出加考释。鄙意造象必不可收，此等铜件，虽琐碎，可收也。沈子惇考和川鱼符数纸，览之如可用即用之，但潭州尚须考。弟史学模糊，仍恃左右为之。此候子苾仁兄年大人，巩祚顿首。十六日。外一册。

（八）

子苾仁兄太史足下：五日不见，圣常一册奉还。弟无所大发明，小有议论，以笔代舌求教：

一、前见同时一收藏家将款识中明白之兄字，改为厌字，心疑而不敢议，后阅《积古款识》，释父舟罨文，知其本于积古。积古何本，本于《汗简》。昨取《汗简》阅之，不禁大笑，甘部有一文甘从昌从肉，郭忠恕先以为是，食不厌精之厌，本于王存乂其文非钟鼎之兄字也。积古之宾客，坏尚新奇，而误看《汗简》，见兄字小有美文（中间有二小画，乃鼎美文之常，么字卑之类耳），乃以为厌字，而引曾子问祭殇之文，谬极谬极。夫殇子有祭已亡者于礼者之礼，祭殇而又特作彝器以祭之，毋乃非礼乎？父祭殇子之器，传者又何多也，而同时人尚有拾此唾余者，故辨之。

一、庄葂斋至欲尽病形声（古文象形会意多于形声固也），亦属太过。尽病形声，不得不专主会意；专主会意，于是臆造众说。如，以庄字为从宾之类，与王安石字说何以异？

一、颂敦吴彝叔山父彝皆有乱字，乱字本训治字（乱工即治工，乱器即治器），说文之例，有相反而相成之训，至直捷也。诸家皆切为辞字，由辞字通其声音，而读为治字，又读为司字，又有读为嗣字者，于是辞字嗣字司字治字四字，并而为一，头绪太繁而通假太混。鄙意春秋之治兵祠兵，乃古今文家两家法，必非一字之通假，不可援为证也。弟欲尽释为乱字，而以治字训诂之，似简捷。伏候明教。

（九）

鄙意欲定杭人所藏字多之敦第一段□公为鄘公。鄘字见石鼓文，薛尚功以为是廓字（古文苑之释文同），从此得窍矣。廓即郭也，郭即虢也。长州宋于庭言，春秋郭公即虢公，渠胪七证，而弟忘之。是以欲考读蔡中郎郭有道碑，记碑中言郭氏先出虢仲云云。如实然，岂不大妙。弟记忆不真，求检读之，并覆我，则此敦定案，亦阁下所乐闻也。专此再渎，即候子毖仁兄箸安。巩祚叩。书已订成分器十二册，送呈阮师处矣。附闻。

（十）

款识中如有元年字者（或元祀字），乞示一二种，弟能发小议论也。叶处廿七种一册，沈子惇考鱼符一扎，俱发下为幸。弟日内尚能相助为理，欲修补一二条，满案尚纷罗群籍，出此月，则束装矣。此上子芯仁兄，珍顿首。

吴老爷行返初服，亦返原名。廿三。

（十一）

卒卒未暇治古文，而枕上者所悟张小馀一器大氏言辜其吉金之事，非如智鼎言约剂之事也。大抵此花毁兵为，为吾兄所识载字是也（三锋戟三字甚明，此三字见郑氏《考工记·注》）。凡一字下字，从斤从手，即古斤字耳。言吉金之轻重，此器酿合罗金贳于朋友而为之，或舍予，或贳予，舍即周礼施舍之舍（左传亦有之），是以末乃言余铸此□□，此事甚俚而奇，三代固有是哉！是否有合，求教之。巩祚顿首。

借字不可摹识，中有从金之锡字亦奇。

暌彝是楚器，从未从帚从四之字，疑是秭归二字。教我。又及。

（十二）

款识清厘为十二箱，以器分，以便依器续入。旬日前，呈芸台相国，今日发回，大略草草阅过，中夹数签，无十分紧要语。又于齐侯罍器跋尾末亲笔增两语。又于齐侯第二器跋尾中亲笔增两语，览之自悉，亦闲话也。弟算缴卷，此后恐无暇覆审谛之，恃有渊雅敏捷十倍于弟者董其成矣。玊芟仁兄，六月十四日，巩祚状。

（十三）

浙人沈子惇博雅士也，在此闲话。弟留其在城外一宿，望兄大人来此，三人小酌，听子惇说西北塞山川，何如？子芟仁兄，巩祚顿首。廿七日。

（十四）

近人有论陶渊明称其姑母为程氏姑母不成文法者，得尊解，豁然，佩服佩服。然则朱字在蝌蚪之中央而以蝌蚪奉之，古人奇字有如此者。宜汉世缪篆有为鸟喙鸟趾者也。此候即安，巩祚顿首。

（十五）

弟作齐器跋尾，大指用尊说而小有同异。鄙意畾乃齐侯名（似为简易），即仲畾之浩胤字，而洹子不必定属陈洹子。兹将本纸呈览，仍教之。又帝字下一字，定为赙字，何如？此候子芟仁兄太史，巩祚顿首。廿三日。

（十六）

弟室庐粗定，笔砚未苏，从廿五日起，日立课程为荷屋先生办书，从事墨本生活矣。而徐问渠书总杳然，奈何奈何。先将其寄来三种呈阅付钩摹为妙。昨承通挪，数虽不多，情同千镒，甚感甚感。即候子芟仁兄晚安，巩祚顿首。廿二一更。在红封套里

（十七）

去年呈教之二十七种考释一册，望扎东卿取回。付来手书，弟急欲读子贞子毅之籖，且欲录副本以自考。现在穷日之力录副，专俟此廿七种发回，则可以卒业。卒业后，尚有俗冗多端，寸阴尺玉，行色匆遽故也。力为催来，至感。弟于廿九日趋晓作别，即问子芟仁兄早安，巩祚顿首。廿六卯刻。

吴印大人

(十八)

顷谈未罄，又以笔代舌四事，乞教之：

尊斋所见一器，男字下一字，阁下定为鼐字者，归而思之，说文子字下有重文𢆉乃子之籀文也。像发像囟像小儿臂胫在儿上之形，或即是此籀文，非鼐也。

男子二字，亦直捷。

又一器，兽字上一字，阁下定为邦字，非也，是歸字。歸之左为𠂤，𠂤之反文似邑非𠬝，因误为邦；其右乃帚之省文。歸兽，古国名，见书序。

凡干支舛迕不合者，独丁子辛子，细审丁子皆甲子，丁甲本通用，甲从丁子断断不成话，至辛子细视之，亦甲子也。甲字篆从一从千，今凡辛子相连之文，实从一从千，笔画极简，并不从一从平（音愆）也。二字区别在篆厘间，昔人言两日合书之，乃邪说谬说曲说之最不可通者。筠清馆书为吾辈所定，宜洗涤净尽。此说果有征，何以无冠丑以甲，冠亥以丙，冠寅以丁，冠申以乙者乎？独往往遇儌人所俑丁子辛子，何也？

戚实从未声，不从桼，许说是也。杆外王父段先生书及江春脩古均标集果然七声，桼声在段之第十二部，戚声在段之第三部，左来不相通段，如之支脂三部之不通段也。许君熟于金坛之学，可敬可敬，为我问讯焉。

廿五日晨刻，陶然亭载酒携书相见。反戊为𢦖，反𢦖为戊，亦有误刡癸为戊者。子苾仁兄，巩祚状。闰月二十一日，不庄甚。午梦始回。

这十八封信均据龚自珍手稿原件抄录。写作时间未标明年份，但从有关资料分析，可以定为道光十七年和十八年（1837—1838）。理由如次：

第一，《己亥杂诗》之四一云："子云识字似相如，记得前年隔巷居。忙杀奚童传拓本，一行翠墨一封书。一别吴子苾太宁式芬。子苾，海丰人。"《己亥杂诗》作于道光十九年（1839），诗中的"前年"，当指本年前一、二年。笺（二）末署"八月望"，笺（四）末又署"四月廿六"，可见非在同一年内所写。另从书信往还的频繁情况看，也可证"忙杀奚童传拓本"诗句纯为纪实，并不是夸饰之辞。

第二，笺（三）末云："再拙作《龙藏考证》如抄毕，大妙。"按之《己亥杂诗》第八一首注及吴昌绶《定庵先生年谱》道光十七年丁酉条记载，该年龚自珍撰成《龙藏考证》七卷。可见各笺分别写于《龙藏考证》的成书同时或稍后。

第三，笺（十八）末署"闰月二十一日"，查道光十八年，岁次戊戌，该年四月逢闰。亦可证龚自珍和吴式芬这次频繁的通讯，止于是年。

按：吴式芬，字子苾，号诵孙，山东海丰人，道光十五年进士，由编修官至内阁学士。著有《陶嘉书屋稿》《捃古录》《封泥考略》等。彭蕴章《内阁学士吴公墓志铭》云："公性和易，平居无疾言遽色。与人交必相规以道义。故自京僚以至外吏，莫不慕公之笃雅，而乐与相亲。好金石文字，凡鼎彝碑碣汉砖唐甓之文，皆拓本藏之，于古人书画，尤工鉴别。善鼓琴，每访山川名胜，必携以自随。虽居处贵显，其意趣泊如也。"

赠魏源楹帖

读万卷书，行万里路；

综一代典，成一家言。

这副楹帖，见于魏季子《羽琌山民逸事》。约作于道光十九年至二十一年（1839—1841）之闰。道光十八年（1838）龚自珍出都南归后，常"往来吴越间"[1]，而过扬州时，则多寓于魏源的絜园。这副楹帖，可能是他在絜园作客时写的。魏季子，系魏源之后人。

---

[1] 《与吴虹生书》之十二。

与孔宪彝书

绣山仁兄阁下：客岁以谒林敬过阙里，寓君家西斋三夕，与哲弟经阁谭艺剧欢。今春接奉手书并同年吴虹生书，具聆一切。小女乃灶婢所生（名阿蕈，今年五岁），其母已死。敬承不弃，使他年得勷邸第蘋蘩，荣宠之馀，载深惭悸。一切俗礼往返委折，非弟所知。王子梅云：只须阁下寄一物来为信，简明之甚。弟江左浙西，均有住址，去年曾留经阁六兄处也。乘子梅东行，寄呈己亥杂诗一本，乞惠览。此候侍奉福，文章大吉。龚自珍叩头状。八月十四日吴下寓舍。

这封信见于1927年出版的《清代名人手扎》第一集，又见于日本出版的《中国诗人选集第二集》第十四集。作于道光二十年（1840）。时龚自珍正客寓苏州。信中所谈与孔氏联姻事，在此前致吴虹生的两封信里，都有具体的叙述，现均收入《龚自珍全集》。

按：孔宪彝，字叙仲，号绣山（一作秀珊），山东曲阜人。道光十七年举人，官内阁侍读学士。工诗文，善绘画。著有《韩斋文稿》《绣山文钞》《对岳楼诗录》《对岳楼诗续录》等。龚自珍曾称赞他的诗"古体浑厚，得力昌黎、昌谷居多；近体风旨清深，当位置于随州、樊川之间。"[1]

又据此信可知，龚自珍幼女名"阿蕈"，吴昌绥在《定庵先生年谱》中作"阿等"，误。

［原载《安徽师大学报》（哲学社会科学版）1982年第2期］

---

[1] 《对岳楼诗录题跋》。

龚自珍集外诗文续录

1984年夏，因事滞留沪上。偶有余暇，辄继续寻访有关龚自珍的资料。五月初，经顾廷龙先生、丁景唐先生的指示和介绍，承蒙上海博物馆的慷慨帮助，非常幸运地获读了该馆所珍藏的龚自珍一封从未发表的致江矩香的手札。六月中旬，在郑逸梅先生寓，又意外地见到王佩净编校、中华书局出版的《龚自珍全集》未曾编入的［台城路］《客秣陵时作》词一阕。这两件龚氏的集外诗文，诚如沧海遗珠，至为珍贵，既可补《龚自珍全集》之未备，也为近代文学的研究者增添了难得的资料。现辑录如次，并作简要的说明，以飨读者。

致江楚香札

家严自吴门归，示及雅惠勤拳，并读赐札，知先生匪但宏才硕学，倾倒一时，实乃性情真笃之古君子也。敬佩敬佩。前传闻之讹，己可置勿论。贱于一札，既未尘览，亦不足复道。前家（蒙）赠婴桃转瓦文一种，却从彼处交来者。兹又得见赠安阳各种，鲁王石人题字、刘韬碣、竹邑候张君碑计七种。又邰阳黄初残字一种，共九种，拜登之下，如获百朋，感且跃也。不揣冒昧，欲遂与大雅订为金石之交，愿将所藏全目抄示一通，具有重复者，便注一复字于下方；亦以积年敝帚之享，缮一清单呈览，其复者亦注一字，各以所有，易其所无，两家各增种数，未审许我否？希裁示为幸，孙夫人碑，家严己题看款于册尾，奉缴。奉研铭二纸，尘清玩，虽不古而颇珍贵香艳，倘得一诗以记之，尤感。但系天潢贵派，语勿涉亵，为佳。附戈戈之敬一函，为侍者佐椎拓之费，乞莞存。闻吴中旧家有旧物出市，想能物色之也。专此奉闻。矩香先生起居不赐。世侍生龚自珍叩。腊月十四冲。

又曾奉托觅方青蓄萌兰池宫当两瓦文，未识尊藏有复者否耶？又闻玉照壹徐家，颇收旧拓，曾往观之否？赵晋翁云。

按：此札现藏上海博物馆。上钤朱印一方，文曰："曾藏丁辅之处"。受札人"矩香先生"，即江风彝，号矩香，浙江仁和人，曾中嘉庆三年（1798）举人，是龚自珍的同乡和前辈。札中附注提及之"赵晋翁"，也是仁和人，即赵晋斋，是当时著名的金石学家赵魏的别号。

此札未署明年份。据内容推测，大致可以定为道光四年（1824）的岁末。其时龚自珍正因母丧居忧在家，他的父亲龚丽正仍在苏松太兵备道的任上，驻跸上海。前此一年（1823）的除夕前二日，龚自珍为谈金石学诸事，亦曾有信给江风彝，原件藏北京故宫博物院。艾志高、杨新两先生曾撰文在《故宫博物院院刊》1981年第3期上作过介绍，可与此札互读。后一年（1825）的冬天，龚自珍已守丧期满，十月间即离家做客昆山。十二月十九日，复以得汉赵飞燕玉印，偏征寰中题咏。

兴有专注，可见亦无写此札之可能。而至道光六年（1826）的春天，龚自珍则偕夫人何吉云北上入都，一直到十三年后的道光十九年（1839）弃官离开北京才又回到南方。

台城路　客秣陵时作

青溪一曲容人住，钟山黯然如睡。败苇滩西，孤枫巷左，有个江泥萧寺。翛然高寄，也无客来寻，苔平展齿。昼拥单衾，蒋侯三妹梦中至。　　醒来自涤幽想，一筇飞鸟外，十里五里。寒女担菱，枯僧卖菊，俱是斜阳身世。酸吟倦矣，幸掩却禅关，不闻时事。一任天涯陆沉朝与市。

按：据郑逸梅先生赐告：此词刊于包天笑抄录的《龚定庵集外未刻诗》，由秋星社于宣统三年（1911）闰六月出版。包氏于何处得来，惜未作说明。郑逸老另在《包天笑办秋星出版社》（载《古旧书讯》1984年第1期，上海书店编印）一文中，对此作了简要的介绍。

这首词的写作时间，当为道光二十年（1840）秋。吴昌绶《定庵先生年谱》云："道光二十年庚子，四十九岁。春，写《己亥杂诗》竟，新安女士程金凤书后。八月，至苏州，旋之金陵，游秦淮，复移寓城北四松庵，溪山幽绝，人迹罕至……"这首词，似即写于寓于四松庵时也。

是年，龚自珍曾辑有《庚子雅词》一卷，这首词不知为何未被辑入？由此亦可推知，龚自珍的散佚诗词是不少的。

[原载《安徽师大学报》（哲学社会科学版）1984年第4期]

记龚自珍的几篇集外诗文

　　龚自珍的遗著散佚极多。这一情况，早就为龚学研究者所关注。从清末起，不少人便着手进行辑佚的工作，取得了可观的成绩。不过，1959年王佩诤先生在其所编的、在当时"堪称最完备"的《龚自珍全集》中，仍然附录有《龚自珍佚著待访目》多达60种。（其中成卷著作有30种，不包括散佚的诗词。）近数年来，一些学者陆续搜集和发表若干龚自珍的佚诗佚文。然而，沧海沉珠，仍待寻觅。

　　60年代初，在季镇淮先生的指导下，我也注意了这方面的工作，并且先后辑录到龚自珍集外诗文数十篇。以《龚自珍集外文录》和《龚自珍集外诗文续录》为题，分别刊载在《安徽师大学报》（哲学社会科学版）1982年第2期和1984年第4期上。这两年，在教学之余，又陆续搜集到一些龚氏佚作。为了纪念龚自珍这位伟大的文学家和思想家逝世150周年，现谨将这些佚文录出，供专家、学者和读者研究。每篇佚文之后，均注明出处，并酌加按语。凡需较详交代的有关人或事，则多写几句，俾便参考。不当之处，尚乞校正。

跋唐人临晋本《黄庭经》

　　此卷之为唐临晋迹，不在缺笔一证，审其气韵，殆仙品也。嘉庆庚辰冬仲得之，欢喜无量。定。阅八年，道光丁亥重展看，涿州老奴之言，竟无以易之。定。余有唐本王子敬九行，不知此两物孰为斋中之冠？定公题。与赵缙仔玉印同弄之。定公记。世人获一宋刻本，宝如球璧，造物之待我何其厚哉！丁亥小春六日戏题。定。

　　按：这几则跋语，系钱昌照先生生前所抄示。原件为钱氏家藏珍品。钱昌照先生与龚氏为亲戚关系。她的母亲就是龚自珍的孙女。所藏原件，当属龚自珍的遗物，绝无可疑。1959年版《龚自珍全集》据《定庵遗著》曾收入此跋，但将数跋合而为一，无法辨别各跋写作年份。因重录之，以见原貌。

　　钱昌照先生对龚学研究甚深。曾有《别好》诗云："江山代有才人出，胸次风云笔底驰。文艺平生两别好，石涛图画定庵诗。"

斛山草堂诗稿跋

　　古体蟠硬见笔力，自是浣华别子；五言风谕尤工；近体则刘后村、陆见南也。九峰三泖间固多雅材，如此，吾见罕矣。龚自珍谨识，时甲申闰秋也。

　　按：这篇《题辞》手迹，原藏《斛山草堂诗稿》作者何其伟六世孙何时希处，近年已由其捐献给北京中医研究院。

　　何其伟（1774—1837），字韦人，又字书田。晚号竹斛山人，江苏青浦（今属上海市）人。出身于医学世家。自南宋以来历元、明、清各代，何氏官太医院院使和副使者有十余人，在太医院供职的有三十余人。他的曾祖何玉模，父亲何之夭，都是驰名江浙的名医。至何其伟，医术尤精。嘉道间名宦如林则徐夫妇，以及诗文家王芑孙、郭麐等人，都曾请他诊治过疾病。他的医案和行医事迹，在晚清笔记中时有记述。

　　何其伟同时又是一位在诗文方面卓有成就的作家。早年，他就和同乡著名诗文家王昶过从甚密。及壮，在行医过程中，更广泛地结交了当世名家，因而诗艺大进。所著《斛山草堂诗集》《续稿》《三稿》，遍经同辈名流品题，为时所羡。林则徐赠联曾以"山编集老诗豪"之句赞之。

　　龚自珍与何其伟是在上海相识的。从嘉庆二十年（1815）至道光七年（1827），自珍父龚丽正任江南苏松太兵备道，其间，自珍曾多次来沪探亲。由于他的母亲段驯和伯父龚菊人患病多次延请何其伟诊治，因而得以结识，并在文字上有所切磋。据《竹簳山人医案》记载：龚菊人自粤东引疾来上海时，经何其伟诊断，即预感不起。"山人密告其侄定庵舍人，劝其归。定庵曰：吾伯贫甚，无可归，留此或可得先生大力拯之。山人直告之曰：此非鄙人所能也。"数月后，菊人终以医药罔效，卒于上海署中。这段记载，既反映了何其伟对于医道之精，同时也表现了龚自珍性格仁厚之一个侧面。

　　这篇《题辞》，作于道光四年（1824），时龚自珍正因母丧居忧于上海。自珍向于诗文要求甚高，不轻许可，独于其伟诗集作如此赞许，因而，《竹簳山人诗集》备受时人注目。后人曾云："定庵一跋尤为可珍，如此狂才亦加赞许，足见先生学问之深邃，名医必然饱学，断无俭腹名家也。"（程门雪《竹簳山人诗集序》）。

《双非双亦门颂》书后

　　道光十八年，岁在戊戌。夏四月，子贞仁兄翰林，知予将戒装出都，以素册属写所造述。曰："相思资也。"尽两昼，写二千八百字以报知我者。子贞高清厦，是京师第一册府，异时长林丰草间，翘首北望，此册得所托矣。仁和龚自珍一名巩祚并记。

重定《双非双亦门颂》一首书后

　　此颂再乞子贞印之。四月廿二日，飞雨崇朝，不得出门，睹此册尚有空叶，因书满之。巩祚。

　　按：以上《题记》，录自《龚定庵诗文真迹三种》（影印本），王佩诤编《龚自珍全集》失收。《题记》陈述心迹，交流友情，文字优美动人，是难得的珍贵资料。

赠曹籀联

武断乡曲；文采风流。

按：此联辑自晚清张鸣珂著《寒松阁题跋·赵㧑叔书定庵文卷》。其原文云："此㧑叔（赵之谦字）三十八岁作也。曹大不满于乡里，㧑叔独昵之。至杭必主其家，留墨最多。口闻搜得此卷，以予与两公皆至契，属为题记。㧑叔官豫章时，其诣益进。曹丈著有《石屋文字》。犹忆定庵先生赠丈楹帖云：'武断乡曲；文采风流。'足以想见其人矣。光绪丁未冬十月。"跋中所云"曹丈"，即曹籀。籀，字葛民、竹书，号柳桥，浙江仁和人。与龚自珍有同乡之谊。诸生。善诗文，嗜金石书画，著有《石屋文字》《禅蜕集》等。其为人怪异，不满于乡里，在龚联和张跋中，均可窥见其风貌之一斑。然而，谭献的《复堂日记》曾记有自珍子孝拱之言："曹老人者，曾卖墨京师，为先君子食客，粗识而已。谬托至交……"云云。以是，宣统元年国学扶轮社出版之《精刊龚定庵文集》，在曹籀所撰《定庵文集题辞》之末的按语中，更为明确地写了一句话："曹籀，一商贾而附庸风雅者也。"这样的评语，对曹籀是不公平和不符实际的。据考：曹籀其人并非附庸风雅者流，只不过是其言其行不合时宜而已。他从事商贾，并"曾卖墨京师"，于德行究竟有何亏损？而且，他与龚自珍的往还，亦非泛泛之交。早在两人结识之前他就称颂龚自珍为"天下之奇才也，尤卓荦有英气"。道光四年（1824），当他与龚自珍邂逅于上海其僻巷时，不禁大喜过望。后来回忆说："余慕定庵之为人与所为文者久，欲一见不可得，乃求之寤寐，而终莫慰余怀之渺渺，何图卒然遇之，而令人赋《蔓草》之诗不置也！"他在《夏夜与龚定庵王子若豫园话月子若为作图》一诗中又云："一榻卧花阴，瀼瀼露满襟。小园今夕话，明月故乡心。海内论交晚，生平感遇深。隔邻弦管急，怆我独清吟。"对龚自珍反复致意，备诉仰慕之情。特别是龚自珍逝世后，曹籀辗转录得流散至福建的自珍文稿，又于同治七年（1868）积极推动吴煦出资刻印《定庵文集》，并独任校雠之役，其传布龚自珍著作之功，实不可没。

不仅如此，曹籀对龚自珍的思想和著述的成就，也有比较正确的评价。这在当时龚自珍还未被社会普遍理解的情况下，是颇为不易的。他说：

> 君平生著述等身，出入于九经七纬，诸子百家，足以继往开来，自成一家。

> 始余获见其文，如上摘山岩空青珊瑚，陟之施诸采色，可备黼黻文章之用；如郁人贡百草之华，十叶为贯，百廿贯筑以煮之，为郁卮之酒，芬芳条达，甘旨醨酏；如郡国往住于山川得鼎彝，古艳古香，摩挲不去手；如坏孔子宅，壁中闻有琴瑟钟磬之声，移宫刻羽，有招我由房之乐；如投九重之渊，探骊龙之颔下而获其巨珠：纵千金而不易，匪一箪之可遗。岂徒以妙色和声，美味好臭，怡神而荡魄哉！

同样，龚自珍在此联中所云"武断乡曲；文采风流"，对曹籀的性格和为人，也作了恰当的描绘和评价。联语质直而热情，委婉而多讽，要言不烦，节短音长，反映了两人之间的相知之深；以及龚自珍的特有风格。

道光十九年（1839）四月，龚自珍出都南归，七月至杭州，还特地会晤了曹籀、徐楙等五位老朋友，并在《己亥杂诗》中写道："乡国论文集古欢，幽人三五薜萝看。从知阆苑桃花色，不及溪松耐岁寒。"对自己和曹籀等人的深挚友情，作了形象的描述和由衷的赞叹。

1991年9月

读龚小札

逆旅题壁次周伯恬原韵

名场阅历莽无涯，心史纵横自一家。

秋气不惊堂内燕，夕阳还恋路旁鸦。

东邻嫠老难为妾，古木根深不似花。

何日冥鸿踪迹遂，美人经卷葬年华。

19世纪初期的中国，危机四伏，内有农民起义此起彼伏，外有列强环伺虎视眈眈。几千年的封建大帝国，就像根基动摇的老屋，处在风雨飘摇之中，浩浩秋风，漫天暮气，四面八方向它袭来。可是，屋子里面的人却自认为安稳得很，朝廷上花天酒地，歌舞升平；官僚们也多做着泱泱大国、皇基巩固的美梦……。只有极少数头脑清晰、目光远大的人，才能够感受到这"秋风""暮气"，指出所谓"盛世"的实质乃是"衰世"！龚自珍是这极少数人中的一个，而且，是较早指出这"暮世"实质的一个。

龚氏一生困守场屋十一年，先后六次参加会试，方得三甲第十九名进士。这首诗作于嘉庆二十五年（1820）。这一年，他二十九岁，第二次参加恩科会试，再次失利，南返时，已是秋天，途经富庄驿，与周仪昹（字伯恬）唱和，题诗于驿壁，表达他的心情，以及对国事时势的忧郁。

"名场阅历莽无涯，心史纵横自一家"，回顾亲身经历的两次科举考试的失败，诗人禁不住发出一声浩叹，这浩叹正如杜安世所谓"劝君看取名利场，今古梦茫茫"（《喜迁莺》）的怅惘失望。但是，他并没有因失败而一并失去自信。他相信自己的学问、见识都是独步一时、自成一家的。而也许正因为是"自一家"，他才屡次落第。"莽无涯"三字把时间延伸到无限遥远的未来，含有极大的感慨，沉痛低回；"纵横"则又把时间向历史深处推溯再向未来延伸，同时又把现在的一段拓宽，大有纵观古往今来、横视天下当代的气概，充满无限的自信，深沉坚定。这两句一果一因，一叹一转，已经蕴含了全诗的大意。

"秋气"二句是全诗的警句，表面是描写彼时彼地所见之景与物：秋天来了，堂内的燕子还安卧不动；暮色苍茫了，路旁的乌鸦依然痴恋夕阳而不归巢。实际上，只要稍微联系一下当时的社会背景，我们就不难发现这两句诗所隐含的深层意义，那时的清王朝正是处在这样一种秋风衰飒、暮色浓重的局势中，眼看着就有被吞没、覆亡的危险，诗人一路上或许就有许多这样的见闻。而全国上下，仍像堂内燕、路旁鸦一样，都还沉浸在自我陶醉之中。燕是候鸟，秋冬之际必须南迁，否则，北方的冬天将冻结它的生命；鸦也得在天黑之前归巢，否则将遭遇"绕树三匝，无枝可依"[①]的难堪。而诗人笔下的燕和鸦，居然感受不到秋风、暮气的侵袭，感受不到冬天黑暗死亡覆没的气息，他怎能不为之哀叹、焦虑！"夕阳""暮鸦"意象，常见于古诗词中，如温庭筠《春日野行》诗："鸦背夕阳多"，又如吕本中《浪淘沙》词："夕阳又送栖鸦"，确有实写景物之义，但这里的"夕阳"该是"夕阳无限好，只是近黄昏"[②]一类，与"秋气"一起，成为王超渐趋衰落的象征。这是诗人的深忧，也是他政治家的敏锐，先觉者的悲哀，"自一家"的具体表现。

"东邻嫠老难为妾，古木根深不似花"，这两句意思比较晦涩、模糊，大意是说：天生丽质而不愿以姿容媚俗的绝色女子，是得不到人的宠爱的；根底深厚而不能绽开鲜花笑脸迎人的参天古木，也不会得到众眼的赏

---

① 曹操：《短歌行》。
② 李商隐：《登乐游原》。

睐。"东邻""嫠老"似合用宋玉《登徒子好色赋》中"天下之佳人……莫若臣东家之子"及《左传·昭公二十四年》:"嫠不恤其纬,而忧宗周之陨"等典故,却又难以指实。这样就导致对诗句的理解产生一定的分歧。"东邻嫠老""古木根深"作感慨解可,作自负解也可;"难为妾""不似花"作伤心语可,作矜持语也可;就主体言,作诗人的自道看可,作为对方设看也可。联系全诗及其创作背景,应该说,这种种理解都是可以成立的,而只有同时并存才是较为合理的解释。诗人才华出众,思想敏锐,"常为大国忧",但因为不愿趋时媚俗,得不到世人的理解和赏识,一再落第,现在面对周这个理解他的人,其内心活动的丰富、复杂是可以想见的,自伤自负、自怜怜人,种种情感交结一起。难分先后主次。这两句照应首二句,是全诗所有情结的绾合。

"何日冥鸿踪迹遂,美人经卷葬年华"是说他向往着有朝一日像飞鸿那样高翔远骛,退出名利场的追逐,伴着美人和佛经,度过自己的一生。"何日"是一种期盼的口吻,而"葬"则语含酸痛。冥鸿遂迹,美人经卷,似带着一定的哲理和玄义,予人某种启迪,但同样扑朔迷离,难以指实。

这两句自是愤激话。其实,由唐至清一千余年有关科举的诗中,最不能当真的就是落第诗的结尾两句。不管它是怎样的激昂慷慨,还是怎样的意志消沉,都只是一时冲动。拿龚自珍来说,虽然从这一年开始他"收狂向禅",但并未真的一生礼佛成为高僧,况美人与经卷也是难以同时捧置在手的;这一次失败后他又多次赴举,直至一第,也并未真的"鸿飞冥冥"成为世外高人。这是他的矛盾和不幸,也是时代的悲剧。在"秋气""夕阳"中,他空有救时扶世而"自一家"的心与才,却没有施展怀抱的时与世;他预感到"堂内燕""路旁鸦"的危险,却只能希望像"冥鸿"那样独自离开,这不也正是那个时代所有的"先觉者"的写照?

这首诗抒发了诗人落第后的复杂心情和感慨,但由于凝聚了他自身在"名场"中的阅历和感受,也反映了当时充满迟暮衰飒氛围的社会环境,"秋气不惊堂内燕,夕阳还恋路旁鸦"二句十分精警形象地勾勒了当时人醉生梦死、愚昧迟钝的精神面貌,"秋气""夕阳"二词遂成为鸦片战争前后中国社会现象的象征和概括。

己亥杂诗(二一〇)

缱绻依人慧有余，长安俊物最推渠。
故侯门第歌钟歇，犹力晨餐二寸鱼。

这是一首咏物寓言诗。诗末有作者注云："忆北方狮子猫。"狮子猫，又叫波斯猫，是一种珍贵动物。黄汉《猫苑》："张孟仙曰：狮猫产西洋诸国，毛长身大，不善捕鼠。一种如兔，眼红耳长，尾短如刷，身高体肥，虽驯而笨。"猫儿肥、笨、不善捕鼠，等于是白养的废物，该丢弃的。但是，世上之事，十九与人所想不同。据徐轲《清稗类钞》记载："历朝宫禁卿相家多蓄狮猫。"一种无用的东西，居然被朝廷和卿相之家所豢养，这本身就具有讽刺意义。那么，狮子猫是怎样得人宠爱的呢？

"缱绻依人慧有余。"狮子猫自有它的本领：凭着自身能力无法生存下去，它便自然而然走上"依人"之路；而为了更好地生存"发展"，它又一反笨伯形象，做出百般的媚人姿态，施展各种骗人手段，表现得异常的聪明。"缱绻"勾勒出其骗人的媚态，而"慧"与"依人"连接在一起，笔下也透出极大的嘲讽；"慧有余"三字合用，更是尽冷嘲热讽之能。

"长安俊物最推渠。"终于，它施展手段的目的达到了，成了京城最受人宠爱的动物。"长安"这里代指清都北京。在这一句里值得品味的是一个"推"字，推者，推重也。可见，狮子猫之所以成为"俊物"，是因为有人在"推"，有人在捧。是谁呢？

"故侯门第歌钟歇，犹办晨餐二寸鱼。"这二句便承上而来：第一，"推"者出现了，便是那些王侯卿相；第二，诗人的笔比上二句也更尖刻了，他不说那班当朝显贵，却有意拈出业已门第衰落、歌舞声和钟磬声皆已消歇的"故侯"，即便是"故侯"之家，自己穷得叮当响，还要办上一份狮子猫的早饭——可怜的、二寸长的小鱼。"故侯"尚如此，则现任的"侯"们家中，狮子猫所受宠之深、所食鱼之大，就不言而喻了。至此，狮子猫的"慧"、狮子猫的"俊",都得到了入骨的描绘。然而,诗人的用心还不仅于此。

我们知道,一种现象的出现,必然具备使它赖以产生的条件。如果说狮子猫是丑恶可讽的,那么,那些甘心接受它的欺骗、并要推它为"俊物"的人,不也是讽刺的对象吗?尤其是那些"故侯",把狮子猫作为往日显赫尊荣的象征,不论其是否有实用价值,硬要养着它装点门面,这更是可悲可怜的,正如孔乙己站着喝酒却仍要穿长衫一样。再推而广之,鸦片战争前夕的清王朝,不也是个走向末路的"故侯"之家吗?朝廷里大批冗官闲曹,不也正是狮子猫的嘴脸吗?作者曾于《己亥杂诗》第64首中写道:"熙朝仕版快茹征,五倍金元十倍明";第77首自注中也有"汰冗滥"一条建议。因此,可以说,这首诗是借狮子猫的形象,暴露了京城里那些尸位素餐的封建官僚的丑恶嘴脸,从而讽刺了清代官僚制度的腐朽。

《己亥杂诗》中第204首至209首,也是咏物诗,分别忆写了鸾枝花、芍药、海棠、丁香等,但那六首诗咏写的都是植物花卉,本首则以动物为对象;那六首诗作者自注中多明确点出是"京师""丰宜门""宣武门"等,本首只模糊注上"北方";那六首多有"记得""难忘"之词,包含着实实在在或隐隐约约的情节,目的在于情事的回忆,这首诗却纯粹描写对象的习性、品格,目的在于讽刺时事。手法上,那六首诗以叙述、抒情为主,这首诗则描写、寓言兼用。因此在《己亥杂诗》315首中,本诗是独特而突出的一首。

[原载《元明清诗鉴赏辞典(清·近代)》,上海辞书出版社1994年版]

龚自珍师友录

自　序

公元1839年（清道光十九年），龚自珍辞官南下及迎眷属北上，往返九千里，感慨万端地写下了著名的《己亥杂诗》315首。其中杂记行程，兼述旧事，将自己的平生出处、著述、交游，历历如绘，为中国诗史留下了光华四射、独具一格的大型组诗，也为后人提供了研究他自己生平与时代的重要资料。

其中，有一首颇为引人注目的诗曰：

夜思师友泪滂沱，光影犹存急网罗。言行较详官阀略，报恩如此疾心多。

诗末自注："近撰平生《师友小记》百六十一则。"这首诗突出地反映了龚自珍尊师爱友、哀乐过人的豪爽性格，反映了龚自珍回首平生、"只争朝夕"的激动心情。只是非常可惜，这部"言行较详官阀略"的"报恩"之作，如今已散佚不存，人们再也无法读到龚自珍在夜深人静、青灯孤影、泪如泉涌时写下的催人肺腑的文字；再也无法窥见龚自珍与师友之间的放言高论、扪掌掀髯、诗酒盘桓的动人情景。而更为遗憾的是，人们再也无法体察到龚自珍乭与师友交往中的独特心灵感受以及他人所不能了解的珍闻逸事。然而如马克思所言：人是一切社会关系的总和。研究历史人物，特别是像龚自珍这样在思想、文学、史学、地理等各个领域都有建树，并开启一代风气的重要历史人物，了解他与师友之间的关系，却无疑是一个重要的课题。因为通过研究，我们可以从时代风云、学术传承、诗文雅集、山水优游、金石鉴赏等诸多侧面，进一步在总体上认识龚自珍以及他的时代特征和事业成就。

从现存的资料看，龚自珍的师友交游是十分广泛的。1813年（嘉庆十八年），龚自珍二十二岁，他在出都南旋徽州途中，曾赋《金缕曲》词一阕以寄意："愿得黄金三百万，交尽美人名士，更结尽燕邯侠子。"1827年（道光七年），在《自春徂秋，偶有所触，拉杂书之，漫不诠次，得十五首》中，又说："朝从屠沽游，夕拉驺卒饮。此意不可道，有若茹大鲠。"这些都说明，他很重视交游，接触面亦颇广泛。有人说他结交京官疆吏、墨客骚人、硕学名家、亡井小民、草野侠客、山林隐士、寺院僧徒、勾栏妓女、三教九流，无所不包。这一描述大体上是符合实际的。魏源的孙子魏耆亦曾说过，自珍每过扬州寓魏氏絜园时，"出门则日夜不归，到寓则宾朋满座。"但是，我们只要稍加探究，龚自珍在交游中是有原则的。他说："我生受之天，哀乐恒过人"。又说："情多处处有悲欢"。这性格，决定了他极易处人，具有相当的广泛性。然而，亦如有人所云：他交结朋友"广而不滥，杂中有纯"。他珍视与袁桐的儿时友谊，记取"放学花前，题诗石上，春水园亭里"，'人间无此欢喜"的纯真情景，用以与"客气渐多真气少"的现实对照；他赞叹赵魏、顾广圻等前辈学者道德文章"影形各各照秋水，渣滓全空一亡无"，发出"元气终须老辈扶"的企望；他从经学大师刘逢禄问《公羊春秋》，表示要定"从君烧尽虫鱼学，甘作东京卖饼家"的誓愿；他投赠今文学家宋翔凤，由衷吐出"万人丛中一握手，使我衣袖三年香"的兴奋心情；他怀念横海拜将军的故人林则徐，抒发"我有阴符三百字，蜡丸难寄惜雄文"的报国无门的感慨；他送别侠士刘锺汶称赞"刘三今义士，愧杀读书人"，进而提出"亦有恩仇托，期君共一身"

的期待；他不计某生"选色谈空"的讥诮，坦然将《某生与友人书》附入《己亥杂诗》之内，并即书其后曰："江淮狂生知我者，绿笺百字铭其言"；即便对他眷念的青楼风尘女子，也以知己相待，诚挚地唱出"绝色呼他心未安""忍作人间花草看"的平等心声。龚自珍生活在中国封建制度行将崩溃的前夜，他对当时的社会曾作过深刻的揭露和批判，认为当时的社会是处于"衰世"。而"衰世"的特征是："衰世者，文类治世，名类治世，声音笑貌类治世。黑白杂而五色可废也，似治世之太素；宫羽淆而五声可铄也，似治世之希声；道路荒而畔岸隳也，似治世之荡荡便便；人心混混而无口过也，似治世之不议。左无才相，右无才史，阃无才将，庠序无才士，陇无才民，廛无才工。衢无才商，抑巷无才偷，市井无才驵，薮泽无才盗，则非但鲜君子也，抑小人甚鲜。"处在这样一个人妖颠倒、真伪混淆的"衰世"里，龚自珍能够出淤泥而不染，择善交游，与师友相互切磋，相互砥砺，相互鼓舞，相互扶持；不断从师友那里汲取营养，丰富自己，铸炼自己，从而成为近代启蒙的思想家、文学家，应当说是多么难能可贵！

当然，龚自珍又是幸运的。他的广交游，择师友，具有他人所不具备的条件。他是大学问家段玉裁的外孙，又出生在"两世礼曹，交遍海内"的家庭，为追陪乾嘉耆宿（如阮元、孙星衍、王念孙、王引之、赵怀玉等），得到他们奖掖，奠定了基础；他的父亲龚丽正，豪爽任侠，广纳宾朋，为他的性格形成，提供了最初的熏陶和教养；他长期任职京师，为结识朝廷重臣（如宝兴等）、封疆大吏（如梁章钜、林则徐等），争得了参议政事的机遇；他穷探世变，为继承发扬今文经学大师（如刘逢禄、宋翔凤等）的遗绪，确立了自己在中国思想发展史上的重要地位；他致力于经世致用之道，为联系一代启蒙思想家（如魏源、包世臣等），转移时代风气，结成了情逾骨肉，慷慨论天下事的因缘；他酷爱金石、搜研典籍，为与社会名流（如钮树玉、何元锡、赵魏等）的交流，拓展了活动的天地；他才华横溢、歌哭无端，为文学创作结识了一大批知名的诗人和文士。可以毫不夸张地说，从龚自珍的师友交游中，我们足以窥见那一时代的思想、政治、学术、文艺等方面发展的轨迹；足以窥见龚自珍本人浮沉下僚、困厄坎坷而又意气风发、绚烂多姿的一生。

这篇《龚自珍师友录》，酝酿多年，一直未敢遽然命笔。作者深知，学力和识见无力探寻和弥补原著《师友小记》中"言行较详"的部分，而资料的匮乏和散佚，又使许多已知的线索难于稽考。《龚自珍师友录》的终于写成，无非是表示对中国近代先驱人物的一种尊敬和纪念，无非是为龚学研究提供一砖一石。在写作过程中，力求言必有据，事必可征，未敢妄为虚拟。如果能对龚学研究稍有一点助益，那将是莫大的欣慰。写作时，参考和吸取了不少龚学研究者的成果，应当向他们表示深切的谢意。

凡　例

（一）本文收录龚自珍平生师友共280人，均依据龚氏自撰诗文著述及其师友著作中有记载可录者录入。前后次序，按姓氏笔画排列。

（二）龚氏父母、叔侄、兄弟、夫妇、儿女，在血缘关系上为至亲，在学术方面均谊兼师友，援例亦为辑录。但统一编排，不另单列。

（三）龚氏师友凡仅知字号而事迹尚未可详考者，暂不收录；估计此类人数百名左右。拾遗补阙，容俟异日。

（四）本文写作力求言必有据，事必可征，不作虚构。

（五）本文写作尽可能参考吸取前贤及近人研究成果，限于篇幅，恕不一一注明。

目　次

王鼎	朱屿
王筠	朱坚
王大堉	朱理
王大淮	朱膝
王元凤	朱士彦
王凤生	朱方增
王引之	朱为弼
王芑孙	朱鹤年
王寿同	庄存与
王寿昌	庄绥甲
王应绥	刘文淇
王念孙	刘权之
王继兰	刘伯埙
王萱龄	刘良驹
王熊吉	刘宝楠
贝墉	刘逢禄
方廷瑚	刘锺汶
孔宪庚	江沅
孔宪彝	江藩
邓传密	江凤彝
玉麟	江鸿升
卢元良	汤鹏
归懋仪	汤贻汾
叶昶	汤储璠
叶志诜	许正绥
包世臣	许瀚
冯启蓁	阮元
托浑布	孙星衍

孙清瑞	吴清皋
严烺	吴清鹏
严保庸	吴葆晋
苏孟旸	吴嵩梁
杜煦	吴嘉淦
李威	何俊
李九鹏	何萱
李兆洛	何元锡
李学璜	何吉云
李宗传	何其伟
李宗昉	何绍业
李宗瀚	何绍基
李彦章	狄听
李筠嘉	汪龙
李璋煜	汪琨
李增厚	汪元爵
杨芳	汪全泰
杨亮	汪全德
杨懋建	汪远孙
杨彝珍	汪适孙
步际桐	汪喜孙
吴杰	沈垚
吴椿	沈鎤
吴文征	宋璠
吴兰修	宋翔凤
吴式芬	改琦
吴荣光	张琦
吴俊民	张鉴

张穆	邵廷烈
张际亮	武穆淳
张青选	范元伟
张宗泰	林则徐
张海珊	尚镕
张祥河	罗士琳
张维屏	金媪
张瓒昭	金礼嬴
陆继辂	金应城
陆献	金应麟
陈奂	周凯
陈沆	周绠
陈杰	周之彦
陈璓	周中孚
陈潮	周仪昈
陈澧	周仲墀
陈元禄	郑宪铨
陈延恩	宝兴
陈兆熊	宗稷辰
陈庆镛	项名达
陈希敬	赵魏
陈希曾	赵怀玉
陈金诚	胡敬
陈春晓	胡培翚
陈钟祥	查冬荣
陈桂生	奎绶
陈嵩庆	奎耀
陈裴之	昭梿

钮树玉　　　　　　　钱枚

段驯　　　　　　　　钱镛

段骧　　　　　　　　钱廷烺

段玉立　　　　　　　徐松

段玉裁　　　　　　　徐荣

段美贞　　　　　　　徐泰

俞正燮　　　　　　　徐楙

俞秋圃　　　　　　　徐士芬

洪子骏　　　　　　　徐启山

洪饴孙　　　　　　　徐宝善

恽敬　　　　　　　　徐渭仁

姚莹　　　　　　　　凌堃

姚元之　　　　　　　高锡恩

姚学塽　　　　　　　郭仪霄

姚祖同　　　　　　　黄洵

秦瀛　　　　　　　　黄玉玠

秦恩复　　　　　　　黄爵滋

袁桐　　　　　　　　黄骧云

袁通　　　　　　　　梅曾亮

桂文燿　　　　　　　曹籀

夏恒　　　　　　　　曹振镛

夏璜　　　　　　　　龚陶

夏之盛　　　　　　　龚橙

顾莼　　　　　　　　龚自芳

顾翰　　　　　　　　龚自闳

顾广圻　　　　　　　龚自树

顾文炳　　　　　　　龚自阊

钱林　　　　　　　　龚自昶

龚自阆	程同文
龚自旋	程恩泽
龚自璋	储征甲
龚守正	富俊
龚丽正	裕恩
龚阿辛	裕谦
龚京正	谢增
龚绳正	谢阶树
龚敬身	简钧培
龚粤生	臧庸
龚褆身	管同
龚履正	管绳莱
盛思本	端木国瑚
逸云	黎应南
梁恭辰	潘谘
梁逢辰	潘曾沂
梁章钜	潘曾莹
彭邦畯	潘曾绶
彭蕴章	潘德舆
董祐诚	戴熙
蒋彤	戴纲孙
蒋因培	魏彦
蒋湘南	魏源
韩崇	麟庆

丁彦俦

丁彦俦，字范亭，号乐垞，一作角垞，河南永城人。道光九年（1829）进士。由翰林院庶吉士改官户部主事，官至员外郎。彦俦与龚自珍为同年进士。道光十九年（1839），自珍出都南返，时己丑同年留京五十一人，匆匆难遍别。惟彦俦与刘良驹、桂文燿、戴纲孙、奎绶、黄骧云、江鸿升、步际桐等八位及吴葆晋为"握手一为别"者也。故《己亥杂诗》记云："五十一人皆好我，八公送别益情亲。他年卧听除书罢，冉冉修名独怆神。"

丁履恒

丁履恒（1770—1832），字若士，号道久，晚号冬心，江苏武进人。嘉庆六年（1801）拔贡，官山东肥城知县。绩学深思，朴质沉厚，与同郡孙星衍、洪亮吉、张慧言等相为师友。在京时，又从王念孙考论故训声韵之学。包世臣、张际亮极推重之。著有《春秋公羊例》《左氏通义》《毛诗名物志》《说文形声类编》《思贤阁写韵斋初集》《思贤阁词》等。履恒与龚自珍为忘年交，初相见约在嘉庆十二年（1807）左右。自珍尝言："识丁君乃二十载，上下角逐忘春秋。"道光七年（1827），履恒就肥城任，离京时，自珍作《常州高材篇，送丁若士履恒》壮行。诗篇备赞常州人文之盛："丁君行矣龚子忽有感，听我掷笔歌常州。天下名士有部落，东南无与常匹俦。"

于昌进

于昌进（1808—1858），字湘山，山东荣成人。由附贡生官南河，历署睢南、海防、宿北同知。幼而绩学，尤耽韵语，尝从徐宝善问业。与包世臣、严保庸、孔宥涵等经常唱酬。道光二十一年（1841）初秋，龚自珍应昌进请作《鹧鸪天·题于湘山〈旧雨轩图〉》词，其小序云："辛丑初秋，余客袁浦，颇有盛于己亥之游，正欲制图以寄幽恨，适湘山词兄以《旧雨轩图》属题，即自书其所欲言以报命。"

马　沅

马沅，字湘帆，号韦伯，江苏上元人。道光九年（1829）进士，由庶吉士改户部主事，官至湖广道监察御史。著有《尘定轩稿》。符葆森《国朝正雅集》引姚莹云："湘帆诗才情艳发，新俊绝伦，似杨升庵而气骨遒健，殆欲过之。偶学昌黎，亦皆神似"。沅与龚自珍为同年进士。道光十六年（1836）六月二十五日（立秋），应同年庆勋（渔山）之约，二人相偕赴北京城北积水潭秋禊，登西北高楼纵饮。与会者尚有吴葆晋、戴绚孙、步际桐、徐启山等人。自珍尝作《百字令》词以记之。其上片云："江郎未老，追陪采笔多情俊侣。禁苑山光天尺五，西北朱甍无数。珂珮晨闲，文章秋横，祓禊西山雨。尊前酹起，茶陵来和诗句。（原注：地为李西涯故宅。）道光十九年（1839），自珍出都南下，沅与冯启蓁正在南京，拟访未果。因作诗云："六朝古黛梦中横，无福秦淮放棹行。想见钟山两才子，词锋落月互纵横。"

王　言

王言，字健夫，号兰谷，浙江仁和人。嘉庆二十三年（1818）举人。官寿昌训导。在京时，尝馆阮元琅嬛室中，周秦鼎彝，宋元书画皆得寓目。又日与龚自珍、许君修游厂肆，经常发现善本书籍。后以大挑就冷宦，课士之暇，著述自娱。著有《金石萃编补略》《桂阳草堂集》等。

王 昙

王昙（1760—1817），一名良士，字仲瞿，号瓶山，浙江秀水人。乾隆五十九年（1794）举人。屡试礼部不售，狂傲放纵，尝渡海赴台湾，后周游南北，人皆目为奇人。凡"言王举人，或齿相击，如谭龙蛇，说虎豹。"擅诗文，法式善尝以配舒位、孙原湘，作《三君咏》。著有《烟霞万古楼文集》《诗集》。嘉庆十四年（1809）春，昙见龚自珍于门楼胡同西首寓斋。时自珍年方十八，昙忽叹息起自语曰：师乎，师乎！遂相订为忘年交。在与陈文述信中，昙又称自珍诗文"绝世一空，前宿难得。"二十一年（1816），自珍侍父任于上海，昙来访，留一月始去。次年，昙卒，自珍助其葬，墓在苏州虎丘山南。又为作《王仲瞿墓表铭》，为昙做出客观、公正评价："其为人也中身，沈沈芳逸，怀思恻悱；其为文也，一往三复，情繁而声长；其为学也，溺于史，人所不经意，累累心口间；其为文也，喜胪史；其为人也，幽如闭如，寒夜屏人语，絮絮如老妪，匪但平易近人而已。其一切奇怪不可迩之状，皆贫病怨恨，不得已诈而遁焉者也。"

王 鸿

王鸿，一名鹄，字子梅，江苏长洲人，原籍天津。诸生。曾官山东聊城县丞。其父大淮，为龚自珍嘉庆十五年（1810）同年副榜贡生，官曲阜县令。著有《喝月楼诗录》《子梅诗稿》。陈融《颙园诗话》云："子梅游踪南北，交道颇广。张诗舲为其师，祁春圃、龚定庵、魏默深、戴醇士皆其父执，蒋剑人、张亨甫、汤雨生辈，皆其友，酬和哀感，屡见于诗。与贾禺冯子良交尤深，子良答子梅诗有'我识王郎垂十年，十年奔走无一钱。王郎所富惟诗篇，岂知诗好穷益坚'之句。吟诗甚多，今刻存惟《喝月楼集》。其《谱梅楼诗稿》及《行吟草》，均于侨平原时被盗窃去。子良有《寄王子梅客中遇窃失诗》长古一首，慰藉弥切。余本藏有《喝月楼集》，复得其手抄未刊本《子梅诗稿》四巨册，俱经朱墨，为高丽李藕船所选者"。道光十七年（1837）秋，鸿于北京始谒龚自珍，龚一见大喜，谓其"刺字秦汉香，入门奇气溢"。在《题王子梅盗诗图》五古中，赞称"君才何犖犖，体制偏胪列。君状亦觥觥，可啖健牛百。早抱名山心，漂锦自编辑"。十九年（1839）秋，自珍北上迎眷属途中，经曲阜曾与王大淮、大堉兄弟及鸿相晤，复为鸿题《祭诗图》，勉励其"努力删诗壮盛时"。二十年（1840）八月，自珍寓苏州，与王鸿及他人谈诗，鸿以教主目之。自珍有《贺新凉·侨寓吴下沧浪亭，与王子梅诸君谈艺》记云："一棹沧浪水。一行行淡烟疏柳，平生秋思。多谢江东风景好，依旧美人名士。有老衲高谈奇字。使我吴天诗料阔，策蝌文螺扁三千事。古香馤，在肝肺。一箫我漫游吴市。傍龛灯来称教主（与诸君谈艺，子梅以教主目之），琉璃焰起。病蝶凉蝉狂不得，还许虎丘秋禊。看磨墨人低双髻。绝胜山东驴子背，惨邮亭麦饭黄沙里。掷笔罢，傲吾子。"

王　植

王植，字叔培，号晓林，又作晓舲，直隶清苑（今属河北）人。嘉庆二十二年（1817）进士。道光九年（1829）充会试同考官，官至江西巡抚。读书至老不倦，自号秉烛老人。著有《经解述》《深柳书堂诗文集》等。植与龚自珍为师生关系，自珍中进士，植即为房考官。

王　鼎

王鼎（1770—1842），字定九，号省厓，又号幼赵，陕西蒲城人。嘉庆元年（1796）进士。历官工、吏、刑、户部侍郎，至东阁大学士。卒谥文恪。鸦片战争中，极力主战。道光二十一年（1841）署河东河道总督，赴开封治理河患，并保荐林则徐襄办河工。著有《淮河源流考》二卷。道光十年（1830），鼎于寓所宴客，龚自珍为被邀之列，并赋七古《饮少宰王定九丈鼎宅，少宰命赋诗》一首。诗云："天星烂烂天风长，大鼎次鼐罗华堂。吏部大夫宴宾客，其气当引为文昌。主人佩珠百有八，珊瑚在冒凝红光。再拜醵客客亦拜，满庭气肃如高霜。黄河华岳公籍贯，秦碑汉碣公文章。恢博不弃贱士议，授我笔砚温恭良。"

王 筠

王筠（1784—1854），字贯山，号菉友，山东安丘人。道光元年（1821）举人。曾官国子监学正及山西乡宁、徐沟、曲沃知县。专攻小学，为祁寯藻门生。著有《说文释例》《说文句读》《说文系传校录》《四书说略》《文字蒙求》《菉友臆说》《菉友蛾术编》等。筠与龚自珍为文字交。道光十八年（1838）秋，吴式芬、许瀚出都，筠与龚自珍、汪孟慈、陈颂南、陈念庭、何子贞等六人，曾设酒于宣武城南广恩寺，为吴、许二人饯行。

王大堉

王大堉（1811—?），字秋垞，江苏长洲人，原籍天津。大淮弟。年十二，日事于诗。后历游湖北、山东。著有《苍茫独立轩诗集》。自珍在《题王子梅盗诗图》中评其诗云："令叔诗效韩，字字扪峰峦。我欲跻登之，气馁言恐窒"。道光十九年（1839）秋，自珍又为其《苍茫独立图》题诗："诗格摹唐字有棱，梅花官阁夜镂冰。一门鼎盛亲风雅，不似苍茫杜少陵。"

王大淮

王大淮（1785—1844），字松坡，号海门，江苏长洲人，原籍天津。嘉庆十五年（1810）与龚自珍同为副榜贡生。道光十七年（1837）任曲阜知县。善诗文。自珍尝在为淮子王鸿《题王子梅盗诗图》诗中评云:"尊甫宰山左,弱岁记通籍。年家礼数谦,才地笑谈勃。愁眉暂飞扬,窘抱一开豁。琅琊晋高门,龙优豹乃劣。读我同年诗,奇梦肖奇笔。"道光十九年(1839)秋,自珍北上迎眷途中经曲阜,与大淮及弟大埙、子王鸿等欢聚数日,并作诗数首为念,其一云:"嘉庆文风在目前,记同京兆鹿鸣筵。白头相见山东路,谁惜荷衣两少年。"

王元凤

王元凤,山东诸城人。曾官桂阳州知州,擢陈州府知府。龚自珍称之为"天下士也"。(《说张家口》)道光十六年(1836),元凤自珍乞假五日,送之居庸关,逾八达岭而返,并属元凤为其所撰《蒙古图志》补图。元凤亦以妻潘阿细寄居龚寓,请自珍夫妇照拂。不久,潘病故,自珍夫妇料理丧葬,并为撰《潘阿细碣》。

王凤生

王凤生(1776—1834),号竹屿,安徽婺源(今属江西)人。寓居南京。少治举子业,屡试不第。嘉庆十年(1805),援例以通判试用浙江,屡署知县事,所在有声。长于治水。道光五年(1825),以河南归德府同知,擢河北彰卫怀道。道光九年(1829),升署两淮盐运使。凤生以仕为学,尤笃好图志,著有《浙西水利图说备考》《河北采风录》《江淮河运各图》《汉江纪行》《江汉宣防备考》《淮南北场河运盐走私道路之图》等,此外,尚有《保甲事宜册》、诗集若干卷、《学治体行录》若干卷。道光七年(1827),凤生在河北任上,忽以疾乞归,制《黄河归棹图》以寄意,龚自珍为赋《水调歌头》词一阕,"聊献感慨之辞焉"。词云:"落日万艘下,气象一何多?何人轻掷纱帽,帆影掠天过?鄒上通侯如彼,江左夷吾若此,不奈怒鲸何!挥手谢公等,迳欲卧烟萝。当局者,问何似?此高

歌！著书传满宾客，馀事貌渔蓑。贱子平生出处，虽则闲鸥野鹭，十五度
黄河。面皱怕窥景，狂论亦消磨。"道光九年（1829）三月，以两江总督
之荐，凤生起复原官，并受道光帝召见，即命署两淮盐运使。赴任前，凤
生属赋一词送别，自珍仍以前调书于《黄河归棹图》卷尾。词云："当局
荐公起，清望益嵯峨。旌旗者番南下，百骑照涛波。帝念东南民瘼，一发
牵之头动，亲问六州醝。宾客故人喜，愁绪恐公多。公此去，令公喜，法
如何？金钱少府百万，抚入鲁阳戈。公是登场鲍老，莫遣登场郭老，辩口
尚悬河。猿鹤北山下，一任檄文过。"

王引之

王引之（1766—1834），字伯申，号曼卿，江苏高邮人。念孙子。嘉
庆四年（1899）进士，庄翰林院编修，累官礼部尚书，改工部尚书，卒于
位。谥文简。引之治学，一本庭训，精名物训诂之学。著有《经义述闻》。
阮元尝称高邮王氏，一家之学，海内无匹。方东树亦谓："高邮王氏《经
义述闻》，实足令郑、朱俯首，汉唐以来，未有其比。"[①]嘉庆二十三年
（1818），龚自珍应浙江乡试，中式第四名举人，座主实为引之与李裕堂
等。房考并评其文曰："规锲六籍，笼罩百家，入之寂而出之沸，科举文
有此，海内睹祥麟威凤矣！"又评其诗："瑰玮冠场。"道光十五年
（1835），引之灵柩将葬，其第四子寿同，请自珍表诸墓，自珍因作《工部
尚书高邮王文简公墓表铭》，备述引之生平及著述成就。

王芑孙

王芑孙（1755—1818），字念丰，号惕甫，一号铁夫，又号楞伽山人，
江苏长洲人。乾隆五十三年（1788）举人。官内阁中书。嘉庆元年

① 《汉学商兑》卷中之下。

（1796）官华亭教谕。"性简傲，不肯从谀，遇公卿若平交。尝客大学士富阳董公及虞邸凡十二年。时辇下人士游于公卿者，大都借援声势，务为关说。苣孙介然无所苟，馆谷之外，不名一钱，虽金尽裘敝不自恤。"①著有《渊雅堂诗文集》。嘉庆二十二年（1817），龚自珍侍父任驻上海，曾投寄所作诗文各一册，请苣孙指教。苣孙随即复书云："昨承枉示诗文各一册，读之，见地卓绝，扫空凡猥，笔复超迈，信未易才也。然自古异才，皆不求异而自异，非有心立异者也。即如尊文名为《伫泣亭文》，愚始不晓'伫泣'所出，及观自记，不过取义于《诗》之'伫立以泣'。此'泣'字碍目，宁不知之。足下年甚少，才甚高，方当在侍具庆之年，行且排金门，上玉堂，和其声以鸣国家之盛，天下之字多矣，又奚取于至不祥者而以名之哉！至于诗中伤时之语，骂坐之言，涉目皆是，此大不可也。足下文中，以今人误指中行为狂狷，又欲自治其性情，以达于文，其说允矣。循是说也，不宜立异自高。凡立异未能有异，自高未能有能高于人者，甚至上关朝廷，下及冠盖，口不择言，动与世忤，足下将持是安归乎？足下病一世人为乡愿，夫乡愿不可为，怪魁亦不可为也。乡愿犹足以自存，怪魁将何所自处。宋贤有论，儒者一身之外，皆非所重。太史公有戒于言不雅驯。试问雅者何说，驯又何说也？窃谓士亦修身慎言，远罪寡过而已，文之佳恶，何关得失，无足深论，此即足下自治性情之说也。唯愿足下循循为庸言之谨，抑其志于东方尚同之学，则养德养身养福之源，皆在乎此。虽马或蹄啮而千里，士或跅弛而济用，然今足下有父兄在职，家门鼎盛，任重道远，岂宜以跅弛自命者乎？况读书力行，原不在乎高谈。海内高谈之士，如仲瞿、子居，皆颠沛以死。仆素卑近，未至如仲瞿、子居之惊世骇俗，已不为一世所取，坐老荒江老屋中。足下不可不鉴戒，而又纵心以驾于仲瞿、子居之上乎。仆衰迟耄陋，无可以进足下者，既远蒙下问，不敢不以直道相处，谨此手复，而还其本小云处。出不尽言，诸希亮察不具。苣孙顿首璱人大兄侍下，丁丑十一月三日。"苣孙此札，由于思

---

① 秦瀛：《惕甫未定稿序》。

想高度不一，对自珍言行很难理解。然古道热肠，"不失为诤友之义"（张祖廉跋语）。

王寿同

王寿同（1804—1852），字子兰，江苏高邮人。道光二十四年（1844）进士。历官刑部郎中、御史、贵州黎平府知府。湖北汉黄德道。著有《观其自养斋烬馀录》等。寿同为龚自珍座师王引之第四子。道光十五年（1835），引之逝世之次年，曾请自珍撰《工部尚书高邮王文简公墓表铭》，文载《龚自珍全集》。

王寿昌

王寿昌，字子仁，江苏高邮人。王引之长子。官嘉兴知府，广西按察使。道光十九年（1839），龚自珍出都南返杭州，途经嘉兴，曾专访寿昌，并赋诗云："一脉灵长四叶貂，谈经门祚郁岧峣。儒林几见传苗裔？此福高邮冠本朝。（原注：访嘉兴太守王子仁。子仁，文肃公曾孙，石臞孙，吾师文简公子。）"

王应绶

王应绶（1788—1841），又名申，一名曰申，字子卿，号子若，江苏太仓人。诸生。著名画家原祁玄孙。画山水得家传，擅篆、隶，精铁笔。少孤，卖画吴门，与王学浩齐名。曾应江苏知府万承纪之聘，为缩摹百二十汉碑于砚背，刻成《百汉砚碑》，颇获时誉。道光五年（1825）夏，龚自珍招曹籀游上海，应绶曾应约共作豫园夜游，并画《豫园话月图》。曹籀有《夏夜与龚定庵、王子若豫园话月，子若为画〈豫园话月图〉》诗记之。诗曰："一榻卧花阴，瀼瀼露满襟。小园今夕话，明月故乡心。海内论交晚，生平感遇深。隔邻弦管急，怆我独清吟。"

王念孙

王念孙（1744—1832），字怀祖，号石臞，江苏高邮人。乾隆四十年（1775）进士，改庶吉士。官工部主事、给事中，直隶永定河兵备道。嘉庆四年（1799），以首劾和珅，直声大震。念孙受学戴震，邃于文字声韵训诂之学，著有《广雅疏证》《读书杂志》《丁亥诗抄》等。嘉庆二十四年（1819），龚自珍谒念孙于北京，赋诗云："庞眉名与段公齐，一脉东原高第题。回首外家书帙散，大儒门祚古难跻。"自注："谒高邮王先生，座主伯申侍郎之父也。八旬健在，夙与外王父段先生著述齐名。"（《杂诗，乙卯自春徂夏，在京师作，得十有四首》之五）对王念孙极致景仰之忱。

王继兰

王继兰，字秋畹，山东济宁人。嘉庆十八年（1813）举人。《同治山西通志》载：继兰"济宁举人，知平定州，居官简易便民，每有兴革，皆事立集而民不扰。屡办兵差，力不及，请用协济，令民出驴以应之，设法更为简便。"道光十九年（1839），龚自珍出都南下，曾有诗留别继兰，诗云："多君娴雅数论心，文字缘同骨肉深。别有樽前挥涕语，英雄迟暮感黄金。"可见二人倾心相处，酬唱诗词，情同骨肉。惜具体资料，尚未得见。

王萱龄

王萱龄，一作蕿龄，字北堂，顺天昌平（今属北京市）人。道光元年（1821）拔贡。旋举孝廉方正，官新安、柏乡两县教谕。嗜汉学，精训诂，受业于高邮王引之，《经义述闻》中时引其说。著有《周秦名字解诂补》1

卷，即补引之所阙疑者。萱龄才学，龚自珍颇为尊重。道光三年（1823），曾致函萱龄，约同访经学大师姚埙。其《柬王征君萱龄，并约偕访归安姚先生》诗云："归安醰醰百怪宗，心夷貌惠难可双。征君力定乃其亚，大吕应合黄钟撞。""归安一身四气有，举世但睹为秋冬。亟拉征君识姚子，高山大壑长相逢。"自珍又尝作《说昌平州》一文，推许萱龄为可与汉、唐贤者相比拟之人才。文云："州之人才，汉有卢植，唐有刘贲，今有王萱龄。王萱龄者，好积书，丰然长者，以孝廉方正征，授牍礼部，则奋笔言当世事。"

王熊吉

王熊吉，原名积诚，号雅台，浙江钱塘人。王仁子。道光十一年（1831）举人。曾官嵊县教谕。熊吉与龚自珍为知交。道光十九年（1839），自珍出都南返杭州，与熊吉、曹籀、徐楙、陈春晓等聚晤，深为彼此间友谊历经考验而欣慰，为赋诗云："乡国论文集古欢，幽人三五薜萝看。从知阆苑桃花色，不及溪松耐岁寒"。（《己亥杂诗》）

贝　墉

贝墉，字既勤，号筲香，江苏吴县人。袁延椿婿。吴晗《江浙藏书家史略》记云，墉"好藏书，家有千里庵，著录甚富，以嗜古不事生产贫其家"。道光四年（1824），墉校刻释宗密《大方广圆觉修多罗了义经疏》，江沅、龚自珍实助刊之。同年，自珍作《重刊圆觉经略疏后序》及《助刊圆觉经略疏愿文》，分别叙述版本源流及助刊之由，留下在学佛过程中之一段佳话。

方廷瑚

　　方廷瑚，字铁珊，号功樗，浙江石门人。画家方薰子。嘉庆十三年（1808）举人。官直隶平谷知县，保定府经历。为政廉明，殁于官，贫不能归梓。博闻好古，能传家学。尝于杭州从阮元问学，并与张鉴、顾廷纶、陈鸿寿、施彦士、张渥、达受、汤贻汾、汪喜孙、沈涛等交往。著有《幼樗吟稿》。道光十九年（1839）十一月，龚自珍迎眷属出都南返，经保定，廷瑚设宴饯行。自珍有诗记云："论诗论画复论禅，三绝门风海内传。可惜语儿溪畔路，白头无分棹归舷。"自注："方铁珊参军饯之于保阳（按：即保定）。铁珊名廷瑚，石门人。父薰，字兰士，以诗画名，好佛。君有父风。年七十矣，犹宦畿南。"

孔宪庚

　　孔宪庚，字叔和，号经之，山东曲阜人。道光二十九年（1849）拔贡生。性癖耽诗，曾问学于盛大士。盛称宪庚与兄宪阶（星庐）、宪彝（绣山）为三才子。道光十九年（1839）冬自珍北上途中经曲阜时，曾宿其家，为所作《经阁观海图》《云水诗瓢图》及《淮阴鸿爪图》（与绣山合作）分别题诗（均见《己亥杂诗》）。宪庚亦作有《赠仁和龚定庵巩祚礼部二首》。诗云："铭幽三百字，巨笔仰如椽。我母籍千古，贞珉勒十年。执鞭心最切，佩德意难宣。幸得高轩过，重留翰墨缘。""风雨论文好，西斋泼旧醅。诗翻匡鼎说，学抱杜陵才。冀北驱车去，江南鼓棹来。主宾深契洽，花亦素心开。"（见孙雄《道咸同光四朝诗史一斑录》）。第一首开头四句，系指自珍曾为孔氏兄弟撰写《孔宪彝母碣》事。

孔宪彝

孔宪彝（1808—1863），字叙仲，号绣山（一作秀珊）、韩斋，山东曲阜人。道光十七年（1873）举人。官内阁中书。曾主讲滋阳启文书院和聊城书院。幼随父宦居天津，为梅花诗社成员。既游江淮，交游益广。工诗文，善绘画，尤擅画兰。著有《韩斋文稿》《绣山文抄》《挐云馆还乡草》《对岳楼诗录》和《续录》等。辑有《阙里孔氏诗抄》《词抄》。自珍曾称其诗"古体浑厚，得力昌黎、昌谷居多，近体风旨清深，当位置于随州、樊川之间"（《对岳楼诗录题跋》）。宪彝与自珍何时订交，待考。惟道光七年（1827），自珍应宪彝之请，已作《孔宪彝母碣》一文。嗣后，又陆续接触，结为深交，并为宪彝继室朱屿作《学隶图跋》。道光十九年（1839）冬，自珍北上途经曲阜，住孔宅三日，适宪彝在京未晤。然"爱其淳古"，"欲缔一重姻好"，"为他年重到之缘"，提出将次女尊为宪彝长子庆第之妇。宪彝复书许诺，并由吴虹生与陈元禄作媒。从而孔龚两氏成为姻亲。道光二十年（1840），宪彝作《龚定庵在吴中寄示己亥杂诗刻本，读竟题此，即效其体》六首，跋云："有触于怀，辍题数言，即效其体，非敢学昌黎之于玉川，聊以志心迹略同耳。"自珍逝世后数年，宪彝又作《王子梅稿有龚定庵遗墨云：己亥十月龚巩祚读于孔氏挐云馆。感赋》，诗曰："挐云馆宿曾三日，落月梁空已四年。残墨留题痕尚在，为君肠断早梅天。"

邓传密

邓传密（1795—1870），一名尚玺，字守之，号少白，安徽怀宁人。书法家邓石如子。生八岁而孤。喜书法，不屑时艺。"漫游江淮间，以送字访友为生。"[①]继受知李兆洛，"挈游浙、粤，教督如子弟；而陈用光、

[①] 李兆洛：《书完白翁传后》。

龚自珍、魏源、包世臣、何绍基，皆引重与传密交。"①晚年，曾入曾国藩幕。邓、龚何时结识，尚不可考。然李兆洛有《与邓生守之书》三通，其一有云："默深初夏过此，得畅谈，又得读定庵文集。两君皆绝世奇才，求之于古，亦不易得，恨不能相朝夕也。"当可视为守之与自珍交游亲密之重要文字媒介。道光二年（1822）秋，自珍送传密与魏源赴杨芳古北口住所。嗣又连续三次致函传密，倾诉心中积愫及南返杭州了解家遭火灾情形，情见手辞，自非泛泛之交可拟。此三札，现刊《龚自珍全集》失收，原件曾藏传密曾孙北京大学教授邓以蛰处。1961年夏初，余在北大读书时，曾拜访以蛰先生，承先生和夫人以同乡及师生之谊，惠然出示自珍手泽以及邓、魏有关文稿，惜未作录副。目前，原件已转付故宫博物院收藏矣。

玉　麟

玉麟（1766—1833），哈达纳喇氏，字子振，号衍农，满洲正黄旗人，乾隆六十年（1795）进士。官礼部、吏部、兵部尚书，伊犁将军。道光九年（1829），龚自珍应会试，麟与曹振镛、朱士彦、李宗昉、吴椿等为座主。

卢元良

卢元良，字心农，江西南康人。道光九年（1829）进士，由知县官知府。元良与龚自珍同年参与殿试，均未能进入翰林院。道光十九年（1839），自珍出都南下，经过扬州，元良正任职甘泉，二人会晤，感慨良深，《己亥杂诗》曾有诗云："金銮并砚走龙蛇，无分同探阆苑花。十一年来春梦冷，南游且吃玉川茶。"原注："同年卢元良，时知甘泉。"又，自

---

① 金松岑：《皖志列传·邓传密传》。

珍此行，颇受元良及同年何俊资助，故另有诗曰："黄金脱手赠椎埋，屠狗无惊百计乖。侥幸故人仍满眼，猖狂乞食过江淮。"原注："过江淮间不困厄，何亦民、卢心农两君力也。"

归懋仪

归懋仪，字佩珊，常熟人。巡道归朝煦女，上海监生李学璜室。懋仪工诗词，曾得袁枚赏识。著有《绣余小草》《绣余续草》《绣余再续草》《三续草》《四续草》《五续草》，《听雪词》《绣余余草》《二余草》等。懋仪与自珍母段驯有唱酬之谊，且为自珍妹自璋之诗词导师。嘉庆二十一年（1816），自珍偕何吉云始见懋仪于苏州，懋仪曾索题其集。自珍为赋《百字令·苏州晤归夫人佩珊，索题其集》云："扬帆十日，正天风吹绿江南万树。遥望灵岩山下气，识有仙才人住。一代词清，十年心折，闺阁无前古。兰霏玉映，风神消我尘土。人生才命相妨，男儿女士，历历俱堪数。眼底云萍才合处，又道伤心羁旅。（原注：夫人频年客苏州，颇抱身世之感。）南国评花，西州足旧，东海趋庭去。（原注：予小子住段氏枝园，将之海上省侍，故及之。）红妆白也，逢人夸说亲睹。（原注：夫人适李，有女青莲之目。）"懋仪亦作《答龚璱人公子即和原韵》词："萍踪巧合，感知音得见风前琼树。为语青青江上柳，好把兰桡留住。奇气拿云，清谈滚雪，怀抱空今古。缘深文字，青霞不隔泥土。更羡国士无双，名姝绝世（原注：谓吉云夫人），仙侣刘樊数。一面三生真有幸，不枉频年羁旅。绣幕论心，玉台问字，料理吾乡去。海云起，十光五色争睹。（原注：时尊甫备兵海上，公子以省觐过吴中。）"二十五年（1820），自珍又有《寒夜读归佩珊夫人赠诗，有'删除苕篇闲诗料，湔洗春衫旧泪痕'之语，怃然和之》一律，答谢懋仪之频频问讯。

叶 昶

叶昶（？—1840），字青原，太湖洞庭山人。能诗，好客，隐居不仕。龚自珍好友。嘉庆二十三年（1818）、二十五年（1820），自珍两度游太湖洞庭，均得到昶热情接待。自珍曾有诗记云："故人叶氏子，家在洞庭山之东里。孝友缠绵出性情，嗜好卑纨绮。更兼爱客古人风，名流至者百辈同。已看屋里黄金尽，尚恐人间渌酒空。湖山窟宅仙灵地，两度诗人载诗至。料理盘餐料理床，纵横谈笑纵横字。贻我一片聪明心，我诗未成君替吟。"道光十九年，自珍出都南下，过苏州，拟寻洞庭山旧游，不果，亦不得昶生死消息，又有诗云："今日闲愁为洞庭，茶花凝想吐芳馨。山人生死无消息，梦断查湾一角青。"此外，自珍尚作有《发洞庭，舟中怀钮非石树玉、叶青原昶》与《哭洞庭叶青原昶》诗。

叶志诜

叶志诜（1779—1863），字东卿，湖北汉阳人。官兵部郎中。富收藏，工鉴赏，为著名金石学家。著有《御览集》。道光间，与龚自珍常有往还，"声息相通"。（许瀚手校本《筠清馆金石文字》卷四《周工匽》批注，今藏北京图书馆。）道光十八年（1838），龚自珍在撰写《吉金款识》时，与吴式芬笺有云："去年呈教之二十七种考释一册，望札东卿取回，付来手书。弟急欲读子贞、子毅之籀，且欲录副本以自考。现在穷日之力录副，专俟此廿七种发回，则可以卒业。"笺中所云"东卿"，即为志诜。可知龚为撰写《吉金款识》，亦曾与志诜有所商榷。

包世臣

包世臣（1775—1855），字慎伯，晚号倦翁，安徽泾县人。嘉庆十三年（1808）举人。长期担任幕僚，六十四岁始官江西新喻知县，旋以劾去官。晚寓居江宁，自署引小倦游阁。所著《安吴四种》，曰《中衢一勺》《艺舟双楫》《管情三义》《齐民四术》。世臣为中国近代启蒙思想家之一，尤以经济思想为杰出，甚与龚自珍、魏源鼎立而三，影响中国近代社会甚巨。包、龚订交，约在道光初年。龚自珍《投包慎伯世臣》："郑人能知邓析子，黄祖能知祢正平。乾隆狂客发此议，君复掉罄今公卿"，即作于道光壬午（1822）。十二年壬辰（1832）春，自珍招同人聚京郊花之寺看花，世臣与宋翔凤、魏源、端木国瑚、杨掌生等曾应邀赴会。世臣为书法大家，尝以《瘗鹤铭》赠自珍。十九年自珍出都南返，小憩昆山，作诗云："从今誓学六朝书，不肄山阴肄隐居。万古焦山一痕石，飞升有术此权舆。"自注"泾县包慎伯赠予《瘗鹤铭》。九月十一日，坐雨于羽琌山馆，漫题其后。"

冯启蓁

冯启蓁（？—1849），字绣谷，号晋鱼，广东鹤山人。举人。初为咸安宫教习、内阁中书，兼国史馆分校。离京后，寓居南京。后出为隰州知州。道光二十五年（1845）以病休，二十九年（1849）卒。著有《小弇山堂诗草》。启蓁少从胡承珙游，习经史，旁及金石、图书、古泉。生平游历北至大同，东游吴越。与李彦章、程恩泽、梅曾亮等均有往还。嘉庆十五年（1810）应乡试与龚自珍为同年。道光元年（1821），启蓁与自珍同在京师，自珍曾作《城北废园将起屋，杂花当楣，施斧斤焉。与冯舍人启蓁过而哀之，主人诺，冯得桃，余得海棠，作救花偈示舍人》诗，记叙二人生活情趣。诗云："门外闲停油碧车，门中双玉降臣家。因缘指点当如是，救得人间薄命花"。此外，在京时自珍又曾为启蓁作《齐天乐·东涂西抹寻常有》《长相思·山溶溶》《长相思·画楼高》等词，藉以"互相揶揄"，互为祷祝。十九年（1839），自珍出都南下，其时启蓁与马沅均在南京，自珍拟访未果，因作诗云："六朝古黛梦中横，无福秦淮放棹行。想见钟山两才子，词锋落月互纵横。"思念之殷，溢于言表。

托浑布

托浑布（1799—1843），字子元，又字安敦，号爱山，蒙古正蓝旗人。嘉庆二十三年（1818）举人，二十四年（1819）进士。道光初，出守湖南，后由福建渡海，摄理台湾。十七年（1837）以军功升直隶按察使，明年迁布政使，累至山东巡抚。著有《瑞榴堂诗集》四卷。托氏与龚自珍同年中举，往还较密。自珍于托氏渡海经历尤为关注。道光十九年（1839）春，自珍辞官南返，行前曾向托氏告别，并赋诗云："三十年华四牡腓，每谈宦辙壮怀飞。尊前第一倾心听，兕甲楼船海外归。"自注："别直隶布政使同年托公。公名托浑布，蒙古人。"

朱屺

朱屺（1811—1845），字葆瑛，又字小茝，浙江海盐人。孔宪彝继室。工诗词，善书画，尤精分隶。与当时擅长篆书之李纫兰齐名，有"朱隶李篆"之称。著有《小莲花室遗稿》2卷（诗词各1卷）。自珍曾为焦春所作朱屺《学隶图》作《跋》。

朱坚

朱坚，字石梅，浙江山阴人。嘉、道间书画家。《墨林今话续编》云：坚"工鉴赏，多巧思，沙胎锡壶，是其创制，尤精铁笔，偶写墨梅，亦具苍古之致。"坚与龚自珍何时订交不详。道光二十年（1840）秋，自珍作客南京将返，坚以红梅四瓷赠行，自珍为赋《清平乐》词《报谢，即题其画册后》。词云："芙蓉老去，没个销魂处。今雨不来求旧雨，心与亭台俱古。青溪一曲盘桓，粥鱼茶板荒寒。多谢画师慰我，红妆打桨同还。"

朱　理

朱理（1761—1819），字燮臣，号静斋，安徽泾县人。乾隆五十二年（1787）进士。官至贵州巡抚。著有《静斋遗稿》《朱中丞奏议》。嘉庆十五年（1810）典顺天乡试，龚自珍中副榜第二十八名，理实为座主之一。

朱　腾

朱腾（1793—1852），字丹木，云南石屏人。道光九年（1829）进士。历官安徽绩溪、阜阳知县，无为州知州，擢贵东道、江西督粮道，至陕西布政使。咸丰三年（1851）病归，次年十二月卒。工诗。苍坚雄浑，"在滇贤中可谓壁立万仞者"①。著有《味无味斋诗抄》（家刻本）、《积风阁初集》《朱丹木诗集》。腾与自珍为同年进士。道光十九年（1839）四月，自珍出都南返，腾适值入都引见，为自珍治装，并先后出都。自珍《己亥杂诗》有别朱氏诗云："秀出天南笔一枝，为官风骨称其诗。野棠花落城隅晚，各记春骢恋絷时"。嗣后，汤鹏赠朱丹木诗句云："苦忆龚仪部，筵前赋白头。"自注："往时丹木入都，值定庵舍人忤其长官，赋归去来，今舍人已下世矣。"

朱士彦

朱士彦（1771—1838），字休承，号泳斋，江苏宝应人。道光时官至吏部尚书。道光九年（1829），龚自珍应会试，中第九十五名，士彦与曹振镛、玉麟、李宗昉、吴椿等为座主。

---

① 《新纂云南通志》。

朱方增

朱方增（1777—1830），字寿川，号虹舫，浙江海盐人。嘉庆六年（1801）进士，选庶吉士，授编修。典云南乡试，迁国子监司业。入直懋勤殿，编纂《石渠宝笈》《秘殿珠林》。迁侍读学士。道光四年（1824），大考第一，擢内阁学士。辑有《从政观法录》。著有《求闻过斋诗集》六卷。陆以湉《冷庐杂识》谓："海盐朱虹舫侍郎方增，爱才若命。寒峻之士，尤加意拂拭，士论翕然归之"。其女朱屿（葆瑛），嫁龚自珍挚友孔宪彝为妻，工隶书，自珍曾为作《学隶图跋》。跋文中称方增为"吾师"。然二人交往，尚待详考。

朱为弼

朱为弼（1771—1840），字右甫，号椒堂，安徽休宁人。嘉庆十年（1805）进士。官至兵部侍郎，漕运总督。平生好金石文字，尝从阮元学钟鼎篆隶。又以学为诗，措意于金石书画一门。著有《椒声馆诗文集》等。道光十年（1830）四月九日，徐宝善、黄爵滋约同人花之寺看海棠，续江亭饯春之集。为弼与龚自珍等十四人应邀参加。徐宝善有诗记之。

朱鹤年

朱鹤年（1760—1834），字野云，江苏泰州人。工诗善画。尤擅山水，不染时习，有大涤子风格。著有《朱雀桥边野草》。鹤年与自珍相知甚深。徐珂《清稗类抄·文学类》记云："画师朱野云游京师，高冠大屐，绝不作江湖态，与龚定庵交称莫逆。尝书联赠之云：'灌夫骂坐非关酒，江敩移床那算狂'。定庵大喜悬之听事。徐垣生太史语人曰：入门但观此联，便知是定庵家也。"道光元年（1821），自珍有《野云山人惠高句骊香，其气和淡，诗以酬之》诗，有句云："但来箕子国，都识画师名"。同年冬，又应鹤年请，作《朱殇女碣》。

庄存与

庄存与（1719—1788），字方耕，江苏武进人。乾隆十年（1745）榜眼，官礼部左侍郎。清代今文经学开山大师。著有《彖传论》《象传论》《系辞传论》《卦气解》《尚书既见》《书说》《毛诗说》《周官记》《春秋正辞》《四书说》等。其后，从子述祖外甥刘逢禄等，复畅发其治《公羊春秋》遗绪，逐步衍成常州派今文经学。龚自珍尝应存与孙绶甲及外孙宋翔凤之请，为撰《资政大夫礼部侍郎武进庄公神道碑铭》，盛赞其"以学术自任，开天下知古今之故，百年一人而已矣。"自珍本从刘逢禄受公羊学，探求经世致用之道，实为存与之再传弟子。夏曾佑《赠新会梁卓如孝廉七首》之四云："瑟人申受出方耕，孤绪微茫接董生。一片苍苍兰省月，当年曾照两畸英。"确切指出自珍学术渊源之所自。

庄绶甲

庄绶甲（1774—1828），字卿珊，一作卿山，江苏武进人。存与孙。少受业于从叔述祖（珍艺），尽通存与《公羊春秋》《毛诗》《周官》之学，而于《尚书》尤精。著有《尚书考异》《周官礼郑氏注笺》《释书名》等。绶甲与龚自珍为好友。嘉庆二十三年（1818），绶甲馆于自珍上海寓所，为言先祖存与事行之美，乞撰碑文。三年后，自珍"屏弃人事"，撰作长篇《资政大夫礼部侍郎武进庄公神道碑铭》，备赞存与之学术事业。嘉庆二十四年（1819），自珍在《杂诗，己卯自春徂夏，在京师作，得十有四首》中，有记绶甲语云："文格渐卑庸福近，不知庸福究何如？常州庄四能怜我，劝我狂删乙丙书。"道光七年（1827），自珍作《常州高材篇》，又言："常人倘欲问常故，异时就我来咨诹，勿数耆耋数平辈，蔓及洪

（孟慈）管（孝逸）庄（卿山）张（翰风）周（伯恬）。"足觇庄、龚相知之深，与学术交流之切。自珍撰《五经大义终始论》成，绥甲尝评曰："昔人云高山深林，龙虎变化，一跃千里。山所以高？畜积之而高也。林何以深，酝酿之而深也。何谓酿？何谓积？六经之文，周之情，孔之思也。有此等文，而龚子之文信无敌于汉以来天下。"

刘文淇

刘文淇（1789—1854），字孟瞻，江苏仪征人。嘉庆二十四年（1819）优贡生。淹通经史，尤肆力于《春秋左氏传》。年十八，即开门授徒，且教且学，以至于大成。与宝应刘宝楠齐名，有"扬州二刘"之目。著有《左传旧注疏证》80卷、《左传旧疏考正》8卷、《扬州水道记》4卷、《读书随笔》20卷及《清溪旧屋文集》。道光十九年（1839）龚自珍出都南返经扬州，晤文淇、魏源诸人，曾在《己亥杂诗》中专记其事。诗云"文字光芒聚德星"。文淇亦被视为"德星"之一。

刘权之

刘权之（1739—1818），字德舆，号云房，湖南长沙人。乾隆进士，官至体仁阁大学士，卒谥文恪。嘉庆十五年（1810）典顺天乡试，龚自珍中该科副榜第二十八名。

刘伯埙

刘伯埙，字鹤巢，号诗桥，河北永清人。道光二十五年（1845）进士。官隰州知地。伯埙少聪颖，与同邑张洊山、李化北齐名，有"畿南三凤凰"之誉。尝受业于汤鹏。著有《霜柯亭诗稿》《鹤巢诗集》。伯埙与龚自珍交游情况不详。惟其《怀人诗·龚定庵》云："海内文章伯，周南太史公。（原注：道光己亥，定庵挂冠将南归，告别汤益阳师，袖出楹帖，乞书此二语为赠，师即欣然许之。）百年真健笔，垂老惜飘蓬。凡傲原宜隐，苍凉只送穷。太玄有知己，端可慰扬雄。（原注：所著《定庵文集》，贫不能梓，益阳师深为扼腕，以剞劂为己任。）"是知伯埙为道光之季学人且深膺龚自珍者。

刘良驹

刘良驹，字星舫，一作星房，号叔千，江西南丰人。道光九年（1829）进士，由翰林院庶吉士改官户部主事，仕至两淮盐运使。良驹与龚自珍为同年进士，且同留京师任职，交往自当密迩。道光十九年（1839）四月，自珍出都南下，己丑同年留京五十一人，匆匆难遍别，惟与良驹及桂文耀、丁彦俦、戴绚孙、奎绥、黄骧云、江鸿升、步际桐等八人握手告辞，并赋诗云"五十一人皆好我，八公送别益情亲。他年卧听除书罢，冉冉修名独怆神。"又据，王佩诤辑校《龚自珍全集·己亥杂诗》三一二首注："龚阿辛〔自珍之长女〕适南丰刘星舫之子"，则自珍与良驹应为姻亲。然近人樊克政《龚自珍家世考述》考证，认为王注不确。待考。

刘宝楠

刘宝楠（1790—1855），字楚桢，号念楼，江苏宝应人。道光二十年（1840）进士。官文安、宝坻、三河等县知县。父履恂，有学名。从叔台拱为经学家，宝楠得其学，著《论语正义》一书。又著《念楼集》《刘楚桢诗稿》均未刊，北京图书馆藏有抄本。已刊为《韫山楼诗文集》，张舜徽评云："宝楠以经学名，顾雅善吟咏。余尤诵其五言诗，以为高者直逼陶、谢，次亦不落盛唐以下。扬州诸儒，以学人而兼备工诗者，自江都黄承吉外，要当以宝楠为巨擘"①。道光十九年（1839）自珍出都南返经扬州，与宝楠、魏源等相晤，曾作"七里虹桥腐草腥，歌钟辞赋两飘零。不随天市为消长，文字光芒聚德星"。诗以记之。

刘逢禄

刘逢禄（1776—1829），字申受，号思误居士，江苏武进人。嘉庆十九年（1814）进士，官礼部主事。道光四年（1824），补议制司主事。外祖庄存与，舅述祖，并以经术名世，逢禄尽传其学。与同邑李兆洛友善，齐名于时。精研《公羊春秋》，以何休《解诂》为主，创通条例，贯穿群经，为清代今文学家中坚人物。著有《公羊何氏释例》《公羊何氏解诂笺》《刘礼部集》等。嘉庆二十四年（1819）春，龚自珍应恩科会试不售，留北京，从逢禄受《公羊春秋》，是为自珍究心经世、思想突进之一大关键。自珍曾有诗记云："昨日相逢刘礼部，高言大句快无加。从君烧尽虫鱼学，甘作东京卖饼家。"②道光六年（1826），自珍与魏源同应会试，适逢禄为同考官，得二人卷，狂喜，亟劝力荐，然龚魏竟下第。逢禄深为痛惜，作《伤浙江、湖南二遗卷诗》诗以伤之。诗曰："之江人文甲天下，如山明媚兼嶙峋。盎盎春溪比西子，浣花濯锦裁银云。神禹开山铸九鼎，罔两俯伏归洪钧。锋车昔走十一郡，奇祥异瑞罗缤纷。兹登新堂六十俊，（自注：浙卷七百余，独分得六十卷。）就中五丁神力尤轮囷。红霞喷薄作星火，元气翁郁晖朝暾。骨惊心折且挥泪，练时良吉斋肃陈。经旬不寐探消息，那知锻羽投边尘。文字辽海沙虫耳，司中司命何欢嗔。更有无双国士长沙子，孕育汉魏真精神。尤精选理跞鲍谢，暗中剑气腾龙鳞。侍御披沙豁双眼，手持示我咨嗟频。（自注：湖南玖肆，五策冠场，文更高妙，予决其为魏君源。）翩然双凤冥空碧，会见应运翔丹宸。萍踪絮影亦偶尔，且看明日走马填城闉。"道光十九年（1839），自珍出都南下，回顾平生交游、

---

① 《清人文集别录》。
② 《杂诗，己卯自春徂夏，在京师作，得十有四首》。

著述，作《己亥杂诗》三百十五首，其一云："端门受命有云礽，一脉微言我敬承。宿草敢祧刘礼部，东海绝学在毗陵。"（自注：年二十有八，始从武进刘申受受《公羊春秋》。近岁成《春秋决事比》六卷。刘先生卒十年矣。）对逢禄表示深切怀念，并以承继今文经学自昼。此外，自珍尚作有《刘礼部庚辰大礼记注长编序》。

刘锺汶

刘锺汶，字方水。行三。侠士。里贯及生年不详。锺汶从龚自珍游多年，龚"倚仗之如左右手"。道光二年（1822）将远行，自珍为作《送刘三》诗壮别。诗曰："刘三今义士，愧杀读书人。风雪衔杯罢，关山拭剑行。英年须阅历，侠骨当沉沦。亦有恩仇托，期君共一身。"张祖廉《定庵先生年谱外纪》录有该诗原序云："方水从吾游久矣，而气益浮，中益浅，吾虑其出门而悔吝多也。然吾方托以大事，倚仗之如左右手，以其人实质无可疑者，特不学元术耳。爰最以一诗送其行。"

江　沅

江沅（1767—1837），字子兰，号铁君，江苏吴县人。优贡生。祖江声，以精治经学、小学著称。父江镠，博通诸史，亦有名于时。沅幼承家学，又受学于彭绍升。耽禅理，综儒、释，以课徒自给。尝客授闽粤，归里仍从事教学。晚年好佛益笃，受戒于常州天宁寺，持长斋，衣僧服，直至逝世。著有《说文音韵表》《说文释例》《染香庵文集》《染香庵外集》《染香阁词抄》。沅为龚自珍学佛第一导师，亦为忘年好友，始晤时约为嘉庆末。二十五年（1820），沅与自珍偕赵魏、顾广圻、钮树玉、吴文征等宴集虎丘，自珍曾写诗费曰："影形各各照秋水，渣滓全空一世无。"是年，自珍应会试，仍下第。秋，戒诗。似与学佛有关。自珍有《铁君惠书，有"玉想琼思"之语，衍成一诗答之》诗云："我昨青鸾背上行，美人规劝听分明。不须文字传言语，玉想琼思过一生。"道光三年（1823），自珍致书江沅，叙述自己际遇及心境："别离以来，各自苦辛，榜其居曰'积思之门'，颜其寝曰'寡欢之府'，铭其凭曰'多愤之木'。所可喜者，中夜皎然，于本来此心，知无损已尔。自珍之学，自见足下而坚进，人小贫穷，周以财帛，亦感檀施，况足下教我求无上法宝乎？人小疾痛，医以方药，亦感恩力，况足下教我求无上医王乎？人小迷跌，引以道路，亦感指示，况足下教我求万劫息壤乎？……重到京师又三年，还山之志，非不温萦寤寐间，然不愿汩没此中，政未易有山便去，去而复出，则为天下笑矣。顾叕语言，简文字，省中年之心力，外境迭至，如风吹水，万态皆有，皆成文章，水何容拒之哉！"四年（1824）八月，自珍以母丧居忧，与江沅及贝墉校契宗密《圆觉经略疏》二卷，庋版苏州娄门内善庆庵。十九年（1839），自珍出都南下经苏州，江沅已逝世，为作诗云："铁师讲经门径仄，铁师念佛颇得力。似师毕竟胜狂禅，师今迟我莲花国。"自注："江铁君沅是予学佛第一导师，先予归一年逝矣。千劫无以酬德，祝其疾生净土。"沅在世时，江、龚间时有诗词酬唱，自珍《小奢摩词选》内载《绮寮怨》一阕，小序谓："江铁君近词有云：'细慧煎春，枯禅蠹梦，都付落叶哀吟。'读之潸然，因填此解，用宋人史邦卿韵。"

江　藩

江藩（1761—1831），字子屏，号郑堂，江苏甘泉人。监生。少受业于惠栋，余萧客、江声之门。博综群经，尤熟于史事。著有《国朝汉学师承记》《国朝宋学师承记》《周易述补》《尔雅小笺》《隶经文》《炳烛室杂文》《乐县考》等。藩为龚自珍前辈，自珍夙所尊敬；藩于自珍亦颇为推重。尝以所著书请序于自珍，自珍乐而为之作《江子屏所著书序》。序曰："嘉庆中，扬州有雄骏君子，曰江先生。以布衣掌故为宗，且二十年。使仁和龚自珍修其撰述大旨，以诏来世。自珍径求之，纵横侧求之，又求其有所不言者，而皆中律令。""古之学圣人者，著书中律令，吾子所谓代不数人，数代一人，敢问谁氏也？曰：汉司马子长氏、刘子政氏。江先生书，曰《国朝经学师承记》者如干卷，迁之例；其曰《国朝经师经义目录》如干卷，向之例。"然自珍于同时在《与江子屏笺》中，对其《国朝汉学师承记》书名，提出"怀安"意见，建议改名为《国朝经学师承记》，论者叹为高识。藩竟以老辈护短，不肯虚怀从善，未免形其偏隘焉。

江凤彝

江凤彝，字矩香，晚号盥道老人。浙江钱塘人。嘉庆三年（1798）举人。官景宁教谕。年老乞归，寓居苏州。平生工篆隶，嗜金石，搜罗考核既富且精。与龚自珍为忘年"金石之交"。自珍于凤彝甚为尊重，曾云："先生匪但宏才硕学，倾倒一时，实乃性情真笃之古君子也。"（《致江矩香札》）

江鸿升

江鸿升，字翌云，福建闽县人。道光九年（1829）进士。官工部主事，军机处行走。鸿升与龚自珍为同年进士，又同留京为官。道光十九年（1839），自珍出都南下，行前不及与己丑同年留京五十一人，一一辞行，仅与鸿升及刘良驹、桂文燿、丁彦俦、戴绚孙、奎绶、黄骧云、步际桓等八人握手为别，并赋诗云："五十一人皆好我，八公送别益情亲。他年卧听除书罢，冉冉修名独怆神。"

汤　鹏

汤鹏（1801—1844）字海秋，湖南益阳人。道光三年（1823）进士。官户部员外郎，御史，擢山东道。就任一月，三上章言事，以劾工部尚书宗室载铨，罢回户部。母丧服阕，起复补江南司郎中，管理军需局。著有

《浮秋子》《海秋诗文集》《七经补录》等。王拯《户部江南司郎中汤君行状》云："君修髯伟貌，顾瞻雄傲，言词侃侃，乐交天下豪杰。中外名公卿以至远方偏隅，薄技片能之士，咸闻声相倾倒，而人皆乐听之。顾性伉直，于所弗合，不宿中，必尽质言之，或相执忿争。以是人交君者，始莫不曰海秋贤，而或者不能终之。其读书求大义，不屑屑章句，尤自雄于文词。而时天下学者，多为训诂考订，或为文严矩法，君一皆厌苦之。又言，为天下者，贵能通万物之情，以定天下之务，若徒治天下事以吏胥之才，而待天下士以妾妇之道，恶在其为治者也。"鹏与龚自珍"皆慷慨激厉，其志业才气，欲凌轹一时。"①二人交往，始于道光初年。十年（1830）四月九日，徐宝善、黄爵滋招同人集花之寺看海棠，鹏与自珍等十四人曾应邀赴会。自珍于人从不轻易许可，惟于鹏之品格、撰述颇多赞赏之辞。其《书汤海秋诗集后》云："益阳汤鹏，海秋其字，有诗三千余篇，芟而存之二千余篇，评者无虑数十家，最后属龚巩祚一言，巩祚亦一言而已，曰：完。何以谓之完也？海秋心迹尽在是，所欲言者在是，所不欲言而卒不能言在是，所不欲言而竟不言，于所不言求其言亦在是。要不肯挦扯他人之言以为己言，任举一篇，无论识与不识，曰：此汤益阳之诗。"如此评论，实亦夫子自道。道光十九年（1839）四月，自珍出都南返，又作留别汤鹏诗，反复致意。诗云："觥觥益阳风骨奇，壮年自定千首诗。勇于自信故英绝，胜彼优孟俯仰为。"汤鹏于自珍，亦以知心相许，时倾积愫，畅吐衷肠，其《答龚膳部越鸟篇》，即以越鸟、楚鸟作喻，以示彼此在不被世人理解环境中，相互勖勉，相互扶持之意。诗曰："越有鸟，胡为乎自命凤凰？楚有鸟，胡为乎自命凤凰？众中弗可以独，独斯不详。不见训狐说鸠，兔车洿泽，群呼群从，群得其所以徜徉，胡为乎自名凤凰？"（一解）"越鸟古光在羽，古泪在心肠，众于何诇其德昌？匪惟弗诇其德昌。乃又谣诼，乃又相寇攘。越鸟啾啾，出亦以踉跄，入亦以踉跄。"（二解）"楚鸟生于沅，澧之阳，饱餐兰茝以有其文章。文章有神，

---

① 姚莹：《汤海秋传》。

兰茝有香，大愿薰蒸变化，上下四旁。名高患作，中道回翔，既惩既创，云胡不藏？不鸣者三年矣，罔或厌于静，罔或萌于狂。"（三解）"楚鸟四顾辄张，抱道不知所届，呼同志子，来奋来将。瞻彼越鸟，九苞六像。匪众鸟之行，愿无与众鸟龃龉榛梗。式导以渐，式自治以庄，式定且详。匪惟君子之祥，乃亦时之昌。"（四解）自珍逝世后，鹏更十分怀念，赠朱丹木诗结句云："苦忆龚仪部，筵前赋白头。"自注："往时丹木入都，值定庵舍人忤其长官，赋归去来，今舍人已下世矣。"

汤贻汾

汤贻汾（1777—1853），字雨生，号粥翁，江苏武进人。以父苟业死于林爽文之变，袭云骑尉，历官三江守备，乐清协副将。擢温州镇副总兵，因病不赴，退隐南京。咸丰三年（1853），太平天国占领南京，投池死。谥贞愍。嗜学，尝从王文治、吴锡麒、王芑孙游。诗词并富，善画工书，精音律，作传奇数种，兼工篆刻。著有《琴隐图诗集》《琴隐图词》《剑人缘》《逍遥巾》《画筌析览》等。道光二十年（1840），龚自珍游南京，贻汾以其母《断钗吟》卷子乞题，自珍为作《水龙吟·虎头燕领书生》以报之。

汤储璠

汤储璠（1783—1832），字茗孙，江西临川人。嘉庆十六年（1811）进士，官内阁中书。著有《布帆无恙草》《忍冬小草》《长秋馆咏史诗抄》等。储璠与龚自珍何时订交，待考。然道光九年末，龚自珍在北京作消寒会，分咏江乡食品，储璠与徐宝善、吴嵩梁、姚莹、汪元爵、周仲墀、徐士芬等七人曾应邀参加。

许正绥

许正绥（1795—1861），榜名正阳，字黉生，浙江上虞人。道光九年（1829）进士。以知县候选，自请改教职。历湖、严二州。而在湖州尤久，先后几二十年。著有《重桂堂集》六卷。诗作风格朴茂，佳作甚多，并注意反映鸦片战争时期浙东沿海时事。交游龚自珍、伊念曾、汤贻芬、高钧儒等，皆一时文士。卷四有《闻龚定庵同年巩祚之讣诗以吊之》，诗曰："昔年同咏大罗天，才望如君并占先。格调不夷兼不惠，文章疑鬼亦疑仙。志成绝域千秋业，会补维扬一面缘。太息西湖风雨夜，秋坟光闪六桥边。"

许　瀚

许瀚（1797—1866），字印林，山东日照人。道光十五年（1835）举人。选授峄县教谕，迁宝坻知县。生平精研《说文》，校勘宋、元、明本书籍，以精审著称。又好金石文字。著有《别雅订》《攀古小庐文》《古今字诂疏证》等。瀚与龚自珍订交，约始于道光十年（1830）。十八年（1838）八月，瀚与吴式芬同时离京，龚自珍、何绍基、汪喜孙、王筠、陈庆镛、陈金城等六人同饯饮于宣武南广恩寺，瀚曾出《六君子砖拓本》索题字纪念。次年四月，自珍出都南下，有别许瀚诗云："北方学者君第一，江左所闻君毕闻。土厚水深词气重，烦君他日定吾文。"于瀚之学问根底，深致推重。

阮　元

阮元（1764—1849），字伯元，号芸台，江苏仪征人。乾隆五十四年（1789）进士。由翰林历官兵部、礼部、工部、户部侍郎。嘉庆时，先后任浙江、江西、河南等省巡抚。继又任湖广、两广总督，查禁鸦片，增筑炮台，防守外侵。道光九年（1829）调云贵总督，十五年（1835）为体仁阁大学士，管理刑部调兵部。卒谥文达。阮元淹雅早达，以提倡学术奖掖后进自任。一时名士如张惠言、陈寿祺、王引之、汤金钊、许宗彦、姚文田、郝懿行等，咸出其门。在浙江和两广，又分别创立诂经精舍和学海堂，延著名学者讲学，广选高才生读书其中。著有《揅经室集》《揅经室续集》《揅经室外集》。辑刊有《十三经注疏》《学海堂经解》《经籍纂诂》《山左金石志》《两浙金石志》《积古斋钟鼎彝器款识》《两浙輶轩录》《淮海英灵集》《畴人传》《四库未收书提要》等书。阮元于经史、小学、天算、舆地、金石、校勘诸学，皆能适其精微，学者尊为泰斗。道光三年（1823），阮元六十寿辰，自珍应好友、大理少卿程同文请，撰《阮尚书年谱第一序》，对阮元之文治武备极致推崇，盛赞其"任道多，积德厚，履位高，成名众"，"斗南人望，一而无两。"晚年，居扬州时，与自珍相处甚得。据魏彦《羽琌山民逸事》记云："山民故简傲，于俗人多侧目，故忌嫉者多。阮文达家居，人有以鄙事相浼，则伪耳聋以避之。山民至扬，一谈必馨日夕。扬人士女相嘲曰：'阮公耳聋，见龚则聪；阮公俭啬，交龚必阔'。两公闻此大笑，勿恤也。"

孙星衍

孙星衍（1753—1818），字渊如，一字伯渊，号季述，江苏阳湖人。乾隆五十二年（1787）进士，授编修，散馆改刑部主事。旋升员外郎，除郎中，总办秋审处。出为山东兖沂曹济道，权臬使。丁母艰，后不复出。累主扬州安定、绍兴蕺山、杭州诂经精舍。著述宏富，有《芳蕺山人诗文集》《尚书今古文注疏》《孔子集语》《金石萃编》《续古文苑》等。尤精校勘，辑刊有《平津馆丛书》《岱南阁丛书》等。妻王采薇（1753—1776）亦工诗词，有《长离阁集》行世。星衍为乾嘉时著名学者，龚自珍夙所仰慕，当其在世时，曾折节与年齿尚晚之自珍交往。故自珍于道光七年（1827）写作之《常州高材篇》中有云："天下名士有部落，东南无与常匹侪。""奇才我识恽伯子，绝学我识孙季逑。最后乃识掌故赵（味辛），献以十诗赵毕酬。三君折节遇我学，我益喜逐常人游。"

孙清瑞

孙清瑞，字麟趾，号月波，江苏苏州人。怀才不遇，久客于外，晚年始归里。咸丰间，太平军入苏城，不知所终。工倚声之业。自言作客数十年，不名一钱，惟以十余卷词付之梓人而已。今存有《倡和词》《说梦词》《秋露词》《拜玉词》《凤箫词》《叩门词》《补篱词》《折柳词》《倚闺词》《问鹤词》《潇鸳词》等11种。著录县志者9种：《乘药词》《海角词》《岚漪词》《听鳎词》《琴川词》《秦淮枯柳倡和词》《零珠词》《碎玉词》《月坡词拾遗》。此外有《长啸轩诗抄》《虎口余生集》《绝妙近词》6卷、《续选》1卷、《本朝七家词选》1卷、《词迳》1卷。道光二十年（1840），龚自珍游南京，曾与清瑞诗酒盘桓，唱酬为乐。自珍离宁时，清瑞作有《定庵将归，讬寄家书，赋此送别，调金缕曲》词，上片云："把酒留无计！渺烟波，西风一舸，载花归矣。囊底黄金原易散，空使英雄短气。问甚日重游胜地？名士高僧何足算，有倾城解珮成知己。题艳句，绿窗里。（原注：谓阿箫校书。）"自珍同时亦作《丑奴儿令·答月坡半林订游》词。词曰："游踪廿五年前到，江也依稀，山也依稀，少壮沉雄心事违。词人问我重来意，吟也凄迷，说也凄迷，载得齐梁夕照归。"

严　烺

严烺，字小农，一字曙升，亦作曙声，号琅岩，浙江仁和人。监生。历官河东河道总督及江南河道总督。工制举艺，旁及诗古文词。袁枚曾采录其诗入《随国诗话》。著有《两河奏疏》10卷、《晚晴轩诗选》等。烺与龚自珍为同乡，居家颇近。道光十九年（1839）秋，龚自珍南返杭州，曾过访严烺，觞咏十日，意极欢洽。《己亥杂诗》有专章赋云："俎脍飞沉竹肉喧，侍郎十日敞清尊。东南不可无斯乐，濡笔亲题第四园。（自注：过严小农侍郎富春山馆，畅咏旬日。其地为明金尚书别墅，杭人犹称金衙庄。予品题天下名园，金衙庄居第四。）"

严保庸

严保庸，字问樵，江苏丹徒人。道光九年（1829）进士。入史馆，改官山东知县，以不羁解职。诗文集无刊本。有《盂兰梦》传奇传世，非经意之作。别有《珊影杂识》一卷，为悼其亡姬张佩珊而作。保庸与龚自珍为同年进士，又好金石考订，与自珍、阮元、朱为弼等时有商榷。其《韩履卿宝铁斋金石跋尾序》云："金石家言，自欧、赵、洪、薛以来，至我朝而极盛。保庸生平师友间，如阮芸台相国、朱荣堂尚书、蒋伯生大令、翟文泉进士、龚定庵礼部诸君子，皆获接其人，读其书，上下其议论，辄用自愧，又自豪也。"

苏孟旸

苏孟旸（？—1839），一名庭春，字震伯，号宾嵎，江西鄱阳人。道光九年（1829）与龚自珍为同年进士。由庶吉士授吏部主事。工诗，与弟仲鸿并有名于时。道光十九年（1839）七月，龚自珍出都南下途中经苏南，闻孟旸及狄听、夏恒等同时逝世消息，感而赋诗。诗云："五十一人忽少三，我闻陨涕江之南。箧中都有旧墨迹，从此袭以玫瑰函。（自注：闻都中狄广轩侍御、苏宾嵎吏部、夏一卿吏部三同年忽然同逝。）"

杜　煦

杜煦（1780—1850），字青晖，一字棣君，号尺庄、尺斋、棣君，浙江山阴人。嘉庆十二年（1807）举人。道光元年（1821）举孝廉方正。性淡泊，再应礼部试即不出。博学经史，服膺阳明、蕺山之学。著有《苏甘廓诗文集》等。道光十年（1830）暮春，徐宝善、黄爵滋于北京江亭饯春，煦与龚自珍、郭仪霄、张际亮、管同、汤鹏等十九人应约赴会，徐宝善曾有诗记之。

李　威

李威，字畏吾，又字述堂，号凤冈，福建龙溪人。乾隆四十三年（1778）进士，累官刑部郎中，出知广州府，权粮储道，旋引归故里，主讲丹霞书院。威少受知于学使朱筠，长交孔广森，通六书之学。著有《说文解字定本》十五卷、《岭云轩笔记》四十一卷等。道光初，威居北京，与龚自珍比邻。六年（1826）春暮，北京连日大雨，龚自珍赋《京师春尽夕，大雨书怀，晓起柬比邻李太守威吴舍人嵩梁》诗有云："闭门三日欲肠断，山桃海棠落皆半，东皇漓然下春霰。西邻舍人既有怊怅词，对门太守禅定亦恼乱。太守置酒当春空，舍人言愁愁转工。三人文章乃各异，心灵恻怆将毋同。"

李九鹏

李九鹏，号化北，直隶永清人。道光十五年（1835）举人。历官柏乡清苑教谕，汶水知县。提倡颜李学，从者甚众，诗重质直，字句必极锤炼而出之。著《冬风阁诗集》6卷。汤鹏序。九鹏与自珍交游情况，尚待详考，然所作《书龚定庵召鬼篇后》，绘声绘色，情趣盎然，绝非相知不深者所能办。又因自珍原作《召鬼篇》已佚，则此篇之珍贵更不待言。诗云："空庭悄悄绝人烟，龚生召鬼张鬼筵。酒泛西粤葡萄之液，茶煎东鲁趵突之泉。龙肝凤脯切之为细胨，花猪竹鼦烹之为小鲜。龚生衰衣博带立筵前，伫望一一来者，如赴瑶池高会之羽仙。或迎之道左，或候之门边。或三揖，或再拜，不惮折节相周旋。或导之入而及阶及席必以告，或劝之饮而为酬为酢不敢先。须臾宴罢逞玄谈，阐幽索隐何纷然。孔门游夏之所不敢赞，汉代马郑之所不及笺，百家诸子悉贯穿。一若观海必欲竟其源，登山必欲跻其巅。问则向鬼告，答则代鬼宣，人所不知情鬼传。既不类见鬼大小之夏弗忌，亦不肖说鬼形状之苏子瞻。忽而泣涕兮想能破鬼胆，忽而揶揄兮不肯乞鬼怜。鬼语慨慨，鬼腹便便。鬼车可载，鬼伯言旋。龚生乃复鞠躬偻伛趋至辕端，欲为鬼执鞭。"

李兆洛

李兆洛（1769—1841），字申耆，号绅埼，晚号养一老人，江苏阳湖人。嘉庆十年（1805）进士。由翰林散馆官安徽凤台知县。主讲江阴暨阳书院二十年。著有《李氏五种》《养一斋文集》《养一斋诗集》等，辑有《皇朝文典》《骈体文抄》。兆洛为学务广博，而能得其旨要。交游均为一时名宿，如顾广圻、刘逢禄、胡承珙、庄绶甲、周济、毛岳生、洪饴孙、洪齮孙、董祐诚、罗士琳、徐松、龚自珍、魏源、包世臣等，相与上下议论，博考互证，而自成一家之言。魏源尝赞称："近代通儒，一人而已。"（《武进李申耆先生传》）兆洛与龚自珍神交甚早而把晤较晚。道光初，兆洛致邓传密信曾云："默深初夏见过，得畅谈，又得读定庵文集，两君皆绝世奇才，求之于古，亦不易得，恨不能相朝夕也。"七年丁亥（1827），自珍在《常州高材篇，送丁若士履恒》诗中则曰："所恨不识李夫子（申耆），南望夜夜穿双眸。曾因陆子（祁生）屡通讯，神交何异双绸缪？"道光十九年（1839），自珍出都南下，至江阴，始晤兆洛及其门人蒋彤，快慰无似，赋诗云："江左晨星一炬存，鱼龙光怪百千吞。迢迢望气中原夜，又有湛卢剑倚门。"自注："江阴见李申耆丈、蒋丹棱秀才。丹棱，申耆之门人也。"

李学璜

李学璜，字安之，号复轩，上海人。诸生。工诗文。著有《枕善居诗剩》。学璜及夫人归懋仪与龚自珍夫妇为好友，往还较多。道光二年（1822），学璜为自珍文集撰序（今佚），自珍作《李复轩秀才学璜惠序吾文，郁郁千馀言，诗以报之》云："李家夫妇各一集，数典唐宋元明希。妇才善哀君善怒，哀以沉造怒则飞。（自注：君配归夫人，著诗千余篇）江郎昨日骂金粉，谓尔难脱千生羁；其言往往俊伤骨，岁宴怀哉共所归。（自注：江铁君尝劝君夫妇学道，看内典，虑君之不能从也。）"

李宗传

李宗传（1767—1840），字孝曾，号海帆，安徽桐城人。嘉庆三年（1798）举人。官至湖北布政使。师事姚鼐，并与陈用光、管同、梅曾亮、姚莹等友善。嗜学不倦，尤肆力于诗、词、古文。著有《寄鸿堂文集》四卷、《寄鸿堂外集》六卷、《寄鸿堂诗集》八卷。宗传与龚自珍交游情况不详。然道光六年（1826），自珍有《投李观察宗传》诗，对宗传吏治与人品，极为推崇。诗云："吏治缘经术，千秋几合并？清时数人望，依旧在桐城。肃穆真儒气，沈雄壮岁名。汪汪无尽意，对面即沧瀛"。

李宗昉

李宗昉（1779—1846），字静远，号芝龄，江苏山阳人。嘉庆七年（1802）进士。由编修官至礼部尚书，兼署兵部尚书。宗昉出纪昀之门，学识途经，明流别，亦复似之。又好金石书画。著有《闻妙香室文集》十九卷、《闻妙香室诗集》十二卷。道光九年（1829）三月，龚自珍应会试，中第九十五名。宗昉与曹振镛、玉麟、朱士彦、吴椿等为座主。

李宗瀚

李宗瀚（1770—1832），字公博，一字北溟，号春湖，江西临川人。乾隆五十八年（1793）进士。由翰林官至工部左侍郎。著有《静娱室偶存稿》2卷。李氏为临川望族。宗瀚中年以后，癖嗜金石文字，曾作《静娱室八咏》，分咏家藏汉淳于长夏承碑、隋丁道护书启法寺碑、唐虞世南书夫子庙堂碑、唐魏栖梧书文荡律师碑。文与可晚蔼横看、李迪牧牛图、晏元献所藏铜雀瓦砚、陆放翁砚。其中诸碑拓本，名"临川四宝"。道光七年（1827），龚自珍在宗瀚家获观丁道护书《启法师碑》，"狂书一诗"："羽琌山馆三百墨，妒君一纸葵花色。何不归赠羽琌山，置之汉玉秦金侧。"盖自珍亦富收藏，精金石之学，是时正撰著《羽琌山金石墨本记》《羽琌山之山典宝记》等。

李彦章

李彦章（1794—1836），字则文，号兰卿，福建侯官人。嘉庆十六年（1811）进士。由内阁中书出为广西宾阳知县，累擢庆远知府、福建延建邵道、山东盐运使、署江苏按察使。著有《榕园诗抄》。彦章少颖异，年十六，与林则徐为同榜进士。从翁方纲学诗，为及门弟子。其诗穷力追新，可自成家。惜年不永，未能尽展其长。道光十年（1830）徐宝善、黄爵滋邀龚自珍、汤鹏等十九人于北京江亭作饯春之集，彦章亦在被约之列。徐宝善曾有诗记之。

李筠嘉

李筠嘉，别号笋香主人，上海人。议叙光禄属官衔，不仕。家筑慈云楼，藏书极富。龚丽正荐周仲孚为其主持，并代撰《李氏藏书志》。嘉庆二十五年（1820），龚自珍为藏书志撰序，题《慈云楼藏书志序》。六年后，改定为《上海李氏藏书志序》，由北京寄上海。李氏又家有吾园，为海上名胜。道、咸之际，江浙文人如改琦、归懋仪、龚自珍、袁桐及王韬等均尝寓园中。李氏曾集题咏吾园之作为《春雪集》刊行。集中有龚自珍作《沁园春·同袁琴南游吾园赠笋香主人》词云："牢落江湖，潇洒盟鸥，游踪屡过。笑吟边旖旎，留痕不少；醉中烂漫，选胜偏多。水驿寻烟，山程问雨，入境先应问薜萝。同人指，指城西一角，是水云窝。胸中小有岩阿。便十载莼鲈偿得他。问软尘十丈，有谁修到，砑笺三尺，尽尔消磨。艳福输君，狂名恕我，贤主佳宾愧负么。袁丝笑，有乌盐红豆，付与渔蓑。"

李璋煜

李璋煜（1792—?），字方东，一字礼南，号月汀，山东诸城人。嘉庆二十五年（1820）进士。官刑部主事，道光十七年（1837）为常州知府。历扬州知府、广东惠潮道、浙江按察使、江苏布政使。三十年（1850），以病乞归。以收藏金石法帖著名，著有《爱吾鼎斋藏器目》1卷。诗集无刊本，仅存张履手录、璋煜自校之《琇玉山房初稿》，今藏中国科学院图书馆。璋煜曾从黄钺问学，并与王筠、许瀚、李周经、陈奂、王赓言、马景翼、李联榜等交游。道光十年（1830）四月九日，徐宝善、黄爵滋邀约龚自珍、魏源、汤鹏、潘德舆等14人集京郊花之寺看海棠。璋煜亦在被邀之列，但未至。徐宝善有诗记之。

李增厚

李增厚，江苏昆山人。秀才。少孤，依母夫人抚鞠，未曾稍离。嘉庆二十一年（1816），以就婚应试，往返半年，犹思亲不置，乃作《梦游天姥图》以寄怀念。道光五年（1825），增厚请龚自珍为图题诗。时李母已逝世年余，自珍服母丧阕才一月。"勉复弄笔，未能成声"，为作《补题李秀才增厚梦游天姥图卷尾并序》以应之。诗曰："李郎断梦无寻处，天姥峰沉落照间。一卷临风开不得，两人红泪湿青山"。

杨　芳

杨芳（1770—1846），字诚村，贵州松桃人。屡试不中，投身行伍。官至湖南提督，封二等果勇侯，加太子太傅，谥勤勇。徐世昌《晚晴簃诗话》云："勤勇结发从戎，身经百战，战必躬先士卒，所向克捷。少受杨忠武识拔，威望与相埒，称二杨，且先忠武而侯。嗜读《易》，旁通医学，兼及青囊三式，皆有论著。"道光三年（1823），龚自珍挚友魏源、邓传密等客杨芳处，自珍有《寄古北口提督杨将军芳》诗云："绝塞今无事，中原况有人。升平闲将略，明哲保孤身。莫以同朝忌，惭非贵戚伦。九重方破格，肺腑待奇臣。"九年（1829）四月，自珍与杨芳会见于西淀军机处直房，随后作《书果勇侯入觐》一文为赠。

杨　亮

杨亮（1797—1853），原名大成，字亮元，号季子，江苏甘泉人。世袭三等轻车都尉。早岁工诗古文辞，取法汉魏。游京师，从徐松受西域舆地之学，研究精深。著有《内蒙古道里表》《西域沿革图表》《世泽堂诗文集》等。道光十九年（1839），龚自珍出都南下过扬州，先后会晤邵廷烈、魏源、陈杰、秦璠、谢增、刘宝楠、刘文淇及杨亮等人，赋诗为念。诗云："七里虹桥腐草腥，歌钟辞赋两飘零。不随天市为消长，文字光芒聚德星。"

杨懋建

杨懋建，字掌生，号尔园，广东嘉应人。道光举人。官国子监学正，并主阳山讲席。其生平梗概，略见其所著《辛壬癸甲录》刊者识语："杨君掌生者，蕊珠旧史，明月前身。以卢前王后之才，为赵北燕南之客。十年薄官，一介书生。有花有酒，浇磊块于胸中；选色选声，阅沧桑于眼底。逢场作戏，借物抒情，拈来记事之珠，数遍后庭之玉。"著有《留香小阁诗抄》《京尘杂录》《梦华琐簿》《辛壬癸甲录》等。道光十二年（1832）春，龚自珍招掌生与宋翔凤、包世臣、魏源、端木国瑚等十四五位名士集于京郊三官庙中花之寺观赏海棠，掌生在《梦华琐簿》中曾有生动记载。另，《辛壬癸甲录》记有自珍佚事云："四喜部伶杨法龄熏卿，居京师，从士大夫，长揖不拜，伧父颇用相訾謷，惟龚定庵礼部议论与予合。此正汲长孺所谓：大将军有揖客，顾不重耶？"

杨彝珍

杨彝珍（1807—？），字湘涵，一字性农，湖南武陵人。道光三十年（1850）进士，改庶吉士，官兵部主事。著有《移芝室集》。彝珍五十始入宦途，六十居里，八十余重宴鹿鸣，年逾九十而卒。与何绍基为亲家。尝作《九哀诗》，分别为林则徐、邓显鹤、潘谘、梅曾亮、戴钧衡、戴纲孙、薛湘、龙启瑞、孙鼎臣等。又与龚自珍、姚莹、黄爵滋、黄本骥、陈庆镛、郭尚先、邵懿辰、孙衣言、郑珍、莫友芝等酬赠唱和。光绪间，老辈诗人凋谢殆尽，唯与俞樾往还。鸦片战争时，作《海舶犯定海》《从军行》诸诗，有爱国忧时之慨。

步际桐

步际桐，字香南，一作香林，又字唐封，直隶枣强（今属河北）人。道光九年（1829）进士。官翰林院编修，国史馆纂修，擢御史。又官山西平阳府知府，河南按察恒，甘肃庆阳府知府，因罣误落职。著有《杉屋文集稿》。际桐与龚自珍为同年进士。道光十九年（1839）自珍离京南下前，在京同年五十一人，匆匆难遍辞行，惟与际桐等八人握别，并作诗云："五十一人皆好我，八公送别益情亲。他年卧听除书罢，冉冉修名独怆神。"

吴 杰

吴杰（1783—1836），字卓士，于梅梁，浙江会稽人。嘉庆进士。历官御史，工部侍郎。幼聪颖，颇得阮元赏识。阮元《定香亭笔谈》云："余于山阴童试，得吴杰《越海风潮》诗，洒然异之，及唱名，乃十二龄童子也。因以《登卧龙山望会稽禹陵》诗面试之，曰：'尔知此题难乎？'对曰：'难在两地成一事耳！'其首句云：'卧龙不化梅梁飞'。余拔之，并字之曰'梅梁'"。道光七年（1827），杰上疏请将唐代陆贽从祀文庙，龚自珍为作《同年生吴侍御杰疏请唐陆宣公从祀瞽宗，得俞旨行，侍御属同朝为诗，以张其事，内叧中书龚自珍献侑神之乐歌》五章以张之。其四云："御史臣杰，职是标举。曰圣之的，以有用为主。炎炎陆公，三代之才。求政事在斯，求言语在斯，求文学之美，岂不在斯？"

吴 椿

吴椿，字退旃，安徽歙县人。嘉庆七年（1802）进士。授编修，官至户部尚书。道光九年（1329），龚自珍应会试，中第九十五名，椿与曹振镛、玉麟、朱士彦、李宗昉等为座主。

吴文征

吴文征，字南芗，安徽歙县人。工书善画，名动公卿间。与孙渊如交往甚密。嘉庆十八年（1813）上书论保甲事，被放海南，龚自珍曾撰《送吴君序》以赠行。二十四年（1819），自珍由上海经苏州赴北京，文征与沈锡东饯之于虎丘。自珍有诗记云："一天幽怨欲谁谙？词客如云气正酣。我有箫心吹不得，落花风里别江南"。同年，自珍又为文征《东方三大图》题诗。题为《题吴南芗东方三大图。图为登州蓬莱阁，为泰州山，为曲阜圣陵》。诗载《龚自珍全集》，不备录。道光二年（1822）年前后，文征据自珍《湘月·天风吹我》词意，曾为龚作《箫心剑态图》一幅，自珍在《湘月》词附记中及之。

吴兰修

吴兰修，字石华，广东嘉应人。嘉庆十三年（1808）举人。官信宜县学训导。道光元年（1821），与曾钊、林伯桐、吴应奎、张维屏、黄培芳、徐荣等结希古堂，治古文辞。通经史，精数算，著有《南汉记》《端溪砚史》《荔村吟草》《桐花阁词》等。兰修素慕龚自珍才学，曾以珍藏极纯端砚相赠。其致徐松札有云："前所赠定庵端砚，乃西洞极纯之品，而定庵薄之。大为此砚抱屈，已以略小者易回。兰修有藏砚二，有行砚三，今行砚一归阁下，一归定庵，一归默深，皆著作家，亦砚之幸。虽空囊而归，殊快意耳。再砚匣前在途中颠损上方，其损者尚在定庵处，未交还，阁下可到彼处索回补之。"兰修又作《题飞燕印拓本》四首，其四云："锦裹枟熏又几时，摩挲尤物不胜思。烟云过眼都成录，转忆龚家娄寿碑。"盖玉印时由龚氏易主为潘氏藏物矣。

吴式芬

吴式芬（1796—1856），字子苾，号诵孙，山东海丰人。道光十五年（1835）进士，由编修官至内阁学士。好金石文字，于钟鼎、碑版文字，尽力收藏。诗文亦气清笔健。著有《捃古录》《封泥考略》《陶嘉书屋稿》等。道光十七年（1837）春，龚自珍受吴荣光之托，代撰《吉金款识》，式芬始终为主要协助者，参与吉金榻本之钩摹、审校、考释诸事。一年间，二人隔巷而居，时相商讨。而自珍致式芬函札即达十八件之多。故自珍《己亥杂诗》有云："子云识字似相如，记得前年隔巷居。忙杀奚童传拓本，一行翠墨一封书。"十八年（1838）七月，式芬被授江西知府，八月二十七日离京，自珍与王筠、汪喜孙、陈庆镛、陈金城、何绍基等曾在宣武城南广恩寺为其饯别。

吴荣光

吴荣光（1773—1843），字伯荣，号荷屋，晚号石云山人，广东南海人。嘉庆四年（1799）进士。官至陕西、湖南巡抚，署湖广总督，降福建布政使。道光二十年（1840）休致归里。刊有《历代名人年谱》《筠金馆金文》《吾学录初编》《辛丑销夏记》《石云山人诗文集》等。荣光精鉴金石，道光十七年（1837），经廖甡之荐，属龚自珍代撰《吉金款识》。其《筠清馆金文自序》云："一日，廖工部甡来请曰：子之金文，龚定庵礼部巩祚欲任校订。余固知定庵研精籀篆，与家子苾编修搜访若干，悉以付之。余再出闽藩，则以此事属陈礼部（庆镛）敦促成书。书存陈处。"自珍聚拓本穿穴群经，极谈古籀形义，成书十二卷，后，荣光忽来书绝交，自珍愤慨异常。十九年（1839）《己亥杂诗》中犹专门记之曰："手扪千轴古琅玕，笃信男儿识字难。悔向侯王作宾客，廿篇鸿烈赠刘安。"

吴俊民

吴俊民，字嵩少，号醉生，河南固始人。举人。曾任工部都水司主事。又官绍兴知府。张维屏、吴嵩梁均为其《水部听琴图》题诗。俊民弟葆晋与自珍为笃友，二人交契当在京师任职期间。自珍曾应俊民之请，作《江城子》（"不容红豆擅相思"）词。小序云："光州吴水部有姬人善制焙青豆，姬亡后，小窗茶话，仍出青豆供客，俊味如昨，而水部霜辛露酸，不可为抱。语余：君如怜此物矜重者，赠我一词。"

吴清皋

吴清皋（1786—1849），字小谷，浙江钱塘人。锡麒子。嘉庆八年（1803）举人。历官内阁中书、江西南昌知府。道光二十七年（1847），署吉南赣宁兵备道。二十八年（1848），兼署盐法道。早岁有诗名，尝侍锡麒游扬州，凡应酬之作，多出清皋手。又与郭频伽、陈曼生、万廉山诸老辈游，学日益进。在北京时，寓曾燠宅，唱和甚多。著有《壶庵诗集》。清皋于龚自珍十分敬佩。其《夏日寓园杂兴》云："龚（定庵）魏（默深）吾畏事，彭（咏莪）梁（吉甫）最契亲。所居连巷陌，不出懒冠中。"

吴清鹏

吴清鹏（1786—?），字程九，一字西谷，号笏庵，浙江钱塘人。与兄清皋同生。嘉庆二十三年（1818）探花。授编修，官至顺天府丞。尝入曾燠幕，参加扬州《全唐文》馆工作。交游有屠倬、陈用光、周三燮、许乃谷、朱为弼、张履、林则徐、凌泰封、白镕、殳庆源、汪远孙、魏源、谢元淮、王凤生、龚自珍、罗士琳、厉同勋等人，皆一时名宿。著有《笏庵诗抄》二十四卷。道光十一年（1831），清鹏作《雨后访张渊甫履孝廉兼怀魏默深、龚定庵》云："京国游上才，奇士得龚魏，渊甫参其间，益见所养粹。春色映紫髯，仙响振清喉。谈经已大醇，入座非小异。见之意每消，别后心常系。云阴过晚雷，两脚洗炎炽。出门衫履适，举目清景丽。梧馆倚高淳，兰池升静气。正可一夕谈，更析十年义。魏子独奈何，尚跨玉关骑。书生走戎幕，万里空憔悴。龚也近好游，颇受细名累。乐此今夕行，未肯遂回辔。怅望如玉材，叹息断金利。"

吴葆晋

吴葆晋（？—1853），字佶人，号虹生，一作红生，河南光州人。道光九年（1829）进士。官户部主事。后任江宁知府，升盐巡道，书院课士，取经术湛深者置于前列，嗣因尊经山长归里，代阅课卷，评定甲乙，士论翕然。道光二十五年（1845）改任扬州知府，升淮海道。太平军攻克扬州时死难。工诗文，尤擅填词。著有《半舫馆填词》，又名《半花阁诗馀》。葆晋为人古朴纯正，笃于友情，颇为时人推重。孔宪彝尝赋诗赞曰："雅有延陵季子风，高情肯使酒杯空。一官蓟北春云淡，别墅城南秋蓼红。入座尽容佳客至，论交肯与古狂同（自注：君与龚定庵最相契）。匆匆怕唱阳关曲，乐府花间制最工。"[1]"好客忘清贫，诗成时自喜。一官二十年，臣心竟如水。论交有古风，吾爱吴季子。"[2]葆晋与龚自珍为至交。二人如鹣如鲽，事事相同，世间罕见。自珍在《己亥杂诗》中，曾历述交谊始末以及期望子孙后代友好不断云："事事相同古所难，如鹣如鲽在长安。自今两戒河山外，各逮儿孙盟不寒。"自注："光州吴虹生葆晋，与予戊寅同年，己丑同年，同出清苑王公门，殿上试同不及格，同官内阁，同改外，同日还原官。"道光十九年（1839）四月二十三日，自珍辞官南下，不携眷属傔从，以一车自载，一车载文集百卷以行，景极凄凉而急迫。惟虹生出京城七里，立桥上候自珍，设茶，洒泪而别。自珍有诗记云："小

---

[1] 《寄怀吴红生舍人》。

[2] 《怀人诗三十二首·吴虹生侍读》。

桥报有痴人立，泪泼春帘一饼茶。"七月，自珍返抵杭州，逗留两月，于葆晋常思念不置，《己亥杂诗》中多次记述其怀想之情。如："高秋那得吴虹生，乘辂西子湖边行。一丘一壑我前导，重话京华送我情。"自注："时已知浙中两使者消息，非吴虹生也，祝其他日使车莅止耳。""问我清游何日最？木樨风外等秋潮。忽有故人心上过，乃是虹生与子潇。"自注："吴虹生及固始蒋子潇孝廉也。""回肠荡气感精灵，座客苍凉酒半醒。自别吴郎高咏减，珊瑚击碎有谁听？"自注："曩在虹生坐上，酒半咏宋人词，呜呜然，虹生赏之，以为善于顿挫也。近日中酒，即不能高咏矣。""秋光媚客似春光，重九尊前草树香。可记前年宝藏寺，西山暮雨怨吴郎？"自注："丁酉重九，与徐星伯前辈、吴虹生同年，连骑游西山之宝藏寺，归鞍骤雨。重九前三夕作此诗，阁笔而雨。"当龚丽正向自珍垂询文集定本，命呈近诗时，自珍欲写全集清本数十份，分贮友朋家，首先想到便是以一分寄虹生。诗云："磨之道义拯之难，赏我出处好我书。史公副墨问谁氏？屈指首寄虬髯吴。"自注："欲以全集一分寄虹生，为写竟。"二十年（1840）春，自珍在南方，"颓放无似，往来吴越间，"行踪不定，然于虹生仍拳拳难忘，其《致吴虹生书》有云："江春靡靡，所至山川景物，好到一分，则忆君一分，好到十分，则忆君亦到十分，所至恨不与虹生偕，亦不知此生何日获以江东游览之乐，当面夸耀于君，博君且羡且妒，一拊掌乃至掀髯一相嘲相诟病。"同时，还以自己女儿阿蕁婚事，拜托虹生为媒，全权议定。二人交谊，于此更可以患难交、生死交视之。

吴嵩梁

吴嵩梁（1766—1834），字子山，号兰雪，江西东乡人。嘉庆五年（1800）举人。由内阁中书，历官黔西知州。初从翁方纲学诗，后抚中唐，近体仍取裁范、陆。一时诗名鹊起，名公巨匠如秦瀛、法式善、吴锡麒等交相推许。王昶以为唐宋以来西江诗人惟属蒋士铨与吴嵩梁。又评其诗如"天风海涛，苍苍浪浪，足以推倒一时豪杰"。诗篇流播海外：朝鲜侍郎申纬，尊为诗佛；吏部判弓金鲁敬父子镂梅花龛，奉其象及所为诗卷，置酒礼拜，好事者更绘图张之。故以诗名海内外者三十余年。然据莫友芝弥："先生自入贵州，吟咏即不如曩时之暇，续编四卷中，出门生弟子代笔应酬者不少，悉未审汰"，是以读嵩梁诗者不可不察。嵩梁为龚自珍前辈，谊属忘年，时与魏源、宗稷长、端木国瑚齐名，并称"薇垣五名士"。自珍自刻本《定庵集》出，嵩梁尝评曰："瑰玮渊奥，如黄山云海，不可方物。"道光六年（1826），嵩梁与自珍比邻而居，来往更密，自珍作有《京师春尽夕，大雨书怀，晓起柬比邻李太守威、吴舍人嵩梁》诗，感赋："闭门三日肠欲断，山桃海棠落皆半，东皇漓然下春霰。西邻舍人既有悋怅词，对门太守禅定亦窗乱。太守置酒当春空，舍人言愁愁转工。三人文章乃各异，心灵恻怆将毋同。"自珍又曾为嵩梁作《桐君招隐歌》，聊以慰藉。

吴嘉洤

吴嘉洤（1790—1865），字清如，号澂之，江苏吴县人。道光十八年（1838）进士。由内阁外书入直军机，升宗人府主事，户部河南司员外郎。少负才名，为"吴中七子"之一。尝与吴翌凤、曹楙坚、宋翔凤、王嘉禄、蒋志凝、朱绶、戈载、陈裴之等唱和。入都后有和龚自珍《看芍药》诗。道光十年（1830）春暮，徐宝善、黄爵滋于北京江亭饯春，嘉洤与龚自珍、顾瀚、杜煦等十九人应约赴会，徐宝善曾有诗记之。著有《珠尘集》《秋绿词》《仪宋堂诗文集》《乘槎小草》等。

何 俊

何俊，字晋孚，号亦民，安徽望江人。道光九年（1829）进士，由庶吉士改工部主事，官至江苏布政使。著有《梦约轩诗存》。俊与龚自珍为同年进士，素有往还。道光十九年（1839），自珍出都南下，其时俊正以知府衔驻黄河，同年卢元良亦知甘泉，二人予途中之自珍颇受帮助，故《己亥杂诗》中有三首诗分咏其事。诗曰："不容水部赋清愁，新拥牙旗拜列侯。我替梅花深颂祷，明年何逊守扬州。"自注："同年何亦民俊，时以知府衔驻黄河"。又一诗曰："黄金脱手赠椎埋，屠狗无惊百计乖。侥幸故人仍满眼，猖狂乞食过江淮。"自注："过江淮间不困厄，何亦民、卢心农两君力也。"

何　萱

何萱（1773—1841）字石间，号匡庐，江苏泰兴人。乡闱屡荐不受。少时，家产颇丰。后以兄多逋负，家业尽废。迁如皋石庄，僦居汤氏废圃，读书课子，寒暑不辍。晚年，仍归泰兴，益屏弃举子业，专事学术研究。著有《韵史》八十卷、《红霞馆古文》十卷、《红霞馆诗》一卷、《泰兴县志稿》二卷。萱尝与龚自珍讨论学术，有书信存集中。罗常培曰："石间，当时硕学如武进李申耆、邵阳魏默深、江都汪孟慈、仁和龚定庵等，皆与之友善。申耆于《韵史》，尤多所商定。而大兴徐星伯、临榆吴百盉、寿阳祁醇甫，亦并索观其书，议付梓而未果。迄今百年，迭更事变，而全稿幸存，亦足珍矣。"

何元锡

何元锡（1766—1829），字梦华，一字敬祉，号蝶影，浙江钱塘人。著名版本目录学家。著有《秋神阁诗抄》《蝶影庵丙辰稿》等。其生平学术，颇多传说。吴振棫《国朝杭郡诗续辑》云："梦华精于簿录之学，家多旧书善本，嗜古成癖，闻某山中有残砖断碣，则披榛莽，历涧谷，探幽索险，务获乃已。一日，入山迷道不得出，赖野老导之行，始得归，闻者绝倒。素有狂疾，时或触发。"龚自珍《记王隐君》亦云："明年冬，何布衣来，谈古刻，言吾有宋拓李斯琅琊石。吾得心疾，医不救，城外一翁至，言能活之，两剂而愈。曰：为此拓本来也。入室径携去。"元锡与龚氏本为同里，亦为世交。嘉庆二十一年（1816），龚丽正以江南苏松太兵备道驻上海，兼署江苏按察使，一时文人学士多集其门，元锡亦在列。自珍《乞籴保阳》诗曾曰："忆丙子丁丑（按：指1816—1817年），家公领江海，四坐尽宾友。东南骚雅士，十或来八九。家公遍餰之，馆亦翘材有"，即指当时盛况。元锡在道署时，与钮树玉常助自珍搜集典籍，凡文渊阁未著录者及流传本之据善本校者，必辗转录副本归，以备观览，于自珍颇多教益。二十五年（1820）冬，元锡赠自珍以《北齐兰陵王碑》，自珍为作《跋》云："百金之字，宝之！"道光十九年（1839），自珍出都南返杭州，元锡已逝世多年，犹怀念不置，《己亥杂诗》自云："藏书藏帖两高人，目录流传四十春。师友凋徂心力倦，羽琌一记亦荆榛。"自注："吊赵晋斋魏、何梦华元锡两处士。两君为予諟正金石墨本记者也。"

何吉云

何吉云，一字撷云，浙江山阴人。安庆知府裕均之从女孙，裕里（德田）女孙，何镛（奏廷）女。嘉庆二十一年（1816）自珍续娶为继室。次年，自珍偕吉云赴上海省侍（时龚丽正任江南苏松太兵备道，署江苏按察使），经苏州寓段氏枝园，晤女词人归懋仪，归曾有词赞曰："更羡国士无双，名姝绝世（谓吉云夫人），仙侣刘樊数。"①吉云与自珍患难与共，濡沫相依，自珍尝作《寒月吟》，以寄二人"岁暮共幽忧"之"所怀""所尚"，以"多难淬心光，黾勉共一室"而自慰。吉云工诗善书。其《留别清麐女史》五律二首云："气味花同馥，聪华比玉温。计仙居上界，谪降亦高门（清麐为菘圃相国季女）。竹柏前缘在，松萝雅谊敦。足征家法古，相业百年存。""笑我无家者，看山便结缘。偶同栖庑客，不费买邻钱。乡梦同思越，离樽又入燕。将何夸别墅，只合署迎仙。"按：清麐女史即吴

---

① 《百字令·答龚琴人公子，即和原韵》。

芳珍，为李增厚（葆麐）夫人，时与葆麐侨寓昆山别墅，吉云与自珍于北上途中同访之，故有留别之作。清麐亦善诗词。其《送何撷云女史北上》一阕云："只恨订交晚，蕙兰气质，鸾凤神情。更堪羡名姝国士相并，心钦是前缘定。苔岑合第一知音，贻新句愧玉温花馥，褒锡平生。销魂分离太易，骊唱愁听声声。况秾花如寝，春水方盈。丁宁，记同心约，鳞鸿便问讯须频。江南好，正绮窗梅放，偕我思君。"《和撷云女史留别诗》云："林下翩翩秀，风姿赋淑温。临池工卫格，写韵富班门。地借声名重，情因洽比敦。神仙欣在望，松石此间存。""流水襟怀契，清风邂逅缘。为怜山绕屋，何惜俸余钱？雅集开东阁，联吟订北燕。临歧珍重意，瀛海仁登仙。"同时尚有蒋春漪（立玉）和韵云："未见倾心久，相逢笑语温。论交初逐队，问谊本通门。絮果尘踪合，兰言谱系敦。殷勤频握手，定有古风存。""明月三人梦，青山万里缘。挥毫宜补画，卜宅未名钱。自笑长为客，相期共入燕。阳春原和寡，学赋愧游仙。"

何其伟

何其伟（1774—1837），字韦人，号书田，晚号竹崦山人，江苏青浦（今属上海市）人。诸生。出生医学世家，以医为业。嘉道间名流林则徐、王芑孙、郭麐等均延其诊病。其伟与龚自珍相识于嘉庆末年。其时龚丽正就任苏松太兵备道驻上海，自珍常侍在侧。自珍母段驯与伯父龚菊人患病，亦曾请其伟治疗。据《竹崦山人医案》记载：菊人自粤东引疾来上海时，经诊断，已预感不起。"山人密告其侄定庵舍人，劝其归。定庵曰：吾伯贫甚，无可归，留此或可得先生大力拯之。山人直告之曰：此非鄙人所能也。"数月后，菊人终以医药罔效，卒于上海署中。其伟喜文学，工诗。早年从同乡王昶游，后又与姚椿友善。著有《崦山草堂诗集》《续稿》《三稿》。道光四年（1824）秋，自珍因母丧居忧上海，为《崦山草堂诗稿》题跋云："古体蟠硬见笔力，自是浣华别子，五言风谕尤工；近体则刘后村、陆剑南也。九峰三泖间固多雅材，如此，吾见罕矣。"

何绍业

何绍业（1799—1839），字子毅，湖南道州人。绍基弟，孪生。精于绘画、算学，又善书嗜琴。年四十一卒。绍业与龚自珍交游资料，可见甚少。惟据何绍基《陈秋舫嘱题秋斋饯别图》诗注，得知绍业或偶一参与陈沆所设之"五篇会"，而另四人为龚自珍、包世臣、何绍基、陈沆，每会必与。是故此会亦为绍业与自珍提供极佳之聚晤场合。另外，道光十九年（1839）四月，自珍出都南下，曾有诗留别何氏兄弟。诗云："何郎才调本孪生，不据文家为弟兄。嗜好毕同星命异，大郎尤贵二郎清。"自注："别道州何子贞绍基、子毅绍业兄弟。近世孪生皆据质家为兄弟。"

何绍基

何绍基（1799—1874），字子贞，号蝯叟，湖南通州人。道光十六年（1836）进士，改庶吉士，授翰林院编修，充福建、广东副考官，贵州考官。咸丰二年（1852）为四川学政。曾主讲山东泺源、长沙城南书院，领苏州、扬州书局，校订《十三经注疏》。博涉群书，学力深厚，凡经学、小学、词章、金石碑板文字均有造就，而特以书法负盛名。著有《东洲草堂诗文集》《惜道味斋经说》《说文段注驳正》等。绍基与龚自珍结识甚早，相知亦深。陈沆在京时，设"五篇会"，邀包世臣等参加，绍基与自珍每会必与。道光九年（1829），秦恩复赠自珍以《重摹宋刻洛神赋九行》，曾请绍基同观。十八年（1838）四月，绍基知自珍将戒装出都，以素册属写所造述为"相思资"，自珍尽两昼，写《双非双亦门颂》二千八百字以报之，并跋云："子贞高斋清厦，是京师第一册府，异时长林丰草间，翘首北望，此册得所托矣。"八月，吴式芬、许瀚离京，绍基、自珍与王筠、汪喜孙、陈庆镛、陈金城等六人曾在宣武城南广恩寺设宴为二人饯行。十九年（1839）十月，自珍出都南下，有留别绍基、绍业兄弟诗曰："何郎才调本孪生，不据文家为弟兄。嗜好毕同星命异，大郎尤贵二郎清。"

狄 听

狄听（？—1839），字询岳，号广轩，江苏溧阳人。道光九年（1829）与龚自珍为同年进士，官刑部广东司郎中，江西道监察御史。奉职唯勤。道光十九年（1839）七月卒于官。时龚自珍出都南返途中正在苏南，闻狄听及苏孟旸、夏恒等同时逝世，感而赋诗云："五十一人忽少三，我闻阴涕江之南。箧中都有旧墨迹，从此袭以玫瑰函。（自注：闻都中狄广轩侍御、苏宾嵋吏部、夏一卿吏部三同年忽然同逝。）"

汪 龙

汪龙（1742—1823），字宜潜，又字蛰泉；号叔辰，一作辰叔，安徽歙县人。乾隆五十一年（1786）举人。拣选知县。嗜古博学，从归安丁杰游学。尤精于《诗》。著有《毛诗异义》4卷、《毛诗申成》10卷、《春秋择言》12卷、《诗谱》1卷。七十岁后，得识段玉裁，取《说文注》以补正《异义》若干事，重缮定本。段亦多采其说入《说文注》。平生安贫乐道，不预外务。仅应聘主讲本郡资阳书院及一修《徽州府志》而已。修志时，龚丽正任徽州知府，自珍随侍在徽。龙与府志纂修局洪饴孙、武穆淳、胡文水等曾就志书编例与自珍通讯商榷。其与自珍复札有云："来札言者是也，不特见识卓越，具仰见广大慈祥之襟抱，他日登史馆，系文献之望，敢在下风。"

汪 琨

汪琨，字宜伯，号忆兰，浙江钱塘人。太学生。曾官四川秀山典史。

著有《怀兰室诗》《怀兰室词》。汪琨与龚自珍结交，约在嘉庆十七年（1812）初，始相见，汪即填词赠龚，有"万言奏赋，千金结客"二语。同年三月，龚丽正出任徽州知府，自珍侍行。汪琨作《送龚璱人出都调水龙吟》云："长安旧雨都非，新欢奈又摇鞭去。城隅一角，明笺一束，几番小聚。说剑情豪，评花思倦，前尘梦絮。纵闲愁斗蚁，羁魂幻蝶，寻不到，江南路。　从此斋钟衙鼓，料难忘，分襟情绪。瓜期渐近，萍踪渐远，合并何处？易水盟兰，丰台赠芍，离怀触忤。任红蕉题就，翠筠书遍，饯词人句。"自珍寻作《行香子·道中书怀，与汪宜伯》云："跨上征鞍。红豆抛残，有何人来问春寒。昨宵梦里，犹在长安。在凤城西，垂杨畔，落花间。　红楼隔雾，珠帘卷月，负欢场词笔阑珊。别来几日，且劝加餐。恐万言书，千金剑，一身难。"十八年（1813）自珍入京应顺天乡试，汪琨曾与自珍及袁通，同游京郊崇效寺，首倡《金缕曲》词，有"望南天，倚门人老，敢云菽藁"之句。自珍"惊其心之多感，而又喜其词之正"，旋作《鹊桥仙·飘零也定》以慰之。袁通亦作《南浦·偕汪大忆兰、龚自珍游崇效寺》词。

汪元爵

汪元爵（1787—1833），字伯孚，号竺君，江苏镇洋人。嘉庆间举人。道光七年（1827）入值军机处，官至刑部湖广司郎中。著有《泾溪书屋文稿》《诗稿》。元爵位刘凤诰婿，与彭兆荪、石韫玉、张井、盛大士等时有过从。龚自珍邀吴嵩梁、汤储璠、姚莹、徐士芬、徐宝善、周仲墀为消寒会，元爵预写。与张祥河唱和尤多。诗作有《赵飞燕玉印歌会龚定庵舍人属赋》。

汪全泰

汪全泰，字竹海，又字大竹，江苏仪征人。嘉庆九年（1804）举人。

援例授内阁中书。后官河南上南厅同知。有《铁盂居士诗稿》3卷、《铁盂居士诗馀》1卷。其诗奇葩古采，变幻合离，自成一家。写南粤风土，尤夐夏生新。全泰与龚自珍订交，不悉始于何年。惟道光十年（1830）四月九日，徐宝善、黄爵滋约同人花之寺看海棠，续江亭饯春之集。全泰与自珍曾应约前往。宝善有诗记之。

汪全德

汪全德，字修甫，号小竹，又号竹素，江苏仪征人。嘉庆十年（1805）进士，改工部都水司主事，后官江西吉南赣宁道。著有《竹如意乔诗选》4卷、《崇睦山房词》1卷、《骈文》4卷、《条议》4卷。嘉庆十八年（1813），龚自珍在全德斋中，见秋花有感，赋词凡7阕，弃置败筐。十一年后，补存3阕，分别为《惜秋华》（咏玉簪）、《减兰》（咏牵牛）、《露华》（咏佛手）。

汪远孙

汪远孙（1794—1836），字久也，号小米，又号借闲漫士，浙江钱塘人。嘉庆二十一年（1816）举人。汪宪（千波，1721—1771）曾孙。乾隆间，宪建振绮堂为藏书室极富收藏，为浙江之甲，远孙尽发读之，著作甚伙。有《诗考补遗》《国语考异发正古注》《汉书地理志校勘记》《借闲生诗词集》等。妻梁端及继室汤漱玉均有著作，合刊为《振绮堂遗书》。道光十九年（1839），龚自珍出都南返杭州，晤远孙弟适孙，而远孙已于前四年去世，不禁感慨系之。赋诗云："振绮堂中万轴书，乾嘉九野有谁知？季方玉粹元方死，握手城东问蠹鱼。"（原注：汪小米舍人死矣！见其哲弟又村员外。）

汪适孙

汪适孙，字亚虞，号又村，又号甲子生，浙江钱塘人。远孙弟。官候选州同。著有《甲子生梦馀词》，辑有《清尊集》16卷。道光十九年（1839）夏，龚自珍南返杭州，曾与适孙会晤，并在《己亥杂诗》中记之。

汪喜孙

汪喜孙（1786—1847），字孟慈，后更名喜荀，江苏江都人。汪中子。嘉庆十二年（1807）举乡试，援例为内阁中书，升户部员外郎。道光十三年（1833），奉命往东河学习，河督栗毓美深为倚重，奏保用知府，赏加道衔。二十五年（1845），补河南怀庆府知府，有政声，以积劳病卒。治学能融会汉、宋，力除门户之见。著有《国朝名臣言行录》《经师言行录》《尚友记》《从政录》《孤儿编》《且住庵诗文稿》等。嘉庆二十四年（1819），龚自珍在京师，喜孙见示其先人所为铁笔篆书黄山三十六景，振触昔游，曾作诗云："交臂神峰未一登，梦吞丹篆亦何曾？丈夫三十愧前辈，识字游山两不能。"道光十九年（1839）十月，自珍北上迎眷属经铜山、滕县，见柳泉、大泉涌出，想到东河总督正檄向泉源之可以济助运河者，急以诗寄董其事之喜孙及徐镜溪。诗云："此身已作在山泉，涓滴无由补大川。急报东方丙星使，灵山吐溜为粮船。"关心民瘼之情，跃然纸上。

沈 垚

沈垚（1798—1840），字敦三，号子敦，浙江乌程人。道光十四年（1834）优贡生。少受学于施国祁，致力于金元舆地掌故之学。入京师，馆徐松家。松极推其地学之精。尝赞其所著《新疆私议》曰："吾谪戍新疆，诸水道咸所目击，犹历数十年之久始知曲折；沈君闭户家居，独从故纸中搜得之，非具绝大识力，曷克臻此。"又与张穆往还甚密。居京六年，曾为徐宝善补修《一统志》，为姚元之撰《道光九域志》，为沈涛修《畿辅金石录》《辽金元碑考证》等，书多未成。垚于经学，肆力亦深，素具根底。其愤世嫉俗之情，略与龚自珍相似，贬时之论，不已于言。《与张渊甫》云："今日风气，备有元成时之阿谀，大中时之轻薄，明昌、贞祐时之苟且……叔鱼之贿，孟孙之偷，原伯鲁之不说学，苏、张之不信，古人有一于此，即不可终日；今及合一时之风俗，一世之人心，呜呼，斯岂细故也。"垚与龚自珍常相论学，集中有《与龚定庵书》等。

沈 鋆

沈鋆，原名杰，字晴庚，号秋白，江苏无锡人。诸生。工词。著有《留沤吟馆词存》《怀旧录》等。鋆与龚自珍交往颇密，郭则沄《清词玉屑》卷五记之甚详。兹转录如次："无锡秦声洁，近刊其外祖沈晴庚遗词。晴庚里居，适龚定庵弃官南返，过从甚洽。《题定庵庚子雅词·一斛珠》云：'珠尘玉屑，侧商调苦声呜咽。愁心江上山千迭，但有情人才绝总愁绝。板桥杨柳金阊月，累侬也到愁时节。一枝瘦竹吹来折。恰又秋宵风雨战梧叶。'又答定庵《水调歌头》云：'长揖谢卿相，翰墨结新缘。少年豪气仍在，高踞万峰巅。到处珠槃玉敦，照耀江山风月，还往总宜船。来日莫惆怅，今夜拥花眠。驴背上，僧寮里，酒垆前。人生富贵妄耳，何用勒燕然。我本头衔漫士，不羡龙头掉尾，水击路三千。准拟谱渔笛，醉和石湖仙。'与定公正有针芥之契。又寓园延秋，同集者为朱蔗根、龚定庵、江春舲、程小松，主人则南昌万渊北也。晴庚赋《秋霁》词结拍云：'可奈斜照谁伴，小扇生衣，看庭柯影。'写筠帘碧，词境萧逸，真不食人间烟火者。其《怀旧录》多记故交轶事，谓定庵十三岁时，已精《九章算术》。道光二十年，直督请裁撤天津水师，谓无所用，岁计费且数十万，上可其奏。定庵在郎署上书万言，力言不可撤状。不报，遂引疾。后二年，英兵入寇，其目朴鼎查直抵津门，上章请和要挟，失国体，人始脈其先识"。

宋　璠

宋璠（1778—1810），字鲁珍，浙江建德人。嘉庆九年（1804）举人。幼以孝闻，力于学。嘉庆七年（1802）赴京师，经戴敦元荐，馆于龚氏，训自珍以敬顺父母，勤奋读书。宋、龚师生情谊极为亲密。璠逝世后十六年（1811）六月二日，风雨竟昼，自珍检簏获其遗墨，"满眼凄然，"感赋《水调歌头》一阕。词云："风雨飒然至，竟日作清寒。我思芳草不见，忽忽感华年。忆昔追随日久，镇把心魂相守，灯火四更天。高唱夜乌起，当作古人看。一枝榻，一炉茗，宛当前。几声草草休送，万古遂茫然。仙字蟫饥不食，故纸蝇钻不出，陈迹太辛酸。一掬大招泪，洒向暮云间"。二十一年（1816）春，龚自珍感念师承，久而弥笃，又撰《宋先生述》一文，以为纪念。

宋翔凤

宋翔凤（1779—1860），字虞庭，一字于庭，江苏长洲人。嘉庆五年（1800）举人。少跳荡不乐举子业，嗜读古书，不得，则窃衣物以易，祖父夏楚之，仍不能禁。母庄氏，为存祖女。尝随母归宁，因留常州，从外祖及舅父珍艺受业，遂得闻庄氏今文学之家法绪论。稍长，又游段玉裁之门，兼治东汉许郑之学。中举后，以大挑授泰州学正。丁艰服阕，改安徽旌德训导。后任湖南兴宁、耒阳知县。咸丰九年（1859）重宴鹿鸣，加知府衔。次年卒，年八十二。翔凤淹贯群籍，尤长治经。珍艺尝曰："吾诸甥中，刘申受可以为师，宋于庭可以为友。"其经学著述，均收入《浮溪精舍丛书》。兼工诗词，隽雅可诵。有《朴学斋文集》《忆山堂诗录》《洞箫楼诗纪》《浮溪精舍词》等。嘉庆二十四年（1819），翔凤始识龚自珍于北京，并为详言庄存与之学术事业。翌年初，翔凤与自珍在扬州相遇，自珍有和翔凤侧艳诗（已佚）。数月后，翔凤以回避不预试出都，自珍作《紫云回三叠》送行，翔凤亦有《珍珠帘》词以答之。词云："断肠只有春明路。尽年年，水瑟云璈空赋。不尽玉阶情，又一香风露。但见卢沟桥上月，肯照取骞驴归去。难去，为引梦千丝，伤心几树。　帘底任我徘徊，渐啼鸟悄悄，清宵难曙。欲待问青天，怕总无凭据。都道杏花消息早，恁不把，花魂留住。谁住。分楼殿落落，江湖处处。"道光二年（1822），自珍作《投宋于廷翔凤》七绝一首，于翔凤极致钦佩。诗曰："游山五岳东道主，拥书百城南面王。万人丛中一握手，使我衣袖三年香。"其后，翔凤与自珍又重晤于北京，酒半，翔凤出《高楼风雨卷子》乞题，自珍为赋《齐天乐》一阕以应："相逢怕觅闲文字，替卿疗可春病。难道才人，风风雨雨，埋却半生幽恨？维摩消损，有如愿天花，泥人出定。一样中年，万千心绪待重整。天涯此楼休问，一番枯寂后，须画金粉。红烛填词，青绫拥被，春雨劝伊同听。参禅也肯，笑有限狂名，忏来易尽。两幅青山，两家吟料并。"（自注：予亦有《莫厘仙梦卷子》乞题。）翔凤于自珍亦情真谊切，词集中曾有多篇反复致意，如《高阳台·次龚定庵韵》《百岁令·岁暮舟中读龚定庵词》《洞仙歌·再题龚定庵词》等。道光十九年（1839），自珍出都南下，经苏州，犹思念翔凤不置。《己亥杂诗》之一三九云："玉立长身宋广文，长洲重到忽思君。遥怜屈贾英灵地，朴学奇材张一军。"自注："奉怀宋于庭丈作。于庭投老得楚南一令，奇材朴学，二十年前目君语，今无以易也。"

改　琦

　　改琦（1774—1829），字伯蕴，又字白香，号七芗，又号香伯，别号玉壶外史。本西域人，回族，居江苏华亭。工词，尤以绘画著名。擅画人物，兼长山水、花卉、兰竹，所作《红楼梦图咏》，独具特色。著有《玉壶山房词》《砚北书稿》《茶梦庵随笔》等。改琦与龚自珍交游行迹，具体不详。其词集中《沁园春·和龚瑟人原韵》一阕，约知在自珍随父侍任上海时二人曾有过从。惟自珍原作已佚，未可得见。词云："一昔南园，客散花飞，仙凫小留。恰骄枝相映，携来璧月；银河倒卷，泻入香瓯。燕市谈禅，马塍吊古，说与飞鸿感旧游。无卿邻，叹王郎（仲瞿）扪虱，各有千秋。 羡君摇笔沧洲，直压倒元龙百尺楼。看珠槃翠斗，醉余可摘；珊竿铁网，钓罢都收。水上云萍，庭中竹柏，忽下西风双白鸥。题糕懒，笑同簪黄菊，鬓已星稠。"

张　琦

张琦（1764—1833），初名翊，字翰风，号宛邻，江苏阳湖人。嘉庆十八年（1813）举人。道光初，官山东邹平、馆陶知县。精医术，治县时，值大疫，全活甚众。少喜诗词，与其兄惠言齐名。著有《宛邻诗》《立山词》《鸳鸯剑传奇》等。谭献曾评曰："翰丰与哲兄同撰《宛邻词选》，虽町畦未尽，而奥突始开。其所自为，大雅遒逸，振北宋名家之绪。其子仲远序《同声集》有云：'嘉庆以来名家，均从此出。'信非虚语。周止斋益穷正变，潘田农又持异论，要之倚声之学，由二张而始尊耳。"又著《战国策释地》《素问释义》《宛邻杂著》诸书。琦与龚自珍交往情形，未见具体记载。然二人相知之深，毋庸置疑。自珍《常州高材篇，送丁若士履恒》诗云："学徒不屑谈贾孔，文体不甚宗韩欧。人人妙擅小乐府，尔雅哀怨声能遒"，则显系指以二张为代表之常州词派而言。诗篇还进一步谈及与张琦及常州人密切关系："常人倘欲问常故，异时就我来谘諏，勿数耆耊数平辈，蔓及洪（孟慈）管（孝逸）庄（卿山）张（翰风）周（伯恬）。"

张　鉴

张鉴（？—1848），字星朗，号静轩，浙江仁和人。嘉庆六年（18C1）

进士。历官山东道、河南道御史，户科给事中，升内阁侍读学士。道光十八年（1838）归里。鉴为龚自珍同乡前辈，其科目、年齿堪与龚丽正相颉颃。自珍己亥（1839）出都返杭州时，曾在《己亥杂诗》中记云："醰醰诸老惬瞻依，父齿随行亦未稀。各有清名闻海内，春来各自典朝衣。"

张 穆

张穆（1805—1849），初名瀛暹，字诵风，一字石洲、石舟，号月斋，山西平定人。道光十一年（1831），与苗夔、何绍基同为优贡生，任正白旗汉教习。十九年（1839）应顺天乡试，被诬怀挟，被斥，自此绝意仕进，一心著述。治经史百家，通天文、算术，尤精西北地理之学。著有《北魏延昌地形志》《蒙古游牧记》《顾阎年谱》《月斋诗文集》等。编辑有《连筠簃丛书》。张穆治学方向，大体与龚自珍近似，二人间亦似应有所往还，惜未见记载。惟集中有《赵倢伃玉印歌，效昌谷体》等诗二首，均涉及自珍故事，可资详考。

张际亮

张际亮（1799—1843），榜名亨辅，字亨甫，福建建宁人。道光十五年（1835）举人。少从陈寿祺学于鳌峰书院。磊落有奇气，终未得志。晚年为救护姚莹，客死北京。工诗，负盛名。徐宝善尝作《四子图》，以潘德舆、黄爵滋、汤鹏与际亮并列。鸦片战争中，创作爱国主义诗篇颇多，为中国近代开端时期有重要影响诗人之一。著有《松寥山人诗初集》十卷、《思伯子堂诗集》三十二卷、《张亨甫文集》六卷及《金台残泪记》《南浦秋波录》等。际亮与龚自珍交往，约在道光初元。十年（1830）暮春，徐宝善、黄爵滋于北京江亭饯春，际亮与自珍等十九人应约赴会，宝善曾有诗记之。

张青选

张青选（1767—1846），字商彝，号云巢，广东顺德人。乾隆五十四年（1789）举人。由知县历官福建按察使，两淮盐运使，湖北按察使。道光十二年（1832）入都，选浙江金华衢严道，引见，奉旨以原品休致。南旋寓浙。二十一年（1841）迁寓苏州。著有《清芬阁诗集》。青选寓杭州时，龚自珍恰于己亥（1839）出都南返，曾有诗记云："醰醰诸老惬瞻依，父齿随行亦未稀。各有清名闻海内，春来各自典朝衣。"自注："时乡先辈在籍，科目、年齿与家大人颉颃者五人：姚亮甫、陈坚木两侍郎，张云巢鹾使，张静轩、胡书农两学士。"

张宗泰

张宗泰，字鲁岩，河南鲁山人。嘉庆十二年（1807）举人。官河南教授。著有《鲁岩所学集》《鲁岩馀事集》等。徐世昌《晚晴簃诗话》记云："鲁岩生长山县，癖嗜读书，为校官二十余年，益肆力于学。每读一弓，旁通取证，评其得失，三其讹舛，补其未备，自编为《所学集》。阮文达晚年见其校正《淮海英灵集》，异之。及往谒，古朴如农夫，谈久，有学士大夫所不及，嘉其能读人所不读之书。又喜论诗，勉其续《渔隐丛话》，识力为之有余。赠联云：'力学不随流俗转，著书须及老年成'。其诗话未就，诗亦无多，朴淡如其为人。"道光十八年（1838），宗泰在北京与龚自珍结识，并赴龚寓作客，晤谈甚欢。其后，所著《鲁岩交游记·龚定庵巩祚》曾记曰：定庵"学博而才雄，年未满五十而文集已编定至百卷之富。"于自珍深致钦佩。

张海珊

张海珊（1782—1821），字越来，一字铁甫，江苏震泽人。道光元年（1821）乡试第一，榜发，已暴疾先卒。论学以宋儒为归，又关心经济。诗文亦可诵。著有《小安乐窝集文集》《诗存》等。海珊与龚自珍交游情况不详。然张祖廉《定庵先生年谱外纪》尝载：自珍"称震泽张海珊曰：此子虽未成就，忠信之人，可以学礼，惜其死矣！"

张祥河

张祥河（1785—1862），字元卿，号诗舲，江苏娄县人。嘉庆二十五年（1820）进士。由内阁中书累迁陕西巡抚，官至工部尚书。卒谥温和。工书善画，尤喜吟咏，游历至广，交游亦至多。著有《小重山房初稿》《诗舲词续》等。道光十年（1830）六月初二日，龚自珍在北京招邀祥河与张维屏、周凯、魏源、吴葆晋等集龙树寺，置酒蒹葭簃。张维屏曾赋诗记之。次年，自珍应祥河之请，作《张诗舲前辈游西山归索赠》诗三首。诗曰："鸾吟风翮下人寰，绝顶题名振笔还。樵客忽传仙墨满，禁中才子昨游山。""去年扈从东巡守，玉佩琼琚大放辞。等是才华不巉削，愿携康乐诵君诗。""畿辅千山互长雄，太行一臂怒趋东。祝君腰脚长如意，吟遍蜿蜒北干龙。"自注："《禹贡》：'太行恒山，至于碣石，入于海。'则形家所称北干龙也。君去年出山海关，今年游西山，已睹太行首尾。"

张维屏

张维屏（1780—1859），字子树，号南山，一号松庐、松心子、白云外史，珠海老渔，广东番禺人。原籍浙江山阴。道光二年（1822）进士。历官湖北黄梅、广济知县。丁艰服阕，援例为同知，分发江西，署南康府知府。五十七岁时告归启广州，为学海堂学长。维屏髫龄肆力于诗，年未三十，已卓然成家。与黄培芳、谭敬昭并称"粤东三子"，海内名流甚器重之。游京师，翁方纲许为"诗坛大敌"，法式善亦颇为赞赏。晚年声誉益高。林昌彝《射鹰楼诗话》尝记云："粤东有人从海舶归，言米利坚（按：即美国）有人识中国字者，见扇头有太守所书诗，欣然诵之，且与扇示其友曰：此张南山也。……此与唐时鸡林国人诵白香山诗同为艺林佳话。"鸦片战争中，作《江海》《书愤》《越台》《三将军歌》《三元里歌》等诗，抒发爱国激情，堪称诗史。著有《听松庐诗抄》《听松庐诗话》《松心十录》等，辑有《国朝诗人征略》初编6卷、续编64卷。维屏广交游，林则徐、龚自珍、魏源、周凯、舒梦兰、冯询等均与相契。道光十年（1830）六月初二日，龚自珍招维屏与魏源、吴葆晋、张祥河、周凯等集北京龙树寺，置酒兼葭篓，维屏曾作诗以记之。次年，自珍又为撰《张南山国朝诗征序》并附手札一缄。手札有云："自珍二十年所按学士大夫，心所敬恭者十数子。识我先生晚。先生于平生师友中，才之健似顾千里，情之深似李申耆，气之淳古似姚敬堂，见闻之殚恰似程春庐，偻指自语，何幸复获交此人。"同年冬，维屏亦有函复自珍，略谓："屏始闻人言，足下狂不可近，及见足下，乃温厚纯笃，人言固未可信也。""恽君（按：指恽敬）殁，又十余年而获交足下，子居与足下皆昌黎所谓能自树立不因循者。子居逝矣，其文必传；名山盛业，又当为足下期之。"

张瓒昭

张瓒昭（1773—1849），字洵九，又字璞园，号斗峰，湖南平江人。著有《天文分野说》。龚自珍尝称瓒昭为"苦心大胆之真儒者，真豪杰"。又曰："不可轻视此人，惜其老矣，不然真助我也。"瓒昭亦有书札致自珍，乞注《禹贡》，书略曰："唐虞三代未有长城，外薄四海，非虚语也。自秦以来，东南薄海，西北不薄海，有长城故也。经生家未能驰域外之观，狃于长城，于是《尧典》《禹贡》之义，二千余年，在长夜中无旦时矣。瓒昭实耻之。爰发愤为书见意，著尧光于四表，明禹迹于九州，因而剖析大舜、周公之受诬，辩说《论语》《孟子》之无误，刊行数万言以质疑，人未有信之者。惟阁下信之，出所作西北口外诸议以相示，且举和阗出玉，以为厥贡惟球琳琅玕，以此见阁下识超千古，不以长城限矣。不特瓒昭走数万里仅得同心，即《禹贡》数千年亦仅得此知己。瓒昭于是窃愿阁下勉为《禹贡》功臣，推广此志以概其余，专心一志以注《禹贡》，凡平日所议为西北两方置行省各条件，悉列诸《禹贡注》中，以为信今传后之用。瓒昭于研究之暇，从旁出鄙见，参末议，以效指臂之助，大约数月可得成书。阁下学问于此见，经济亦于此见，可以献诸当宁，可以遍喻同人，可以慑服远人，可以昭示后人，《禹贡》不朽，大作与之同不朽，岂不伟哉。未知尊意以为何如也？瓒昭于《禹贡》已有刊本，自嫌太略，欲益之，以时方从事《周易》未暇，又行箱无书考证，故乐以此相推。阁下其毋畏难，毋姑待，以千古大著作让诸他人，则幸甚矣。瓒昭再拜。"

陆继辂

陆继辂（1772—1834），字祁孙，一字祁生，号修木，又号修平，江苏阳湖人。嘉庆五年（1800）举人。官合肥县训导。以修《安徽通志》叙劳，选江西贵溪知县，三年后，以疾乞休，卒于南昌。幼时受教于同里洪亮吉、孙星衍，又与丁履恒、吴廷敬、庄曾诒、庄逵吉、庄绶甲、张琦、恽敬、洪饴孙、刘嗣绾等相契。以后遍交海内名士。工古文，与董士锡并起，世称"阳湖派"。诗亦锻炼工切，又善曲。著有《崇百药斋文集》、《崇百药斋诗集》、《合肥学舍札记》、《碧桃记》（杂剧）、《洞庭缘》（传奇）等。从子耀遹亦以诗文名，与有"二陆"之目。继辂与龚自珍交游情况不详。然自珍《常州高材篇，送丁若士履恒》诗所云："学徒不屑谈贾孔，文体不甚宗韩欧；人人妙擅小乐府，尔雅哀怨声能道。"实即包涵对继辂文学成就评价。诗谓："所恨不识李夫子（申耆），南望夜夜穿双眸，曾因陆子（祁生）屡通讯，神交何异双绸缪？"可知自珍曾通过继辂绍介与李兆洛多次交流学术，则二人交谊自非泛泛者可拟。

陆　献

陆献，字彦若，号依湄，江苏丹徒人。道光元年（1821）举人。七年（1827）随钦差大臣那彦戍赴新疆办理善后事宜，保举知县，选授山东蓬莱知县，转繁县、曹县。鸦片战争时，海上多事，奏调浙营。道光二十二年（1842），调防安徽芜湖，上书言险要，并筹备火攻、练勇、驾船等法，多见采纳。咸丰间去官回籍。卒年五十八岁。陆献注重农桑，所至兴利除害，实心为民，颇著功绩。著有《山左蚕桑考》《尊朴斋诗草》等。献与龚自珍交谊颇深，道光十六年（1836）九月九日，自珍撰《陆彦若所著书序》，热情肯定"天下之大富必任土"主张。序曰："今彦若所著书，祖古农书，祢司马氏，而伯仲于氾胜之、贾思勰之间，宜急写副，德后世。曰《种树方》者三卷，曰《种菜方》者一卷，曰《种药方》者一卷，都五卷，著录之如此。"三年后，自己离官出都南返，撰《己亥杂诗》，又重复申言"丹徒陆生言可用"。全诗曰："皇初任土乃作贡，卅七亩山可材众。媪神笑予无贫法，丹徒陆生言可用。"自注：吾友陆君献，著种树书，大指言天下之大利必任土；货殖乃货植也；有土十亩，即无贫法。昔年曾序之。

陈　奂

陈奂（1786—1863），字硕甫，号师竹，晚号南园老人，江苏长洲人。咸丰元年（1851）举孝廉方正。一生专治《毛诗》。初从江沅学古文字，又出入段玉裁门下，为《说文解字注》任校订工作。后到北京，从王念孙、王引之、郝懿行、胡培翚等请质疑义，协助校刊所著。晚年家居授徒。著有《诗毛氏传疏》《毛诗说》《毛诗音》《诗语助义》《三百堂文集》等。奂与龚自珍相知极深，除切磋学术外，自珍有急难，辄相与谋划。自珍曾为奂作《陈硕甫所著书序》。道光元年（1821），自珍居北京，时有

"进退两无依，悲来恐速老"之虑，特致函奂，相约偕访姚塆，以求"相保"之道。其《柬陈硕甫奂，并约其偕访归安姚先生》诗三章，备叙二人忧患与共，相互扶持之情。其一云："中夜栗然惧，沈沈生髩丝。开门故人来，惊我容颜羸。霜雪满天地，子来宁无饥？且坐互相视，冰落须与眉。"其二云："切切两不已，喁喁心腑温。自入国西门，此意何曾宣？饴我客心若，驱我真气还。华冠闯然入，公等何所论？"十九年（1839）秋，自珍南返杭州，拟北上迎接眷属回乡，又得奂助为筹划。《己亥杂诗》记云："惠逆同门复同数，谋臧不臧视朋友。我兹怦然谋乃心，君已肃然脱诸口。"自注："陈硕甫秀才奂，为予规画北行事，明白犀利，足征良友之爱。"

陈 沆

陈沆（1785—1826），亦名学濂，字太初，号秋舫，湖北蕲水人。嘉庆二十四年（1819）状元，授翰林院修撰。官至四川道监察御史。著有《诗比兴笺》《近思录补注》《简学斋诗存》《简学斋诗删》《白石山馆手稿》等。沆以诗文雄海内，承尘按颜走其门者日众，惟独慎所与友，最契者为董桂敷、姚学塆、贺长龄、陶澍、龚自珍、魏源诸人。其与自珍交，思想交融，情如金石。陆献《简学斋诗存跋》尝记云："献每过先生，无不见，见必商榷古今。忽屡过而未得一见，心窃疑之，乃排闼入。先生大笑，语之曰：吾近获奇宝，杜门谢客者数日，今手抄毕矣。天下之宝，当与天下共之，不如携吾抄本去，手录一过也。奇宝非他，乃仪部龚定庵所为古文上下卷也。先生好贤重友之诚如此。"沆以《白石山馆山稿》请自珍评阅，自珍坦率陈言，不稍假借。及沆辞世，自珍痛作《二哀诗》为悼。诗序云："为谢学士阶树、陈修撰沆作也。两君皆以魁科不自贤，谓高官上第外，有各家师友文字，皆乐相亲近，而许贡其言说。辛巳冬迄癸未夏，数数枉存余，求师友，有造述，皆示余。余僭疏古近学术源流，及劝购书，皆大喜。学士德量尤深，莫测所至。修撰闭门斐然，怀更定之志，殊未成，而忽然以同逝，命也。作《二哀诗》，时丙戌夏。"其二："读书先审器，陈君虚且深。荣名知自鄙，闻道以自任。闻道岂独难？信道千黄金。遂使山川外，某某盈君襟。幸哉有典则，惜哉未醑沉。手墨浩盈把，甄搜难为心。"

陈　杰

陈杰，字静庵，浙江乌程人。诸生。嘉庆末，考取天文生，任钦天监博士，供职时宪科兼天文科，司测量。累官国子监算学助教。道光十九年（1839），谢病归，卒于家。著有《算法大成》上下编、《缉古算经细草》《彗星谱》等。杰与龚自珍交往，似在任钦天监博士时。自珍曾有《与陈博士笺》一通，建议取钦天监有关彗星历史档案，推衍成书，"以摧烧汉朝天士之谬说"。十九年（1839），自珍出都南下，杰亦南归侨寓扬州。二人在扬相晤，不禁感慨系之。自珍有诗记云："七里虹桥腐草腥，歌钟辞赋两飘零。不随天市为涨长，文字光芒聚德星。"自注："时上元兰君、太仓邵君为扬州广文，魏默深舍人、陈静庵博士侨扬州，又晤秦玉笙、谢梦渔、刘楚桢、刘孟瞻四孝廉、杨季子都尉。"

陈　璟

陈璟，字聘侯，号恬生，自署六九学人，江苏嘉定（今属上海）人。精于书数之学。著有《六九斋撰述稿》《说文引经考》等。璟与同乡徐恒生、钱竹孙、毛岳生、葛铁生、庄桐生、黄云生等，相引以为重，时称"嘉定七生"。龚自珍为璟好友，撰《叙嘉定七生》，以璟为之首，赞曰："美矣臧矣，丽矣堂矣！弖相忘矣！"

陈　潮

陈潮（1801—1835），字东之，江苏泰兴人。道光十一年（1831）举人。平生治经学，工篆书，尤精许氏《说文》及公羊学。游京师，徐松见而重之，延课其子，钜公争识其面，由此显名。其时，京都有十二才子之目，潮实居其一。道光九年（1829），秦恩复赠龚自珍以重摹宋刻王子敬《洛神赋》九行，潮与徐松、林则徐、魏源、何绍基等十人同观。自珍《说文段注札记》，曾采录潮说。

陈　澧

陈澧（1810—1882），字兰甫，号景塾，广东番禺人。道光十二年（1832）举人。自二十年（1840）起，受聘为学海堂堂长，长达二十七年。其间，曾于二十九年（1849）大挑得二等，授河源县学训导，到任二月即告归。咸丰六年（1856）拣选知县，到班不愿出任，请得国子监学录衔。同治六年（1867），出任菊坡精舍山长，至终老。生平博览群籍，为近代著名学者之一。对经学、史学、诸子、小学、音韵、天文、地理、乐律、算术、书画等，均有精深研究，著述多达一百二十余种。主要有《汉儒通义》《东塾读书记》《东塾集》《忆江南馆词》等。澧与龚自珍为同时代人。于自珍学行亦颇有了解，曾于《定庵文集》自刻本上手书批语近五十条。然由于二人在政治思想、学术见解以及文学观点等方面存在歧异，手书批语未尽恰当，且于自珍有误解之处。自珍生前，澧曾多次谋求一晤而未实现，其手批《写神思铭》篇云："余在京师，吴虹生约与定庵共饮而未果，过杭州，曹葛民邀同访之而不遇。未几定庵死矣，遂未谋面，观其文如见其人耳。"

陈元禄

　　陈元禄，字抱潜，号小铁，又号剑易，浙江钱塘人。官直隶永定河南岸同知。又任盐山知县，摄唐山、静海数邑。尝取姚武式功诗"今朝知县印，梦里百忧生"之句，颜所居曰"梦百斋"。同治癸酉（1873）大吏属修《直隶省志》，卒于局。著有《十二种兰亭精舍集》《抱潜诗存》等。元禄为龚橙妻弟，熟知自珍生平事迹。道光二十一年（1841）十月，自珍逝世方两月，元禄即撰成《羽琌逸事》。是为第一部记述龚自珍的著作。其《序》云："道光二十有一年八月日，定公以疾卒于客，讣至京师，元禄为位以哭。即辍哀，乃疏其言事之能记忆者，为书三卷，名曰《羽琌逸事》。威风片羽，神龙一鳞，自纪所闻，非纪公也。公之学术之大者在文集，世系官阀传诸其家，元禄疏逖戆愚，非所敢僭，故曰'逸事'云。写既讫，爰稽其本末，著于篇端，以诒当世之知定公者。"全书内容丰富，记述生动，多为研究自珍之第一手资料，张祖廉《定庵先生年谱外纪》，几全部出此，文字亦多雷同。其中一则云：自珍"性不喜修饰，故衣残履，十年不更。尝访陈元禄于京师七井胡同，时九月也，秋气肃然，侍者觳觫立，公衣纱衣，丝理寸断，脱帽露顶，发中生气蓬蓬然。"元禄负奇气，诗作亦如美人剑侠，雅近龚诗。兹录两首有关自珍者：《拉家桐屋游悯忠寺，有怀仁和龚先生，先生童年尝嬉戏于此也》："定公往矣莲花国，与子重来吊夕阳。红泪淋痕向谁哭，秋心一树白丁香。"《道光壬寅（1842）十二月，奉两大人命亲迎杭州同人，饯于万柳堂，作诗留别》其九："其人酷似成容若，与我同师龚爱吾（原注：羽琌先生）。莫负东华好春秋，高烧红烛照西湖"。

陈延恩

　　陈延恩，字登之，一作敦之，江西新城人。监生，候补通判。道光十八年（1838）署江苏江阴知县，曾纂修《江阴县志》。延恩为侍御玉方之子，文采书名，克继前武，才气亦复通达。道光十年（1830）四月九日，徐宝善、黄爵滋约同人十四人赴花之寺看海棠，延恩与龚自珍、魏源、汤鹏等应邀与会。十九年（1839），自珍出都南下，过江阴时，延恩设安招待，并约盛思本作陪，情极快畅。自珍有诗记云："赖是元龙楼百尺，雄谈夜半斗牛寒"。①

陈兆熊

陈兆熊，字伯元，号辛伯，江苏崇明（今属上海）人。嘉庆二十四年（1819）进士，授编修。道光二年（1822）兆熊与陈奂"以状谒"龚自珍于北京，乞为其先祖陈朝玉（字璞完）祠堂作碑文，自珍撰《海门先啬陈君祠堂碑文》以应之。

陈庆镛

陈庆镛（1795—1858），字颂南，一字乾翔，福建晋江人。道光十二年（1832）进士。历官户部主事、御史，赠光禄寺卿。以抗直敢言著称，与苏廷魁、朱琦并号"三谏官"。精研汉学，亦服膺宋儒。能文工诗，有朴茂之致。著有《籀经堂类稿》《齐侯罍铭通释》等。庆镛与龚自珍结识较晚，然尝同游阮元之门。自珍曾为其撰《问经堂记》。道光十九年（1839）四月，自珍出都南下，离京时有留别诗云："本朝闽学自有派，文字醇醇多古情。新识晋江陈户部，谈经颇似李文贞。"

---

① 《己亥杂诗》之一三三。

陈希敬

陈希敬（？—1853），字笠渔，又作笠雨，浙江海盐人。道光三年（1823）进士。历官金坛、江阴、高阳知县。咸丰三年（1853）任直隶深州（今属河北）知州。同年，太平军攻占深州，死之。著有《菰芦老屋吟稿》《退耕堂诗集》。道光十九年（1839）冬，希敬时在高阳知县任上，龚自珍迎眷属南下，经高阳，希敬特为饯行，《己亥杂诗》有诗记云："使君谈艺笔通神，斗大高阳酒国春。消我关山风雪怨，天涯握手尽文人。"自注："陈笠雨明府饯之于高阳。笠雨名希敬，海昌人，以进士为令，史甚熟，诗、古文甚富。"与此同时，希敬因丧偶，请自珍为媒，聘娶参军方廷瑚之女为继室，成之。故《己亥杂诗》又云："画禅有女定清真，合配琳琅万轴身。百里畿南反雪路，我来着手竟成春。"

陈希曾

陈希曾（1766—1815），字集正，又字雪香，号钟溪，江西新城人。乾隆进士。官至工部右侍郎。嘉庆十五年（1810）顺天乡试，龚自珍中副榜第二十八名，希曾为座主之一。

陈金诚

陈金诚，字念庭，福建惠安人。生平不详。道光十八年（1838）八月，许瀚、吴式芬离京，金诚与龚自珍、王筠、汪喜孙、陈庆镛、何绍基等六人，曾共饯于宣武城南广恩寺，吴式芬有《六君子砖拓本》（许瀚辑）题记，记述聚会始末。

陈春晓

陈春晓，字杏田，号觉庵，又号望湖，浙江钱塘人。廪贡生。工诗词。作品多触及时事，对禁贩鸦片与太平军东下金陵、清军溃败等均有反映。著有《晚晴书屋诗抄》《觉庵续咏咏》《读汉书随咏咏》《凤鹤吟词》等。春晓与龚自珍为同乡，以孝友著称。父煦林卒于北京，只身扶榇归里，奉母教弟，艰苦备尝，龚丽正曾多次给予关怀和资助。其《孤鬼行·先君子以丙辰计偕北上，越己未捐馆京邸，奉慈命入都扶柩归里，为长歌以当哭》有云："麻衣涕泣入春明，一棺旅邸何萧索。儿啼父不应，谁念任彦升。古道独敦龚渤海（原注：龚闇斋年伯），西华一见生哀矜。粮艘归路三千里，伴我健仆易我赍。恩深一路长河水，岂独恤生兼送死。"春晓与自珍两世交情，友谊纯朴而深挚。道光十九年（1839），自珍出都南返杭州，曾与春晓及曹籀、徐楙、王熊吉等相晤，并赋诗云："乡国论文集古欢，幽人三五薜萝看。从知阆苑桃花色，不及溪松耐岁寒。"

陈钟祥

陈钟祥（1806—?），字息帆，一作息凡，号趣园，晚号抑叟，贵州贵筑人。寄籍山阴。道光十一年（1831）举人。官四川青神、绵竹、大邑知县。二十七年（1847），奉使察木多。咸丰三年（1853）官直隶沧州知州，寻改知赵州。辑有《赵州石刻全集》。自著《趣园初集五种》，为词曲诗文集之合刻。道光十二年（1832），龚自珍为其《依隐斋诗》作《跋》云："黔中山水清淳，近时人文益踔厉。息凡以弱冠举省试，游京师，名动公卿。箧中有篇什甚富，读之，众体悉备，才思横溢。刘舍人所谓'弹毫珠零，落纸锦烂'者也。"

陈桂生

陈桂生（？—1840），字坚木，浙江钱塘人。嘉庆初，自优贡生授知县，历任湖北大冶知县、安陆知府、甘肃布政使等职，迁江苏巡抚。道光时，召诣京师，以三品京堂待缺，旋命休致，返杭家居。据其孙元禄所撰《十五福堂笔记》云："坚木公暮年家居，与里中及侨寓诸先辈为九老会，每集必作竟日谈，极湖山文酒之乐，时人比之香山洛社。桂生为龚自珍乡前辈，宿所推重。道光十九年（1839）自珍出都返杭，曾有诗云："醰醰诸老惬瞻依，父齿随行亦未稀。各有清名闻海内，春来各自典朝衣。"自注："时乡先辈在籍，科目、年齿与家大人颉颃者五人：姚亮甫、陈坚木两侍郎，张云巢蓲使，张静轩、胡书农两学士。"

陈嵩庆

陈嵩庆，原名复亨，字复庵，号荔峰，一号坚木，浙江钱塘人。嘉庆六年（1801）进士，官翰林院侍进学士，迁内阁学士，礼部右侍郎，吏部左侍郎。道光十六年（1836）因病免职。生平作文思如泉涌，尤擅八法，以书法名噪海内。嵩庆为龚自珍乡前辈，自珍素所敬重。道光十九年（1839）自珍出都返杭，时乡先辈在籍，科目、年齿堪与龚丽正相颉颃者，仅有嵩庆与姚祖同等五人。《己亥杂诗》记云："醰醰诸老惬瞻依，父齿随行亦未稀。各有清名闻海内，春来各自典朝衣。"

陈裴之

陈裴之（1794—1826），字孟楷，又字少伯，号小云，又号朗玉、梦玉生，浙江钱塘人。文述子。屡应乡试，不中。入赀为通判。道光五年（1825）授云南府南关珵民厅通判，辞不就职。次年，卒于汉阳。著有

《澄怀堂文抄》《澄怀堂诗集》《澄怀堂诗外》《梦玉词》等。嘉庆末，龚自珍为其《澄怀堂诗外》中之《潇湘夜雨篇》评题云："孟楷名满江左，一时诸大老激赏备至。余欲更誉孟海，不足为孟海重，徒见余喜复沓附和而已。兹于名作如林中，独赏是篇凄动心脾。又《闻禅》绝句清绝尘表。此定庵一时意见，不能服诸评者之心。安亦如戴金谿观察手录《流萤词》两章，叹赏欲绝，李绣子太史以《白秋海棠》诗为神来之笔，遂呼为陈海棠也。"

邵廷烈

邵廷烈，字伯杨，一字子显，江苏镇洋人。廪贡生。官扬州府学权谕、邳州训导。好古博学，尝搜辑娄江前辈所著，为《娄东杂著》（或称《太仓先哲丛书》《棣香斋丛书》）行世。著有《竹西吟草》等。道光十九年（1839），龚自珍出都南下经扬州，廷烈以序请，欣然为作《邵子显校刊娄东杂著序》。序云："邵君为予渡河所见第一士，邵君饷书为渡河第一乐。曩予营别墅于昆山县，距太仓一舍，天如予我以萧闲，著述于其中，当效邵君之所为，且拿舟商榷之"。《己亥杂诗》又有专章记之："家公旧治我曾游，只晓梅村与凤洲。收拾遗闻浩无涘，东南一部小阳秋"。自注："太仓邵子显辑《太仓先哲丛书》八帙，起南宋，迄乾隆中。使予序之"。

武穆淳

武穆淳（1772—1832）字敬斯，号小谷，河南偃师人。嘉庆十二年（1807）举人。少颖异，能守家学。性方正，接物不稍依违，为仕有循声。著有《读画山房文抄》2卷。龚丽正知徽州时，曾延其参编《徽州府志》。与汪龙等致书自珍，商榷志书编例等事。

范元伟

范元伟，字春船，浙江钱塘人。嘉庆二十三年（1818）举人。官太平教谕。尝读文澜阁藏书，七略百家，源流洞达。历游江苏、安徽、山东、河北、山西等地。著有《皋亭山馆诗草》。道光十二年（1832），龚自珍等曾招元伟聚吴葆晋斋中，未赴。元伟因作《闰重阳日，龚定庵自珍、戴醇士熙、王兰谷言招集吴红生宝晋斋中，醇士作图以记。予以事不果往，即次图中原韵寄题》诗云："人生几遇重阳闰，（原注：自乾隆丙子闰重阳后，至今七十七年矣。）难得今朝更值闲。欢喜诸君刚放假，破除往例不登山。盍簪小集藤萝下，妙墨添题诗画间。（原注：吴香亭太常有《闰重阳》诗，并绘图以记，红生其哲嗣也。）丛菊两开应笑我，片云何自隔城关。（原注：时予寓内城。）

林则徐

林则徐（1785—1850），字元抚，一字少穆，晚号竢村老人，福建侯官人，嘉庆十六年（1811）进士，改庶吉士，授编修。二十四年（1819），充云南乡试正考。道光间，官杭嘉湖道，累至两江总督。十七年（1837），为湖广总督，力主禁烟，加强海防。曾上奏道光帝，极力赞同黄爵滋以死罪重治吸烟主张，强调"法当从严，若犹泄泄视之，是使数十年后，中原几无可以御敌之兵，且无可以充饷之银"。十九年（1839），为钦差大臣，节制广东水师，赴广州禁烟，严正声明："若鸦片一日不绝，本大臣一日不回，誓与此事相始终，断无终止之理。"在人民群众支持下，协同两广总督邓廷桢，迫使义律和外国烟贩缴出鸦片237万多斤，在虎门海滩当众销毁。1840年1月，任两广总督。鸦片战争爆发后，严密设防，使英军在粤无法得逞。10月，被革职。次年，派赴浙江，协办海防。旋即遣戍新疆伊犁。其《赴戍登程口占示家人》诗有云："苟利国家生死以，岂因祸福避趋之。"二十六年（1846），被重新起用，署陕甘总督。次年，授陕西巡抚。二十八年（1848），调云贵总督。三十年（1850），再度受令为钦差大臣，赴广西督理军务，卒于途中。谥文忠。著有《林文忠公政书》《畿辅水利议》《四州志》《滇韶记程》《荷戈纪程》《云左山房文抄》《云左山房诗抄》《林则徐集》等。则徐为中国近代"开眼看世界的第一人"。文武兼资，风华轶代，交游多为并世名流。其与自珍交谊，自珍称之为"故人"，显非寻常交往可比。林龚除在京共同参加诗文会集之外，有二事宜特别拈出记之。一是，则徐受令为钦差大臣赴广东时，自珍作《送钦差大臣侯官林公序》，为林出谋献策，并拟南游协助。则徐随即复札，给予极高评价。札云："惠赠鸿文，不及报谢。出都后，于关舆绅绎大作，责难陈义之高，非谋识宏远者不能言，而非关注深切者不肯言也。窃谓旁义之第三，与答难义之第三，均可入决定义。……归墟一义，足坚我心，虽不才，曷不敢勉？""至阁下有南游之意，弟非敢沮止旌旆之南，而事势有难言者。"数月后，自珍出都南下，在《己亥杂诗》中，又专门记述此事，反复致意。诗曰："故人横海拜将军，侧立东南未蒇勋。我有阴符三百字，蜡丸难寄惜雄文。"二是，约在同时，自珍赠则徐以镌刻王羲之之《快雪时晴贴》砚石一方。林至为珍视，随身相伴。其后，则徐曾赋七绝一首刻于砚石背面。诗曰："定庵贻我时晴研，相随曾出玉门关。龙沙万里交游少，风雪天山共往还。"二人情同金石，生死不渝，令人感佩。

尚 镕

尚镕（？—1836），字乔客，一字宛甫，江西南昌人。诸生。工诗古文词，覃于史学，于《尚书》《史记》，专研尤深。尝逾岭、浮湘、渡洞庭、泛大江、走吴越，上淮、扬，一时名公硕彦多折节与交。卒于唐县书院。著有《持雅堂全集》，包括《史记辨证》《文集》《诗集》《三家诗话》等。嘉庆二十一年左右（1816—1817），龚自珍随父侍任上海，镕曾走访晤谈，并作《上海访龚定庵晤而有作》长诗，对年方少壮之自珍，给予高度而又公正客观之评价，显示其卓越识见。全诗云："百川障狂澜，体兼众人美。古文至昌黎，论者叹观止。欧柳曾王苏，亦复山岳峙。元明文运衰，荆川振颓靡。国朝侯魏方，相续彬彬起。虽逊昌黎醇，皆可称绝技。不读唐后书，君如明七子。论道必韩文，序事更迁史。出示琳琅篇，客心忽惊喜。铮然生面开，不比虎贲似。狂言或过当，才自胜何李。吾乡罗圭峰，庶几可方轨。我客三茸城，君名动遐迩。仙禽鸣九皋，骏马走千里。俯视眼中人，碌碌不足齿。今朝甫谋面，使我亦失恃。十年学古文，力竭无敢驰。上争欧苏锋，下摩侯魏垒。君皆一洗空，毕竟孰为是。近来詅痴符，操觚多率尔。学未半袁豹，文辄献辽豕。茫茫貉一丘，固宜弃敝屣。卓哉恽子居，鲸鱼掣海浍。韩苏九原作，定当笑相视。君亦加贬词，谁能测微旨。文人好相轻，闾多每行恖。愿进刍荛言，风休射马耳。文章从三易，篱落椠六枳。真气养木鸡，尘梦谈槐蚁。扬雄嗜奇僻，壮抱雕龙耻。干莫锋不藏，李邕被谗死。生才天实难，我亦鉴止水。"

罗士琳

罗士琳（1789—1853），号茗香，江苏甘泉人。早岁精天算之学，以天文生入钦天监推算。道光初，为同辈所嫉，不得官，离去。尝东出山海关，客河南、湖北，所至皆为通人名德所宾接，尤得阮元推重。著有《交食图说举隅》一卷、《推算日食增广新术》二卷。嘉庆十九年（1814）左右，龚自珍于徽州向士琳求教浑天之术，两仪之形，求七政之行之所在。士琳乐而为之解说。自珍因作《说月晷》（《记罗士琳》）一文以记之。

金 媪

金媪（1752—?），籍贯不详。龚自珍儿时保姆，二人情感极深。道光十九年（1839），龚自珍出都南返，重见于苏州，媪年已八十有七。《己亥杂诗》有专章云："温良阿者泪涟涟，能说吾家六十年。见面恍疑悲母在，报恩祝汝后昆贤"。

金礼嬴

金礼嬴（1771—1807），字云门，号五云，又称昭明阁内史，浙江山阴人。晚居钱塘。王昙继室。善绘画，凡人物、仕女、山水、花卉，悉能师心独运，妙夺古人。尤精画佛，得者宝之。又工诗，多清灵凄婉之致。如："梅子酸心树，桃花短命枝。可怜马蹄月，孤负我来时。""门外桃花开未开，童奴来报满田栽。自然有个该开处，拍手崖边看去来。"颇具禅悟。著有《秋红丈室遗诗》，辑《雅堂诗话》。龚自珍尝为作《金孺人画山水序》。

金应城

金应城，字子彦，一字彦士，号兰簃，安徽歙县人。式玉兄。嘉庆六年（1801）拔贡。历官礼部主事、员外部、郎中。与张惠言、黄承吉等友善。工词。著有《兰簃词》。道光七年（1827）三月二十七日，大风之后，龚自珍邀应城及汪潭、朱祖毂、龚自毂等出北京丰宜门外，观赏海棠落花，作《西郊落花歌》。诗云："西郊落花天下奇，古来但赋伤春诗。西郊车马一朝尽，定庵先生沽酒来赏之。先生探春人不觉，先生送春人又嗤，呼朋亦得三四子，出城失色神皆痴。……安得树有不尽之花更雨新好者，三百六十日长是落花时。"

金应麟

金应麟（1793—1852），字亚伯，浙江钱塘人。以举人入赀为中书，道光六年（1826）成进士。授刑部主事，累擢郎中，改御史，迁给事中。著有《豸华堂文集》。应麟与自珍友善。嘉庆二十年（1815），请自珍为撰

《明按察司金事金君石刻铭》。次年，又撰《冷石轩记》。道光年间，应麟妻卒，复为撰《金侍御妻诔》。

周　凯

周凯（1779—1837），字仲礼，号芸皋，浙江富阳人。嘉庆十六（1811）进士。官襄阳知府，有政声。调闽南，升台湾道，官至河南按察使。工诗文，善书画，著有《内自讼斋诗文集》。道光十年（1830）六月初二日，龚自珍邀凯及张维屏、张祥河、魏源、吴葆晋等集龙树寺，置酒兼葭簃，为诗文之会。张维屏《张南山集·松心宴集》曾有诗记之。

周　绶

周绶，字莱衣，号濑渔，江苏吴县东洞庭山人。富收藏，工书画，隶法出入《曹全礼器碑》。诗学苏轼，词学吴文英，均有一定成就。嘉庆二十三年（1818）二月，钮树玉约龚自珍同游洞庭东山，曾至查湾，与周绶同往石桥，游墅舟园，登天桧阁，返至周绶家晚饭。钮树玉有文为记，自珍亦有《纪游诗》一卷（已佚）。

周之彦

周之彦，顺天大兴（今属北京）人。生平未详。道光十九年（1839），龚自珍出都南下并北上迎眷属，途中作《己亥杂诗》三一五首。其第三十五首《别大兴周丈之彦》云："丱角春明入塾年，丈人摩我道崭然。恍从魏晋纷纭后，为溯黄农浩渺前。"可知自珍在总角之年，即为之彦所赏识。其后交往，惜未见详载。诗篇回忆儿时情景，不胜今昔之感。

周中孚

周中孚（1768—1831），字信之，号郑堂，浙江乌程人。道光副贡。博闻强识，长于考证，尤精目录学。著有《郑堂读书记》（又名《郑堂札记》）。中孚经龚丽正推荐，曾为上海李筠嘉主持藏书，并代撰《李氏藏书志》。道光元年（1821），龚自珍侍任上海，中孚以手拓吴兴收藏家吴、晋、宋、梁四朝砖文八十七种见赠，自珍赋七古一首为谢。有云："我生所恨与欧异，但恨金石南天贫。"自注："尝著录吴、东晋、宋、齐、梁、陈六代金石刻，不过十种，而北魏、北齐、北周乃十倍之。"今得中孚所赠南朝砖文拓片，不禁喜出望外。

周仪暐

周仪暐（1777—1846），字伯恬，江苏阳湖人。嘉庆元年（1796）举人。尝客广州，当道争相引重。晚以安徽宣城训导擢陕西山阳知县，调署凤翔，旋乞归。主泾川书院讲席。著有《夫椒山馆诗集》等。嘉庆二十五年（1820）四月，仪暐与龚自珍同由北京回南。途经交河富庄驿，自珍作《逆旅题壁，次周伯恬原韵》："名场阅历莽无涯，心史纵横自一家。秋气不惊堂内燕，夕阳还恋路旁鸦。东邻嫠老难为妾，古木根深不似花。何日冥鸿踪迹遂，美人经卷葬年华。"仪暐有和诗《富庄驿题壁和龚孝廉自珍韵》云："何曾神女有生涯，渐觉年来事事赊。梦雨一山成覆鹿，颓云三角未盘鸦。春心易属将离草，归计宜栽巨胜花。扇底本无尘可障，一鞭清露别东华。"自珍于同时尚作有《南浦·羌笛落花天》词及七绝《赠伯恬》《广陵舟中为伯恬书扇》。及抵仪暐故家，自珍留一联曰："别馆署盟鸥，列两行玉佩珠帘，幻出空中楼阁；新巢容社燕，约几个晨星旧雨，来寻梦里家山。"

周仲墀

周仲墀，字雪桥，江西湖口人。能诗文。官至检讨。道光十三年（1833）二月，出守山阳郡，与邬鹤征、徐宝善等常相唱和。仲墀与龚自珍交游，不可详考。惟道光十年（1830）四月九日，徐宝善、黄爵滋约同人花之寺看海棠，续江亭饯春之集，会者有仲墀、自珍、魏源等十四人，则周、龚早有文字因缘可知。

郑宪铨

郑宪铨，字晓如，一字子斌，号意堂，安徽歙县人，原籍曲阜。咸丰元年（1851）举人，拣发广东知县。著有《防山书屋诗集》。宪铨为孔宪彝表兄。道光十九年（1839）十月，自珍北上途经曲阜，住孔氏挐云馆三日后继续行进，宪铨与王大淮（海门）、王大堉（秋垞）、王鸿（子梅）及孔宪庚（经阁）等五人共饯之于孔庙仰高门外之夔相圃。自珍《己亥杂诗》之292首曾专记之。

宝 兴

宝兴（1776—1848），全名觉罗宝兴，字见山，又作献山，满洲镶黄旗人。嘉庆十年（1805）进士。历任庶吉士、编修、詹事府詹事，入直上书房。嘉庆十八年（1813）林清起义年进攻皇城，急报嘉庆帝，擢大学士。次年授礼部侍郎。二十三年（1818）以科场条例刊刻之误，降二级调用；寻赏给三等侍卫，充吐鲁番领队大臣。道光二年（1822）后，历任大理寺少卿、左副都御史、兵部侍郎、理藩院右侍郎、兵部左侍郎、吉林将军、盛京将军、成都将军。十八年（1838）迁四川总督。二十一年（1841）拜文渊阁大学士，留任川督。二十六年（1846）入觐留京管理刑部，充上书房总师傅，兼翰林院掌院学士。宝兴与龚自珍为师生之谊。嘉庆十五年（1810）秋，自珍参加顺天乡试，考中副榜贡生，宝兴实为该次乡试房师。二十四年（1819），宝兴任职新疆，自珍作《上镇守吐鲁番领队大臣宝公书》，备论天山南路历史与现状，建议摈弃民族歧视政策，以利局势安定。《书》云："今之守回城者何如？曰：令回人安益安，信益信而已矣。信，生信；不信，生不信。不以驼羊视回男，不以禽雀待回女。回人皆内地人也，……吐鲁番安，而四大城皆安；四大城安，而天山南路举安；天山南路安，而非回之天山北路安；天山北路安，而安西南路北路举安。"同时，又附上《西域置行省议》求教。

宗稷辰

宗稷辰（1788—1867），字迪甫，一字涤甫，号越岘，浙江会稽人。道光元年（1821）举人。官内阁中书，军机章京，迁起居注主事，再迁户部员外郎。咸丰间官御史、给事中，寻授河南道。著有《躬恥斋文抄》28卷、《躬恥斋诗抄》24卷、《永州志稿》《四书体味录》等。稷辰潜心理学，尝主讲辰州虎溪、衡山集贤、馀姚龙山、山阴蕺山等书院，注意时务，道光间即为一时名士。李柏荣《日涛杂著》记曰："道光朝内阁中书舍人，多异才隽彦。龚自珍定庵以才，魏源默深以学，宗稷辰越岘以文，吴嵩梁兰雪以诗，端木国珊鹤田以经术，时号'垣五为名士'。"十五年（1835）重阳节，吴葆晋于京斋邀集稷辰与龚自珍、端木国珊、潘谘等作文酒之会，众人高谈阔论，"上下古今，出入霄埌，容与于太虚太始，而归于人事之内，千态万状。"[1]情感至为热烈而融洽。

---

① 潘谘：《秋日集咏记》。

项名达

项名达（1789—1850），原名万准，字步莱，号梅侃、梅侣，浙江仁和人。道光六年（1826）进士。官国子监学正，退而专攻算学。曾主讲紫阳书院。著有《下学庵算术》《象数一原》《开诸乘方捷术》等。名达与龚自珍为同乡之谊。道光十一年（1831）夏，曹籀入都，淹留自珍旅舍二月，南返前夕，自珍邀名达等集寓斋为曹饯行。曹作《七月二十四日，龚定庵招集项梅侃、孙境生、宋二泉饯于京邸寓斋》七绝二首云："相规相劝复相亲，勉我无虚著作身。倘许名山分一席，证明赖有故乡人。""引我亲斟酒一尊，良宵分别情无言。明朝又是通州通，梦绕京华宣武门。"

赵　魏

赵魏（1746—1825），字恪生，号晋斋，浙江仁和人。岁贡生。博学嗜古，尤工篆隶，考证金石碑版最精。所藏商、周彝器款识，汉、唐碑本为天下第一。家贫，无以为食，尝手抄秘书数千百卷，以之换米，然于考证，犹坚守勿释。阮元《积古斋钟鼎彝器款识》及王昶《金石萃编》皆其手定。著有《竹崦庵金石目》五卷，《传抄书目》一卷。魏与龚自珍谊属同乡，情兼师友。自珍于其道德文章，均极推重。嘉庆二十五年（1820）秋，自珍与赵魏及顾广圻、钮树玉、吴文征、江沅等老辈同集虎丘，曾有诗云："尽道相逢日苦短，山南山北秋方脶。儿童敢笑诗名贱，元气终须老辈扶。四海典彝既傍运，两山金石谁先储。（自注：赵、钮各有金石著录之言。）影形各各照秋水，渣滓全空一世无。"道光五年（1825），自珍得汉凤钮白玉印一枚，文曰"婕伃妾赵"，极为喜爱，魏为考订为"芝英篆"。自珍著《金石碑本记》，亦得魏与何元锡等两人校正。道光十九年（1839），自珍辞官南下返杭州，于《己亥杂诗》中作有《吊赵晋斋魏、何梦华元锡两处士》诗云："藏书藏贴两高人，目录流传四十春。师友凋徂心力倦，羽琌一记亦荆榛。"

赵怀玉

赵怀玉（1747—1823），字亿孙，号味辛，一号牧庵，江苏武进人。乾隆四十五年（1780）。高宗南巡，召试赐举人，授内阁中书。官山东青州海防同知，署登州、兖州知府。嘉庆十二年（1807）应盐使之聘，主通州石港讲席六年，晚主陕西关中书院讲席。怀玉性坦易，与海内文人交游无论贵贱，不厌不倦。工古文词；诗与孙星衍、洪亮吉、黄景仁齐名，时称"孙洪黄赵"。著有《亦有生斋文集》《亦有生斋诗集》《云溪乐府》《韩诗外传校本》等。怀玉为龚自珍前辈，自珍素所钦佩。道光七年（1827）自珍赋《常州高材篇》有云："天下名士有部落，东南无与常匹俦。""奇才我识恽伯子，绝学我识孙季逑。最后乃识掌故赵（味辛），献以十诗赵毕酬。三君折节遇我厚，我益喜逐常人游。"可见赵、龚间曾有唱酬来往，为忘年之交。惜原唱与和诗均已亡佚失传。

胡　敬

胡敬（1769—1845），字以庄，号书农，浙江仁和人。嘉庆十年（1805）进士，改庶吉士，授编修，官翰林院侍讲学士。出为安徽学政。曾总纂《全唐文》《治河方略》《明鉴》，所辑皆精审。又参与编纂《秘殿珠林》《石渠宝笈》三编。著有《崇雅堂文集》《崇雅堂诗抄》《证雅》《西青札记》等。敬少时受知于阮元，袁枚亦有"乾坤清气得来难"之誉。晚年归杭，主持崇文出院二十余年。敬为龚自珍父执，自珍素敬事之。道光十九年（1839），自珍出都南下返杭，曾有诗记云："醰醰诸老惬瞻依，父齿随行亦未稀。各有清名闻海内，春来各自典朝衣。"自注："时乡先辈在籍，科目、年齿与家大人颉颃者五人：姚亮甫、陈坚木两侍郎，张云巢艖使，张静轩、胡书农两学士。"

胡培翚

胡培翚（1782—1849），字载屏，号竹村，安徽绩溪人。嘉庆二十四年（1819）成进士，殿试二甲，授内阁中书，充实录馆详校官，擢户部广东司主事。著有《仪礼正义》《燕寝考》《研六室文集》。道光六年（1826），龚自珍作有《同年生胡户部培翚集同人祀汉郑司农于寓斋，礼既成，绘为卷子，同人为歌诗，龚自珍作〈祀议〉一篇质户部，户部属隐括其指，为韵语以谐之》诗。另，又作《绩溪胡户部文集序》一文。

查冬荣

查冬荣（1794—？），字子珍，号辛香，又作辛芗，浙江海宁人。诸生。家故贫，出游申江、岭南、淮阴等地。客河南，主持汝阳书院讲席。同治三年（1864）年七十，取50年诗28卷刊印，各卷以事系名，总称《诗禅室诗集》。冬荣早年与同里结东山吟社，在曾燠梅花书院肄业五年。海宁查氏以诗鸣，自慎行（1650—1727）后，绵延不绝。冬荣为后起之秀，诗名益著，曾与黄安涛、魏源、龚自珍、边浴礼、彭蕴章、宗稷辰等有喝酬。卷八《龚定庵豫园月话图属题四首》，可考自珍交游。

奎 绥

奎绥，满洲长白人。道光九年（1829）进士。生平未详。奎绥与龚自珍为同年进士，又同时留京，自当时有交往。道光十九年（1839），自珍离京南归，行前不及与己丑同年五十一人，一一告辞，仅与绥及刘良驹、桂文燿、丁彦俦、戴绷孙、黄骧云、江鸿升、步际桐等八人握手为别，并赋诗云："五十一人皆好我，八公送别益情亲。他年卧听除书罢，冉冉修名独怆神"。

奎　耀

奎耀，满洲长白人。大学士英和子。曾官通政使，其他不详。奎耀与龚自珍有酬唱往还，谊属知音。自珍《贺新凉·长白定圃公子奎耀，示重阳忆菊词，依韵奉和》云："楚断秋无际。滞幽人一天残照，苍凉诗意。何处帘栊何处院？金管玉箫浓醉。有词客如云而至。依有词场云水外，但凭栏送尽征鸿字。芳讯杳，九华佩。春人只为春愁死。几曾谙篱边酒冷，笛边风起。性懒情多兼骨傲，直得消魂如此。与涧底孤松一例。谁料平原佳公子，也一般识得秋滋味？秋士怨，可知矣。"

昭　梿

昭梿，号汲修主人，又号檀樽主人，清宗室。嘉庆十年（1805）袭礼亲王，二十年（1815）因事夺爵、圈禁。次年获释。后授候补主事。著有《啸亭杂录》《惠存堂烬存草》。昭梿熟谙清朝典章制度，颇得龚自珍推许。自珍尝云："自珍所交贤不贤，识掌故者，自程大理同文而外，莫如王也。"道光二年（1822）闰三月初一日，自珍作《拟厘正五事书》（又题《与人笺》），曾引述嘉庆十八年（1813）昭梿与自己所言关于"史例"之见解。"史例随时代变迁，因时而创"。认为纂修清朝"国史"者当以之作为参考。

钮树玉

钮树玉（1760—1827），字蓝田，号匪石，江苏吴县人。布衣。世居洞庭山，不求闻达。早年曾贾于齐鲁、吴越间。嗜学，博览群书，为钱大昕弟子，又与王昶、孙星衍、李锐、顾广圻等人交游。著有《说文新附考》《说文解字校录》《说文段注订》《匪石山人遗诗》等。嘉庆二十二年至二十三年（1817—1818）间，龚丽正以苏松太兵备道驻上海，树玉曾馆于道署。时自珍亦侍任在海上，二人朝夕晤聚，论学衡文，相处甚洽。自珍喜从人借书，树玉及何元锡常助其搜讨。树玉曾有《龚君率人出示诗文走笔以赠》诗云："翠蜻游青霄，醯鸡舞盆盎。赋形既悬绝，高下焉能仿？大雅久不作，斯文日惝㤁。蛙声与蝉噪，倾耳共嗟赏。浙西挺奇人，独立绝俯仰。万卷罗心胸，下笔空依仗。余生实鄙陋，每获亲椒悦。偏览所抒写，如君竟无两。君今方盛年，负志多慨慷。大器须晚成，良田足培养。阳气已潜萌，万汇滋生长。率尔成赠言，聊以资抚掌。"对自珍才学，备致赞赏。树玉尝为自珍舌东西两湖洞庭之胜，并出示《山中探梅卷子》，自珍题［摸鱼儿］词有云："数东南千岩万壑，君家第一奇秀。"二十三年（1818）春，自珍应树玉约，赴洞庭山游太湖，"以为平生游览得未曾有。"同游者尚有叶小梧、孔敬堂、周懒渔等。树玉作《洞庭游记》以记之。自珍亦作有《纪游诗》一卷（已佚）。今存诗两首：《发洞庭，舟中怀钮匪石树玉、叶青原昶》及《比游》。二十五年（1820）秋，树玉、自珍复与赵魏、顾广圻、吴文征、江沅等同集苏州说丘举行秋谳，自珍以年齿最末，得与诸老辈追陪，深有所感，赋诗云："尽道相逢苦日短，山南山北秋方脒。儿童敢笑诗名贱，元气终须老辈扶。四海典彝既旁达，两山金石谁先储。（原注：赵、钮各有金石著录之言。）影形各各照秋水，渣滓全空一世无。"

段　驯

段驯（？—1823），字淑斋，江苏金坛人。段玉裁女，自珍母。驯文学修养甚深，雅善吟咏。与归懋仪等时有唱和，著有《绿华吟榭诗草》。驯为自珍之文学第一导师。尝于帐外灯前，口授吴梅村诗。为自珍日后爱好文学和诗歌创作影响至大。自珍《三别好诗》有序云："余于近贤文章，有三别好焉；虽明知非文章之极，而自髫年好之，至于冠益好之。兹得春三十有一，得秋三十有二，自揆造述，绝不出三君，而心未能舍去。以三者皆于慈母帐外灯前诵之，吴诗出口授，故尤缠绵于心，吾方壮而独游，每一吟此，宛然幼小依膝下时。吾知异日空山，有过吾门而闻且高歌，且悲啼，杂然交作，如高宫大角之声者，必是三物也。"

段 骧

段骧，字右白，江苏金坛人。玉裁长子，国子监生。工诗。晚年自涂乙尽。有《梅治轩集》一卷。卒葬苏州支硎山。骧为龚自珍舅父。甥舅之间常有诗文酬唱。道光十九年（1839），自珍出都南返，过苏州，骧已逝世。自珍追思往昔，伤感万端，为赋诗云："少年哀艳杂雄奇，暮气颓唐不自知。哭过支硎山下路，重抄梅治一夜诗"。

段玉立

段玉立（1748—？）字清标，一字鹤台，江苏金坛人。龚自珍叔外祖父。善诗文书法。包世臣《艺舟双楫》有《与段鹤台明经论书次东坡韵》诗。自珍十五六岁时，侍亲居京师法源寺南，尝逃塾就寺门读书，玉声寻声尾之，寺僧戏谓"一猿一鹤"。祖孙情谊至笃。道光六年（1826），自珍三十五岁，重游故地，作《丙戌秋日，独游清源寺，寻丁卯戊晨间旧游，遂经过寺南故宅，惘然赋》诗，有云："髫年抱秋心，秋高屡逃塾。宕往不可收，聊就寺门读。春声满秋空，不受秋气束。一叟寻声来，避之入修竹。叟乃喷古笑，烂漫晋宋谑。寺僧两诲之，谓一猿一鹤。……千秋万岁名，何如少年乐？"同年冬，自珍回首平生，百感交集，又作《寒月吟》五章，发抒感慨。其第四章则专咏玉立老人，情辞并茂。诗曰："我生受之天，哀乐恒过人。我有平生交，外氏之懿亲。自我慈母死，谁馈此翁贫？江关断消息，生死知无因。八十罹饥寒，虽生犹僇民。昨梦来哑哑，心肝何清真？翁自须发白，我如髫卯淳。梦中即殇之，而复留遮之，挽须搔爬之，磨墨挪挪之，呼灯而烛之，论文而哗之。阿母在旁坐，连连呼叔爷。今朝无风雪，我泪浩如雪。莫怪泪如雪，人生思幼日。"

段玉裁

段玉裁（1735—1815），字若膺，一字茂堂，江苏金坛人。乾隆二十五年（1760）举人。至京师，见戴震，好其学，遂师事之。以教习得贵州玉屏知县，旋调四川，署富顺及南溪县事。又办理化林坪站务。寻任巫山知县。未几，以父老引疾归，卜居苏州枫桥，键户治学30余年。嘉庆二十年（1815）卒。著有《说文解字注》30卷、《六书音韵表》5卷、《古文尚书撰异》32卷、《毛诗故训传定本》30卷、《诗经小学录》30卷、《春秋古经》12卷等，其中以《说文解字注》为传世扛鼎之作。兼擅诗文，有《经韵楼集》12卷，亦颇雅赡。玉裁为龚自珍外祖父，于自珍极宠爱，曾赐字曰"爱吾"。自珍十二岁时，即授以《许氏说文部目》，为其平生以经说字，以字说经之始。道光十九年（1839）自珍在《己亥杂诗》中专记之云："张杜西京说外家，斯文吾述段金沙。导河积石归东海，一字源流奠万哗。"嘉庆十七年（1812），龚丽正就任徽州知府，自珍由杭州赴徽州任所，途经苏州，玉裁为索观其所业诗文，并为其《怀人馆词》作序，序中有云："自珍见余吴中，年才弱冠，余索观所业诗文甚多，间有治经史之作，风发云逝，有不可一世之概，尤喜为长短句。其曰《怀人馆词》者三卷，其曰《红禅词》者又二卷，造意立言，几如韩李之于文章，银碗盛雪，明月藏鹭，中有异境，此事东涂西抹者多，到此者少也，自珍以弱冠能之，则其才之绝异，与其性情之沈逸，居可知矣。"次年，玉裁又驰书徽州，勉励外孙读书："博闻强记，多识蓄德"[1]。及见自珍在徽所作《明良论》4篇，更加墨矜宠，至谓：吾且耄，犹见此才而死，吾不恨矣！

---

[1] 《与外孙龚自珍札》。

段美贞

段美贞（1792—1813），江苏金坛人。段玉裁女孙，段驯（雨千）女。嘉庆十七年（1812）与龚自珍结婚于苏州。随与自珍赴徽州。居龚丽正任所，"敬事舅姑夫子"[①]。次年七月，因病为庸医所误，卒于徽州府署。时自珍先于四月赴京师应乡试，出闱后遄归，已不及见其人矣。十九年（1814）三月，自珍携柩归杭，暂厝于西湖毛家步。玉裁为作墓志铭曰："深深葬玉非余悲，乃尔姑嫜之悲，泪浪浪犹未绝兮。苟非尔之婉嫕兮，曷为经三时而犹痛其摧折。尔舅尔姑尔夫之厚尔兮，尔亦可以自慰而怡悦。委形付诸空山兮，魂气升于寥沈。"

俞正燮

俞正燮（1775—1840），字理初，安徽黟县人。道光元年举人。家贫，性介。读书经目不忘，程恩泽称其负绝人之资。年二十余，负其所业北上山东兖州谒孙星衍。其后，客张井、陈用光、林则徐、祁寯藻幕，以纂校为业。先后佐修《会典》，校《方舆纪要》，纂《两湖通志》。著有《癸巳类稿》15卷、《癸巳存稿》15卷、《说文部纬校补》《海国纪闻》及《四养斋诗稿》3卷。正燮出生皖南徽州，于故乡人文风气濡染极深，并承其乡先辈江永、戴震诸学者之绪而扩充之。生平自治经外，于史学、诸子、天文、舆地、医方、星相以及释道之说，无不探究，且多发前人所未发。张舜徽尝评曰："正燮在嘉道间，虽不为专经专史之学，而涉览浩博，一时无两。此二编（按：指《类稿》《存稿》）殆即其治学心得之总汇。张穆称读其书者，如入五都之市，百货俱陈，无不满之量，自非过情之誉也。余则以为正燮所以大过人者，尤在论事有识，不徒记诵淹博而已。自古重

---

① 段玉裁：《龚自珍妻权厝志》。

男轻女之见，深入人心，牢固而不可破，正燮独大声疾呼，为不平之鸣。《类稿》卷十三《节妇说》，言礼云一与之齐，终身不改，男子亦不当再娶。《贞女说》言后世女子不肯再受聘者，谓之贞女，其义实有未安。未同衾而同穴，谓之无害，则又何必亲近，何必庙见，何必为酒食以召乡党僚友，世又何必有男女之分，此盖贤者未思之过。《妒非女人恶德论》言夫买妾而妻不妒，是惎也，惎则家道坏矣。明代律例，民年四十以上无子者，方听娶妾，违者笞四十。此则妇女无可妒，法之最善者也。此皆议论精辟，发前人所未发。其次如《存稿》卷四《女》《妻》《女人称谓贵重》《出夫》等篇，皆足为妇权张目，固非拘墟者所能梦见。近世提倡男女平等之说，而正燮已先揭斯义于百数十年之前，其识卓矣"。[1]正燮长龚自珍近二十岁，二人交游情况记载不多。然自珍自幼即服膺江、戴之学，其钦仰正燮学术事业亦不待言；更何况二人均非以纯粹儒宗自囿，二人之思想均具有极大启蒙性质。同声相应，同气相求，则二人之肝胆相照，自可洞见。道光十九年（1839）四月，自珍离都南下前，情绪十分烦躁，以至呕血，但去黟县会馆访晤正燮畅谈后，精神迅即为之一振。其《与吴虹生书》云："弟因归思郁勃，事不如意，积痞所鼓，肺气横溢，遂致呕血半升，家人有咎酒者，非也。但呕后仍跳如生獐。昨仍徒步出门，到黟馆访俞理初剧谈以散之，涤荡之；归来不加剧，想无事矣。"

俞秋圃

俞秋圃，名诰，字秋圃，一作秋浦，以字行，江苏松江娄县（今属上海市）人。乾嘉间琵琶圣手，道光初年去世。善奏《玉树后庭花》《海青》《夕阳箫鼓》诸曲，又能鼓琴。著有《琵琶谱》1卷。秋圃常演奏于苏州、华亭、上海、松江一带地方官幕中，得识许多名士。曾辑录友人赠诗为《海情集》。陈文述、钱泳、舒位、孙原湘、张祥河、钦善诸人诗文集中，

---

[1] 《清人文集别录》。

亦时见有关秋圃的记载。嘉庆末，龚丽正在上海苏松太兵备道任上，自珍随侍。秋圃曾在道暑演奏，并乞用娄东体赠诗。自珍因作七言歌行《秋夜听俞秋圃弹琵琶赋诗，书诸老辈赠诗册子尾》为赠。

洪子骏

洪子骏，安徽歙县人。生平不详。嘉庆十七年（1812）夏，龚自珍回到阔别十年故乡杭州，泛舟西湖，述怀作［湘月］（天风吹我）词。子骏见而赞之，并作［金缕曲］为赠。题词序曰："龚子瑟人近词有曰：'怨去吹箫，狂来说剑'二语，是难兼得，未曾有也。爰填［金缕曲］赠之"。其佳句云："结客从军双绝技，不在古人之下，更生小会骑飞马。如此燕邯轻侠子，岂吴头楚尾行吟者？"其下半阕佳句云："一棹兰舟回细雨，中有词腔姚冶，急顿挫淋漓如话。侠骨幽情箫与剑，问箫心剑态谁能画？且付与，山灵诧"。

洪饴孙

洪饴孙（1773—1816），字孟慈，一字佑甫，江苏阳湖人。亮吉长子。嘉庆三年（1798）举人，任国史馆誊录。后铨选湖北东湖知县，抵任八阅月，遽卒。饴孙幼承家学，沈敏嗜读，每旬月不出，积稿盈寸。从庄述祖游，始习考订经史。又与同县丁履恒、陆继辂、陆燿遹、庄俊甲、刘逢禄等商榷今古。龚丽正知徽州知府时，曾延请纂修府志，与自珍谊在师友之间，商讨志书编例。著有《世本辑补》10卷、《补三国职官表》3卷、《历代史目表》2卷、《毗陵艺文志》4卷、《青缫山人诗》10卷。

恽　敬

恽敬（1757—1817），字子居，号简堂，江苏阳湖人。乾隆四十八年

（1783）举人。历知浙江富阳、江山二县，以振兴文学为务，并著廉名。擢南昌府同知，改署吴城。少喜骈文，后致力于古文，与张惠言等同为"阳湖派"创始人。著有《大云山房文稿》《大云山房诗集》《历代冠服图说》《子居决事》等。敬为常州名士，曾折节厚与年齿较晚之与龚自珍交往。自珍《常州高材篇，送丁若士履恒》诗云："奇才我识恽伯子，绝学我识孙季逑，最后乃识掌故赵（味辛），献以十诗赵毕酬。三君折节遇我厚，我亦喜逐常人游。"对前辈文采风流，深致敬意。然在辨章学术时，自珍则不稍假借。其《识某大令集尾》一文，据龚橙称，系为恽敬文集而作，于恽敬之著述颇多贡难之辞。

姚 莹

姚莹（1785—1852），字石甫，一字明叔，号展和，安徽桐城人。嘉庆十三年（1808）进士，选福建平和知县，台湾海防同知。道光十八年（1838）官台湾道四年。尝平张丙、胡布变乱，全台大定。二十一年（1841）七月，厦门失守，英军屡犯鸡笼海口，莹率部奋抗，敌不敢进。英忌恶之，诬讦。道光帝命怡良渡海查办，致抵罪被逮入都。全台士民远近奔赴，具状申理。北上时，张际亮抱病为之奔走，劳瘁以终。汪喜孙闻莹被逮，亦大恸呕血。方东树《寄姚石甫》诗注渭："连年浙、粤、江南皆丧地失守，而台独完。"足见捍卫国土，功在不朽。既释罪，以同知发四川用，官至湖南按察使。莹承曾祖范、从祖鼐遗绪，工古文，以义理为宗。诗亦唐宋正轨。著有《东溟文集》《后湘诗集》《东槎纪略》《康輶纪行》等。同治六年（1867），子濬昌汇刻为《中复堂全集》。莹与龚自珍始识于道光初年，其后又多有交往。姚莹《汤海秋传》尝记云："道光初，余至京师，交邵阳魏默深、建宁张亨甫、仁和龚定庵及君。定庵言多奇僻，世颇訾之。亨甫诗歌，几追作者。默深始治经，已更悉心时务，其所论著，史才也。君乃自成一子。是四人者，皆慷慨激励，其志业才气，欲凌轹一时矣。世乃习委靡文饰，正坐气苶耳。得诸子者，大声振之，不亦可乎！……岁在丙戌，余服阕入都，诸君与周旋久之。……辛卯，余再入都，廉峰已病，未几卒，定庵继之。"

姚元之

姚元之（1773—1852），字伯昂，号荐青，又号竹叶亭主人，安徽桐城人。嘉庆十年（1805）进士，改庶吉士，授编修。历官左副都御史。道光十八年（1838）以事降为内阁学士。少工诗文，问学于族祖姚鼐。工隶书行草，画笔亦妙。著有《荐青诗集》《使沈草》《寿星岁事录》和《竹叶亭杂记》等。道光七年（1827）春，元之在北京曾向龚自珍借阅乙部诸书，自珍因忆昔年家藏富而不慎于火，近年"又客籍皆变易，好事者希"，为作《述怀呈姚侍讲元之》诗云："祭书岁岁溯从壬，（原注：自壬午灾后，岁以酒醴祭亡书百种。）无复搜罗百氏心。为道敢云能日损，崇朝结习触何深？上方委宛空先读，（原注：阮公元抚浙日，进七阁未录书百种，睿庙时锡名《委宛别藏》，副墨浙中有之。）同志徐王仗续寻。（原注：星伯舍人、北堂征君搜罗精博，日下无过之者。）定有雄文移七阁，跂公好事冠儒林"。

姚学塽

姚学塽（1766—1826），字晋堂，一字镜塘，浙江归安人。嘉庆元年（1796）进士，官中书。以耻事和珅，乞归。和珅伏诛，始入都任职。十三年（1808），主贵州乡试。官兵部主事，迁职方司郎中。官京师十余年，不履要津，寓破庙中，不携眷属，趋公之暇，以文酒自娱，颇为士林风仰。学问赡博，诗文俱佳。断句如："臭味偏于吾辈近，风怀莫遣女郎知"（《梅子》）；"但使斯民无菜色，愿教我辈食其根"（《谢人送菜》）；"养志未须嫌禄薄，读书大好是官闲"（《送闵贡甫之扬州》），均为时传诵。著有《竹素轩制义》《姚兵部诗文集》《竹素斋诗文集》等。学塽与龚自珍为忘年交。自珍负俊才，于世少所许可，独心折学埭而不道其字，言必称"姚归安"。《己亥杂诗》之六十尝记其抱功令文就正事云："华年心力九分殚，泪渍蟫鱼死不干。此事千秋无我席，毅然一炬为归安。"自注："抱功令文二千篇，见归安姚先生学埭，先生初奖借之，忽正色曰：我文著墨不著笔，汝文笔墨秉用，乃自烧功令文。"自珍每有困惑或心得，辄约偕友人拜访。如《柬陈硕甫奂，并约其偕访归安姚先生》其三云："进退两无依，悲来恐速老。愁魂中夜驰，不如起为道。枯庵有一士，长贫颜色好。避人偕访之，一觌永相保。"《柬王征君萱龄，并约其偕访归安姚先生》云："归安醰醰百怪宗，心夷貌惠难可双。征君力定乃其亚，大吕合配黄钟撞。""归安一身四气有，举世但睹为秋冬。亟拉征君识姚子，高山大壑长相逢。"

姚祖同

姚祖同（1762—1842），字亮甫，一字秉璋，号镜潭，浙江钱塘人。乾隆四十九年（1784），高宗南巡，召试，赐举人，授内阁中书。历官河南、山西、直隶布政使，安徽、河南巡抚等。道光十一年（1831）以左副都御史休致。祖同为龚自珍乡前辈，相识甚早。嘉庆二十四年（1819）自珍有《杂诗，乙卯自春徂夏，在京师作，得十有四首》组诗，其八即为"谢姚亮甫丈席上语。"诗云："偶赋山川行路难，浮名十载避诗坛。贵人相讯劳相护，莫作人间清议看"。道光十九年（1839）自珍出都南返故乡，祖同正居杭休养，曾有诗记云："醰醰诸老惬瞻依，父齿随行亦未稀。各有清名闻海内，春来各目典朝衣。"自注："时乡先辈在籍，科目、年齿与家大人颉颃者五人：姚亮甫、陈坚木两侍郎，张云巢鹾使，张静轩、胡书农两学士。"

秦 瓛

秦瓛，字玉笙，江苏江都人。恩复子。道光元年（1821）举人，不仕。善医术，工画山水，晚年以填词著称。著有《意园酬唱集》《思秋吟馆诗文词集》。道光十九年（1839），龚自珍出都南下，曾晤瓛于扬州，并有诗记曰："七里虹桥草腐腥，歌钟辞赋两飘零。不随天市为消长，文字光芒聚德星。"

秦恩复

秦恩复（1760—1843），字近光，号敦夫，江苏江都人。乾隆五十二年（1787）进士。改庶吉士，授编修。读书好古，所居五笥仙馆，蓄书万卷，丹铅不去手，尤精校勘。延顾千里于家，共相商榷。多搜古本校刊，号为"秦版"。阮元抚浙时，聘主诂经精舍，助刊《全唐文》。性喜填词，必求尽善，曾刻《词学丛书》。著有《石研斋集》《享帚词》等。道光元年（1821）秋，恩复访龚自珍于北京，自是岁余，无三日不相见。并与程同文相约，三人间每得一异书，则互相借抄。二年（1822），自珍作《柬秦敦夫编修二章》，备赞恩复为乾隆朝耆旧，"阅人多，心光湛然，而气味沉厚，温温然耐久长。"诗曰："君家有古镜，曾照汉时妆。三日不相见，思之心徊徨。愿身为镜奁，护此千岁光。""君家有熏炉，曾熏汉时香。三日不摩挲，活碧生微凉。愿身日炉烟，续续君子旁。"六年（1826），自珍在京以奇异金石文字拓本十九种，并媵以七古诗一首，寄恩复于扬州。十九年（1839），自珍出都南下经扬州，与恩复重晤，又慨然赋诗为念："蜀冈一老抱哀弦，阅尽词场意惘然。绝似琵琶天宝后，江南重遇李龟年。"感遇伤时，情不能已。

袁　桐

　　袁桐，字琴南，号琴甫，一作琴圃，又署琴居士，浙江钱塘人。袁枚族侄。官直隶河之通判。能诗，工书，精篆刻，善画。论者谓其金碧山水，得仇英遗意，设色花卉，雅韵欲流。桐与龚自珍为儿时好友，一往情深。自珍中年后，曾有《百字令·投袁大琴南》云："深情深似海，问相逢初度，是何年纪？依约而今还记取，不是前生夙世。放学花前，题诗石上，春水园亭里。逢君一笑，人间无此欢喜。（原注：乃十二岁时情事。）无奈苍狗看云，红羊数劫，惘惘休提起！客气渐多真气少，汩没心灵何已？千古声名，百年担负，事事违初意。心头阁住，儿时那种情味。"

袁　通

　　袁通（1775—1829），字达夫，号兰村，浙江钱塘人。袁香亭子，过继袁枚为嗣子。曾为河南汝阳知县。著有《捧月楼诗》《捧月楼词》及《燕市联吟集》。其词作又另以《捧月楼绮语》《长短言》行世。龚自珍撰有《袁通长短言序》，对袁通倍加称赞。嘉庆十八年（1813）通在京，与龚自珍及汪珫同憩僧寺，曾作词《南浦·偕汪大忆兰、龚大自珍游崇效寺》。词云："花底骤骄骢，惹风鬓雾鬟满堆香絮。小憩四禅天，寻春兴，又被啼莺留住。乱红暗锁，门前不见天涯路。竹里瓶笙听渐熟，难得此间萍聚。未须同怨飘零，被汀鸥梁燕笑人辛苦。弹指几番来，庭前柳，高出檐牙如许。画桥粉涴，恁迷忘却前游去。只合问他今夜月，可记旧题诗处？"龚自珍、汪珫亦分别作《鹊桥仙》及《金缕曲》记游。龚词云："飘零也定，清狂也定，莫是前生计左？才人老去例逃禅，问割到慈恩真个？吟诗也要，从军也要，何处宗风香火？少年三五等闲看，算谁更惊心似我？"词前有小序称："同袁兰村、汪宜伯小憩僧寺，宜伯制《金缕曲》见示，有"望南天，倚门人老，敢云披剃"之句。"余惊其心之多感，而又喜其词之正也，倚此慰之。"则此游三人作词，似由汪首唱，龚继之，袁又继之。

桂文燿

桂文燿（1807—1854），字子淳，一字星垣，广东南海人。原籍浙江慈溪。道光九年（1839）进士，改庶吉士，授翰林院编修，充湖南乡试副考官。历官湖广道监察御史、常州府及苏州府知府、署淮海兵备道，丁忧归卒。著有《群书补正》《席月山房词》等。文燿与龚自珍为同年进士。道光十九年（1829），自珍出都南下时，留京己丑同年五十一人，匆匆难偏别，文燿为握手一别者八人之一。自珍有诗记云："五十一人皆好我，八公送别益情亲。他年卧听除书罢，冉冉修名独怆神。"

夏　恒

夏恒（？—1839），原名庆云，字乔瑞，号益卿，湖南攸县人。道光九年（1829）与龚自珍为同年进士。由庶吉士授吏部考功司主事。少孤贫，性敏好学。所著皆讲术经济，为同辈推服。道光十九年（1839）病逝于北京。时龚自珍正在南下途中，闻讯为赋诗曰："五十一人忽少三，我闻陨涕江之南。箧中都有旧墨迹，从此袭以玫瑰函。（自注：闻都中狄广轩侍御、苏宾嵋吏部、夏一卿吏部三同年忽然同逝。）"

夏　璜

夏璜（1775—1825），浙江钱塘人。进士。嘉庆二十二年（1817），诠县令。璜与龚自珍为同乡，嘉庆十二年（1807）与自珍结识于北京，是为自珍有朋友之始。十年后，璜将赴县令任，行道上海作别，自珍为作《送夏进士序》。道光五年（1825）冬，夏璜卒，自珍因守母丧正在杭州，感伤不已。次年作《夏进士诗》六章，历述二人交游始末及璠在学术上造诣，深致悼念。全文如次："我欲补谥法，日冲暨日谆；持此当谥谁？夏璠钱塘人。""我生有朋友，十六识君始；我壮之四年，君五十一死。""君熟于左氏，只字诵无遗；下及廿二史，名姓胸累累。""形亦与君忘，神亦与君忘；策左五百事，赌史三千场。""识君则在北，哭君在杭州；时乙酉既腊，西湖寒不流。""作夏进士诗，名姓在吾集；如斯而已乎，报君何太啬？"

夏之盛

夏之盛（1799—1842），字松如，浙江钱塘人。诸生。三岁丧父，七岁丧母。十五试不举，好蓄金石彝器，考证精确。道光二十二年（1842）忧愤以终。为文千言立就，尤敏于诗，与吴振棫、汪远孙等结东轩吟社。晚逢鸦片战争，有诗感赋。著有《留馀堂诗钞》《新安纪行草》。之盛与龚自珍为同乡，二人当有往还。自珍得赵飞燕玉印，极宝之。之盛曾为作《汉赵倢伃飞燕印》诗。姬人杨素书亦工吟咏，诗附《留馀堂诗抄》中甚多。女伊兰著《吟红阁诗》，有刊本行世。

顾 莼

顾莼（1765—1832），字希翰，一字吴羹，号南雅，晚号息庐，江苏长洲人。嘉庆七年（1802）进士，改庶吉士，授编修，官至通政司副使。著有《滇南采风录》《思无邪堂诗文集》。尚气节，工诗文，善书画，为时所称。道光九年（1829），秦恩复赠龚自珍以《重摹宋刻洛神赋九行》，自珍曾邀莼及徐松、王萱龄、林则徐、魏源、何绍基等同观。

顾　翰

顾翰（1783—?），字木天，号兼塘，一号简塘，江苏无锡人。嘉庆十五年（1810）举人。历官安徽泾县、宣城知县。后主大梁书院讲席，卒于咸丰年间。早负诗名，为洪亮吉、杨芳灿所称赏。尝仿司空图作《诗品》24则。著有《拜石山房诗抄》。翰春闱报罢，曾住北京法源寺，漫游城郊。复应杨蓉裳之请入川，作蜀中诗。官泾县，住汴梁，亦时登临览胜，唱酬师友为阮元、舒位、陈文述、彭兆荪、朱为弼、徐宝善等。翰与龚自珍交游约始于道光五年（1825）。是年冬，自珍客昆山，与徐宝善过从甚密，而翰与徐宝善等并称为"同岑五子"。自珍得赵飞燕玉印，遍征寰中作者为诗，翰亦有作。诗题为《观汉赵飞燕玉印同徐廉峰太史作》。十年（1830），徐宝善与黄爵滋在北京江亭同邀友人饯春，翰与自珍均应约赴会。

顾广圻

顾广圻（1770—1835），字千里，号涧苹，又号一云散人，江苏元和人。少好读书，不事科举，年三十，始补博士弟子员。受业于江声，得惠氏遗学。精于校勘，鲍廷博、阮元、孙星衍、张敦仁、黄丕烈、胡克家、秦恩复、吴鼒等人所刻书多经其手订。李慈铭《越缦堂读书记》尝评云："顾氏校雠之学，实为古今第一。其时，年辈在前者如卢抱经、孙渊如，皆于此事专门，深相引重；至高邮王氏父子，尤善读古书，而于涧苹极口推服。盖其交好友张古余、胡果泉、秦敦夫、顾抱冲、黄荛圃，皆经苑老宿，收藏极富，赏奇析疑，不遗余力，而又多见钱遵王、毛斧季、季沧苇三家藏书，故独步一时，无惭绝学。"著有《思适斋集》18卷：前4卷为诗、词、赋，余14卷为文序，题跋，上海徐渭仁刻。另有《思适斋书跋》4卷，为近人王大隆辑印。广圻与龚自珍为忘年交，自珍常称广圻为"丈"

而敬事之。嘉庆二十五年（1820）自珍与广圻、赵魏、钮树玉、吴文征、江沅等老辈同集虎丘秋宴。自珍有诗记事，于广圻等深致推崇。诗句有云："儿童敢笑诗名贱，元气终须老辈扶"；"影形各各照秋水，渣滓全空一世无。"道光元年（1821），自珍在京以北平石墨数种，拓寄广圻，并附以〔清平乐〕词云："黄尘扑面，寒了盟鸥愿。问我名场谁数见？冷抱寒陵一片。别来容易经秋。吴天清梦悠悠。梦到一湾渔火，西山香雪归舟"。自注："谓辛巳正月探梅之游"。广圻于自珍学识亦颇为器重，道光二年（1822）在手校《河朔访古记》题识中记曰："昨作札与仁和龚瑟人中书自珍，劝其就近搜术京畿碑版，集录为一书，将摘此记常山郡卷内所列目寄之，亦不可少之事。"道光七年（1827），广圻在苏州以唐睿宗书顺陵碑拓本寄赠，自珍欣喜异常，特为赋诗二首代跋，书于帧尾。诗云："南书无过《瘗鹤铭》，北书无过《文殊经》；忽然二物相顾哑，排闷一丈蛟龙青。"自注："《文殊经》在山东水牛山。""唐二十帝帝书圣，合南北手为唐型；会见三物皆却走，召伯虎敦赫在庭。"自注："召伯虎敦百有三名，余所获器也。"[1]道光九年（1829），自珍与广圻书，订五年相见，广圻报书云："敢不忍死以待。"然此约并未实现，广圻亦于十五年（1835）春病卒，自珍深以为憾。十九年（1839），自珍辞官返回南方，在《己亥杂诗》中曾以二章专记广圻。其一云："万卷书生飒爽来，梦中喜极故人回。湖山旷劫三吴地，何日重生此霸才。"自注："梦顾千里有作。"其二云："故人有子尚饘粥，抱君等身大著作。刘向而后此大宗，岂同陈晁竞目录？"自注："千里著《思适斋笔记》，校定六籍、百家，谥其文字，且生陈、晁后七百载，目录方驾陈、晁，亦足豪矣。嗣君守父书，京师传闻误也。"

顾文炳

顾文炳，初名明，字子述，又字子明，号尚志，江苏武进人。道光元

---

[1] 《顾丈千里得唐睿宗书顺陵碑，远自吴中见寄，余本以南北朝磨厓各一种悬斋中，得此而三，书于帧尾》。

年（1821）举人。曾从卢文弨问学，尽得其传。与臧庸、钮树玉等友善。博通训诂，熟于经义。著有《高诱〈战国策〉》《竹书纪年》等，又曾与臧庸一同编校过《戴东原集》。文炳为常州学人前辈，素为龚自珍所尊敬。自珍年幼时，在外公段玉裁处，曾与文炳相识。其《常州高材篇，送丁若士履恒》诗云："外公门下宾客盛（自注：谓金坛段先生），始见臧（在东）顾（子述）来衮衮。"

钱　林

钱林（1762—1828），字叔雅，一字东生，号金粟，浙江仁和人。世居常熟。嘉庆十三年（1808）进士。官至翰林院侍读学士。林为阮元诂经精舍生，于经史、天文、地理、律历诸书无不窥，又关心当代学术。著为《文献征存录》10卷，《玉山草堂诗集》《续集》共36卷。林生平为人，有种种异事，逝世前"遗言以道装入殓。"人谓之为"冥官"或"阎罗王"。详细记载，见其门生张集馨撰《道咸宦海见闻录》。自珍集中有《投钱学士林》一诗云："晚达高名大隐身，对门踪迹各清真。恍逢月下骑鸾客，何处容他啖肉人？"

钱　枚

钱枚（1761—1803），字枚叔，又字谢庵，浙江仁和人。嘉庆四年（1799）进士，官吏部主事。诗才清妙，又善倚声。纵酒成疾，年四十余卒。著有《斋心草堂诗抄》4卷、《微波亭词》1卷。枚为龚自珍乡贤，谊居父执。枚卒后八年，其子廷烺编成《钱吏部选集》。嘉庆二十二年（1817），廷烺求序于自珍，且曰："先人诗出又七年，未有最录之言，将惟天下善言文章之情者是属"。自珍受而为《钱吏部选集序》。序有云："君实以是科成进士，气文而身顽，黝然黑，谡然清，仿佛如有思。诸君先后跻九万里之上，君意善感慨，又清贫甚，浮湛卒。……诗十卷，无嚣浊俚窳俶诡之言，如坐杭州山水间，重山二湖，孔翠鸾之属，往来鸣叹，天清日沉，风起卉木，泠泠乎琴筑语而竽笙鸣，是其可状者也。小乐府一卷，幽窅而情深，言古今所难言，疑涩于口而声音益飞，殆不可状。"

钱　镛

钱镛，字东父，号伊庵，一作△庵[1]，浙江钱塘人。画家，晚年隐于禅。著有《宗汇》二卷。道光六年（1826），龚自珍撰《寒月吟》五首，其五系为怀念杭州慈风和尚及钱镛而作。诗云："侵晓邻僧来，馈我佛前粥。其香何清严，腊供今年足。我因思杭州，不仅有三竺。东城八九寺，寺寺皆修竹。何年舍家去，慧业改所托。掘笋慈风园，参茶东父屋。钟鱼四围静，扫地洁如沐。白昼为之长，倦骸为之肃。供黄梅一枝，朝朝写圆觉。"自注："慈公深于相宗，钱居士东父则具教、律、禅、净四门，乃吾师也"。道光十九年（1839），自珍出都南返杭州，镛已逝世，《己亥杂诗》中有悼诗曰："震旦狂禅沸不支，一灯慧命续如丝。灵山未歇宗风歇，已过庞家日眚时"。自注："钱△庵居士死矣！得其晚年所著《宗汜》二卷。"

钱廷烺

钱廷烺，字小谢，浙江仁和人。钱枚子。诸生。以实录馆誊录甄取得官，任昆山知县。归田后，与堂弟秋岘董浚西湖，制小舟以看工，葺湖心三塔以放生，植柳以固双堤，种鱼以啮老葑，一时水利赖以兴修。著有《绿迦楠精舍诗草》。廷烺上承门荫，文采风流，倾动京国。尝与孙渊如、吴山尊、陈荔峰、张船山、杨蓉裳、陈云伯等赌酒征歌，极一时之盛。嘉庆二十二年（1817），廷烺走访龚自珍于上海，以其父遗诗请序，且曰："先人诗出又七年，未有最录之言，将惟天下善言文章之情者是属"。自珍

---

[1] △：音伊，佛经中的字。详见《龚自珍诗集编年校注》，上海古籍出版社2013年版，第808页。

悄然不能辞，作《钱吏部遗集序》以应之。文载集内。

徐　松

徐松（1781—1848）字星伯，大兴（今属北京）人。嘉庆十年（1805）进士。由翰林院编修擢湖南学政，潼商兵备道，因事谪戍伊犁，赦还后复官内阁中书，陕西榆林府知府。学识闳通，撰述精博，尤长于舆地之学。著有《新疆识略》《唐登科记考》《西域水道记》《徐星伯先生小集》等。松与龚自珍何时订交，已难详考。惟据龚集诗文所载，道光九年（1829）后，二人相晤比较频繁。自珍每以前辈视松，推崇备至。十六年（1836）五月，新任广西巡抚梁章钜陛辞入京，松与龚自珍、程恩泽等聚于吴葆晋宅为梁饯行。次年，九月九日，二人与吴葆晋相约，连骑同游西山之宝藏寺，归途骤雨，自珍曾有诗专记此次难忘之游："秋光媚客似春光，重九尊前草树香。可记前年宝藏寺，西山暮雨怨吴郎？"十八年（1838）九月九日，徐、龚、吴三人再次同游西山。十九年（1839）四月，自珍出都南下，有留别诗赠松云："夹袋搜罗海内空，人才毕竟恃宗工。筒河寂寂覃溪死，此席今时定属公。"

徐　荣

徐荣（1792—1855），原名鉴，字铁孙，号药垣，先世湖北监利，后家辽东，汉军正黄旗人，徙广州。道光十六年（1836）进士，官浙江遂昌、嘉兴知县，玉环厅同知，温州、绍兴知府。咸丰间，官杭嘉湖道，福建汀漳龙道。咸丰五年（1855），太平军攻安徽黟县死亡。尝受知于阮元，为学海堂学长。喜吟咏，工画梅，文学政事，卓著一时。著有《大戴礼补注》《日新要录》《金石萃编补遗》《梅统》《怀古田舍诗抄》等。道光十九年（1839），龚自珍出都南下，访荣于嘉兴，并就政府财库应收铜钱问题，相与讨论。《己亥杂诗》之一七五云："琼林何不积缗泉？物自低昂人自便。我与徐公筹到此，朱提山竭亦无权。"自注："近日银贵，有司苦之，古人粟红贯朽，是公库不必皆纳锈也。予持论如此。徐铁孙大令荣论与予合。"次年春初，自珍赴嘉兴再晤徐荣，为作《送徐铁孙序》以弁其诗集。称赞荣"以诗睥睨东南。友其人者，淳闷如适辽，雄奇如适岭、海"。序末且云："居江介，不乐愁思，盖思游以振奋之，忽然丐徐君磨墨，为荐士书，贷扉屦，将粤行。且曰：自粤归，则闭户不复游。徐君诺"。徐荣亦作有《龚定庵主事巩祚访余鸳湖，余以梅花十株供养五日，于其归也，画梅为赠，系以小诗，即送其游罗浮》。诗云："鸳湖花开雪初霁，东风吹送佳人至。闭门五日坐香边，忽忆罗浮还拂袂。罗浮林畔玉千林，笑我风尘老不禁。月下相逢烦寄语，岁寒终不负初心。"然自珍游粤之意，实未成行。

徐　泰

徐泰，上海人。徐兆洙遗腹子。幼从母林夫人受《孝经》。既长，好文章，笃于朋友，龚自珍即为其好友之一。道光十九年（1839），林夫人以孝行受诏旌表，泰立石墓侧，请自珍制铭。自珍为撰《徐泰母碣》，铭曰："生以内疗母，死以魂翼母，宜有德有文之子炽尔后。"

徐　楙

徐楙，字仲繇，一作仲勉，号问蓬，别号问年道人，浙江钱塘人。嗜金石，善篆刻，工篆书、隶古，尤精品鉴。楙与龚自珍为好友，经常为考订金石，相互切磋。自珍于楙品格，亦颇推重。道光十九年（1839），自珍出都南返，晤楙及曹籀等于杭州，曾有诗云："乡国论文集古欢，幽人三五薜萝看。从知阆苑桃花色，不及溪松耐岁寒"。自注云："晤曹葛民籀、徐问蓬楙、王雅台熏吉、陈觉庵春晓诸君"。自珍拟天台智者大师檀香像，楙为书匾额曰"观不思议境"。书楹联曰："智周万物而无所思，言满天下而未尝议"。

徐士芬

徐士芬（1791—1848）字诵清，号惺庵，浙江平湖人。嘉庆二十四年（1819）进士。改庶吉士，出典江南试，督学广东，官至户部右侍郎。道光二十六年（1846）乞假归里。著有《漱芳阁集》。道光九年（1829）冬，龚自珍在北京作消寒会，士芬与吴嵩梁、汤储璠、姚莹、汪元爵、徐宝善、周仲墀等应邀出席，并分咏江乡食品。徐宝善曾有诗纪事。

徐启山

徐启山（？—1853）字镜溪，安徽六安人。道光九年（1829）进士。历任工部主事、东河同知，引疾归。咸丰三年（1853）侍郎吕贤基督安徽团练，奏起为副。舒城被太平军攻占时，投池死。著有《香草阁文存诗存》《香草阁诗馀》。启山与龚自珍为同年进士，时有往还。道光十九年（1839）秋，自珍北上迎眷属南归，经江苏铜山、山东滕县，见多处有泉水涌出，可以注入运河，急以诗告董其事之汪喜荀与启山。诗云："此身已作在山泉，涓滴无由补大川。急报东方两星使，灵山吐溜为粮船。"

徐宝善

徐宝善（1790—1838），原名三宝，字廉峰，号稼庭，安徽歙县人。迁江苏昆山。徐乾学曾孙。嘉庆二十五年（1820）进士，改庶吉士，官翰林院编修。道光十二年（1832）擢御史，因言事干议，居谏垣只二十二日，仍回翰林。少承家学，工诗古文词。与赵函、顾翰、顾翃、杨夔生齐名，称"同岑五子"。长于咏史，有《补明史新乐府》，议论警策，论者以为在尤侗《明史乐府》之上。《五代新乐府二十首》，疏朴不及西涯，而峭铄过之。著有《壶园全集》。宝善与龚自珍交往，约始于嘉庆末。自珍庚辰（1820）编年诗《发洞庭，舟中怀纽非石树玉、叶青原昶》《此游》，最初即函寄宝善。道光五年（1825）冬至次年初春，自珍客昆山，与宝善过往益勤。自珍得赵飞燕玉印，曾约宝善作《赵婕仔玉印歌》，有句云："舍人好古如好色，古物摩挲出光泽。"自珍于同时亦作有《同年生徐编修宝善斋中夜集，观其六世祖健庵尚书邃园修禊卷子，康熙三十年制也。卷中凡二十有二人。邃园在昆山城北，废趾余尝至焉。编修属书卷尾》诗。道光九年（1829），自珍中进士。约在同年末，自珍在北京邀集宝善与吴嵩梁、汤储璠、姚莹、汪元爵、周仲墀、徐士芬等7人，作消寒会，分咏江乡食品。十年（1830）暮春，宝善与黄爵滋于江亭（陶然亭）饯春，应约赴会者有龚自珍、顾翰、杜煦、郭仪霄、潘德舆、汪喜孙、周仲墀、管同、马沅、李彦章、谭祖勋、吴嘉淦、简培均、张际亮、汤鹏、卢音英、潘曾绶、徐卓等19人，未至者有苏孟畅、苏廷梅、潘曾莹等3人。四月九日，宝善与黄爵滋再约同人花之寺看海棠，续江亭饯春之集。与会者为龚自珍、朱为弼、彭邦畯、潘德舆、周仲墀、汪全泰、简培均、魏源、汤鹏、陈延恩、潘曾莹、潘曾绶等，未至者为李煜璋。道光十六年（1836）三月，宝善又招同自珍等朝士18人，宴集花之寺，看海棠。自珍有〔凤凰台上忆吹箫〕词记之。词云："白昼高眠，清琴墉理，闲官道力初成。任东华人笑，大隐狂名。凭幸词流云集，许陪坐裙屐纵横。看花去，哀歌弦罢，策蹇春城。连句，朝回醉也，纵病后伤多，酒又沾唇。对杜陵句里，万点愁人。若使鲁阳戈在，挽红日重作青春。江才尽，抽思骋妍，甘避诸宾。"

徐渭仁

徐渭仁，字文台，一字文玺，号紫珊，又号子山、隋轩、不寐居士，上海人。天资警敏，博学多能。工书法，精鉴赏，收藏书画金石甚富。年三十八，忽学为画，初写兰竹，旋去而作山水。能诗，不屑屑以字句求工，近宋人风格。为人勇于任事，交友有始终。道光中叶，购得王昶旧藏汉宫雁足灯（又名建昭雁足灯）。颜其居曰："西汉金灯之室，"并以拓本寄龚自珍，乞题诗。十九年（1839）秋，自珍离京后返南方，曾在《己亥杂诗》中忆及此事，为赋诗曰："瑰癖消沉结习虚，一篇典宝古文无。金灯出土苔花碧，又照徐陵读汉书。"自注："沪上徐文台得汉宫雁足灯，以拓本见寄，乞一诗。是时予收藏古吉金星散，见于《羽琌山典宝记》者，百无一二。"

凌　堃

凌堃（1795—1861），字仲讷，一字厚堂，号德舆，浙江乌程人。道光二十一年（1841）举人。幼与后母不合，避祸走山西，隐姓名自号铁萧子，习相术易筋经术，以武侠称。中举后，师从阮元，治经学，为皖派经学家之一。著有《德舆子》《评校矣子》《医宗宝笈》《相地指迷》等。堃与龚自珍交往情形，龚集无可考。然据张文虎《舒艺室诗存》中《怀凌厚堂堃》诗所言，凌龚相处甚善，且文名相埒。诗云："卅载京华本卖文，还山更作出山云。魏收老死龚生夭，（原注：君与魏默深源、龚定庵巩祚最相善，文名亦相捋。）别后头颅白几分。"

高锡恩

高锡恩（1804—1869），原名学淳，字古民，浙江仁和人。以贡生应乡试七次不售，选官同知。锡恩好学，工乐府及七言长句。咸丰初年（1851），即以外语音译入诗，为现知最早之探索诗歌革新者。著有《友石斋集》。道光五年（1825）岁末，龚自珍得赵飞燕玉印，喜极赋诗四首，并遍征寰中作者为诗。锡恩为自珍同乡，亦作有《赵飞燕玉印歌》以应。

郭仪霄

郭仪霄（1775—1846），字羽可，江西永丰人。嘉庆二十四年（1819）举人。会试屡不第，主讲山东沂州琅琊书院。著有《诵芬堂诗抄》。仪霄论诗不界唐宋，不持门户之见，唯以得性情之真者为宗。尝云："作诗写性情，酝酿出天妙"；"肝胆得所泄，真气为之生"；"读书多根柢，浩气方澎沧"。所作自抒心花性蕊，卓然名家，尤以乐府为特胜。又工画竹，朝鲜使每朝贡至京师，辄索求其书画。故张际亮赠诗曰："过海诗名远，摩天竹意奇。"道光十年（1830）暮春，徐宝善、黄爵滋于北京江亭饯春，仪霄与龚自珍、张际亮、汤鹏、管同等十九人应约赴会，徐宝善曾有诗记之。

黄 洵

黄洵，字修存，籍贯、生平待考。道光二年（1822），何绍基《陈秋舫嘱题秋斋饯别图》诗云："多时五簋会，客上五人来。议论几千载，酣嬉无算杯。门稀杂宾至，日有好花开。一事君输却，明湖早探梅。（注云：君设五簋会，客惟五人，包慎伯、龚定庵及余常在座。黄修存与子毅弟，或偶一至，他人皆不得与。）"足知洵为当时名士。魏源、周仪暐诗集中，均有寄赠洵之诗作。

黄玉玠

黄玉玠，字季升，一字蓉石，广东番禺人。道光十六年（1836）进士。官至刑部主事。工骈古文辞。为黄培芳高足，尝刻《岭南三家诗》，培芳而外，另为张维屏与谭敬昭。著有《韵陀山房诗文抄》《黄蓉石先生诗》等。玉玠与龚自珍交谊甚深。自珍有"除却虹生忆黄子"句，将其与笃友吴葆晋并举。道光十九年（1839）四月，龚自珍出都南下，在《己亥杂诗》中曾以专章对玉玠品行备至称赞。诗云："不是逢人苦誉君，亦狂亦侠亦温文，照人胆似秦时月，送我情如岭上云。"此外，自珍曾为玉玠妻撰《刑部主事番禺黄君妻周墓碣铭》。

黄爵滋

黄爵滋（1793—1853），字德成，号树斋，江西宜黄人。道光三年（1823）进士，改庶吉士，散馆授编修。历官陕西道监察御史、工科给事中、鸿胪寺卿等职。以直谏负时望，一时以为清流眉目。十八年（1838），上疏"请严塞漏卮以培国本"，力陈鸦片祸害，主张严禁。二十年（1840），任刑部右侍郎，两次赴福建视察海防，极主加强战备，组织团练，以抗御英人入侵。著有《黄少司寇奏疏》《仙屏书屋诗录》《仙屏书屋文录》等。爵滋交游多为经世之士，与自珍过往当较密切。唯见诸记载者，则为道光十年（1830）。是年四月九日，爵滋与徐宝善合邀自珍等人赴京郊花之寺看海棠，以续江亭饯春之集。与会者，除自珍外，尚有朱为弼、彭邦畯、潘德舆、周仲墀、汪全泰、简钧培、魏源、汤鹏、陈延恩、潘曾莹、潘曾绶，未至者为李璋煜。徐宝善及朱为弼均有诗记之。

黄骧云

黄骧云，字伯雨，一字雨生，台湾中港头份庄人。原籍广东嘉应州。道光九年（1829）进士。官都水司主事，营缮司员外郎。骧云与龚自珍为同年进士，又同留京为官。道光十九年（1839），自珍出都南下前，不及与己丑同年为留京五十一人，一一辞行，仅与云骧及刘良驹、桂文燿、丁彦俦、戴绹孙、奎绶、江鸿升、岁际桐等八人握手一为别，并赋诗云："五十一人皆好我，八公送别益情亲。他年卧听除书罢，冉冉修名独怆神"。

梅曾亮

梅曾亮（？—1856），原名曾荫，字葛君，一字伯言，江苏上元人。道光三年（1823）进士。官户部郎中，居京师二十余年。归主讲扬州书院，依河道总督杨以增幕。曾亮少时工骈文。师事姚鼐于钟山书院，受古文法，为"姚门四杰"之首。诗亦质朴雅健，第为文名所掩。著有《柏枧山房文集》16卷、《文续集》1卷、《骈体文》2卷、《诗集》10卷、《诗续集》2卷。另有《随笔》《诗话》《离骚解》各若干卷，均佚。曾亮师友多为一时硕彦，如陈用光、汤金钊、姚椿、林则徐、陈庆镛、潘德舆、汤鹏、朱琦、冯志沂等，均系自珍好友，惟梅龚间具体往还，尚未见记载。梅诗《题龚璱人文集》云："胸中结构赞普帐，眼底波浪皮宗船。红袖乌丝醉年少，只今谁识杜樊川。"似亦为并世深知自珍者。

曹 籀

曹籀（1800—1877？），一名家驹、文昭，字葛民，又字竹书，号柳桥、石屋子、台笠子。又署曹金籀，自云："父出金氏，寄食于曹，曹无子，遂为曹。后数十年间，金氏子孙无一存者，乃复姓曹金氏云。"①浙江仁和人。诸生。好读书，不屑屑于举子业，所为功令文多不中绳墨，试屡黜。不事产业，卖文以自给。曾一度赴北京与广东，但为时甚短。又曾"授徒漕艘"，并馆于上浍黄葵生家。平生致力于经学与小学研究，兼好诗词与书法。著有《穀梁春秋释例》《穀梁春秋传微》《春秋钻燧》《尚书古文正义》《三家诗传诂》《毛诗古音表》《说文古音表》《说文订讹》《古文原始》《图书宝典》《释天》《校华严经音义》《石屋书目》《石屋丛书》《籀书文集》《籀书诗集》《蝉蜕集》《无尽灯词》《三世见闻录》等。籀遍交当

---

① 《台笠子传》。

时名士，其著者有龚自珍、魏源、俞正燮、胡培翚、张维屏、陈澧、黄燮清、赵之谦等，又与戴熙、邹在衡等结红亭诗社。籀与龚自珍为同里，谊在师友之间。道光四年（1824），曹、龚始相识于杭城，龚年三十三，曹年二十五。翌年，自珍招籀游上海，籀有诗文分别记述之。其《依旧草堂遗稿序》云："道光乙酉岁，老友龚定庵招游沪上。"其《蝉蜕集》，则有两首诗道及此事。一首题为《薄游沪上，寓居水仙宫》，诗云："照客青灯淡，栖身画阁重。……骚坛谁是主？知我一刘龚。（自注：谓龚定庵。）"另一首题为《夏夜与龚定庵、王子若豫园话月，子若为画〈豫园话月图〉》（题下自注："龚名自珍，仁和人，时官内阁中书；王名应绶，太仓人。"）诗云："一榻卧花阴，瀼瀼露满襟。小园今夕话，明月故乡心。海内论交晚，生平感遇深。隔邻弦管急，怆我独清吟。"道光十一年（1831）夏，籀借"授徒漕艘"之便，从天津入都，再晤龚自珍，并"淹留定庵旅舍者两月"，两人经常讨论经学问题，"每至鼓四下不能睡"[1]。自珍并将自著《太誓答问》书稿，委托籀带回杭州，嘱汪远孙为其刊印。临行前夕，自珍邀集友人项名达等在寓所为籀饯行。籀有《七月二十四日，龚定庵招集项梅侣、孙境生、宋二泉饯余京邸寓斋》诗云："相规相劝复相亲，勉我无虚著作身。倘许名山分一席，证明赖有故乡人。""引我亲斟酒一尊，良宵分别悄无言。明朝又是通州道，梦绕京华宣武门。"对在京期间自珍给予之款待及慰勉，倍致感念之情。道光十九年（1839）四月，自珍辞官离京，七月回到杭州，二人又得多次聚晤，《己亥杂诗》尝作有两首与曹籀有关诗篇："乡国论文集古欢，幽人三五薜萝看。从知阆苑桃花色，不及溪松耐岁寒。"（自注：晤曹葛民文昭、徐问蘧枞、王雅台熊吉、陈觉庵春晓诸君。）"眼前石屋著书象，三世十方齐现身。各搦著书一枝笔，各有洞天石屋春。"（自注：葛民以画像乞题，为说假观偈。）此外，自珍还为籀作《纵难送曹生》一文，及楹联一副："武断乡曲，文采风流。"自珍逝世后，籀以宣扬流布遗文为己任，辗转录得流散至福建自珍文稿，于同治七

---

① 曹籀：《太誓答问后序》。

年（1868）积极推动吴煦出资刻印《定庵文集》，并独任校雠之役，又作长篇序文以张之，其传布龚自珍著作之功，实不可没。

曹振镛

曹振镛（1755—1835），字怿嘉，号俪笙，安徽歙县人。乾隆四十六年（1781）进士。历任乾隆、嘉庆、道光三朝编修、学政、大学士、军机大臣，加太傅，备受清廷重用。道光帝曾谓"曹振镛实心任事，外貌讷然，而献替不避嫌怨，朕深倚赖而人不知。"[①]卒谥文正。著有《纶阁延晖集》《话云轩咏史诗》二卷、《宋四六文选》二十四卷。其诗除少作试帖外，余为古近体诗，并经其师翁方纲点定。道光九年（1829），龚自珍应会试，中第九十五名，振镛与玉麟、朱士彦、李宗昉、吴椿等为座主。

龚 陶

龚陶，谱名家英，字念匏，更名宝琦，浙江仁和人。自珍次子。廪贡出身。光绪初（1875—1876）曾署理金山知县。领纂《重修金山县志》。

龚 橙

龚橙（1817—1870），谱名家瀛，字昌匏；更名公襄，字孝拱；又名祢（一作衻），名宣，字鲎尹，别署太息，小定、海床、孟奁、刷刷，浙江仁和人。监生。自珍长子。二十五岁前，随侍父侧，专力读书，学无不窥，渊博无际。道光十八年（1838），自珍有《以'子绝四'一节题，课儿子为帖括文，儿子括义云'天地不仁，以万物为刍狗；圣人不仁，以天地为刍狗'。阅之大笑，成两绝句示之》诗曰："造物戏我久矣，我今聊复

---

① 《清史稿·曹振镛传》。

戏之。谁遣春光漏泄，难瞒一介痴儿。""造物倜有长技，死生得表穷通。何物敌他六物？从今莫问而翁。"显示橙颇具悟识。次年，在《己亥杂诗》中，又以多章诗句，殷殷勉励其潜心向学，畜德成器。如："艰危门户要人持，孝出贫家谚有之。葆汝心光淳闷在，皇天竺胙总无私。"（原注：儿子昌匏书来，以四诗答之。）"虽然大器晚年成，卓荦全凭弱冠争。多识前言蓄其德，莫抛心力贸才名。""俭腹高谈我用忧，肯肩朴学胜封侯。五经烂熟家常饭，莫似而翁啜九流。""图籍移从肺腑家，而翁学本段全沙。丹黄字字皆珍重，为裹青毡载一车。"咸丰中，旅居上海，与曾寄圃、王韬、赵烈文、魏彦等交往甚密。庚申（1860）之役，传言为英使威妥玛献策焚烧圆明园，实无确证。然橙中年以后，恃才傲物，狂名大著。而其天资绝人，学识浩博，以及治学之认真，亦为世所公认。著有《诗大谊》《雁足灯考》《元志》《理董许书》等。

龚自芳

龚自芳（？—1841），原名自润，又名润，字东旭，又字蘧生，号晖堂，浙江仁和人。履正长子。自珍从兄。道光三年（1823）举人。曾官泰顺教谕。

龚自闳

龚自闳（1819—1879），字应皋，一字节兰，号叔雨，浙江仁和人。道光二十四年（1844）进士，由编修历官至工部右侍郎。守正第三子。著有《盟鸥舫文存》《盟鸥舫诗存》《联语汇存》等。

龚自树

龚自树（？—1844），原名自榖，浙江仁和人。履正次子。曾任湖南辰州府经历。

龚自闓

龚自闓（1814—1872），字仲甫，号养和，浙江仁和人。守正次子。道光二十四年（1844）进士。官内阁中书、宗人府主事。喜为诗，嗜读理性书。

龚自昶

龚自昶，字朗山，浙江仁和人。绳正子。曾任广东长乐县十二都巡检。

龚自阆

龚自阆（1798—1851）字一山，浙江仁和人。守正长子。曾任河东中场盐大使、山西曲沃知县、广东乐昌知县。

龚自璇

龚自璇，字小海，浙江仁和人。京正子。曾两任湖北县丞，卒于武昌任上。

龚自璋

龚自璋，字瑟君，号圭斋，浙江仁和人。自珍胞妹。朱祖振室（按：朱祖振，一说矢振祖，安徽歙县人。曾任江苏通州石港场盐大使。著有《说文假借引申义略》。）善诗词，工书翰。曾从归懋仪学诗，又与杭籍女诗人沈善宝、许延礽等交谊甚笃。归懋仪有《十忆诗·寄圭斋夫人江右》云:"脱口吟成绝妙词,笑拈斑管写新诗。忆君天性耽风雅,砚匣随身不暂离。"沈善宝《名媛诗话》则曰:"圭斋母段淑斋太夫人诗笔卓绝,余常笑谓圭斋云,子非羲之、献之乎?然家学亲承,正复相似。"著有《圭斋诗词》。书法极娟秀,尝为母段驯手写所著《绿华吟榭诗草》1册。自璋与自珍手足情深,芳兰并秀。嘉庆二十年(1815),自珍作《摸鱼儿·己亥六月留别新安作》词,其下片有云:"眠餐好,多谢濒行嘱咐。吾家有妹工赋。相思咫尺江关耳,切莫悲欢自诉。君信否?只我已年来习气消花絮。词章不作。倘绝业成时,年华尚早,听我壮哉语(予有妹嫁新安)。"道光二十一年(1841),自璋迭遭爱女荭洲(叔茏)吞金殉夫、老父及长兄弃世打击,悲不聊生,长歌当哭。亦有诗云:"恶梦频年扰,悲愉事屡更。倾珠方抱恨,陟岵重伤情。□□□□□,□□□□程。何堪霜信促,荆树根催生。"事具载《名媛诗话》卷六。

龚守正

龚守正(1775—1851),原名诒正,字象曾,号季思,浙江仁和人。嘉庆七年(1802)进士,由庶吉士授编修,历官左春坊左赞善、右中允、詹事府少詹事、礼部右侍郎、通政使、都察院左都御史升任礼部尚书。又曾任山东、江苏学政,两充会试总裁。咸丰三年(1853)卒于京邸,加太子太保,谥文恭。著有《艳雪轩文稿》《艳雪轩诗存》《艳雪轩随记》《季思手定年谱》《日下赓歌集》等。守正为自珍季叔,往还亲密。自珍少时随父在京,两家尝合住一宅。自珍逝世,讣闻至京,守正为作挽联云:"石破天惊,一代才名今已矣;河清人寿,百年士论竟何如!"

龚丽正

龚丽正(1766—1841),字旸谷,又字赐泉,号闇斋,浙江仁和人。

嘉庆元年（1796）进士。官祠部，入值枢垣，旋典试广西，任徽州知府，调安庆（未赴），擢江南苏松太兵备道，署江苏按察使。晚年，主讲紫阳书院。著有《国语注补》《三礼图考》《两汉书质疑》《楚词名物考》等。丽正为自珍之父，段玉裁之婿，独得汉学之传，渊源有自。曾参与校刊《戴东原集》《段注说文解字》《经韵楼集》、胡刻宋本《资治通鉴》等。丽正为政清廉，有"热官冷做"之誉。其七十寿辰时，程恩泽尝赠联云："使君政比龚渤海，有子才如班孟坚。"殁后，胡书农挽以联云："司管榷者十年，宜富而贪，视古名臣无愧色；溥仁恩于三党，为善必报，知君后嗣有传人。"自珍幼承庭训，长侍经年，于道德文章修养，极有影响。其《己亥杂诗》有云："六义亲闻鲤对时，及身删定答亲慈。划除风雪关山句，归到高堂好背诗。"（原注：今年七月，蒙家大人垂询文集定本，命呈近诗。）

龚阿辛

龚阿辛，浙江仁和人。自珍长女。阿辛酷爱文学，尤好读词，并时有会心，自珍甚钟爱之。《己亥杂诗》之一八云："词家从不觅知音，累汝千回带泪吟。惹得而翁怀抱恶，小桥独立惨归心"。自注："吾女阿辛书冯廷已词三阕，日日诵之，自言能识此词之恉，我竟不知也"。道光十九年（1839）秋，自珍眷属留滞北京，拟迎归南方安居，曾仿郭频伽画《鸥梦园图》以寄意，并赋诗云："男儿解读韩愈诗，女儿好读姜夔词。一家倘许园鸥梦，昼课男儿夜女儿。"同年岁暮，自珍携辛游镇江焦山及无锡惠山，分别作诗记云："古愁莽莽不可说，化作飞仙忽奇阔。江天如墨我飞还，折梅不畏蛟龙夺。"自注："十二月十九日，携女辛游焦山，归舟不雪。""惠山秀气迎客舟，七十里外心先投。惠山粧成要粧镜，惠泉那许东北流？"自注："廿二日携女辛游惠山。"

龚京正

龚京正（1772—1815），字配之，号香海，浙江仁和人，与弟守正同时得官，在河二十余年。曾任马头巡检，补南宿迁县丞，升清河知县。嘉庆二十年（1815）殁于清河县任。

龚绳正

龚绳正（1768—1846），字蓉溆，又字从之，浙江仁和人。廪贡。丽正弟。嘉庆十年（1805）署汤溪训导。二十年（1815）至道光九年（1829）任鄞县训导。

龚敬身

龚敬身（1735—1800），字屺怀，号匏伯，浙江仁和人。乾隆二十四年（1759）举人，寻充咸安宫教习，岁满以知县用。三十四年（1769）成进士，改官内阁中书，擢宗人府主事，兼纂修玉牒官，迁户部负外郎。四十四年（1779）充顺天乡试同考官，迁礼部精膳司郎中，兼祠祭司事，记名御史，出知云南楚雄府，擢迤南兵备道。著有《桂隐山房遗稿》。

龚粤生

龚粤生（1817—1876），浙江仁和人。履正（履正曾以馆资补广东招收场盐大使）女，自珍从妹。少寡。道光十九年（1839），自珍出都南下返杭州，粤生以其夫婿遗像乞题，为赋诗云："吴郎与我不相识，我识吴郎拂画看。此外若容添一语，含元殿里觅长安。"自注："从妹粤生与予惜别时才髫龄，今已寡矣。妹婿吴郎，予固未尝识面也。粤生以其遗像乞题，因说此偈。

龚禔身

龚禔身（1739—1776），字深甫，号吟瞧，浙江仁和人。乾隆三十四年（1769）进士。授内阁中书。四十一年（1776）随辇热河，痛发于肺，亟还京，逾月而卒。著有《吟瞧山房诗》8卷，刻有《魏塘倡和诗》1卷。禔身为自珍本生祖。少即工诗。年十七，在扬州安定书院，从杭大宗问学，与邢上诸名士若沈沃田、蒋春农、金棕亭、江云溪等相与题襟，诗名益振。"武林素称诗薮，厉征君樊榭先生为诗坛祭酒，一时学者翕然宗之，而君亦闯其门而涉其奥。"①自珍《己亥杂诗》谓"百年淬厉电光开，"即指两代家学而言。

龚履正

龚履正（1764—1824），字天衢，号菊人，浙江仁和人。丽正兄，自珍伯父。"以馆资补广东招收场盐大使"，嘉庆二十三年（1818）升感恩知县。道光四年（1824），殁于上海道署。

盛思本

盛思本，字诒安，号午洲，江苏阳湖人。嘉庆十九年（1814）进士，授编修，改主事，官至光禄寺少卿。思本与龚自珍有较深交往，惜记载未详。道光十九年（1839），自珍出都南下，过江阴，曾在知县陈延恩席上重晤，畅谈至夜，极为欢快。自珍有诗记云："过江籍甚颜光禄，又作山中老树看。赖是元龙楼百尺，雄谈夜半斗牛寒。"②

① 余集：《龚吟瞧传》。
② 《己亥杂诗》之一二三。

逸 云

逸云，一名正感，字念亭，江苏长洲人。弱冠出家，住支硎山中峰寺，能诗，著有《啸云山房诗抄》。王昶《蒲褐山房诗话》记云："念亭住中峰，不与时俗往还，性喜吟咏。吴竹屿爱之，故常造其庐，且于峰前池上，作水平楼以居之，时偕予辈游讌。其诗幽闲澄回，如染香人身有香气者是也。"道光十九年（1839）七月初，龚自珍辞官南下返杭州，途经嘉兴，对逸云新刻明人《楞严宗通》一书深表示赞许，并为作《示楞严讲主逸云》诗云："道场醮醵雨花天，长水宗风在目前。一任拣机参活句，莫将文字换狂禅。"

梁恭辰

梁恭辰（1813—1845?），字敬叔，福建福州人。章钜子。少习举业，溺于制义之学。随侍二十年，足迹几遍天下。官至浙江温州知府。著有《池上草堂笔记》《北东园笔录》《楹联四话》《广东火劫记》等。恭辰与龚自珍为世交，在北京时常相过从。道光十八年（1838）三月二十九日，自珍招恭辰与蒋湘南、吴葆晋、吴式芬、孔宪彝、廖鹿柴等好友集饮，并于次日（四月初一）又同出右安门，去崇效寺观海棠。吴式芬、孔宪彝均曾有诗记之。

梁逢辰

梁逢辰，字聿磐，一字吉甫，福建长乐人。章钜子。道光二十一年（1841）进士，官内阁中书、兵部员外郎。工书法，神似颜柳，而隶书尤胜，名重一时。道光九年（1829），龚自珍得秦恩复赠《重摹宋刻洛神赋九行》拓本，喜极跋尾，逢辰与顾莼、王萱龄、徐松、林则徐、陈潮、张葆采、魏源、何绍基、于铿等亦同时观赏。

梁章钜

梁章钜（1775—1849），字芷林，一字闳中，号退庵，福建长乐人。嘉庆七年（1802）进士。由翰林官军机章京、河务兵备道、江苏按察使、布政使、广西巡抚、江苏巡抚兼署两江总督。著作繁富，多达七十余种。主要有《夏小正经传通释》《论语旁证》《三国志旁证》《退庵诗存》《楹联丛话》等。章钜与龚自珍为忘年交，声息相应。其《师友集》记龚自珍条云："君为暗斋观察之子，季思尚书之从子，抱负恢奇，才笔横恣，不为家学所囿。初入京师，即与程春庐先生及余订交，皆素不相识也。丙申余由甘藩入觐，君约程春海侍郎、徐星伯、吴红生二中书，饮余于红生寓斋，为文以饯之（按：即《送广西巡抚梁公序》），春海赏其工，特用精楷书赠，余尝刻入《宣南赠言》中，而读者嫌其语多触忌，此井蛙之见耳。君之归也，掌丹阳讲席，适余在上海防堵，邮书论时事，并约即日解馆来访，稍助筹笔。余方扫榻以待，数日而凶问遽至，为之泫然：'渤海佳公子，奇情若老成。文章忘忌讳，才气极纵横。正约风雪会，何缘露电惊。旧时过庭地，忠孝两难成。'上海为君父暗斋旧治，士民有公立祠堂之议，君欲来助成之。"

彭邦畯

彭邦畯，字喜塍，江西南昌人。嘉庆十九年（1814）进士。官庶吉士，知凌云县，历庆阳、延平知府，署延建邵道。道光十年（1830）四月九日，徐宝善、黄爵滋招同人花之寺看海棠，拜畯与龚自珍、魏源等十四人应约赴会，徐宝善曾有诗记之。

彭蕴章

彭蕴章（1792—1863），原名琮达，字咏莪，江苏长洲人。初由举人捐内阁中书，道光十五年（1835）成进士。官至工部尚书、武英殿大学士，乞休。旋起，署兵部尚书兼左都御史。卒谥文敏。著有《归朴庵丛稿》《松风阁诗抄》等。蕴章与龚自珍为好友。道光元年（1821），自珍作有《辛巳除夕，与彭同年蕴章同宿道观中，彭出平生诗，读之竟夜，遂书其卷尾》。诗云："亦是三生影，同听一杵钟。挑灯人海外，拔剑梦魂中。雪色憺恩怨，诗声破苦空。明朝客盈座，谁信去年踪？"

董祐诚

董祐诚（1791—1823），初名曾臣，字方立，一字兰石，江苏阳湖人。嘉庆二十三年（1818）举人。生五岁，晓九九数。年十八，与同里张成孙共治算学，尽通诸家法。二十一岁，随其师陆耀遹赴陕西，成《西岳华山神庙赋》，名动一时。祐诚与李兆洛为中表兄弟。兆洛称其负经世才，衣食奔走，足迹半天下。少时喜为沉博绝丽之文，稍长，更肆力于律历、数理、舆地、名物之学，涉猎益广，撰述亦益富。平居于世俗事，绝无所嗜，特善深沉之思，书之号钩棘难读者，一览无不通晓，复为出新意，阐隐曲，补罅漏，专门名家殚数十年之力而探索之者，祐诚晨夕间已突过之。著有《董芳立遗书》，含文甲集、乙集，《兰石词》《水经注图说残稿》等九种一十六卷。道光七年（1827），龚自珍赋《常州高材篇，送丁若士履恒》，盛赞常州人文荟萃，东南无匹。称祐诚为"奇人"，并惋惜其早逝。诗曰："常人倘欲问常故，异时就我来谘诹：勿数耆耋数平辈，蔓及洪（孟慈）管（孝逸）庄（卿山）张（翰风）周（伯恬）；其余鼎鼎八九子，奇人一董（方立）先即邱。"

蒋 彤

　　蒋彤，字丹棱，江苏阳湖人。诸生。李兆洛弟子。平生于兆洛之言，无所不悦，尊称之为养一子，并为其撰《暨阳答问》2卷，《养一子年谱》1卷。著有《史微》《丹棱文抄》。道光十九年（1839），自珍出都南返途中，曾晤见李兆洛及蒋彤于江阴，赋诗云："江左晨星一炬存，鱼龙光怪百千吞。迢迢望气中原夜，又有湛卢剑倚门。"自注："江阴见李申耆丈、蒋丹棱秀才。丹棱，申耆之门人也。"

蒋因培

　　蒋因培（1768—1838），字伯生，江苏常熟人。嘉庆十七年（1812）举人。官山东齐河、寿安等县知县。工诗词。阮元称其诗才排奡雄放，而往往出奇无穷，可与郭麟、张问陶相伯仲。著有《乌目山房诗存》《乌目山房诗馀》。因培与龚自珍交游情况不详。惟自珍《小奢摩词选》有〈百字令〉词一阕，小序云："蒋伯生得顾横坡夫人小像，靳予曰："君家物也。为填一词"。全词如下："龙华劫换，问何人料理，断金零粉？五万春花如梦过，难遣些些春恨。（京师某家剧楼，有楹帖一联曰："大千秋色在眉头，看遍翠暖珠香，重游赡部；五万春华如梦里，记得丁歌甲舞，曾睡昆仑"。相传尚书[按：指龚鼎孳]作也。）帐弹春宵，枕敧红玉，中有沧桑影。定山堂畔，白头可照明镜？记得肠断江南，花飞两岸，老去才还尽。何不绛云楼下去，同礼空王钟磬（尚书与钱尚书同在秦淮日，赋诗云："杨柳花飞两岸春，行人愁似送行人"。一时传诵。）青史闲看，红妆浅拜，回护吾宗肯。漳江一传，心头蓦地来省。（忽忆黄石斋先生在秦淮之事，曲终及之。）"

蒋湘南

蒋湘南，字子潇，河南固始人。道光十五年（1835）举人。初选虞城教谕，不就，客走关陇间，主关中书院，修《全陕通志》，再主同州书院讲席。幼孤贫，母授经于风雪中。继负笈走千里，考察山川沿革，风土人情，验之于事，证之于经，勤学不倦。著有《七经楼文抄》《春晖阁诗抄》《卦气表》《卦气证》《华岳图经》《江西水道考》等。湘南与龚自珍始识于道光六年（1826）左右。尔后，相知日深，久而弥笃。湘南曾有《书龚定庵主政巩祚文集后并怀魏默深舍人源》云："文苑儒林合，平生服一龚。朝容方朔隐，世责展禽恭。沧海横流极，高山大壑逢。齐名有魏尚，可许我为龙。"对自珍及魏源极致景仰之忱。在诗歌创作上，湘南开捋扯龚诗之先河，钱锺书《谈艺录》曾为一一列出。如《偶成》三首之一云："久堕诗魂不可招，未枯性海复生潮。气寒半夜防身剑，声满中原乞食箫。但得意时杯在手，不如人处绥垂腰。群星扰扰无萤火，一月从容镜碧霄。"此本龚诗《秋心》三首之一也，诗云："秋心如海复如潮，但有秋魂不可招。漠漠郁金香在臂，亭亭古玉佩当腰。气寒西北何人剑，声满东南几处箫。斗大明星烂无数，长空一月坠林梢。"《偶成》三首之三云："抱得闲愁坐一灯，荡胸放眼入青冥。棋经国手危难救，药到庸医用转灵。伏枥空嘶渥洼马，误人谁动少微星？天高不效三闾问，为制新诗读与听。"此全本龚诗《夜坐》二首之一也，诗云："春夜伤心坐画屏，不如放眼入青冥。一山突起丘陵妒，万籁无言帝坐灵。塞上似腾奇女气，江东久陨少微星。平生不蓄湘累问，唤出姮娥诗与听。"《所思》云："我所思兮在何处？九天九地莫招魂。光褫海若真无宝，法贬如来自辟门。惹怪名场云入梦，不凋太古雨流根。前生应悔干南斗，口敕诗篇作子孙。"一起亦仿龚诗《秋心》三首之三："我所思兮在何处？胸中灵气欲成云。"故孔宪彝《怀蒋子潇》诗云："气盛工文辞，心雄克担荷。不为幕府客，能参定公坐（自注：龚定庵别号定公）。光山多高贤（自注：谓刘侍御光三），试挽中流柁。"

自珍于湘南亦复情意拳拳，时不稍忘。道光十九年（1839）春，自珍出都南下前，曾招湘南与吴式芬、廖鹿柴、吴葆晋、孔宪彝、梁敬叔等出右安门，观海棠。南抵杭州后，于《己亥杂诗》中又作诗曰："问我清游何日最？木樨风外等秋潮。急有故人心上过，乃是虹生与子潇。"自注："吴虹生及固始蒋子潇孝廉也。'

韩　崇

韩崇，字履卿，江苏元和人。诸生。官山东盐大使。

程同文

程同文（？—1826），原名拱，字春庐，号密斋，浙江桐乡人。嘉庆四年（1799）进士，历授兵部主事、军机章京、大理寺少卿。奉天府丞。同文学识渊博，尤长地云，凡外国舆图，古今沿革，言之极审。著有《密斋文集》1卷、《诗存》2卷。又尝修纂《大清会典》80卷，纂辑详备，裁酌得体，为其平生精力所聚。同文为龚自珍父执，与龚丽正为好友。自珍八岁时，同文常往北京斜街龚宅叙谈，故自珍有诗云："忆昔先皇己未年，家公与公相后先。家公肃肃公趺宕，斜街老屋长赢天。"同文修《会典》，其理藩院一门及青海、西藏各图，均属自珍校理，是乃自珍为天地东西南北之学之始。因二人均长西北史地，时人并称为"程龚"。道光元年（1821）至二年（1822）间，同文与自珍相互借书，无虚日；又二人与秦恩复共约，每得一异书，互相借抄，无虚旬。六年（1826），同文逝世，自珍为作《祭程大理同文于城西古寺而哭之》七言诗三章。结句云："掌故虽徂元气在，仰窥七曜森光芒。"对同文极致悼念与景仰之情。

程恩泽

程恩泽（1785—1837），字云芬，号春海，安徽歙县人。嘉庆十六年
（1811）进士。改庶吉士，授编修，官至户部侍郎。通经史，喜金石，尤
着力为诗。其诗尊宋学黄，为祁寯藻、何绍基、郑珍所推重。又主持风
会，奖掖人才，为清中叶后有重大影响之诗人之一。《清史稿》传云："时
乾嘉宿儒多徂谢，惟大学士阮元为士林尊仰。恩泽名位亚于元，为足继
之。"然恪守乾嘉诗坛规范，可为一时座主，尚不足言开近世诗史之先河
也。著有《国策地名考》《程侍郎遗集》等。道光十六年（1836）五月，
梁章钜将就任广西巡抚，恩泽与龚自珍、徐松等聚吴葆晋寓斋，为梁饯
行，自珍作《送广西巡抚梁公序》，恩泽大为赞赏，特用精楷书写赠梁。
同年，龚丽正七十寿辰，自珍求寿联于恩泽，恩泽撰联云："使君政比龚
渤海，有子才如班孟坚。"

储征甲

储征甲，字纪堂，江苏宜兴人。举人。官安徽青阳县教谕。著有《种
竹山房词抄》二卷。龚自珍《影事词选》有［洞仙歌］词："平生有恨，
自酸酸楚楚，十五年来梦中绪。是纱衣天气，帘捲斜阳，相见了，有阵疏
疏微雨。临风针线净，爱惜馀明，抹丽鬘低倚当户。庭果熟枇杷，亲蘸糖
霜，消受彻甘凉心腑。索归去依侬梦儿寻，怕不似儿时，那般庭宇。"恰
在同时，征甲亦作有同调词一阕。自珍见而爱之，并取归附其词尾。征甲
为作题识云："吾友瑟人以近作［洞仙歌］见示，适予正成此解，异怨同
曲，瑟人以为幽曼可吟，遂取归附其词尾，可见吾两人之论交，各在日肠
盈气时矣。纪堂自识"。储词云："梅天过了，尚萧萧残雨，倚与羁人作酸
楚。忆秋槎听遍，春国寒馀，都不似此度凄凉情绪。瑶台应不远，天外朱
楼，也听丁冬铎铃语。欹枕度寒宵，入晓行云，可递到乡关烟树。怕润湿

衣篝未成熏，欲寄与都梁，断鸿无据。"

富　俊

富俊（1749—1834），姓卓特氏，字松岩，蒙古正黄旗人。由翻译进士授礼部主事。嘉、道间四任吉林将军，迁理藩院尚书，协办大学士。道光十年（1830）升东阁大学士。卒谥文诚。道光十二年（1832）夏，大旱，道光帝诏求直言，富俊五次登门访晤龚自珍，咨询政事，自珍手陈《当世急务八条》。俊读至"汰冗滥"一条，动色以为难行。余颇欣赏。七年后，自珍于《己亥杂诗》中记云："厚重虚怀见古风，车裀五度照门东。我焚文字公焚疏，补纪交情为纪公。"

裕　恩

裕恩，号容斋居士，满洲正蓝旗人。宗室和硕睿亲王淳颖第六子，禧恩之弟，嘉庆十四年（1809）封二等镇国将军，历官内阁学士、礼部侍郎、热河都统等。裕恩博学多才，尤精佛学，龚自珍给予极高评价。尝云：恩"好读内典，遍识额纳特珂克、西藏、西洋、蒙古、回部及满、汉字；又校订全《藏》。凡经有新旧无数译者，皆访得之，或校归一是，或两存之，或三存之，自释典入震旦以来未曾有也"。道光十年（1830），自珍出都南下，行前曾与恩告别，并赋诗曰："龙猛当年入海初，婆娑曾否有仓伝？只今旷劫重生后，尚识人间七体书。"

裕　谦

裕谦（1793—1841），原名裕泰，字鲁山，姓博罗忒氏，蒙古镶黄旗人。嘉庆二十二年（1817）进士。官至两江总督。道光二十年（1840），英国侵略者攻陷浙江定海，劾琦善误国五罪。二十一年（1841）八月，英寇大举再犯镇海，力战不支，先投泮池，后吞金自杀殉国。道光十九年（1839），龚自珍出都南下，时裕谦任江苏布政使，自珍过苏州，陈吴中水利策供参考，并有诗记之。诗云："太湖七十溇为墟，三泖圆斜各有初。耻与蛟龙竟升斗，一编聊献郏侨书。"诗末自注："陈吴中水利策于同年裕鲁山布政。郏侨，郑亶之子，南宋人，父子皆著三吴水利书。"

谢　增

谢增（1810—1879），字晋斋，号梦渔，一号孟馀，江苏仪征人。道光十四年（1834）举人，三十年（1850）探花及第。由翰林院编修转户科掌印给事中，历二十年不迁。道光十九年（1839），龚自珍出都南下，曾晤增于扬州，并作诗云："七里虹桥草腐腥，歌钟词赋两飘零。不随天市为消长，文字光芒聚德星。"

谢阶树

谢阶树（1779—1826），字子玉，又字欣植，号向亭，江西宜黄人。嘉庆十三年（1808）中榜眼。授翰林院编修，充文颖馆纂修，治河方略馆总纂。后奉命提督湖南学政，累迁至侍读学士。博学强识，工诗文，又善书法。著有《约书》《守约堂诗文集》《沅槎唱和集》《澧州唱和集》等。道光元年（1821）冬至三年（1823）夏，阶树"以巍科不自贤"，数访龚自珍于北京，且"求师友，有造述"，必相告。而自珍"疏古近学术源流，及劝购书，皆大喜。"其"德量尤深，莫测所至。"六年（1826）夏，阶树与陈沆在北京同时逝世，自珍作《二哀诗》以寄痛。其一云："读书先望气，谢九癯而温。平生爱太傅，匪徒以其孙。翰林两抗疏，志欲窥大源。春华不自赏，壮岁求其根。谁谓寻求迟？迈越篱与藩。造物吝君老，一丘埋兰荪。"

简钧培

简钧培，原名厥良，字梦岩，广东顺德人。嘉庆二十四年（1819）举人。工诗，与张维屏、黄培芳并驰名岭南。著有《觉不觉诗抄》。道光十年（1830）四月九日，徐宝善、黄爵滋约同人花之寺看海棠，凡十四人，钧培与龚自珍、魏源等均应邀出席，是知简与龚当为好友。黄爵滋《仙屏书屋诗录》涉及与钧培交往诗有数首，兹照录如下：《次韵答梦岩》："白云照春海，山色万古妍。国初诸老笔，鼎足千秋侍。峨峨二樵子，奋翰乾隆年。峭厉脱风气，精骨追古先。潦倒嗟毕世，卷帙留遗诠。乃知奇崛士，风雅犹能肩。君惟其桑梓，闻声感哀蝉。识君已十载，日月飞鸟迁。厥初快把袂，放浪无拘拳。醉洁燕雪酒，艳擘吴云笺。兴阑踪迹疏，各悟喧静缘。"《岁暮怀人诗·简筠培》："穷鸟不可穿，飘然返林岫。眼见朱门客，变灭如云骤。新诗日吟峨，丘壑自回秀。"《哭简筠培》："病翻还山竟不还，脊令江上注孤单（原注：君兄永庵孝廉同归）。可怜憔悴诗人魄，风雪犹过惶恐滩。"

臧 庸

臧庸（1767—1811）。本名镛堂，字在东，一字西成，号拜经，江苏武进人。少从卢文弨问学，尽得其传。复从钱大昕、王昶、段玉裁共讲论。居阮元幕府甚久。元编《经籍纂诂》，畀以总纂之任，并助校诸经注疏。著有《拜经堂文集》。又与顾文炳一同编校过《戴东原文集》。庸为桂嘉著名学者，龚自珍素所仰慕。自珍幼年，尝在外公段玉裁处识庸，故其《常州高材篇，送丁若士履恒》诗有云："外公门下宾客盛（自注：谓金坛段先生），始见臧（在东）顾（子述）来衰衰。"

管　同

管同（1780—1831），字异之，号育斋，江苏上元人。道光五年（1825）举人。嘉庆初，姚鼐主讲钟山学院，以古文倡天下，同师事最久，得其真传，为"姚门四杰"之一。其文雄深浩达，简严精邃；诗亦朗峻有度。邓廷桢巡抚安徽时，尝聘同课其子。及同没，延桢为刊其遗集。著有《因寄轩文集》《因寄轩诗集》《皖水词存》《七经记闻》《孟子年谱》《文中子考》《战国地理考》等。同与龚自珍为文友，在京时尝有诗酒往还。道光十年（1830）暮春，徐宝善、黄爵滋于北京江亭饯春，同与龚自珍、张际亮、汤鹏、郭仪宵等十九人应邀赴会，徐宝善曾有诗记之。

管绳莱

管绳莱（1783—1839），字孝逸，江苏武进人。世铭孙，学洛子。官安徽含山知县。尝受学于孙星衍与李兆洛，又与丁履恒友善。著有《万绿草堂诗集》二十卷。绳莱与龚自珍交往，尚待详考。然在《常州高材篇，送丁若士履恒》中，自珍便视绳莱为"平辈"之"高材"，深致赞许。诗曰："常人倘欲问常故，异时就我来咨诹：勿数耆耋数平辈，蔓及洪（孟慈）管（孝逸）庄（卿山）张（翰风）周（伯恬）。"

端木国瑚

端木国瑚（1773—1837），字鹤田，一字子彝，又字井柏，号青田一鹤，又号大鹤山人，浙江青田人。嘉庆三年（1798）举人，官内阁中书。治经深于《易》，著有《周易指》《大鹤山人诗文集》。尝与龚自珍论《易》，自珍叹为闻所未闻。李伯荣云："道光朝内阁中书舍人，多异才隽彦。龚自珍定庵以才，魏源默深以学，宗稷辰越岘以文，吴嵩梁兰雪以诗，端木国瑚鹤田以经术，时号'薇垣五名士'。"①道光三年（1823），鹤田南下，自珍曾作《送端木鹤田出都》："天人消息问端木，著书自署青田鹤。此鹤南飞誓不回，有鸾送向城头哭。鸾鹤相逢会有时，各悔高名动寥廓。君书若成愿秘之，不肩三山置五岳。"十二年（1832）春，自珍招公车诸名士重集京郊花之寺，鹤田与宋翔凤、包世臣、魏源等十四五人应邀参加。

黎应南

黎应南，字见山，弓斗一，广东顺德人。侨居苏州。嘉庆二十三年（1818）举人。官浙江丽水、平阳知县。精算学，为李锐（四香）入室弟子，曾续成李著《开方说》，又创立"求勾股率切法"。应南与龚自珍为同年举人，素所熟识。道光十九年（1839）自珍出都南返杭州，闻应南已病逝多年，感而赋诗："科名掌故百年知，海岛畴人奉大师，如此奇才终一令，蠹鱼零落我归时。"

潘 谘

潘谘（？—1853），刅名梓，字海叔，一字少白，浙江会稽人。布衣，隐居北京。徐世昌《晚晴簃诗话》："少白好奇，学综道艺，足迹半天下，熟知风俗利弊、政治得失。道光中游京师，以清德名望为群公所倾倒。与归安姚镜堂驾部志同道合，一时多闻才辩之士并折节下之。程春海侍郎谓：其人由狂返狷，文则自奇入正。惜其不为世用。诗境清旷。"著有《林阜间集》《常语》。谘与龚自珍为知交，声气相投，互为倾慕。道光十五年（1835）重阳，吴葆晋邀集谘与自珍、端木国瑚、宗稷辰等作文酒之会，气氛极为热烈、融洽。谘尝作《秋日集咏记》云："乙未九日，集吴

---

① 《日涛杂著》第1集。

氏之南轩，主人致客，得通该擅雅望者数人，皆吾浙产也。酒既行，主人欲为咏，左右谈辩之气，塞空无虚，举杯濡怀而静听之。山阴徐氏说海内山川溪谷，东至沧溟，西至昆仑外，更数千里，天时物气，指顾毕列；武林龚氏以奇物异事之传于古者贯之；端木氏以为人事所至，犹在迹象之内，说二仪阴阳，环转阖辟，洋洋乎以达无始；宗氏以诗出惬心善语，作诙辩而时吐之，与诸客应问，如歌按柏而为之节。吾与主人听坐其间，上下古今，出入霄壤，容与于太虚太始，而归于人事之内，千态万状，以醇酒沃之，岂不伟哉！"十九年（1839）自珍出都南下，特作留别会稽少白山人潘谘诗云："少慕颜曾管乐非，胸中海岳梦中飞。近来不信长安隘，城曲深藏此布衣。"

潘曾沂

潘曾沂（1792—1852），字功甫，号瑟庵，又号小浮山人，江苏吴县人。世恩长子。嘉庆二十一年（1816）举人。管内阁中书。道光初，在北京宣南寓斋主持诗社。吴嵩梁、陈用光、朱珔、顾莼、程恩泽、陶澍、董国华、胡承珙、李彦章、林则徐、梁章钜、钱仪吉、朱为弼、徐宝善、张祥河等均偕之游。四年（1824），谢职归里。蓄猿鹤，长斋礼佛。时亦究心区田水利之法，林则徐督两江，常造访之。著有《功甫小集》《东津馆文集》《放猿集》《桐江集》《江山风月集》等。曾沂与龚自珍交游甚密，时在道光二至三年（1822—1823），曾沂著作中时有记载。如《题王子梅游茅屋盗诗图》小序云："子梅近有沧浪亭怀龚定庵之作。"又《访觉阿上人通济庵，值其闭关，留一绝句，昨以见示，因次韵一首，并出茅屋图后》诗云："中峰妙语是吾师，味似白云无尽时。费齿一生何所得，也曾三燕转庵诗。"注云："余于壬午、癸未间在京师，与亡友龚定庵往来甚密。定庵喜言论，余辄戒之，未尝不见听，故末语及之"。

潘曾莹

潘曾莹（1808—1878），字申甫，号星斋，江苏吴县人。世恩次子。道光二十一年（1841）进士。改庶吉士，授编修，官至吏部侍郎。与兄曾沂、弟曾绶并擅诗名。其诗婉而多风，丽而有则。又工书画，善鼓琴。著有《红蕉馆诗抄》《小鸥波馆诗抄》《词抄》《题画诗》《墨缘小录》等。道光十年（1830）四月九日，徐宝善、黄爵滋在京约同人花之寺看海棠，续江亭饯春之集，龚自珍、魏源等十四人赴会，曾莹与弟曾绶亦曾与焉。

潘曾绶

潘曾绶（1810—1883），原名曾鉴，字绂庭，江苏吴县人。世恩第三子。道光二十年（1840）举人。官内阁侍读，赠三品卿衔。咸丰初，引疾乞养，遂不复仕。后以子祖荫贵，就养京邸，优游文史。著有《陔兰书屋诗集》《补遗》等。曾绶为道光间文坛后进，于前辈杖履亦时相追陪。道光十年（1830）四月九日，徐宝善、黄爵滋约同人花之寺看海棠，续江亭饯春之集，朱为弼、龚自珍、魏源与曾绶、曾莹等十四人应邀参加，徐宝善、朱为弼分别赋诗记之。

潘德舆

潘德舆（1785—1839），字彦辅，一字四农，江苏山阳人。道光八年（1828）乡试举人第一。十九年（1839）以知县发安徽，未到任卒。工诗文，尤以论诗负盛名。著有《养一斋集》。钱仲联《梦苕庵诗话》云："潘四农养一斋诗，根底盘深，嘉、道间一作手，所著诗话，标举'质实'二字，以救渔洋、仓山两派之弊，洞见本源，可范来学。全集中五古最高，各体则才子有所未逮。"道光十年（1830）四月九日，徐宝善、黄爵滋约同人花之寺看海棠，续江亭饯春之集，德舆与龚自珍等十四人应招赴会。徐宝善曾有诗记之。

戴 熙

戴熙（1801—1860），字鹿床，一字莼溪，号醇士，浙江钱塘人。原籍安徽休宁。道光十二年（1832）进士。官至兵部右侍郎。咸丰十年（1860），太平军克杭，死之。谥文节。工书画，嗜砚印，有《习苦斋画絮》（含《文集》）、《习苦斋诗集》。熙与龚自珍同为杭人，诗文交往，自当密迩。其《习苦斋画絮》尝记云："龚词部定庵，尝语予曰：西山有时渺然隔云汉外，有时苍然堕几榻前，不关风雨晴晦也。其西山诗（按：指《己亥杂诗》之八），有云：'此山不语看中原'，是真能道西山性情矣。"

戴绹孙

戴绹孙（1796—1857），字袭孟，号云帆，一作筠帆，云南昆明人。道光九年（1829）进士。由工部主事，迁贵州道监察御史，历署吏、户、兵、刑、工科给事中。工诗，初与池生春、李于阳、戴淳、杨国翰并称五华五才子；又与同郡朱腾等友善。著有《明史名臣言行录》《味雪斋诗抄》8卷、《文抄》甲乙集18卷。绹孙与龚自珍为同年进士，在京时往返甚密。道光十五年（1835）立秋日，应同年庆勋户部之邀，二人与吴葆晋、马沅、步际桐、徐启山等，集城北积水潭修禊，登西北高楼纵饮。自珍作《百字令》词云："江郎未老，追陪采笔多情俊侣。禁苑山光天尺五，西北朱甍无数。珂珮晨闲，文章秋横，被禊西山雨。尊前酹起，茶陵来和诗句。"（原注：地为李西涯故宅。）十九年（1839）四月，自珍出都南下，时己丑同年留京五十一人，匆匆难遍别，仅绹孙等八人及握手一为别者也。《己亥杂诗》记云："五十一人皆好我，八公送别益情亲。他年卧听除书罢，冉冉修名独怆神。"

魏　彦

魏彦（1834—1893），字槃仲，湖南邵阳人。魏源从子。曾官江苏直隶州知州。著有《重刊宋绍熙公羊传注音本校记》。咸丰间，与龚橙、赵烈文等过从甚密。魏源寓居扬州时，彦常在侧。道光二十一年（1841）八月，彦方八岁，龚自珍访魏源于扬州，宿于魏氏絜园之秋实轩，见彦甚爱之，辄为说古今人物以勖励。一日，问彦读何书，彦以《诗经》答。自珍即取素扇书绝句见贻。诗云："女儿公主各丰华，相见皇都选婿家。三代以来春数点，二南卷里有桃花。"

魏　源

魏源（1794—1857），原名远达，字默深，一作墨生，又字汉士，别号良图，湖南邵阳人。道光二十四年（1844）进士。由内阁中书出为江苏东台、兴化等县知县。咸丰元年（1851）补高邮州知州。尝助江苏布政使贺长龄辑《经世文编》，与汪士铎、邹汉勋同校定《海国图志》。著有《诗古微》《书古微》《老子本义》《圣武记》《古微堂内外集》等。魏源为中国近代启蒙思想家之一，与龚自珍齐名，世称龚魏，对转移一代风气，推动中国近代社会发展影响至巨。梁启超尝云："龚魏之时，清政既渐凌夷衰微矣，举国方沉酣太平，而彼辈若不胜其忧危，恒相与指天画地，规天下大计，考证之学，本非其所好也，而因众所共习，则亦能之，能之而颇欲用以别辟国土，故虽言经学，而其精神与正统派之为经学而治经学者则既有以异。自珍、源皆好作经济谈，而最注意边事。自珍作《西域置行省议》，至光绪间实行，则今新疆也。又著《蒙古图志》，研究蒙古政俗而附以议论（未刻）。源有《元史》，有《海国图志》，治域外地理者，源实为先驱。故后之治今文学者，喜以经术作政论，则龚魏之遗风也。"①源与龚自珍订交始于嘉庆二十四年（1819），此后数十年间，声气相应，情逾骨肉。源有诗《客怀八首柬龚定庵舍人》，备述二人相互依赖、相互支持之情谊与甘辛。如其六云："地平如板舆，天覆如穹庐。与君百年内，讬足无斯须。试问所营营，花蕊上蜂须。一春所酝酿，广为三冬储。下备子孙哺，上奉君王需。区区一饱间，竭此百年躯。谁知甘似饴，出自苦之余。"源在扬州，置有"絜园"，自珍过扬州时，常寓于此，宛若家人。自珍逝世后，其子橙抱其遗书求编定，源为编《定庵文录》十二卷，并作序文以张之。序云：自珍"于经通《公羊春秋》，于史长西北舆地。其书以六书小学为入门，以周秦诸子、吉金乐石为匡郭，以朝章国故、世情民隐为质干。晚尤好西方之书，自谓造深微云"。历来被认为对龚自珍学术事业最为权威、公正之评论。

麟 庆

麟庆（1791—1846），字伯馀，号见亭，满洲镶黄旗人。恽珠子。嘉庆十四年（1809）进士。官江南河道总督，河决，降受库伦办事大臣。幼承母教，十余岁即娴吟咏。生平所涉历事，各为记，记必有图，题曰《鸿雪因缘记》。爱才好士，孝行尤著。著有《河工器具图说》《凝香室集》等。道光二十一年（1841）七月，龚自珍游淮浦，"以内阁后进礼谒，"庆"晬乎其容，慰劳有加"。并请龚自珍为其所撰《鸿雪因缘图记》第二卷作序。自珍有感于鸦片战争之役官场腐败无能状况，慨然为作《鸿雪因缘图记序》，一月之后，便遽然暴卒于丹阳。是序盖为自珍散文创作之绝笔。序云："……百有六十图，虽亦谈人伦之乐事，侈门内之祥和，簪笔以入，承诏以出，无亢厉之言，有回翔之态。公弱冠通籍于全盛之期，家世翔华，山川清宴，宜其然也。然而微窥公行部所及，山川形势，人民谣俗，

---

① 《清代学术概论》。

古迹今状，皆备载之，弗为无本之说，与不急之言，而又问民生之疾苦，讨军实之有无。天下形势，半在于是。而姑韬晦其所学，不欲张大其名目，以托于百六十篇之绘事记云尔。"

论近百年诗家绝句

龚自珍

能开风气便堪师,天挺诗才此最奇。

两字红禅归一味,吹箫说剑证心期。

龚自珍(1792—1841),字瑟人,号定庵,浙江仁和人,道光九年(1829)进士。官由内阁中书做到礼部主事。诗集有《破戒草》《己亥杂诗》等。

龚自珍是中国近代的启蒙思想家,同时也是近代诗坛的开山诗人。在万马齐喑的黑暗年代,他的诗奇境独辟,别开生面,对我国近百年诗歌的创作和发展,产生了广泛而又深远的影响。

龚自珍在诗词作品中,常常吟咏"剑气箫心",这是他愤世忧时的自我心灵形象写照。它曾震动过近百年间许多先进诗人,使他们直接或间接地从中得到启迪和教益。

魏　源

潇湘山水荡清音,又复关河万里行。

一壑一丘耽雅趣,诗成《清夜》挟涛吟。

魏源(1794—1857),字默深,湖南邵阳人。道光二十四年(1844)

进士。历官兴化知县和高邮知州。著有《古微堂诗集》《清夜斋诗稿》等。

魏源和龚自珍齐名，他不仅是一位思想家，也是近代诗坛的一位重要诗人。他写作过不少洋溢着爱国主义热情的政治诗，但写得更多的是山水诗。他的作品，清苍幽峭，与那些专一逃避现实、寄情于"模山范水"的诗作不同，目的在于歌颂故乡的三湘美景和祖国的大好河山，以及追求自己的美学抱负。他在《戏自题诗集》中说得非常清楚："太白十诗九言月，渊明十诗九言酒，和靖十诗九言梅，我今无一当何有！唯有耽山情最真，一丘一壑不让人。昼时所历梦同趣，贮山胸似贮壶冰。渊明面庐无一咏，太白登华无一吟，永嘉虽遇谢公屐，台荡胜迹皆未寻。昔人所欠将余俟，应笑十诗九山水。他年诗集如香山，供养衡云最深里。"

林则徐

"苟利国家生死以，岂因祸福避趋之！"

诗情老去猖狂甚，慷慨苍凉肯自疑？

林则徐（1785—1850），字元抚，一字少穆，晚号竢村老人，福建侯官人。进士出身，官至湖广总督。道光十八年（1838）十二月，奉命为钦差大臣，赴广东查禁鸦片。著有《云左山房诗抄》等。

林则徐不以诗名世，但鸦片战争之后，愤于时局，却"老去诗情转猖狂"，写作了一些表达爱国情感的作品。"苟利国家生死以，岂因祸福避趋之"一联，便是《赴戍登程口占示家人》中的名句。他的诗，有时故作旷达语，然言不由衷，颇含怨愤，呈现出一种凄婉苍凉的风格。

张维屏

珠江耆老号诗雄，评骘源流寄"听松"。

椽笔更将诗史绘，三元里上杀声隆。

张维屏（1780—1859），字子树，号南山，广东番禺人，道光二年

（1822）进士，曾代理南康知府。著有《松心诗集》《听松庐诗抄》等。

张维屏为嘉庆、道光间著名诗人。所著《国朝诗人征略》，罗列鸦片战争以前清一代诗人略备。鸦片战争时，目睹英国殖民者的侵华暴行，写了一些歌颂广东人民抗英斗争的诗篇。七古《三元里》即是其中最著名的一首。

林昌彝

射鹰楼上剧谈诗，慷慨横眉对虏夷。

金石苍凉姜桂辣，山枯海涸杞人思。

林昌彝（1803—1876），字蕙常，又字芗谿，福建侯官人，道光二十四年（1844）进士，曾任建宁教授之职。著有《衣讔山房诗集》《射鹰楼诗话》《海天琴思录》等。

林昌彝是位爱国心强烈的诗人。题所居楼为"射鹰"，即隐含抗英之意，他在《海天琴思录》中记云："余建射鹰楼，楼悬长帧《射鹰驱狼图》，友人题咏甚多，楼对乌石山，山为英逆之窟穴。余与楼头悬楹帖云：'楼对乌石，半兽蹄鸟迹；图披虎旅，操毒矢强弓。'见者皆以为真切。"

林昌彝的诗，前人评谓："有金石气，亦有姜桂气"。作品多以反侵略为主题，对国家危亡表示关注和忧戚。如《杞忧》："海涸山枯事可悲，忧来常抱杞人思。嗜痂到处营蝇蚋，下酒何人唉鲮鲯。但使苍天生有眼，终教白鬼死无皮。弯弓我慕西门豹，射汝河氛救万蚩。"

贝青乔

"四海依人短褐孤"，哀吟咄咄切肌肤。

伤心三载边愁结：带血旗收士气输。

贝青乔（1810—1863）字子木，号无咎，江苏吴县人。一生穷困，过着"四海依人短褐孤"的幕客生活。鸦片战争时，曾自愿投军，上过前线。著有《咄咄吟》《半行庵诗存稿》等。

贝诗的思想性与艺术性俱佳。大型组诗《咄咄吟》共120首，形象地记录了他在三年军旅生活中所见的"怪事"。这组诗，以诗记史，就诗作注，并在体式上继承了宋代刘子翚《汴京纪事》,汪元量《湖州歌》《越州歌》等记载国事的大型组诗创作传统而又所发展。组诗编讫时，他又以《述怀绝句》五章附后，画龙点睛地写明创作组诗的愤慨情绪。其一云："炮云三载结边愁，大纛临风带血收。重见吴姬村店里，太平军士满垆头！"

黄遵宪

定庵风骨启新途，诗境别开人境庐。

《己亥》《怀人》饶感慨，欧风美雨壮新图。

黄遵宪（1848—1905），字公度，广东嘉应州人。光绪二年（1876）举人。历任驻日、英、美、新等国外交官员。回国后，积极参加以康、梁为首的变法维新运动。戊戌变法失败，被革职放归，郁郁而死。著有《日本杂事诗》《人境庐诗草》《人境庐集外诗辑》等。

黄遵宪继承和发展了由龚自珍开启的新的诗风，是"诗界革命"的一面旗帜。他在创作中，努力表现"古人未有之物，未辟之境"，较好地实现了"旧风格含新意境"的要求，从而成为近代诗坛上最有实绩的一位诗人。

释敬安

清湘涎出一袈裟，爱国禅心未有涯。

假得诗情如火旺，十分浓烈到梅花。

释敬安（1851—1912），字寄禅，别号八指头陀；俗姓黄，名读山，湖南湘潭人。十八岁出家，先后住持湖南、浙江各大名刹。辛亥革命后，出任中华佛教总会第一任会长。著有《八指头陀诗文集》。

八指头陀是我国文学史上为数不多的著名爱国诗僧之一。自云："我虽学佛未忘世"。早年与诗人王闿运诸人游。中年以后，多交海内闻人，诗艺大进。他爱咏白梅，用以象征自己的高洁情怀，故又有"白梅诗僧"之称。其诗稿亦曾以《嚼梅吟》《白梅诗》为名。

陈三立

早岁曾忧世事艰，诗宗山谷震骚坛。

推波衍绪同光体，留与他人仔细探。

陈三立（1852—1937），字伯严，号散原，江西义宁人。光绪间进士。官吏部主事。光绪二十一年（1895），父陈宝箴为湖南巡抚，提倡新学，创办新政，支持维新运动，三立辅佐左右，多所筹划。戊戌变法失败，父子以"招引奸邪"罪，均被清王朝革职，永不叙用。辛亥革命后，为清室遗老。著有《散原精舍诗》《续集》《别集》。

陈三立是同光体诗人首领。其诗宗黄庭坚，艺术成就较高，早年亦多忧国伤时之作。晚年思想落伍，他所代表的"同光体"也成为学术界争议较多的论题之一。

康有为

作势飞腾意态骄，《出都》诗比卧龙豪。

再搜欧亚新声造，悱恻雄奇接楚骚。

康有为（1858—1927），原名祖诒，字广厦，号长素，又号更生，广东南海人。光绪进士，官至工部主事。著有《南海先生诗集》等。

康有为原是资产阶级改良派领袖，以后又是保皇派首领。他的诗学杜甫、龚自珍，大气磅礴，瑰丽雄奇，极富浪漫主义气概。其诗歌主张，力图打破传统束缚，别开"异境"，与资产阶级改良运动息息相关，紧密配合了梁启超等人提倡的"诗界革命"。他是近代诗坛上由龚自珍开始的新风气的重要代表人物。他在《与菽园论诗兼寄任公、孺博、曼宣》中所说的："新世瑰奇异境生，更搜欧亚造新声"；"意境几于无李杜，目中何处着元明"，表达了他在诗歌改革上的宏大抱负和追求。

夏曾佑

倡言革命梁谭夏，诗苑衰微赖一呼。

巴别塔前分种教，参商妙喻古来无。

夏曾佑（1361—1924），字穗卿，号别士，一号碎佛，浙江钱塘人。光绪十六年（1890）进士。官泗州知州。辛亥革命后，曾任教育部普教司司长。有《夏曾佑诗》①。

夏曾佑是维新运动有名的宣传家。他与谭嗣同、梁启超一起，大力鼓吹"诗界革命"，并身体力行，以新名词、新事物入诗。《无题绝句》所谓"巴别塔前分种教"，即以《旧约·创世纪》中的宗教神话，借喻种族、宗教之间的互相隔离，永不相见。

丘逢甲

岭云海日拥高楼，心系台澎一望收。

血战但余遗垒在，柏庄诗老恨悠悠。

丘逢甲（1864—1912），一名仓海，字仙根，号蛰仙，又号仲阏，台湾苗栗人。光绪十五年（1889）进士。官工部主事。中日甲午战争之后，清政府将台湾割给日本。他曾组织义军，英勇抗日。事败后内渡，在广东各书院任教。著有《柏庄诗草》《岭云海日楼诗抄》等。

丘逢甲诗作丰富，传说有万首之多。今存在台时以及内渡后的作品二千余首。他的诗豪气纵横，充满爱国的感情，颇近杜甫、陆游。柳亚子曾评曰："时流竞说黄公度，豪气终输仓海君"。他又注意在创作中反映新内

---

① 载《近代文学史科》，中国社会科学出版社1985年版。

容、新事物,与"诗界革命"相呼应。因之,黄遵宪又说他:"此君诗真天下健者"。梁启超则誉之为"诗界革命巨子"。

谭嗣同

自古三湘烈士多,浏阳诗汛泛长波。

莫嫌《听法》犹生造,辟莽披荆总费磨。

谭嗣同(1865—1898),字复生,号壮飞,湖南浏阳人。光绪二十四年(1898)入京,任军机处章京,参加康有为、梁启超领导的维新运动。变法失败,被捕入狱,与林旭、刘光第等同时慷慨就义,为戊戌六君子之一。著有《莽苍苍斋诗》。

谭嗣同诗的风格豪放,宛如其人。他极主"诗界革命",并带头探索,以新名词入诗。其《金陵听法》有云:"纲伦惨以喀私德,法会胜于巴力门"(按,梁启超注:喀私德即Caste之译音,盖指印度分人为等级之制也。巴力门即parliament之译音,英国议院之名也。)颇令人费解,并非成功的实验。但这种敢于大胆探索的精神,却是值得称赞的,对近代诗坛亦不无影响。

吴保初

高名早慕北山楼,潜水悠悠有故丘。

一自抗疏辞阙去,披鳞遗草尽风流。

吴保初(1869—1913),字彦复,一字君遂,安徽庐江人。官刑部主事。著有《北山楼集》。

吴保初系著名将领吴长庆之子,与陈三立、谭嗣同、丁惠康,被时人称为"四公子"。他所交往的师友,大都为当时的先进人物,如张謇、文廷式、梁启超、夏曾佑、章太炎等。章士钊乃其女弱男婿。

吴保初以气节和诗闻名于世。光绪二十三年(1897),因上书奏请慈禧太后结束垂帘听政受阻，即愤而出都，寄迹于津沪两地。他的早年诗作，意境清淡，颇近韦、孟；出都以后的作品，则针砭时局，语多激愤，思想深度和艺术造诣较前均大有所进展。诗稿题曰《披鳞草》，尤可见其锋芒所向。

梁启超

振兴诗界起群龙，巨擘咸推梁任公。

新酒旧瓶劳鼓吹，一编诗话记初功。

梁启超（1373—1929），字卓如，号任公，别署饮冰室主人，广东新会人。光绪十五年（1889）举人。民国后，历任司法部总长、财政总长。晚年在清华大学任教。著有《饮冰室合集》。

梁启超是资产阶级改良派的最著名的宣传家、政治家、启蒙思想家。他和夏曾佑、谭嗣同一道，大力鼓吹"诗界革命"，并著有《饮冰室诗话》，系统总结和宣传"诗界革命"的经验教训，提出"以旧风格含新意境"或"熔铸新理想以入旧风格"和"独辟新界而渊含古声"的主张，对近代诗坛的发展起过重要作用。

秋　瑾

谁言女子非英物，材略风云古亦稀。

侠骨文心双挺秀，越中灵气让蛾眉。

秋瑾（1875—1907），字璿卿，又字竞雄，号鉴湖女侠，浙江山阴人。光绪三十年（1904）赴日本留学，次年参加同盟会。回国后，致力于民主革命。1907年，在积极准备皖、浙起义时，因事泄被捕壮烈牺牲。著有《秋瑾集》。

秋瑾是我国文学史上杰出的女诗人。她的诗，不仅格调雄健豪放，慷慨悲凉，表现了革命志士大无畏的英雄气概。在艺术技巧方面，也能做到娴熟自如，绝少雕琢，不愧于作者。

王国维

英雄末世任飞扬，户牖别开各擅场。

转益多师呈异采，融融理趣试新妆。

王国维（1877—1927），字静安，一字伯隅，号观堂，一号永观，浙江海宁人。光绪秀才。清末，留学日本。回国后，先后任学部图书编译、清华大学教授等职。著述宏富，诗集有《静安诗稿》。

王国维是我国近代罕见的杰出学者。他生于封建末世，在急剧转变的历史潮流中，既受中国传统文化的熏陶，同时也接受了世界新思潮的影响。他视野宽阔，创造性地从事多学科的研究，包括哲学、教育、文学、史学、文字学和考古学等，都取得重大成就，具有承前启后的意义。

王国维的诗，数量不多，但是，个人的艺术风格，却十分显著。他并不专学某些古人，而是兼采众长，魏晋唐宋，都有所取法。正如缪钺所说，他的作品主要有两个特点：第一，王静安写诗词，能够不囿于当时的风气，而特立独行，自辟蹊径。第二，王静安诗词中多发抒哲理，而能融化于幽美的形象之中，清邃渊永，耐人寻味，这是自古以来诗人所不易做到的。

于右任

"诗意凭陵陆剑南"，精严少作苦追攀。

云龙风虎千秋史，碧海青天日月潭。

于右任（1879—1964），名伯循，陕西三原人。光绪二十年（1894）举人。1907年起，先后创办《神州日报》《民呼日报》《民立报》，宣传民主革命。1912年，任南京临时政府交通部次长。1927年初，任国民军联军驻陕总司令，准备策应北伐军。南京国民政府成立后，历任审计院院长等职。1949年4月去台湾。有《右任诗存》《于右任诗词集》。

于右任为早期南社诗人之一。后以草书名世，诗名几为所掩。诗、词、曲各体俱工，尤其是民元前至抗日战争时期的作品，反映近代中国历史上的重大事件，慷慨悲歌，苍凉奔放，可以当作诗史来读。去台以后，他对祖国大陆一直怀着眷恋之情。辞世前一年，曾赋诗云："葬我于高山之上兮，望我大陆；大陆不可见兮，只有痛哭！"缠绵悱恻，再一次表达了他思乡怀土的炽热情感。

陈独秀

仲子才高孰于伦？文心诗胆气轮囷。

荒江白发成追忆，未害先生出处真。

陈独秀（1879—1942），原名乾生，字仲甫，安徽怀宁人。清秀才。光绪二十四年（1898）已，开始参加反清活动。1904年在芜湖创办《安徽俗话报》，进行革命宣传。辛亥革命后，任安徽都督府秘书长。1917年，被聘为北京大学文科学长。1921年，中国共产党成立，被选为中央局书记。1932年，被国民政府逮捕。1942年病死于四川江津。著有《独秀文存》。

陈独秀是"五四"新文化运动主要领导人之一，对中国现代文学的开拓与发展起过重要的作用。他的旧体诗功力深湛，无论思想性和艺术性都有较高的成就。1934年，在国民党监狱中写的《金粉泪五十六首》，针砭时事，痛快淋漓，造词亦富峻峭，音律十分讲究，尤可一诵。

刘大白

清雅雍容笔一枝，喁喁温丽说相思。

如何醉酒愁无那，挟策征帆北上时。

刘大白（1880—1932），名靖裔。原名姓金，名庆棪，字伯贞，浙江绍兴人。清贡生。长期在上海各大学任教。有《白屋遗诗》。

刘大白是著名的现代诗人。但传统诗词的修养很深，写作娴熟。诗的风格清新流畅，毫不晦涩。有关爱情的作品，写来更是温馨隽爽，清丽灵俏，不落俗套。也有愤世嫉俗之作，载诸《北征小草》等辑之中。

鲁　迅

两间荷戟独彷徨，笔挟春温雅擅场。

叱咤风雷惊广漠，豪情端合继龚郎。

鲁迅（1881—1936），原姓周，名树人，字豫才，浙江绍兴人。1902年赴日留学，辛亥革命后，曾在南京临时政府教育部任职，并曾在北京大学、北京师大等高校授课。1927年到达上海后，专事文艺活动。有《鲁迅诗稿》等。

鲁迅是"五四"新文化运动的伟大旗手，对中国新文学的发展具有特殊贡献。他的创作活动，主要在杂文、小说方面，于诗并不常作。但是，由于鲁迅的文学功底极深，他虽无心做诗人，然"偶有所作，每臻绝唱"[1]，并且成了"中国旧体诗的最后的奇葩"[2]。

关于鲁迅的特色，柳亚子曾评曰："追踪汉魏，托体风骚，……换一句讲，他的诗实在太好了"。[3]具体地说，就是："属辞雅丽，可比风骚；定势沉雄，不殊汉魏；有长吉之奇倔而避其阴森；具义山之绵邈而去其纤巧；情重而意深，力遒而辞婉。"[4]

值得注意的是，鲁迅诗与龚自珍的关系。据唐弢回忆，鲁迅曾同他当面"称道定庵七言的风格"。他又说过："鲁迅洗炼出定庵。"而许寿裳在评《悼杨铨》时，则说："这首诗，才气纵横，无异龚自珍。"我们从鲁诗的实际情况看，无论在造境设意，属词遣句等各方面，确与龚诗有一脉相

---

① 郭沫若：《鲁迅诗稿》。

② 冯至：《鲁迅先生的旧体诗》。

③ 《鲁迅先生的旧诗》。

④ 黄秋耘：《高吟肺腑走风雷》。

承之处。上述诸家评论，是很有道理的。

苏曼殊

"春雨楼头尺八箫"，几多哀怨付江潮。

何当洗尽狂怒辱，泪湿鲛绡恨未消。

苏曼殊（1884—1918），名戬，字子谷，更名玄瑛，法号曼殊，广东香山人。生于日本，母亲是日本人。1889年随父回国。后又到日本留学，参加爱国革命活动。1903年回国，不久出家为僧，但仍与革命党人往来和从事文学活动，以后又参加了南社。辛亥革命失败后，思想日趋消极。有《燕子龛诗笺注》（马以君笺注）等。

苏曼殊是位多才多艺的作家。他精通中、日、英、梵等几种文字，在诗歌、小说、散文、翻译、绘画等方面取得了很大的成绩。他的诗，情辞凄恻，造语绮丽，别具一格。其表现爱国主义和民族精神的诗篇，却写得委婉深沉，苍凉悲壮，如《以诗并画留别汤国顿》："蹈海鲁连不帝秦，茫茫烟水著浮身。国民孤愤英雄泪，洒上鲛绡赠故人。""海天龙战血玄黄，披发长歌览大荒。易水蒉萧人去也，一天明月白如霜。"

柳亚子

结盟南社领诗坛，未许闲吟一例看。

四纪驰驱三易代，长随时世共悲欢。

柳亚子（1887—1958），原名慰高，字安如；更名人权，字亚卢；再更名弃疾，字亚子，江苏吴江人。早年参加民主主义革命，是南社的发起人和领导者之一。晚年积极参加新民主主义革命和社会主义建设，当选为全国人民代表大会常务委员会委员。他一生经历了几个历史阶段，始终跟随时代一道前进，为时代歌唱。著有《磨剑室诗词集》。

柳亚子的诗，壮健沉雄，神情激越，是南社诗人的杰出代表。毛泽东评之曰："尊诗慨当以慷，卑视陈亮、陆游，读之使人感发兴起。"①郭沫若尊之为"今屈原"。

胡 适

一篇决绝《誓诗》辞，作手惊看胡适之。

绩水黟山遗泽厚，春明沪渎启新思。

胡适（1891—1962），初名嗣穈，学名洪骍，字适之，安徽绩溪人。"五四"新文学革命倡导者之一。曾任北京大学教授、文学院院长、校长。1958年，去台湾。著有《尝试集》等。

胡适自幼喜爱中国传统诗词，并由此走上了文学的道路。在新思潮的启迪下，"五四"前夕，他又与沈尹默、俞平伯、刘复等率先写作白话诗，企图为中国诗歌寻找一条新的路子。1916年，他在《沁园春·誓诗》这首词里写道："更不伤春，更不悲秋，以此誓诗。任花开也好，花飞也好，月圆固好，日落何悲？我闻之曰，从天而颂，孰与制天而用之？更安用，为苍天歌哭，作彼奴为？文章要有神思，到琢句雕词意已卑。定不师秦七，不师黄九，但求似我，何效人为！语必由衷，言须有物，此意寻常当告谁！从今后，倘傍人门户，不是男儿！"表现了诗人锐意改革的气概。

郭沫若

几番投笔请长缨，一片精诚赤子情。

树蕙滋兰师屈子，凰歌凤舞祝更生。

郭沫若（1892—1978），原名开贞，号尚武，四川乐山人。1914年赴日本留学。1921年出版新诗集《女神》，并与郁达夫、成仿吾等组织创造社。1927年参加南昌起义。次年，旅居日本。抗日战争开始，回到中国，从事救亡运动。新中国成立以后，历任全国文联主席、中国科学院院长、

---

① 易孟醇：《诗人毛泽东》，人民出版社2003年版，第218页。

政务院副总理和全国人大常委会副委员长。著有《沫若文集》。

郭沫若是继鲁迅之后我国文化战线上的又一面旗帜，对中国新文学的发展作出了创造性的重大贡献。他的旧学功底深厚，所写旧体诗词才华横溢，风格豪放，富有浪漫主义气息。著有《归国杂吟》（"又当投笔请缨时"），是中国诗歌史上不朽的篇章之一。

郁达夫

诗能哀艳杂雄奇，家国情怀两漾之。

粉本青莲原一脉，何尝删却定公词。

郁达夫（1896—1945），原名文，浙江富阳人。创造社主要成员之一。并先后在安庆政法学校、北京大学和中山大学任教。抗日战争时期，在香港、南洋群岛一带从事抗日宣传活动。新加坡沦陷以后，流亡苏门答腊。1945年9月被日本宪兵队秘密杀害。著有《郁达夫诗词抄》等。

郁达夫是以小说、散文名家的，但是，他的气质、修养、功力，却更近于诗人。郭沫若在《郁达夫诗词抄序》中写道："在他生前我曾经向他说过：他的旧诗词比他的新小说更好。他的小说笔调是条畅通达的，而每每一泻无余；他的旧诗词却颇耐人寻味。古人说'多文为富'，他名叫郁文，真可谓名实相符，'郁郁乎文哉'了。"

郁达夫的旧体诗，题材广泛，风格多样，饱含着家国兴亡和个人荣辱之痛。他认真学习前人，转益多师，形成了自己的艺术特色。尤其是从李白、吴梅村、黄仲则、龚自珍那里吸取了丰富的营养。他在《自述诗十八首》第一首中云："删尽定公哀艳句，侬诗粉本出清莲。"实际上，同诗的《附记》却推翻了自己的表白。《附记》说："仁和龚璱人有《己亥杂诗》三百一十五首，余颇喜诵之。"而且，有趣的是，这十八首诗，正是仿照龚自珍《己亥杂诗》的结构、格调、手法来写的。更何况龚自珍与李白本属一脉呢！

田　汉

"岂爱秋坟鬼唱诗，呕心端为刺当时。"

蒲翁孤愤田公笔，写尽人间血泪辞。

田汉（1898—1968），原名寿昌，湖南长沙人。早年留学日本。回国后，与郭沫若等组织创造社。以后，一直从事戏剧创作和组织领导工作，为中国现代戏剧的创建和发展，为传统戏曲的改革和更新作出了不可磨灭的贡献。著有《田汉诗选》等。

在现代作家中，田汉旧体诗的造诣是突出的一位。早在20年代，他的诗即已蜚声文坛，并被唐弢誉为"大家"。他的诗有充实的思想内容，国家的兴衰以及人民的哀乐，都得到了深刻的反映。在形式上，许多作品，注意到把诗与歌融为一体。

瞿秋白

春燕江南第一程，呢喃陌上弄晴阴。

便将"王道"编诗话，仁政翻新听杀声。

瞿秋白（1899—1935），初名阿双，又名霜，江苏常州人。他是中国共产党的卓越的活动家、宣传家，又是著名的作家、文学批评家和翻译家。1935年被国民党杀害。著有《瞿秋白文集》。

1923年，瞿秋白在一首绝句中写道："万郊怒绿斗寒潮，检点新泥筑旧巢。我是江南第一燕，为衔春色上云梢。"这首诗，是秋白献身革命的形象写照。他的旧体诗，数量不多，但有作，便成佳什，颇具唐人风韵。

1933年，他的杂文《王道诗话》中的几首诗，对反动文化作了尖锐辛辣、切中要害的讽刺。其一云："人权王道两翻新，为感君恩奏圣明。虐政何妨援律例，杀人如草不闻声。"

陈　毅

　　倥偬戎马发高吟，歌哭情深字字真。

　　《梅岭三章》传绝唱，"将军本色是诗人"。

　　陈毅（1901—1972），学名世俊，字仲弘，四川乐至人。早年赴法勤工俭学。回国后不久参加中国共产党，献身革命事业。历任第三野战军司令员、上海市市长、国务院副总理兼外交部部长等职。1955年被授予中华人民共和国元帅军衔。有《陈毅诗稿》《陈毅诗词选集》。

　　陈毅自幼倾心文学。20代曾参加文学研究会，并组织"西山文社"和"斗千社"。他特别关注诗歌的创新，1942年，他在苏北根据地发起成立诗社，并亲撰《湖海诗社开征引》："今我在戎行，曷言艺文事？慷慨每难免，兴会淋漓至。柔翰偶驱策，婉转成文字。不为古人奴，浩歌聊自试。师今亦好古，玩古生新意。大雅未能跻，庸俗早自弃。""应知时势变，新局启圣智。……此中真歌哭，情文两具备。""先圣未能此，后贤乏斯味。若无大手笔，谁堪创世纪？""诗国新疆土，大可立汉帜"。他的作品自然流畅，大气磅礴，有鲜明的个性特色。其《梅岭三章》作于坚持南方游击战期间，正正堂堂，堪称绝唱。

赵朴初

　　骚坛体备诗词曲，纪事抒怀一例同。

　　众美兼容风格异，祝公初探奏肤功。

　　赵朴初（1907—2000），安徽太湖人。中华人民共和国成立前，长期在慈善团体任职。中华人民共和国成立后，历任中国佛教协会会长、中国作协理事、全国政协副主席。著有《滴水集》《永怀之什》和《片石集》等。

　　由于家庭和环境的影响，赵朴初自幼对传统诗词便发生了浓厚的兴趣；在创作实践中，又对中国诗的出路进行了认真的探索。他自觉地将诗、词、曲各种体裁的长处糅合在一起，努力创造出"既是全新的，又是大家熟悉的；既是现代的，又是适合民族口味的；既是通俗易懂的，又是经过琢磨锻炼的"①自具新貌的诗歌。他在《金镂曲·奖许惭文藻》中曾对这种探索作过概括："浅涉藩篱唐与宋，偶试元人令套。知变化鲲鹏有道。雅什民谣相会处，认前途要把榛芜扫。忘鄙拙，且研讨。"

［原载《安徽大学学报》1990年第1期］

---

① 《片石集·前言》。

近代词和近代词家

近代词

清代道光时期至五四运动前后，大约100年间的词。这一时期，在政治历史上，跨清代中叶后期至民国初创时期，经历资产阶级改良至旧民主主义革命阶段；在社会历史上，经历着封建制度的垂危到帝国主义的入侵，由封建社会沦为半殖民地半封建社会；而在词的发展中，则呈现复兴趋势，成为中国古典词的一个重要发展阶段。据叶恭绰编辑的《全清词钞》统计，道光以后的词人便辑有1300余家，约占全书收录词人总数的五分之二以上。

近代词的发展，大致可分为前后两期。

前期主要是清道光、咸丰年间。这一时期的代表作家，有周济、龚自珍、项延纪、蒋春霖等。在这一时期的开端，周济大力发挥常州词派创始人张惠言等提倡的"意内言外"之说，提出词"非寄托不入，专寄托不出"的主张，进一步推尊词体，强调词的创作的思想内容，反映了处于封建社会大变动前夜危机日深的形势下，要求密切文学与现实的关系的总趋向，对常州派词论的最后确立，做出了贡献。作为时代号手的龚自珍，以他特有的时代敏感和文学的独创精神，在一部分词作中反映了历史大转折时代进步文士的伤时感世情绪，和"才也纵横，泪也纵横，双负箫心与剑名"(《丑奴儿令》)的深沉身世之感。前人赞其词"中有异境"(段玉裁《怀人馆词序》),风格则"意欲合周、辛而一之"①。与此相呼应,是一些不专以词名家的政治家,正视现实,惕于危亡,写下一些充满爱国主义激情的词篇,在当时闪耀出特异的光彩。如林则徐的〔高阳台〕《和嶰筠前辈韵》,邓廷桢的《水龙吟·雪中登大观亭》《酷相思·寄怀少穆》等。这些作品形成了当时词坛的进步潮流。项廷纪、蒋春霖是这一时期词坛两大家。他们与清初词人成容若一起,被认为是"二百年中,分鼎三足"②的词人。项廷纪的词,幽艳哀断,功力深厚。蒋春霖的词,才大气雄,时造虚浑,讲律度,工造境,艺术上要求甚高,而不受浙派或常州派的羁绊。但项词大都是写羁愁离思,闲情幽绪,而蒋春霖的所谓"登山临川,伤离绰乱"③,又常常是抒写太平天国进军中士大夫的破家离乱之感,表现了对太平天国革命的敌视态度,大大影响了他们词作的成就。这一时期,比较重要的词人,还有周之琦,姚燮、黄燮清、陈澧、许宗衡、薛时雨等。他们的作品,程度不同地反映了各自的身世之感,有一定的意义,但是,无论在内容或手法上,都还在传统的程式中逡巡,缺乏新的风貌。从这一时期词坛的总的状况看,鸦片战争和太平天国运动的影响,不如诗文作品反映得那么自觉、鲜明和强烈;然而,由于常州词派的崛起和确立,词的地位引起了人们的重视,浙派的"清空""醇雅",脱离社会现实的流弊受到正确的讥议,为后期的词学发展准备了条件。

后期指清同治以后的时期,堪称"词的中兴光大的时代"④。这一时期,由于清廷的腐败和外敌的侵凌,国家危亡,迫在眉睫,忧国的词人们不能不在严重的阶级矛盾和民族矛盾的尖锐时刻,放眼观察世界,扩大对社会的接触面,发出强烈的呼喊。突出的作家有张景祁、黄遵宪、文廷式、秋瑾、柳亚子和南社诸词人。他们大多是维新运动或民主革命的积极

---

① 谭献:《复堂日记》。

② 谭献:《箧中词》。

③ 《水云楼词序》。

④ 叶恭绰:《全清词钞序》。

参加者，政治上站在时代潮流的前面，其词作或谴责清廷的丧权辱国，或轸念民众的灾难，或畅言民主主义革命，表现出中国人民不甘屈辱的堂堂气概，慷慨悲歌，意气风发，在词史上，除南宋的爱国词，罕见其匹。他们的创作，开拓了词的表现领域，为词坛输进新的生命和血液。

这一时期，以词为专业而影响较大的作家有谭献、庄棫、冯煦、王鹏运、郑文焯、朱孝臧、况周颐、陈延焯、赵熙、夏敬观、王国维、吴梅等。他们除了词的创作各具一定的特色、有一定的成就外，在词的理论、词籍校刻、词律和词乐的研究等方面，都做出了卓越的成绩，影响深广。

谭献是常州词派的重要理论家，其论词言论，由弟子徐珂辑为《复堂词话》。他力尊词体，推崇比兴，对常州词派的理论作了具体的阐明而又有所发展。王鹏运、郑文焯、朱孝臧、况周颐，被称为晚清四大词人。他们都承接常州派的余绪，但又不完全墨守常州派。王鹏运提出的"拙、重、大"之说，就是期望能在词的创作上有所突破和扩展。陈延焯的《白雨斋词话》、况周颐《蕙风词话》和王国维的《人间词话》，是这一时期产生的重要的词论专著。前两种，虽然在理论体系上仍然是承袭常州词派，但具体论述不尽相同，并有所发挥和发展，特别是评论词人词作，剖析入微，颇为精到。王国维由于较多地接受了新学的影响，其《人间词话》将中国传统文论和西方美学及文艺理论结合起来，熔于一炉，提出自成体系的词论，带有明显的时代特色，对"五四"以前的文坛发生过影响。

这一时期，在词籍的整理和校刻上，继承和运用乾、嘉学者的方法，大大向前推进了一步。如王鹏运之《四印斋所刻词》及《宋元三十一家词》、江标之《灵鹣阁汇刻宋元名家词》、吴昌绶之《双照楼刊影宋元本词》和朱孝臧之《疆村丛书》及《湖州词征》等，在汇集词集、搜辑遗佚、流传善本、校勘讹误等方面，都有很大的贡献。其中以朱孝臧的《疆村丛书》的搜罗尤为宏富，勘订为精审。

在词律、词韵的研究上，这一时期继道光元年刊行被词学界奉为正鹄的戈载《词林正韵》之后，这时的作家，更通过自己的作品，申音正律，务求无讹。如朱孝臧曾被王鹏运称之为"律博士"。郑文焯更"深明管弦声数之异同，上以考古燕乐之旧谱"，完成了研究词乐的《词源斠律》著作。

近代词是中国词史上的一个重要阶段。从词学发展的角度去考察，有人说它是中国古代词的"一大后劲"或"一大结穴"[①]。

近代词目前尚无全编，谭献的《箧中词》和《箧中词续》，叶恭绰的《广箧中词》和《全清词钞》，龙榆生的《近三百年名家词选》中，有较多的收录。

近代词家

蒋春霖（1818—1868），近代词人。字鹿潭。江苏江阴人，寄籍大兴（今属北京市）。幼随父蒋尊典，在荆门知州任所读书。父死后，家业中落，奉母归京师，屡试不中。咸丰二年（1852），署富安场盐大使。七年，母死去官，移家东台。咸丰十年，先后入乔松年、金安清幕。后又做过六七年的小盐官。

蒋春霖早岁工诗，风格近李商隐。中年，将诗稿悉行焚毁，专力填词。由于喜好纳兰性德的《饮水词》和项鸿祚的《忆云词》，因自署水云楼，并用以名其词集。他重视词的内容和作用，认为："词祖乐府，与诗同源。偎薄破碎，失风雅之旨。情至韵会，溯写风流，极温深怨慕之意。"[②]所作词如《台城路·易州寄高寄泉》《卜算子·燕子不曾来》等，多抒写仕途坎坷、穷愁潦倒的身世之感，悲恻抑郁。其咏时事之作，如《台城路·惊飞燕子魂无定》《渡江云》《燕台游踪，阻隔十年，感事怀人，书寄王午桥、李闰生诸友》等，虽被誉为"倚声家老杜"，但内容大都抒写太平军扫荡江南时，士大夫流离之感以及对风雨飘摇的清王朝的哀叹。

在艺术上，蒋春霖目无南唐两宋，更不囿于当代浙派和常州派的樊篱。他的词讲究律度，又工造境，注意炼字炼句，在清末颇受称誉。谭献

① 叶恭绰：《全清词钞后记》。
② 李肇增：《水云楼词序》。

称其"流别甚正，家数颇大，与成容若、项莲生，二百年中，分鼎三足"①。

《水云楼词》，蒋春霖生前刻于东台，后收入杜文澜《曼陀罗阁丛书》中。蒋卒后，他的好友于汉卿搜集未刻之词，与宗源翰所藏，合刻《补遗》1卷。缪荃孙也重刻过他的词集。1933年出版的《词学季刊》创刊号，又发表其未刻词9首。总计蒋春霖词今存170余首。诗作今存不及百首，由金武祥刻入《粟香室丛书》，题为《水云楼剩稿》。

王鹏运（约1848—1904），近代词人。字佑遐，一字幼霞，自号半塘老人，晚年又号鹜翁、半塘僧鹜。广西临桂人，原籍浙江山阴。同治九年（1870）举人。十三年（1874），为内阁中书，升内阁侍读。光绪十九年（1893），授江西道监察御史，后为礼科掌印给事中，弹劾谏诤有直声。他支持并参与康有为的改良主义运动，康未受知于光绪帝之前，奏折多由他代上。他屡次抗疏言事，几罹杀身之祸。光绪二十八年，离京南下，寓扬州，主仪董学堂，并执教于上海南洋公学，最后客死于苏州。

王鹏运初嗜金石，20岁后始专一于词。与郑文焯、朱孝臧、况周颐称"晚清四大家"。由于他大力倡导词学，且能奖掖后辈，著名词人文廷式、朱孝臧、况周颐等均曾受其教益。成就突出，在词坛声望很高，向被尊为"晚清四大家"之冠。他力尊词体，尚体格，提倡"重、拙、大"以及"自然从追琢中来"等，使常州词派的理论得以发扬光大，并直接影响当世词苑。况周颐的《蕙风词话》许多重要观点，即根源于王氏。晚清词学的兴盛，王氏起了重要作用。

朱孝臧评王鹏运的词作，"导源碧山（王沂孙），复历稼轩（辛弃疾）、梦窗（吴文英），以还清真（周邦彦）之浑化"（《半塘定稿序》），大体是符合实际的。其早年词与王沂孙为近，多写身世之感，如《百字令·自题画像》等。甲午至辛丑间（1898—1901）身为谏官，并与文廷式等唱和，颇有伤时感事之作，词风近辛弃疾。如《祝英台近·次韵道希感

---

① 《箧中词》卷五。

春》《谒金门·霜信骤》《满江红·送安晓峰侍御谪戍军台》等，苍凉悲壮，饶有壮夫扼腕之概。他同朱孝臧、刘伯崇合作的《庚子秋词》，也不乏对国势衰微的深沉悲愤。但是，他的作品，更多的还是反映了对清廷江河日下趋势的无可奈何的哀叹。有的词用典过多，不免流于晦涩。

王鹏运用了30年的时间，校勘《花间集》以及宋元诸家词为《四印斋所刻词》和《四印斋汇刻宋元三十一家词》，又校刻《吴梦窗词》。他用汉学家治经治史的方法以治词，校勘精审，向为学者所称道。

清代光绪十四年临桂王氏四印斋刻本《四印斋所刻词》

著有《袖墨集》《虫秋集》《味梨集》《鹜翁集》《蜩知集》《校梦龛集》《庚子秋词》《春蛰吟》《南潜集》，统名《半塘词稿》。晚年删定为《半塘定稿》2卷，《剩稿》1卷。

况周颐（1859—1926），近代词人。原名周仪，以避宣统帝溥仪讳，改名周颐。字夔笙，一字揆孙，别号玉禖词人，晚号蕙风词隐。临桂人。原籍湖南宝庆。光绪五年（1879）举人。后官内阁中书、会典馆纂修，以知府分发浙江，曾入两江总督张之洞、端方幕府。其间，复执教于武进龙城书院和南京师范学堂。辛亥革命后，以清遗老自居，寄迹上海，鬻文为生。

况周颐以词为专业，致力50年，为晚清四大家之一。20岁前，词作主"性灵"，"好为侧艳语"，"固无所谓感事"①。光绪十四年（1888）入京后，与当时词坛名家同里前辈王鹏运同官，以词学相请益，得所谓重、拙、大之说，词格为之一变。稍尚体格，词情也较沉郁，如《齐天乐·秋雨》等。中日甲午（1894）战争时，愤于外敌入侵，写下一些伤时感事神情激越的篇什，如《唐多令·甲午生日感赋》《苏武慢·寒夜闻角》《水龙吟·二月十八日大雪中作》《摸鱼儿·咏虫》《水龙吟·声声只在街南》等，反映"嘶骑还骄，栖鸦难稳"的现实和"壮怀空付，龙沙万里"的感慨。有一些作品则是对清室的兴衰、君臣的酣嬉，深致忧思，如《三姝媚》的"红楼依然，三容歌舞"、《莺啼序》的"有恨江山，那能禁泪"等。

辛亥革命后，况周颐与朱孝臧唱和，受朱影响，严于守律，于词益工，但大都是"故国"之思，抒写封建遗老情绪。如《倾杯·丙辰自寿》，以"老圃寒花"自比；《水调歌头·壬戌六月十一日集海日楼为寐叟金婚贺》中，更明显地表露出"指顾光华复旦，仙仗御香深处，比翼更朝天"的。

况周颐尤精词评。著有《蕙风词话》5卷，325则，是近代词坛上一部有较大影响的重要著作。1936年，《艺文》月刊又载《续编》2卷，凡136则，系辑自况氏各种杂著。1960年，人民文学出版社取正续两编为一集，统名《蕙风词话》，与王国维的《人间词话》合刊出版。

况周颐的词学理论，本于常州词派而又有所发挥。他强调常州词派推尊词体的"意内言外"之说，乃"词家之恒言"②，指出"意内为先，言外为后，尤毋庸以小疵累大醇"③，即词必须注重思想内容，讲究寄托。又吸收王鹏运之说，标明"作词有三要，曰：重、拙、大"。他论词突出

① 赵尊岳：《蕙风词史》。

② 《蕙风词话》卷四。

③ 《蕙风词话》卷一。

性灵，以为作词应当"有万不得已者在"，即"词心"，"以吾言写吾心，即吾词"，"此万不得已者，由吾心酝酿而出，即吾词之真"。强调"真字是词骨，情真、景真，所以必佳"。但亦不废学力，讲求"性灵流露"与"书卷酝酿"。有其自具特色的词论体系。此外，论词境、词笔、词与诗及曲之区别、调律、学词途径、读词之法、词之代变以及评论历代词人及其名篇警句都剖析入微，往往发前人所未发。朱孝臧曾称誉这部词话、认为它是"自有词话以来，无此有功词学之作"①。1911年惜阴堂丛书单行本《蕙风词话》

况周颐著作，有词9种，合刊为《第一生修梅花馆词》。晚年删定为《蕙风词》2卷。又辑有《薇省词抄》711卷，《粤西词见》2卷，《联句和珠玉词》1卷。此外，尚著有《词学讲义》《蕙风簃随笔》《卤底丛谈》《兰雪澧梦楼笔记》等。

朱孝臧（1857—1931），近代词人。一名祖谋，字古微，一字藿生，号沤尹，又名疆村。归安人。早年随父宦河南时，与中州文士唱酬，即有才名。光绪八年（1882）中举，次年中进士，改庶吉士，散馆授编修。历充国史馆协修、会典馆总纂总校、侍讲学士，擢为礼部侍郎，兼署吏部侍郎。在京任职10余年，对维新派表示同情。光绪三十年（1904），出为广东学政，因与总督不合，告病去职，寓居苏州。江苏法政学堂创立后，曾受聘为监督。辛亥革命后，以遗老自居。

朱孝臧早岁工诗，风格近孟郊、黄庭坚，陈衍称其为"诗中之梦窗（吴文英）"，可以乐"枵然其腹者"②。光绪二十二年（1896），王鹏运在京师立词社，邀其入社，方专力于词。所受鹏运影响指教甚多。他将自己生平所学抱负，尽纳词中，颇有关系时事之作。如《鹧鸪天·九日丰宜门外过裴村别业》《声声慢·辛丑十一月十九日，味聃赋落叶词见示感和》《烛影摇红·晚春过黄公度人境庐话旧》《摸鱼子·梅州送春》《夜飞鹊·香港秋眺》等表现对维新派的同情，感慨光绪帝珍妃的遭遇，抒发壮怀零

---

① 龙榆生：《词学讲义附记》引。
② 《石遗室诗话》。

落、国土沦丧之感，悲宽沉郁。晚年虽词境更趋高简浑成，内容除偶及军阀混战情事外，多为遗老孤独索寞情怀或流连海上歌场之作。他的词取径吴文英，上窥周邦彦，旁及宋词各大家，打破浙派、常州派的偏见，"勘探孤造"①，自成一家。又精通格律，讲究审音，有"律博士"之称。所以被时人尊为"宗匠"，乃至被视为唐宋到近代数百年来万千词家的"殿军"。王国维称其为"学人之词"的"极则"（《人间词话》）。著有词集《疆村语业》3卷，诗集《疆村弃稿》1卷。

朱孝藏尤糈校勘。循王鹏运所辟途径，而加以扩展，所刻《疆村丛书》，搜集唐、宋、金、元词家专集163家，遍求南北藏书家善本加以勘校，为迄今所见比较完善的词苑的大型总集之一。又辑《湖州词徵》30卷，《国朝湖州词录》6卷。其他已刻、未刻丛稿，由龙榆生于1933年汇编为《疆村遗书》出版。其中包括足本《云谣集杂曲子》1卷，《词莉》1卷，《沧海遗音集》13卷等多种。

王国维（1877—1927），近代学者、词人。字静安，一字伯隅，号观堂，亦号永观。浙江海宁人。清秀才。屡应乡试，未中，乃放弃举业。光绪二十四年（1898）去上海，在改良派报纸《时务报》任书记、校对，接受新学和西学的影响。同年六月，又以业余时间，入罗振玉主办的上海东方文学社，从日本人学外文及理化等知识；并自此与罗振玉结成终生依托的关系。

光绪二十七年（1901），王国维赴日本东京物理学校学习。次年夏，因病辍学回国。"自是以后，遂为独学之时代"（《三十自序》），开始研究康德、叔本华等人的哲学著作。光绪二十九年起，先后任通州、苏州等地师范学堂教习，讲授哲学、心理学、伦理学等课程，并致力于文学研究。三十二年（1906）入京，专利治宋词元曲。次年起，历任学部总司令行走、学部图书馆编译、名词馆协韵等职。1911年辛亥革命爆发，王国维于当年12月携眷随罗振玉逃居日本京都，集中精力研究甲骨文、金文和汉

---

① 陈三立：《清故光禄大夫礼部右侍郎朱公墓志铭》。

简。1916年，应犹太富商哈同之聘，回国至上海编辑《学术丛编》杂志，并继续甲骨文的研究。1918年，兼任哈同办的仓圣明智大学教授。

1922年，王国维受聘任北京大学通讯导师。次年，由蒙古贵族升允举荐，应召为清故宫南书房行走，食五品俸。1924年11月，溥仪被逐出宫，王国维视为奇耻大辱，与罗振玉、柯绍忞相约一同投御河自杀，因家人严密监视未遂。次年，任清华大学文学研究院教授，讲授经史、小学等科，并从事西北史地及蒙古史料的研究整理工作。1927年6月，在北伐战争向北推进中，王国维写就遗书："五十之年，只欠一死，经此世变，义无再辱"，自投于北京颐和园内之昆明湖，"在水里将遗老生活结束"[①]。

在历史急剧变动的年代，王国维是一位比较复杂的人物。他的政治立场，由前期的比较同情资产阶级改良派，日渐堕落为顽固不化的封建主义保皇派。而在学术上，他却在哲学、教育、文学、史学、文字学和考古学等各个方面，都取得了卓越的成就，成为中国近代罕见的杰出学者。他是近代学术界最早地把乾隆、嘉庆以来朴学大师们的治学传统和资产阶级的近代治学方法，融会贯通，从事创造性的研究工作的代表人物之一。他的研究成果，大都有着承前启后的重要意义。

王国维毕生的主要精力用于史学研究，成就也最高。他是中国30年代马克思主义史学崛起前的资产阶级史学主要代表人物。所著《殷卜辞中所见先公先王考》及《续考》《殷周制度论》等，利用甲骨文资料探求、论证历史的本来面貌，创获极大，突破了传统的封建史学，从而被认为是"新史学的开山"[②]。在文学领域里，较早地吸收西方哲学、美学理论及其方法，研究中国文学，在文学的界说、文学的特质、作家论、创作论等一系列问题上，都有新开拓，新贡献，对"五四"以后的新文学发生过重要的启蒙作用。他的文学创作，也有着自己的特色。当然，由于受康德、叔本华、尼采等人的濡染太深，王国维的文学理论的局限也十分明显。如他提出的距离美学、超功利主义、文学起源于游戏论等，都反映了资产阶级

---

① 鲁迅：《谈所谓"大内档案"》。
② 郭沫若：《鲁迅与王国维》。

唯心主义的美学思想与文艺观点。

王国维在文学方面的重要著作有：《叔本华之哲学及教育学说》《红楼梦评论》《文学小言》《屈子文学之精神》《人间词话》《宋词戏曲史》以及《观堂长短句》等。

《叔本华之哲学及教育学说》和《红楼梦评论》，作于1904年。前者非文学专论，相关部分反映了他吸收叔本华美学思想而形成的对文学的一些基本认识。后者是王国维最早的一篇文学论文，也是红学史上一篇重要的专著。它第一次对《红楼梦》的"精神"和"美学上之的价值"等重要问题，做了认真的、比较系统的探讨和评价，较之先前旧红学的随笔式的评论和牵强附会的考证，是一个明显的突破。它批评了旧红学派的"影射"说和"自传"说的荒谬，提出"夫美术（谓文艺）之所写者，非个人之性质，而人类全体之性质也。惟美术之特质，贵具体而不贵抽象。于是举人类全体之性质，置诸个人之名字之下"。虽然他所谓"人类全体之性质"还建立在叔本华"实念"的基础上，但这种论述中已包含了典型化的思想和文学的形象化特质，在当时无疑是一大进步。但是，全篇理论以叔本华的唯心主义哲学和美学观点为"立脚点"，人生即痛苦悲观的人生观，把《红楼梦》说成是一部'解脱为理想"的"宇宙之大著作"，虽意在赞誉《红楼梦》之伟大，并且具有理论高度，实际上仍是歪曲了《红楼梦》，直接或间接地给新红学派以影响。

作于1912年的《宋元戏曲史》，是王国维在戏曲研究方面的带有总结性的巨著。在此前4年间，他曾，先后完成了《曲录》《戏曲考源》《录鬼余谈》和《古剧脚色考》等著作，对历来认为"文格卑俗"的戏曲做了高度的评价，对有关戏曲专题发表了独卓的见解。而在这部著作里，则进一步系统地论述了戏曲的形成和发展的过程，并对现存的元杂剧作家和作品，作了重点而又精到的论断。这些，都是前人所未曾做过的工作。故郭沫若称之为"拓荒的工作，前无古人，而且是权威的成就"[1]。作者

---

[1] 《鲁迅与王国维》。

在此书中强调元曲之佳处在"自然",作家"但摹写其胸中之感想,与时代之情状,而真挚之理与秀杰之气,时流露于其间","故能写当时政治及社会之情状,足以供史家论世之资者不少。"其推崇元曲之文章在有"意境",则是与《人间词话》中之"意境说"相呼应的。

《人间词话》,最初发表于1908年。后人又辑有《人间词话删稿》《人间词话附录》。这是王国维文学批评的代表作,影响很大。它熔中国古典文论和西方哲学、美学于一炉,而以发挥前者为主,建立起自己的一套文学理论体系。它虽为论词而作,但涉及的方面很广泛,不限于词,"可以作为王氏一家的艺术论读"①,它突破清代词坛浙派、常州派门户之见,独树一帜。

《人间词话》在探求历代词人创作得失的基础上,结合作者自己艺术鉴赏和艺术创作的切身经验,提出了"境界说",为王国维艺术论的中心与精髓。《词话》第一条即指出:"词以境界为最上。有境界则自成高格,自成名句。"全书提到"境界"有十余处之多。作者阐释说:"境非独谓景物也。喜怒哀乐,亦人心中之一境界。故能写真景物、真感情者,谓之有境界。否则谓之无境界。"有境界的作品,"其言情也必沁人心脾,其写景也必豁人耳目",即形象鲜明,富有感染力量。围绕境界这一中心,《词话》又进一步提出和论述了写境与造境、有我之境与无我之境、景语与情语、隔与不隔、对宇宙人生的"入乎其内"与"出乎其外"等内容,广泛接触到写实与理想化的关系、创作中主观与客观的关系,景与情的关系、表现上的白描与"务文字之巧"的关系、作家观察事物与表现事物的关系等文艺创作中一些带有规律性的问题,包括了作家修养、创作方法、写作技巧等方面,都有精辟的见解。但是,这部著作同样表现了叔本华等西方唯心主义美学的某些影响。其过于推重唐、五代、北宋词人作品,贬抑南宋作家,也有失之偏颇之处。

王国维词,有自定稿《观堂长短句》1卷,存词仅23阕。又有《苕华

---

① 夏承焘:《词论十评》。

词》（一名《人间词》）。收词92阙。他对自己的词作，自视甚高，自言"虽所作尚不及百阕，然自南宋以后，除一二人外，尚未有能及余者"。实际上，他的词虽然讲究意境，锤炼字词，艺术上多有借鉴价值，又"往复幽咽，动摇人心，快而沉，直而能曲"，有其独自的风格，但内容则多抒发孤臣孽子的哀怨之思，表现了对时代变革的格格不入的态度以及悲观主义的情绪。如《摸鱼儿·秋柳》《浣溪沙·掩卷平生有百端》《清平乐·况夔笙太守索题香南雅集图》等。

王国维的著作有《观堂集林》24卷、《观堂别集》4卷、《静安文集》1卷、《续集》1卷，合其他学术著作，刊为《海宁王静安先生遗书》，共43种，104卷。其中包括词学研究方面的著作：《清真先生遗事》1卷、《唐五代二十一家词》20卷、《后村别调补遗》1卷。

[原载《中国大百科全书·中国文学》，中国大百科全书出版社1988年版]

安徽近代作家纪略

　　安徽素称人文渊薮，文化底蕴十分丰厚。在文学领域，自庄子以降，作家辈出，代有传人。其显著者如曹操、曹丕、曹植、张籍、梅圣俞、张孝祥、戴名世、方苞、刘大櫆、姚鼐诸人，或开宗立派，或领袖群伦，在中国文学史上都享有重要的地位，影响及于全国。及至近代，时代巨变，安徽作家大多亦能与时俱进，在理论与创作等方面，卓然自立，从而使安徽成为中国近代文学发展的重镇之一。

　　鸦片战争前后，皖南包世臣、俞正燮等，得风气之先，英姿勃发，新论纵横，堪入中国近代文学发端时期的启蒙思想家和文学家龚自珍、魏源等人之列。而活跃在整个近代阶段的桐城作家群如方东树、刘开、姚莹、方宗诚、萧穆、吴汝纶、马其昶、姚永朴、姚永概等，他们在桐城文派、诗派的中期和后期的发展进程中，虽然创作实绩尚不逮其"一祖三宗"，特别是姚鼐的成就，但在理论架构、题材扩展以及创作技巧上，却有着一些新的探索、新的变化和新的特色。在诗歌方面，江开、张祖翼、吴保初、陈诗、许承尧、吕碧城等，与诗界新潮诸子始终同气相求，桴鼓相应。以程长庚为代表的"徽班"艺术家，则在京剧艺术形成和发展过程中，做出过不可或缺的特殊贡献。辛亥革命前夜，南社成立，徽州黄质（宾虹）是虎丘雅集的成员之一。嗣后皖籍作家陆续入社者达68位。人数之众，是继江苏、浙江、广东、湖南之后的第五大省份。

　　20世纪初叶，陈独秀、胡适崛起文坛，对近代文学乃至整个古代文学向新文学的嬗变、转折和过渡，起着极其重要的作用。他们的历史业绩，将永远地为人们所铭记。

为了深入进行安徽近代文学的研究，本文试就270余位皖籍作家的基本情况作一概括的介绍。这些作家的文学活动，大体上反映了近代八十年（1840—1919）间的安徽文学业绩，隐约地呈现出安徽近代文学发展的一个轮廓。我们应当珍视这宗宝贵遗产，认真探讨安徽近代文学发展的轨迹及其内在的规律，让优秀的文化传统发扬光大。

马其昶（1355—1930），字通伯，晚号抱润翁，安徽桐城人。数应乡试不第，遂绝意仕途，潜心向学，教习乡里，朝廷屡次征辟皆辞不赴。宣统二年（1910），方入京纂《礼经》课本，授学部主事，充京师大学堂教习。旋回皖，任安徽高等学堂监督。民国五年（1916）。出任《清史稿》总纂，主修"文苑""儒林"及"光宣大臣传"。后归老故里。父起升，从邑戴钧衡、方东树学古文词，恪守桐城派古文义法。其昶少乘家学，师从吴汝纶、张裕钊、文益进，与姚永概、林纾等被称为桐城派末期代表。至晚年，更有"桐城派殿军"之誉。曾撰乡贤事迹成《桐城耆旧传》，编前辈文章为，《桐城古文纂略》。著述繁复，有17种，约300余卷。其中有《抱润轩文集》《马通伯文抄》。

马命之，名三俊，号强斋，一号融斋，安徽桐城人。宗琏孙，瑞辰子。咸丰元年（1851）优贡生，举孝廉方正。著有《马征君遗集》3卷。

马树华（1786—1853），字公实，一作君实，号筱湄，又号怀亭，安徽桐城人。嘉庆十二年（1807）岁贡生。官汝宁府汝南通判。著有《可久处斋文抄》8卷。

王城（1783—1842），原名厘，字伯坚，号小鹤晚号血髯，安徽全椒人。优贡生。客扬州黄氏官。入京，充正蓝旗教习。诗作沈博工丽，卓尔不凡。著有《罨霞仙馆诗录》。

王泽（1759—1842），字润生，一字子卿，晚号观斋，安徽芜湖人。嘉庆六年（1801）进士。官至徐州知府。善画山水，精篆刻，又工文诗，著有《观斋集》16卷。

王天培（1880—1917），字元符，安徽合肥人。光绪三十年（1904）留学日本陆军学校。次年，加入同盟会。宣统二年归国，任安徽陆军学堂监督。著有《元符诗草》。

王凤翔，字望云、吉人，号梧冈，安徽庐江人。嘉庆恩贡生。候选训导。著有《鸣晓堂诗集》8卷。

王世溥（1796—1869），字济周，号育泉，安徽合肥人。咸丰元年（1851）举孝廉方正。曾筑小辋川别墅于逍遥津上。诗学杜甫，得其遒丽。著有《小辋川诗集》。

王茂荫（1798—1865），字椿年，一字子怀，安徽歙县人。道光十二年（1832）进士，授户部主事。咸丰元年，任陕西道监察御史，调任兵部侍郎。他是马克思《资本论》中唯一提及的中国人。著有古文、时文若干卷，未刊。行世有《王侍郎奏议》。

王尚辰（1826—1902），字北垣，号谦斋、遗园，别号五峰，又号木鸡老人，安徽合肥人。同治贡生，以军劳授翰林院典籍，晋五品衔。少负奇气，与同县徐子苓、朱景昭齐名，时人目为"合肥三怪"。著有《谦斋诗集》《遗园诗余》《虱隐庵杂作》等。

王承煦，字子暄，安徽宣城人。光绪九年（1883）进士。历官上虞、镇海知县，纳赀为候补道。著有《退补楼偶吟草》。

王映薇，字紫垣，安徽合肥人，咸丰诸生。官教谕。工诗词。著有《自怡悦斋诗存》《漱润斋诗余》。

王钟麒（1880—1914），字毓仁，号无生，别署天僇、天僇生、大哀等，安徽歙县人。移家江苏扬州。南社社员。历主《神州日报》《民呼报》《民立报》《天铎报》笔政。南京临时政府成立后，任总统府秘书。1912年，与章士钊创刊《独立周报》。钟麒是南社重要作家之一。于小说、戏曲理论多有建树。辛亥革命前，发表有《论小说与改良社会之关系》《中国历代小说史论》《中国三大小说家论赞》和《剧场之教育》等论文。著有小说《孤臣碧血记》《玉环外史》等，剧本《血泪痕传奇》《穷民泪传奇》等，杂著《述庵秘录》等。诗有《天僇生诗抄》《无生诗抄》。

王静涵（1801—1877），字晓江，一字虚斋，安徽舒城人。道光十五年（1835）举人。官南陵教谕。喜吟咏。著有《养性轩燹余小草》《养性轩杂著拾遗》

王懋宽（？—1924），字裕侯，安徽合肥人。光绪贡生。教授终老，笃嗜吟咏。著有《劫余斋诗集》。

方江（？—1867），原名奎璜，字彤甫，又字山甫，号海云，安徽桐城人。曾游川、陕、吴、越等地。咸丰间官四川知县。著述甚多，已刊有《家园记》《海云诗钞》《悟香音室文钞》等。

方旭（1851—1936），字鹤斋，安徽桐城人。光绪十一年（1885）朝考一等，选授四川蓬州知州。后被派出国考察教育。回川后，任提学使。工诗词，喜书画。著有《鹤斋诗存》《方鹤斋文稿》。

方铸，字子陶，号剑华，安徽桐城人。光绪九年（1883）进士。官至度支部郎。著有《华胥赤子古今体诗》10卷、《文集》2卷、《尺牍》2卷。

方澍（？—1930），字六岳，安徽无为人。光绪二十年（1894）举人。官浙江盐大使。诗有才气。陈诗谓其写粤中风物殊肖，惟曾游粤者方知之。著有《岭南吟稿》。

方潜，原名士超，字鲁生，号硕存，安徽桐城人。庠生。曾任皖西、培文书院讲席。著有《顾庸集》12卷、《永矢集》3卷。

方馨，字筱松，安徽无为人。同治诸生。方澍兄。著有《甘蝮轩小草》1卷。

方士贞，字言五，一字岩五，安徽寿县人。同治廪生，候选教谕。弱冠以诗名，与合肥朱景昭、王尚辰、桐城徐宗亮唱和，多忧时感事之作。著有《黄山堂诗草》。

方士淦（1776—1849），字莲舫，安徽定远人。嘉庆十三年（1808）召试举人。历仁内阁中书。湖北德安府同知，浙江湖州知府。道光八年，因事遣戍新疆，次年释还。子濬颐为刻《方氏四种》，含《毛诗陆疏校正》《东归日记》《蔗余随笔》《啖蔗轩诗存》。

方士鼐（1302—1857），字羹梅，一字庚梅，号调臣，安徽定远人。

道光廪生。历官太湖、东流教谕，署颍州教授。工书法，精小楷，包世臣见之曰："吾望而生畏也。"著有《四持轩诗抄》，子濬师刻。

方龙光，字和甫，又字荷甫，安徽桐城人。光绪间，官山西归化厅扶民同知。不妄谈诗，不轻易作诗，不愿与人唱和，而诗律谨严，妙得家法。著有《一拳石斋文抄》《一拳石斋诗抄》。

方东树（1770—1851），字植之，安徽桐城人。诸生。乡试不售，遂不应举。学古文于姚鼐。著有《汉学商兑》《昭昧詹言》等。东树自信其诗特深，成就逾于文。有《仪卫轩诗集》5卷、《仪卫轩文集》12卷行世。

方守敦（1865—1939），字常季，号盘君，安徽桐城人。宗诚子。两次赴日本，考察政治学务。回国后助吴汝纶办桐城学堂，助李光炯办芜湖安徽公学。抗日战争爆发后，赞颂学生爱国运动，支持弟子参加救亡抗战。著有《凌寒吟稿》《浩歌轩书牍杂文》等。

方守彝（1847—1924），字伦叔，号贲初，安徽桐城人。守敦兄。著有《网旧闻斋调刁集》。

方廷楷，字瘦坡，安徽太平（今属黄山市）人。光绪二十五年（1899）、二十七年（1901），两度参加县试。后入南社为社员。著有《香痕奁影录》《习静斋诗话》《习静斋词话》和《论诗绝句白首》。

方希孟（1838—1913），字峄民，一字小泉，晚号天山逸民，安徽寿县人。廪贡生。分省补用盐运同知。少颖异，十岁时赋《落叶诗》，有"不死丹心总抱霜"之句，使前辈大为惊异。一时名流如张裕剑、盛昱、冯志沂、樊增祥、易顺鼎等，皆为唱酬，推为作者。著有《西征录》《息园诗存》《诗余》等。

方昌翰（1827—1897），字宗屏，号涤侪，安徽桐城人。咸丰元年（1851）举人。官新野知县。著有《虚白室诗抄》6卷，收道光二十七年至光绪十五年诗，共387首。

方宗诚（1818—1888），字存之，号柏堂，别号毛溪居士，西眉山人，安徽桐城人。道光县学生。同治间，官直隶枣强知县。光绪六年（1880）归里，隐居著述。始受学于许鼎，继事族兄方东树。著述甚富，汇为《方柏堂全集》。

方昭文，字子章，号蕴山，安徽太平（今属黄山市）人。廪生。咸丰元年（1851）举孝廉方正。著有《琅玕山馆诗集》《黄山纪游草》。

方炳奎（1819—?）。字月樵，安徽怀宁人。咸丰二年（1852）进士。官会川、平乐等县知县。同治间自刻《中隐堂诗》8卷。

方清涟，字璧江，号敬孚，安徽宿松人。道光二十六年（1846）举人。咸丰、同治间，两举孝廉方正，皆不赴。后任滁州学政。著有《锡经堂诗集》。

方渊如（1829—?）。字深甫，安徽桐城人。咸丰九年（1859），避地山东即墨。后客晋二十年。光绪十四年（1888）归里。刻有《淡无为斋诗稿》5卷。

方燕昭，字伯荣，号蕊初，安徽定远人。濬师孙。同治拔贡士，授内阁中书。家世能诗。著有《红牙吟馆诗余删存》《十万琳琅阁文赋诗词删存》。

方濬师（1830—1889），字子严。号梦簪，别号蕉轩，安徽定远人。咸丰五年（1855）举人。官至直隶永定河道。著有《退一步斋文集》《诗集》《蕉轩随录》。

方濬颐（1800—1875），字子箴，号梦园，安徽定远人。士淦子。道光二十四年（1844）进士。官至四川按察使。著有《二知轩诗钞》《续钞》，收诗近4000首。另有《二知轩文存》《古香凹诗余》和《梦园赋概》。

邓传密（1795—1870），一名尚玺，字守之，号少白，安徽怀宁人。石如子。八岁丧父，李兆洛挈游浙粤，教导如子弟。道光初，为杨芳幕僚，又与陈用光、龚自珍、魏源、包世臣、何绍基等交往密切。晚年曾入曾国藩幕。诗文与书法艺术均有较高造诣。

邓蕴孙（1858—1913），字绳侯，号世白，安徽怀宁人。光绪元年（1875）补邑庠生。历任芜湖安徽公学总理、安徽师范学堂斋务长兼经学教员。辛亥革命后，任安徽教育司长、高等学校校长。与刘师培、苏曼殊多次共事，友情甚笃。诗文书法，清逸绝俗，颇获时誉。著有《离骚斠》

《毛诗讲义》等。

卢先骆，字三杰，号丰溪，安徽合肥人。道光十二年（1832）进士，授广东龙川知县。著有《循兰馆诗存》《红楼梦竹枝词》等。

卢国华（？—1937），字筱湘，安徽庐江人。光绪二十年（1894）举人。官湖北枝江知县。著有《潜园集》。

卢胜奎（1822—1890），外号"卢台子"，安徽人。工文墨，有戏癖，初为票友，后正式"下海"，正式成为程长庚主持之"三庆班"老生演员，"同光十三绝"之一。编写剧本甚多，以《三国志》故事最著，共36本。

叶坤厚（1807—1877），原名法，字湘筠，安徽怀宁人。拔贡。官至南汝光道。家刻本《江上蓬莱吟舫诗存》18卷，收道光十四年至光绪三年诗约5000首。

叶叔亮（1859—？），字榆青，号退庵，安徽怀宁人。光绪五年（1879）纳粟叙官盐运判加提举衔，分发两淮补用。改任广东徐闻、仁化知县。著有《退庵诗稿》。

包世臣（1775—1855），字慎伯，晚号倦翁，安徽泾县人。嘉庆十三年（1808）举人。官江西新喻知县，以劾去官。晚寓居江宁。少工词章，继好兵家言。通经世之务，于河槽盐三政俱有所见。其论书法尤精，行、草、隶书，皆为世所珍贵。他与龚自珍、魏源一起，同为中国近代史开端时期的重要启蒙思想家和文学家之一。所著《安吴四种》，包括《中衢一勺》《艺舟双楫》《管情三义》《齐民四术》，凡数刻。近年《安徽古籍丛书》出版《包世臣全集》，又收入《小倦游阁集》及《说储》二书。

包慎言，字孟开，安徽泾县人。世臣从侄。道光十五年（1835）举人。久客扬州，与刘宝楠、刘文湛友善。著有《广福堂遗稿》。

冯度（1799—？），字子征，安徽滁州人。诸生。道光十二年，侍其父在广西岑溪。好吟咏，不求仕进。著有《石濑山人诗录》8卷。

光升（1876—1963），字明甫，安徽桐城人。诸生。光绪三十一年（1905）留学日本早稻田大学，后加入同盟会。辛亥革命前后，积极参加反清、反袁斗争。长期从事教育工作。历任安徽省教育厅厅长、安徽省文史馆馆长、安徽省政协副主席。著有《语故》《论文诗说》。

光开霁（1871—1930），字孟超，原名厚积，字梦巢，安徽桐城人。光绪监生。宣统元年（1909）举孝廉方正。著有《石庄小隐诗文集》。

吕湘（1874—1925），原名贤钟，字惠如，安徽旌德人。凤岐长女。九岁能诗，精绘事，工书法，久任南京两江女子师范校长。著有《清映轩诗词稿》《惠如长短句》等。

吕凤岐（1836—1895），原名烈芝，更名凤麒，再更今名，字瑞田，安徽旌德人。光绪三年（1877）进士。官翰林院编修，督学山西。工诗文。遗著由次女贤钤辑为《静然斋杂著》行世。

吕贤基（1803—1853），字羲音，号鹤田，安徽旌德人。道光十五年（1835）进士，改庶吉士，授编修。迁御史、给事中，擢工部侍郎。咸丰三年，死于太平天国舒城之役。著有《立诚轩诗稿》1卷。

吕锦文（1818—?）字寿裳，一字綑斋，号简卿，安徽旌德人。贤基子。咸丰二年（1852）进士，改庶吉士。官至侍读。著有《怀砚斋诗稿》。

吕清扬，原名贤钤，字仲素、眉生（一作美荪），安徽旌德人。凤岐次女。历任北洋女子工学监督、奉天女子师范教务长、女子美术学校校长、安徽第二女师校长。著有《葹丽园诗》前后集、《阳春白雪词》。

吕碧城（1883—1943），原名贤锡，一名兰清、若苏，字圣因，一字遁天，晚年学佛，法号呆莲，安徽旌德人。凤岐季女。五岁能诗。二十岁前所作诗词，为樊增祥所激赏。后任天津北洋女子师范学堂监督。1918年，赴美入哥伦比亚大学旁听，专攻文学。1926年，卜居瑞士雪山中，潜心佛典。第二次世界大战爆发，返居香港。著有《信芳诗录》《信芳词》《晓珠词》等。

朱琦（1780—1851），字玉存，号兰坡，安徽泾县人。嘉庆七年（1802）进士。官翰林院编修，累至右春坊右赞善。晚主讲钟山、正谊、紫阳书院垂三十年。著有《小万卷斋诗稿》《续稿》。收诗3500余首。另有《文选集释》《国朝古文汇抄》行世。

朱为弼（1771—1840），字右甫，号荣堂，安徽休宁人。居浙江平湖。

嘉庆十年（1805）进士。官至漕运总督。著有《蕉声馆诗文集》。

朱伸林，字引之，号镜明，安徽泾县人。同治十三年（1874）举人。官霍山教谕。著《古月轩诗存》《古月轩文存》。

朱蕴山（1887—1981），字锡藩，安徽六安人。早年参加光复会和同盟会。光绪三十三年（1907），徐锡麟就义时，曾被押陪斩。后，积极参加辛亥革命、反袁、反北洋军阀等活动。中华人民共和国成立后，历任全国政协副主席、全国人大常委会副委员长等职。著有《朱蕴山纪事诗词选》。

朱藜照，字筠生，安徽全椒人。道光十七年（1837）举人。任合肥训导，升凤阳教授。著有《冰玉词》《丛云精舍诗》。

刘开（1781—1821）[1]，字明东，又字方来，号孟涂，安徽桐城人。少孤。年十四，受学姚鼐，以古文名。与方东树、管同、梅曾亮并称"姚门四杰"。道光元年以诸生殁于亳州。年四十一。所撰《孟涂前集》《后集》与文 10 卷、骈体 2 卷，由姚柬之捐赀付刻，姚元之任其事。作者在姚门弟子中称年少，而才学最高。

刘堪，又名慎诒，字龙慧、逊甫，安徽贵池人。廪贡生。官江苏候补知府。诗宗宋人。著有《龙慧堂诗集》。

刘世珩（1875—1926），字聚卿，号葱石，安徽贵池人。光绪十二年（1886）举人。宣统三年（1911）升补左参议，兼管湖北造币厂。辛亥革命后息影上海。曾收集《琵琶记》《幽闺记》《长生殿》《桃花扇》等剧善本多种，由吴梅校订，编刻成《暖红室汇刻传奇》，流传广远。此外，编辑《小忽雷》《大忽雷》二剧的有关史料、诗文成《双忽雷本事》。编撰刻印有《贵池先哲丛书》《秋浦双忠录》。

刘宅俊（？—1862），字阎生，号悌堂，安徽桐城人。道光、咸丰年间在世。道光二十四年（1844）进士。历任天河、修仁、荔浦、怀远等地

---

① 本文收录始于鸦片战争（1840），止于五四运动（1919）时期的作家。凡卒于 1839 年以前者，不予收录。但有个别作家，因享寿不永而其文学活动却对近代文坛有着影响的，则酌予录入，其上限时间不再早于道光元年（1821）。

县令。师事方东树，以诗古文名于时。方称其诗"在孟涂、歌堂上"。著有《悌堂文集》《悌堂诗集》等。

刘诒慎（1873—1926），字龙慧，安徽贵池人。官江苏候补知府。晚年贫困，寓居苏州。工诗。由黄山谷入杜甫、韩愈。陈三立称其为"美才"。著有《龙慧堂诗》。

刘体仁，字慰之，号辟园，安徽庐江人。秉璋子。著有《异辞录》《续历代纪年表》《十七史说》《通鉴札记》，合称《辟园史学四种》。

刘体信（1878—1959），字述之，一字声木，晚号辟园翁，安徽庐江人。秉璋第三子。光绪末，分省补用知府，签分山东。历任山东、湖南全省学务。民国后，杜门谢客，一意著述。著有《苌楚斋随笔》《桐城文学渊源考》《桐城文学撰述考》。

刘体蕃，字锡之，号双井，安徽庐江人。秉璋侄。诸生。曾官湖北候补道。辛亥革命后，隐居上海，以吟咏自娱。著有《双井堂诗稿》。子麟生，亦工诗文。

刘伯友（约1797—1896），一名棋，字竹斋，安徽阜阳人。终身布衣，以教馆为业。能诗文。著有传奇《花里钟》。另有《颍边吟草》《倦游集》等。

刘国筠，字湘浦，安徽太湖人。嘉庆九年（1804）举人。官至贵州仁怀厅同知署思州知府。垂髫学诗，讲求体格，风格近韦柳。著有《蜀游草》《饮虹堂诗稿》。

刘铭传（1836—1895），字省三，安徽合肥人。历官台湾第一任巡抚，加兵部尚书衔，帮办海军军务。少耽吟咏，七律颇近杜牧。今存多壮岁之作。著有《大潜山房诗集》《刘壮肃公奏议》。

刘瑞芬（1827—1892），字芝田，号青山，安徽贵池人。附贡生。同治元年（1862）随李鸿章至沪，为淮军办理军械转运。光绪间，历授苏松太道，江西按察使、布政使，护理江西巡抚。十一年（1885）任驻英、俄两国公使。回国后，任广东巡抚，卒于任。著有《养云山庄遗稿》。

江开（1801—1860），字龙门，安徽庐江人。道光十五年（1835）举人。官陕西富平知县。性慷慨任侠，屡遭谗谤。与朱为弼、潘德舆、徐宝善、周济、毛岳生、张际亮、汤鹏、何绍基、孔宪彝等著名作家均有往还。著有《浩然堂诗集》《词稿》。

江昞（1881—1950），原名开炜，字彤侯，号蜷翁，安徽歙县人。光绪庠生。留学日本，参加同盟会。两任安徽教育厅厅长，又任通志馆馆长，省议会议长。工词，书作瘦金体。

江人镜（1821—1900），字云彦，号蓉舫，安徽婺源人（今属江西）人。道光二十九年（1849）举人。官至两淮盐运使。著有《知白斋诗抄》《双桥小筑词存》。

江有兰（约1810—?），字诒之，号待园，安徽桐城人。官训导。工诗，娴书法。李鸿章邀入幕中。著《待园诗抄》6卷，收道光九年至同治九年诗。

江云龙（1858—1904），字叔潜，更字潜之，号静斋，安徽合肥人。光绪十六年（1890）进士。官编修。改徐州知府。曾出谭献之门。著有《师二明斋诗》。

江顺诒（1822—1881后），字子谷，号秋珊，晚号窳翁，号署明镜生。安徽旌德人。廪贡生。同治十年（1871）署浙江钱塘县丞。工诗词，善戏曲。有《梦花草堂诗抄》《愿为明镜室词稿》《镜中泪传奇》《梦花诗话》《词学集成》和《读红楼梦杂记》。

江峰青，字省三，号湘岚，安徽婺源（今属江西）人。光绪十二年（1886）进士。官至江西审判厅丞。民国初尚在世。著有《莲廊雅集》《醉绿惜红吟草》《还山草》等。

江朝宗（1859—1943），字宇隆，道名慧济，号大中，安徽旌德人。光绪二十一年（1895）入新建陆军。官至汉中总兵、北京前军衙门统领。著有《武卫右军诗存》《塞上行吟草》《云山散人吟草》《江慧济诗稿》等。

庆佩芸（?—1865），安徽含山人。之金女。随父官直隶柏乡，卒于署中。著有《芸香阁诗抄》。

许奉恩（1816—1878），字叔平，号勖屏、菽屏、兰苕馆主人，安徽桐城人。诸生。一生沉沦不遇，为幕僚以终。著有《兰苕馆诗抄》《兰苕馆外史》（又名《里剩》）及《桐城许叔平文品论诗合抄》。

许承尧（1873—1946），字际唐，一字讷生，号疑庵，别署苎叟，安徽歙县人。光绪三十年（1904）进士。授编修兼国史馆协修。民国后，任安徽都督府高级参谋，甘肃督军公署、省长公署政务厅长等职。工诗。多新意境、新风貌，被誉为"当代一手"。著有《歙县闲谈》《疑庵诗》。

许绍曾，号探梅，安徽歙县人，以赀为兵部侍郎。咸丰时佐张芾守徽州。喜为诗，画梅，能至。著有《林下诗人集》《师说》。

齐学裘（1801—1875?），字子冶，号玉溪，安徽婺源（今属江西）人。彦槐子。晚年在沪与方濬颐、刘熙载、蒋郭复以诗酒往还。诗作磊落有奇气，古文词亦汪洋肆意。著有《见闻随笔》《蕉窗诗抄》《云起楼词》等。

齐彦槐（1773—1841），字萌三，一字梦树，号梅麓，安徽婺源〔今属江西）人。嘉庆十三年（1808）召试举人，次年成进士，选庶吉士。官江苏金匮知县，迁苏州府同知。于天文、历算、水利、海运，莫不究心。陶澍、林则徐尝倚之。著《梅麓诗抄》，存诗共1550首。

孙点，字君异，号颛石，安徽来安人。拔贡士。官知县。光绪十三年（1887）调充驻日使馆随员。著有《嘤鸣馆春风迭唱集》《梦梅华馆集》。

孙绪，字承庵，安徽怀宁人。光绪十一年（1885）举人。官山东盐大使。著有《乐春居吟稿》。

孙云锦（1821—1892），字海岑，安徽桐城人。道光三十年（1850）县学生。官至开封知府。著有《孙先生遗书》。

孙玉堂（1817—1872），字森伯，号右卿，又号剑潭，安徽来安人。著有《槐阴书屋文集》。

孙式荣，字谷堂，号稼轩，安徽黟县人。道光复贡士，曾入鲍超幕。著有《九叶芸香馆吟草》。

孙雨林，安徽六合（今属江苏）人。光绪三十三年（1907），在安徽巡警学堂与徐锡麟共事。锡麟遇难后，著《皖江血传奇》16出。

孙毓筠（1872—1924），字少侯，号夬庵，安徽寿州人。诸生。捐官同知。光绪三十一年（1905）东渡日本留学，在东京参加同盟会。次年冬，与赵声、柏文蔚联络，并同段云书、权道涵谋刺两江总督端方，事泄被捕，被判刑五年。民国元年（1912）年任安徽总督。1915年发起筹安会，任副会长，为袁世凯称帝进行鼓吹。著有《夬庵狱中集》3卷（含《国学讲演录》2卷，《夬庵狱中诗》1卷。）

苏惇正（1801—1857），字厚子，号钦斋，安徽桐城人。道光三十年（1850）举孝廉方正，固辞不就。师事方东树，为文似方苞。著有《钦斋诗稿》《文稿》及《方望溪先生年谱》。

杨全（1845—1900），一名隆寿、荣寿，号显亭，安徽桐城人。梅兰芳之外祖父。幼入双奎学艺，后搭四喜、三庆班。光绪六年（1880）创小荣椿科班，造就人才颇众。光绪十年（1884），入升平署，供奉内廷。工武生，能文墨，编有《三侠五义》《九花天》《火云洞》《陈塘关》等。

杨祖荣，字小坡，安徽怀远人。一生坎坷。与王尚辰、方濬颐、赵酌蓉等友善。咸丰二年（1852）居合肥，著传奇《佛门缘》，一时称著。另有《西山鼓词》《牙牌词》《蠡管录》。

杨恒枢，字炘文，号斗生，安徽宿州人。咸丰十一年（1861）恩贡士。署铜陵训导，建德教谕。为文多藻思，尤工骈体。著有《斗生文集》。

杨澄鉴，字伯衡，号扶雅，安徽桐城人。光绪二年（1876）进士，官直隶候补知县，历主肥西、研经等书院讲席。著有《绍恭斋诗文抄》。

杨摛藻，字锦园，号朴庵，安徽石台人。道光十八年（1838）进士，官至刑部主事。著有《敬修堂文集》。

李从龙，字元之，安徽无为人。同光间诸生。工文词，兴至振笔直书，颇有豪气。著有《尘海浮鸥诗集》《赘瘦词稿》。

李文安（1801—1855），本名文玕，字式和，一字玉泉，号愚荃，安徽合肥人。鸿章父。道光十八年（1838）进士，官至刑部侍郎中，记名御史，累赠光禄大夫、大学士、直隶总督、一等候公。咸丰三年（1853）回籍办团练，为淮军所自始。著有诗集《愚荃敝帚》等。

李文瀚（1804—1856），字云生，号莲舫，安徽宣城人。道光八年（1828）举人。官至夔州知府。道光二十三年，刻《味尘轩诗集》13卷、《诗余》2卷。工戏曲，著有《胭脂虎》，《紫荆花》《凤飞楼》《银汉槎》，合为《味尘轩传奇》4种。

李光炯（1870—1941），名德膏，号晦翁，安徽枞阳人。光绪二十三年（1897）举人。后从学于吴汝纶，并随吴赴日本考察教育。二十九年，与卢仲农在长沙创办安徽旅湘公学。次年移至芜湖，改名安徽公学，广延刘师培、陶成章、陈独秀、苏曼殊、谢无量等来校讲学，为安徽教育做出重要贡献。著有《晦庐遗稿》《屈赋说》《阮嗣宗诗注》等。

李宗传（1767—1840），字孝曾，号海帆，又号介文，桐城人。仙枝从子。嘉庆三年（1798）举人。官至湖北布政使。著有《寄鸿堂文集》《寄鸿堂诗稿》。

李宗棠（1869—？），字荫伯，号千仓旧主，安徽阜阳人。光绪间，纳赀为户部郎中，改江苏后补道。著有《千仓诗史初编》。

李国杰（1881—1939），字伟候，安徽合肥人。鸿章孙，经述子。历任广州汉军副都统、镶黄旗蒙古副都统，农工商部左丞。宣统间，任驻比利时公使。著有《蠖楼吟草》。

李国桓（1861—1924），字伯聪，号胡青，安徽颍上人。光绪诸生。宣统三年（1911）署凤阳教谕，未赴。著有《寄鸿书庐吟草》《蓼辛集》。

李国模，字方儒，号筱崖，安徽合肥人，经世子。光绪附生。官至东候补道。著《吟梅馆吟草》《瘦蝶词》各1卷。辑有《合肥词钞》。4卷。

李国楷（1886—？），字小崖，安徽合肥人。经世次子。纳粟为道员，署广饶九南兵备道。著有《餐霞仙馆诗集》。

李经邦（1851—1910），字巽之，号冰谷，安徽合肥人。光绪二年（1876）优贡生。官江苏候补道。著有《冰谷小草》。

李经达（1876—1902），字郊云，号拙农，安徽合肥人。光绪诸生。生平博学，尤耽吟咏，与江云龙、吴保初等时有唱酬。著有《滋树室诗集》。

李经述（1864—1902），字仲彭，安徽合肥人。鸿章子。袭一等候。著《李袭候遗集》8卷。

李经钰（1867—1922），字连之，号庚余，别号逸农，安徽合肥人。光绪十九年（1893）举人。官河南候补道。诗学王渔洋，后改宗苏、黄，著有《友古堂诗集》。

李经羲（1859—1925），字虑生，一字仲仙，号梅庵，又号蜕叟，安徽合肥人。鹤章子。光绪五年（1879）优贡生。官云贵总督。曾任袁世凯政治会议议长、审计院院长，与徐世昌、赵尔巽、张謇一起被封为"嵩山四友"。1917年任北洋政府国务总理兼财政总长。又参与张勋复辟。有诗稿若干卷，未刊。

李昭庆（1835—1873），字幼荃，安徽合肥人。文安六子，鸿章弟。入赀为员外郎，官至记名盐运使。著有《补拙轩吟草》。

李鸿章（1823—1901），字少荃，号仪斋，晚号仪叟，安徽合肥人。道光二十七年（1847）进士，改庶吉士，授编修。历官直隶总督兼北洋通商事务大臣，武英殿大学士、文华殿大学士等，总揽清廷外交、军事、经济大权。卒谥文忠。少工律赋，文名籍甚。著有《李文忠全集》《小沧浪亭诗赋抄》。

李鹤章（1824—1880），字季荃，一字仙俦，号浮槎山人。安徽合肥人。鸿章弟。廪贡生。官至甘肃甘凉兵备道，著有《浮槎山人文集》《半仙居诗草》《平吴竹枝词》等。

吴卯（1866—1894），字修月，一作绣月，安徽歙县人。士和次女，同邑汪定执妻。工吟咏，以"才媛"名闻乡里。诗作为俞樾、况周颐等所赞赏。著有《修月遗稿》。

吴棠（1813—1876），字仲宣，一作仲仙，号棣华，安徽盱眙（今属江苏）人。道光十五年（1835）举人。历官闽浙总督、四川总督。在蜀时，与张之洞等议建尊经书院，并创刊书局。师宗唐宋，陈诗谓其"兼有沉劲萧竦之妙。"著有《望三益斋烬余吟》2卷、《词草》1卷、《公余吟》2卷、《归田诗草》1卷、《读诗一得》1卷等。

吴藻（1799—1862），字蘋香，号玉岑子，安徽黟县人。父亲葆真向在钱塘营业生涯，故一般记载均作钱塘人。年十九而寡，直至终老。能绘画，善鼓琴，娴音律，尤长词曲。著有《花帘书屋诗词》《香南雪北词》及杂剧《乔影》等。

吴鼐（1755—1821），名山尊，号及之，又号抑庵，安徽全椒人。嘉庆四年（1799）进士，选庶吉士，授编修。晚主讲六安赓扬书院、扬州梅花书院。工诗，尤长王古。精绘画，善书法。著有《吴学士诗文集》《抑庵遗诗》《百萼红词》，并辑刊《八家四文文抄》。

吴存义（1801—1868），字和浦，安徽休宁人，迁江苏泰州。道光十八年（1838）进士，改庶吉士，授编修。官至史部侍郎。著《榴实山庄诗抄》6卷、《词抄》1卷、《文稿》1卷。

吴芝瑛（1868—1933），字紫英，安徽桐城人。汝纶侄女。通文史，工词章，兼擅书法。出嫁后，随夫廉泉居京师。光绪二十九年（1903），秋瑾入京，与芝瑛比邻，义结金兰。三十三年（1907），秋瑾被害，为之作传，并与徐自华葬秋瑾于杭州西泠桥畔，亲书墓表。著有《吴芝瑛诗文集》《帆影楼纪事》等，编辑有《小万柳堂丛刻》5种。

吴廷栋（1793—1873），字彦甫，号竹如，晚号拙修老人，安徽霍山人。道光六年（1826）拔贡生。官至刑部侍郎。服官四十年，清操自守。著有《拙修集》。

吴廷香（1806—1854），字奉璋，一字兰轩，安徽庐江人。咸丰元年（1851）举孝廉方正。三年，在乡办团练。次年，太平军攻克庐江时战死。与戴钧衡、马三俊友善。著有《吴征君遗集》。

吴兆弇（？—1922），字次符，安徽合肥人。光绪十一年（1885）拔贡。候选知县。隐居不仕。著有《寓居生诗集》。

吴汝纯（1853—1889），字熙甫，号敛庵，玉屏山人，安徽桐城人。官光禄署正。师事其兄汝纶，与贺涛、范当世等以文字相切磋。著有《玉屏山诗稿》。

吴汝纶（1839—1903），字挚甫，安徽桐城人，同治四年（1865）年进士。久客曾国藩、李鸿章幕，究心时务。光绪间官直隶州知州，主讲保定莲池书院。二十七年（1901），充京师大学堂总教习。旋赴日本，考察学制。二十九年归国后卒。著述丰富，有《桐城吴先生全书》《吴挚甫诗集》等。

吴汝缙，字燊甫，安徽桐城人。汝纶从弟。诸生。曾佐刘铭传镇台湾。晚年漫游南北。著有《台湾风云记》《半雅堂诗存》。

吴保华（？—1913），字玉如，号佩琼，安徽庐江人。保初长姐。性英毅，娴吟咏。遗作辑入《安徽名媛诗词征略》。

吴保初（1868—1913），字彦复，号君遂，晚号瘿公，安徽庐江人。淮军将领吴长庆子。与谭嗣同、陈三立、丁惠康并称"四公子"。荫生，官至刑部主事。屡次上疏，直声震天下。诗作能熔铸古今，不名一体，放眼世界，自开新境。著有《北山楼集》。

吴闿生（1877—1950），原名启孙，字辟疆，号北江，安徽桐城人。汝纶子。诸生。官候选知府。光绪二十八年（1902）赴日本留学。次年，因父卒归国。于京师讲学十余年。曾从姚永概学，并与贺涛、范当世游，受古文义法。著有《北江先生文集》《北江先生诗集》；编有《吴门弟子集》《晚晴四十家诗集》等。

吴振勃（1769—1847），字兴孟，一字容如，号筼斋，安徽歙县人。早年即工诗善书，为同里凌廷堪、江都焦循所器重。著有《筼斋文稿》《诗录》等。

吴毓芬（？—1891），字伯华，安徽合肥人。诸生。官江苏候补道，加按察使衔。晚年筑也是园于巢湖之滨，以吟咏自遣。著有《也是园诗抄》。

何俊，字晋孚，号亦民，安徽望江人。道光九年（1829）进士。官至江苏布政使。著有《梦约轩诗抄》。

何承熙，字伯秋，号桔洲，安徽桐城人。道光二十三年（1843）举人。著有《碧杉草堂诗集》。

余懋（1834？—1908？），字啸松，安徽休宁人。寓居浙江嘉兴。习医、游学于浙西一带。精赏鉴篆刻，诗古文词亦佳。著有《白岳庵杂缀十二种》《白岳庵诗话》等。

余本愚（1316—?），字古香，安徽休宁人。官至杭嘉湖道。著《十华小筑诗抄》4卷，收道光十五年至光绪九年诗。

余溥元，字士惠，号惠宇、老秃，安徽合肥人。光绪二十年（1894）进士，授内阁中书，改江苏候补同知。擅制艺，工骈文，著有《旧读不厌斋诗稿》《妙吉祥诗抄》。

王铮（1784—1843），字铁庸，安徽桐城人。道光进士。甫授官东粤，未至而卒。著有《知德轩诗抄》4卷。此书一名《磊吟草》。

汪娄（1780—1842），字铁生，号雅安，安徽歙县人。同县程鼎调继室。幼从黄文旸受业。尝预修《泰州志》《如皋县志》。著有《雅安书屋诗集》4卷，有阮元、黄爵滋序。诗作《哭亡侄孙士铨》，沉痛动人，世谓《祭十二郎文》后仅见之作。

汪渊（1851—1920），字诗圃，一字时甫，别号词痴，安徽绩溪人。绝意仕进，终身以授徒为业，以吟咏著述为乐。著有《味菜堂诗集》《眺天笙鹤词》《藕丝词》和《麝尘莲寸集》。

汪之昌（1337—1895），字振民，安徽歙县人。咸丰十一年（1861）副贡。后弃举业，闭户考证，颇具识历。著有《李学斋集》。

汪乔年，字修龄，号绣林，安徽寿州人。精绘事，又工诗。著有《碧玉壶天题画诗》《梨花楼诗》《绣园诗话》。

汪优游（1888—1937），本名效曾，字仲贤，安徽婺源（今属江西）人。早年就读于南京水师学堂。光绪三十一年（1905）组织最早的业余戏剧团体文友会、开明演剧会。辛亥革命前后，参加任天知组织的进化团，往返于上海、宁波、镇江、芜湖、汉口等地演出。著有《我的俳优生活》《优游室剧谈》等。

汪述祖，字子贤，一字林甫，号著林，安徽休宁人。光绪二十年（1894）进士，官吏部主事。著有《馀园诗稿》《余园丛稿》等。

汪宗沂（1837—1906），字仲伊，一字咏封，号弢庐，安徽歙县人。

光绪六年（1880）进士。早年以儒生入曾国藩幕。曾主讲安庆敬敷、芜湖中江和本郡紫阳书院。洞悉声律，工诗善书，著述甚丰。主要有《弢庐诗略存》《师说》《韩魏三调乐府诗谱》《黄海前游集》等。

汪律本（1867—1930），字鞠邑，号旧游，安徽歙县人。宗沂子。光绪二十年（1894）举人。曾在南京协助李瑞清官理两江师范多年。民国初年，隐居池州乌渡湖。卒于上海。著有《黄海后游录》《萍蓬庵诗》《壶中诗》。

汪桂月（1772—?），号养园，安徽宿州人。诸生。道光元年（1821）举孝廉方正，不赴。晚多病。鸦片战争时，英军侵东南，作诗抒愤。著有《摭抱轩诗抄》10卷。

张丙，原名延郱，字娱存，号渔村，安徽合肥人。道光贡士。年十三，赋《明远台怀古歌》，援笔立就，有"神童"之誉。与同邑赵席珍、王垿、卢先骆，吴克俊、蔡邦甸、戴洪恩相唱和，号"城东七子"。著有《延青堂诗存》。

张襄，字云裳，一字蔚卿，安徽蒙城人。张殿华女。诗人陈文述门下高足。精研诗词、音律、诗画，又善骑射。著有《支机石室诗》《锦槎轩集》《铁云馆词》。

张士珩（1857—1917），字楚宝，号韬楼，一号竹居，又号治衲，别号因觉生，安徽合肥人。光绪十四年（1888）举人。历官直隶候补道，赏四品衔。师孙衣言、汪士铎，而友俞樾、秦际唐、顾云、陈作霖、邓嘉缉诸人。晚嗜佛老，颇资以为文，深得冯煦、王闿运等推重。著有《韬楼遗集》《竹居录存》《竹居小牍》。

张之屏（1866—1935），字树侯，安徽寿州（今寿县）人。诸生。光绪三十年（1904），考入安庆武备练军学堂。次年，充安庆鸣凤学堂教席。1906年，参加同盟会，并就任本邑芍西学堂教务。民国后，自甘布衣蔬食，以"笔花墨雨，舒畅天怀"。工书法，尤精篆刻，深得于右任等大家推许。著书《书法真诠》《联语录存》《诗文录存》《树侯印存》《晚崧堂谈屑》等。

张云锦（1857—1925），字绮季，号渔村，安徽合肥人。光绪贡生。官至湖北候补道。尝赴台湾，入巡抚刘铭传幕。著有《顺所然斋诗文集》。

张光藻，字翰泉，安徽广德人。咸丰六年（1856）进士。同治九年（1870）在天津知府以教案被发配到黑龙江效力。著有《北戌草》2卷。

张同准（1801—？），字志莱，安徽桐城人。诸生。博综文史，工画。著有《柏溪诗抄》2卷。

张祖翼（1849—1917），字逖先，号磊庵、局中门外汉，安徽桐城人。久寓江苏无锡，又号梁溪坐观老人。工诗，能以音译外语入作品，较"诗界革命"中诸人以音译诗为早。著有《伦敦风土记》《伦敦竹枝词》《清代野记》等。

张树声（1824—1884），字振轩，号蔼卿，安徽合肥人。廪生。官至直隶总督。谥靖达。著有《席月山房诗存》。

张燮承，字师筠，安徽含山人。咸丰元年（1851），应聘由南京至苏州，"权课小沧浪馆中"，编《小沧浪诗话》4卷，汤贻汾、侯云松、朱英、张鸿卓分别作跋。另有《张师筠著述》行世。

陈诗（1864—1943），字子言，号鹤柴，安徽庐江人。家贫力学，从未考中秀才。喜为诗，以同邑而年幼于己之吴保初为师，称"诗弟子"，一时传为佳话。文廷式、沈曾植、范当世、陈衍、陈三立、吴昌硕、俞明震等均深重之。著有《凤台山馆诗抄》《尊瓠室诗话》《静照轩笔记》。又辑有《皖雅》《庐州诗苑》等。

陈云章，字亦昭，安徽合肥人。道光诸生。咸丰时，避乱山中，教授生徒不辍，年八十四卒，著有《劫灰集》。

陈世镕（1787—1864），字大冶，一字雪楼，安徽怀宁人。道光十五年（1835）进士。官甘肃古浪知县，后权同知，引疾归，移住沪上。尝见知于陶澍，林则徐，并主讲池阳书院。著有《求志居集》凡文14卷、诗20卷，外集1卷为诗话。又刻有《皖江三布衣诗》。

陈衍洙，字岱源，安徽定远人。诸生。官苏州知府。著有《岱源诗稿》。

陈独秀（1879—1942），原名乾生，后改名独秀，字仲甫，号实庵，安徽怀宁人。幼读私塾，十七岁应试为诸生，后留学日本。光绪三十年（1904），在上海创办《民国日日报》。与房轶五等创办《安徽俗话报》并在安徽公学任教，积极从事推翻清朝统治的思想宣传与革命活动。辛亥革命后，任安徽省都督府秘书长。1913年参加反对袁世凯的斗争，失败后流亡日本。1915年回上海，创办《新青年》（初名《青年杂志》），提倡新思想与新文化。1917年，任北京大学文科学长。1919年五四运动爆发，他是主要领导人之一。1921年7月，中国共产党成立，被推选为中央局书记。1942年，病逝于四川江津。陈独秀文学功底深厚，见识卓越，诗文创作及翻译均有出色成就，在近代文学的革新、新文化运动的发展中起了重要的促进作用。著有《独秀文存》《陈独秀著作选》（任建树等编）等。

陈澹然（1860—1930），字剑潭，一作静潭，号晦堂，安徽桐城人。光绪举人。宣统元年（1909）举硕学通儒。民国成立后，任安徽通志局总裁。擅古文，但不尽守桐城义法。著有《晦堂文稿》《晦堂诗稿》《蔚云新语》《异伶传》。

林望之，字伯颖，一字小颖，号远村，安徽怀远人。士佑子。道光二十五年（1845）进士。官至陕甘总督。著有《荆居书屋文集》《诗集》。

范康，字小康，号拙夫，安徽桐城人。同光间县学增生。候选训导。著有《烬余遗稿》2卷。

罗士琳（1783—1853），字次璆，号茗香，安徽歙县人。迁居江苏甘泉。监生。考取天文生，入钦天监。咸丰元年（1851）举孝廉方正，以老病辞。著有《罗氏诗稿》《观我生室剩稿》。

金望欣（1789—1894），字秋士，号峒谷，安徽全椒人，举人。通经史、历算、诗词。著有《清惠堂集》，凡诗6卷，文2卷，词2卷。

周达（1879—1949），谱名明达，字梅泉，一字美叔，号还巢居士，安徽建德人。诸生。幼时在扬州创办"知新算社"。先后四次赴日本，考察数学教育和算术出版等情况。民元后寓上海。爱集邮，被誉为中国"邮票大王"。工诗，能综玉溪、临川两家之长。有《今觉庵诗》4卷行世。

周馥（1838—1949），幼名玉成、宗培，后改名夏，字玉山，别字兰溪，安徽建德人。监生。光绪间，随李鸿章办洋务，官至按察使。1900年任直隶布政使，同年升任山东巡抚。1904年授两江总督，南洋大臣。1906年，署闽浙总督，旋调两广总督。1907年，自动要求解职，寓居天津。性喜为诗，著有《玉山诗集》《周悫慎全集》。

周大槐，字萌堂，号海樵，安徽合肥人。道光元年（1821）举孝廉方正。与齐彦槐并称"二槐"。著有《诗隽腹腴》50卷、《海樵文抄》2卷、《诗抄》1卷。

周世宜，安徽合肥人。李鹤章继室。通经史，好吟咏。著有《玲珑阁诗稿》。

周行原，字颂瞧，号厂泉，安徽合肥人。光绪十九年（1893）副举人。官度支部郎中。著有《芛生馆诗稿》。

周学熙（1865—1947），字缉之，号止庵，晚号松云居士、砚耕老人，安徽建德（今东至）人。周馥第四子。光绪十九年（1893）举人。官直隶长芦盐运使。民国后，任财政总长等职。著《止庵诗存》《西学要领》《东游日记》等，辑刊《八家闲适诗选》《师古堂丛书》等。

周永济（？—1920），字菱沼，号梧庵，安徽宿松人。光绪二十七（1901）举人。工考据，娴词章。著有《梧庵全集》。

郑由熙（1827—1898），字晓涵，一字伯庸，晚号坚翁，别署啸岚道人，安徽歙县人。同治间优贡。官江西分宜、瑞金等县知县。与汤贻汾、薛时雨、赵之谦等交游。著有《晚学斋诗集》《文集》《莲漪词》和《晚学斋曲三种》。

郑芳荪（1877—1914），原名培育，字赞臣，一作赞丞，在安徽大学堂就读时，与陈独秀等组织励志学社，旋入同盟会。民国元年（1912），任安徽内务司司长。著有《真赞臣遗诗》。

房秩五（1877—1966），名宗岳，安徽枞阳人。光绪二十九年（1903）与陈独秀等创办《安徽俗话报》。1904年，赴日本留学。回国后，在芜湖经办速成师范学校，并任桐城中学学监。安徽省教育总会干事。工诗文。

著有《浮渡山房诗存》。

赵畇（1808—1877），字芸谱，号岵存，晚号遂园，又号遂瓮，安徽太湖人。道光二十一年（1841）进士。历任编修，国史馆总纂，实录馆总裁，广州、潮州知府等。晚年主持安庆敬敷书院。著有《遂园诗抄》等。子继元，同治七年（1868）进士。著有《静观堂剩稿》。

赵世暹，字蔗泉，号疏樵，安徽宿松人。道光十九年（1839）举人。家贫力学，不屑于时文。著作甚富，咸丰三年（1853）自京南返，过沧州，大都遗失。现存有《东寅堂诗草》《文集》。

赵对澂（1798—1860），字野航，安徽合肥人。道光廪生。历任亳州、和州、池州和广德州学正。咸丰中擢知县，未行。著有《酬红记》院本、《小罗浮馆诗》《小罗浮馆词》《小罗浮馆别录》。

胡世敦（1761—1850?），字兼山，安徽泾县人。嘉庆九年（1804）举人。道光间，官陕西淳化、云陵知县。咸丰中逝世。世敦与朱琦、胡承珙同时名里中，行辈甚高。唯科场屡挫，主宰穷邑，久而未闻。著有《五石瓠斋遗稿诗》1卷。

胡远濬（1869—1931），字渊如，别署劳谦居士，晚号天放散人，安徽怀宁人。光绪十七年（1891）举人。历任安徽高等学堂、中央大学教授。著有《劳谦室诗集》《文集》。

胡怀琛（1886—1938），字季仁，号寄尘，别署有怀、秋山，安徽泾县人。宣统三年（1911），任《神州日报》编辑。后任文明书局、商务印书馆编辑，上海通志馆编纂及沪江大学、中国公学、国民大学、持志大学等教授。著作甚丰。主要有《中国文学通评》《中国诗学通评》《中国文学史概要》《中国小说研究》等。

胡延珪，字涵卿，号问轩，安徽祁门人。候选光禄寺署正。著有《春草堂诗稿》。

胡延琛，字绥卿，号瘦青，安徽祁门人。同治十二年（1873）举人。官江宁知县。著有《醉经堂诗集》。

胡延璪（1829—1924），字星五，号玉汝，安徽祁门人，同治七年

（1868）进士。历任四川筠连，射洪，通江、威远知县，升直隶州知州，皆有政声。著有《味经堂诗集》。

胡承珙（1776—1832），字景孟，号墨庄，安徽泾县人，嘉庆十年（1805）进士，受编修。官刑部给事中，福建台湾兵备道。精研考据训诂，工诗文词。著有《求是堂文集》《诗集》等。

胡佩芳，字诵芬，又字云舲，安徽祁门人。咸丰二年（1852）岁贡生。著有《绿荫轩遗集》6卷。

胡培翚（1782—1849），字载平，一字竹村，安徽绩溪人。嘉庆二十四年（1819）进士。官内阁中书、户部广东司主事。晚主讲钟山、云间书院。著有《研六室杂著》《研六室文抄》等。

胡韫玉（1878—1947），字仲民，一作颂民，号朴安，别署有忏、半边翁，安徽泾县人，光绪末加入同盟会。参加南社，任庶务干事。宣统三年（1911）与戴季陶主办《民权报》。1916年任交通部秘书，兼任《民国日报》主笔。1923年，与柳亚子发起成立新南社，为该社编辑主任兼会计。工诗，长于训诂之学。著述繁富。有《中国学术史》《朴学斋文存》《诗存》《词存》《曲存》等。编有《朴学斋丛书》《国学汇编》《南社诗选》等。

胡嗣运，字鹏南，安徽绩溪人。光绪八年（1882）副贡生，候选州判。著有《鹏南诗抄》《鹏南文抄》等。

胡璧城，字夔文，安徽泾县人。光绪二十三年（1897）举人，京师大学堂师范馆毕业，授中书科中书。著有《知困斋诗存》《知困斋诗存二集》。

段广瀛（1822—1873），字雁洲，一字紫沧，安徽萧县人。咸丰三年（1853）进士。官河南粮储盐法道。著有《紫沧遗稿》。

段光清（1798—1878），字俊明，号镜明，安徽宿松人。道光十五年（1835）举人。历任宁波知府、宁绍台道、浙江盐运使、按察使等。同治五年（1866）退职回籍。著有《吟梅草堂笔记》等。

段佐兴，字支村，安徽宿松人。咸丰十年（1860）恩贡生。年八十三卒。著有《馨山文集》。

俞正燮（1775—1840），字理初，安徽黟县人。道光元年（1821）举人。客张井，陈用光，林则徐，祁隽藻幕，以纂校为业。著有《癸巳存稿》《癸巳类稿》，颇有与传统立异的见解。其《四养斋诗稿》，为其侄懋麟校刊。不易觏。弟正禧（1789—1860）字鼎初，号芟林。举人。善论文，与正燮齐名。有《芟林堂文》。

洪汝闿，字泽丞，安徽歙县人。光绪诸生。与邓孙、姚永概、李光炯交往甚密。曾任教于芜湖安徽公学、安庆龙门师范。著有《勺庐词》《喘月吟》。

宣鼎，字瘦梅，一字子九，号香雪道人，安徽天长人。诸生。二十岁左右，家道中落。二十七岁一度参军，"几死锋镝"。旋赴海上，卖画为生。后在山东兖郡等地做幕僚。著有《夜雨秋灯录》《三十六声粉铎图咏》《铎余逸韵》和《返魂香传奇》等。

宫尔铎（1841—?），字农山，号抱璞，安徽凤阳人。未冠即从军，由军功官至延安西安知府。著有《思无邪斋诗存》。

姚莹（1785—1853），字石甫，一字明叔，号展和，安徽桐城人。嘉庆十三年（1808）进士。选福建平和知县，台湾海防同知。后被诬陷入狱，复起用，官至湖南按察使。莹承曾祖范、从祖鼐遗绪，工古文，诗亦唐宋正轨。著有《东溟文集》《后湘诗集》《东槎纪略》《康輶纪行》。同治六年（1867），子濬昌汇刻为《中复堂全集》。

姚元之（1773—1852），字伯昂，号荐青，安徽桐城人。嘉庆十年（1805）进士，改庶吉士，授编修。历官左副都御史。道光十八年（1838），降为内阁学士。著有《竹叶亭笔记》，多载旧闻。诗集有《荐青集》《使沈草》等。

姚永朴（1816—1939），字仲实，晚号蜕私老人，安徽桐城人。姚莹孙。光绪二十年（1894）举人。官候选训导。1914年，受聘于北京大学，讲授《文学研究法》；同年，仁清史馆协修。幼承家学，学识渊博。著有《蜕私轩诗文集》《文轩研究法》《素园丛稿》等40种，200余卷。

姚永楷，字娴伯，安徽桐城人。永朴、永概兄。光绪诸生。早卒濡染家学，工诗古文。著有《远心轩诗抄》。

姚永概（1866—1923），字叔节，号幸孙，安徽桐城人。姚莹孙。光绪二十四年（1898）举人。清末任安徽高等学堂教务长。民国后，历任北京大学文科学长，清史馆修撰。兄永朴、姐婿马其昶有学名，永概尤以诗文为人推重。著有《慎宜轩诗集》《慎宜轩文集》《慎宜轩笔记》。

姚柬之（1784—1847），字佑之，号伯山，安徽桐城人。道光二年（1822）进士。官广东临漳揭阳知县，擢贵州大定知府，以不合上官去。著有《伯山文集》《伯山诗集》等。柬之为元之弟，姚莹族兄。桐城姚氏，代有文人，俱无弱调。

姚倚云，字蕴素，安徽桐城人。姚莹孙女。南通诗人范当世室。幼承家学，娴吟咏。曾任南通女子师范校长。著有《蕴素轩集》，内含诗11卷，词1卷。一名《沧海归来集》

姚濬昌（1832—?），字孟成，号慕庭，晚号幸余生，安徽桐城人。姚莹子。官竹山知县。尝参加曾国藩幕府，与吴汝纶交往甚密。子永楷、永朴、永概，均有文名。著有《五瑞斋遗文》《五瑞斋诗抄》《幸余求定稿》。

袁蟫（1870—?），字祖光，又字小偶，号瞿园，安徽太湖人。光绪二十九年（1903）进士。工骈文，尤长北曲。亦工诗，精于品评。著有《绿天香雪簃诗话》《瞿园诗草》《瞿园诗馀》和杂剧《长人赚》等十余种。

桂超万（1783—1863），字丹盟，安徽贵池人。道光十三年（1833）进士。官直隶栾城知县。自书联榜于署曰："我如卖法脑涂地，尔敢欺心头有天。"擢扬州知州，人称重见包文拯。改苏州知府，人称桂青天。后任福建汀漳龙道，至按察使。咸丰初告病归，主敬敷书院讲席，修《安徽通志》。著有《惇裕堂文集》《养浩斋诗集》。

夏炘（1789—1871），字欣伯，号弢甫，安徽当涂人。道光五年（1825）举人。官至颍州府学教授。著有《景紫堂文集》《息游咏歌》等。

夏燮（1800—1875），字谦甫，号谢山居士，安徽当涂人。道光元年（1821）恩科举人。历官湖南、江西等地知县。曾国藩驻安徽祁门，曾被聘为幕僚。以史学研究著称于世，亦通文字音韵之学。著有《明通鉴》100卷及《述韵》《谢山堂文集》等。

夏宗庆，号云樵，安徽巢县人。贡生。官灵璧教谕。工诗。中日甲午（1894）战争时，作《闻国事有感》诸诗，多慷慨悲歌之气。著有《焚馀小草》《谷阳留稿》。

夏思恬（1797—?），字涵波，号少岩，安徽铜陵人。道光十四年（1834）举人。曾游历北京、辽宁等地。咸丰二年（1852）南归，任芜湖训导。著有《少岩文稿》，《少岩诗稿》《少岩赋草》等。

倪伟人，字倥侗，号生，祁门人。邑廪生。道光二十九年（1849）乡试报罢，即罢即不再应考，依舌耕自给。著有《敦复堂文集》《辍耕吟稿》。

倪文蔚（1823—1890），字豹岑，安徽望江人。咸丰二年（1852）进士，改庶吉士。由知府至河南巡抚。与江开等时有唱和。著有《两疆勉斋古今体诗存》4卷。

徐璈（1778—1841），字六骧，号樗亭，安徽桐城人。嘉庆十九年（1814）进士。官户部主事。改浙江临海知县。历主亳州、徽州书院。著有《诗广诂》《樗亭文抄》《樗亭诗草》。另辑有《桐旧集》40卷。

徐谦（1871—1940），字季龙，教名乔治，晚号黄山樵客，安徽歙县人。光绪二十九年（1903）进士。历任翰林院编修、京师高等审判厅检察长。民国后，任孙中山大元帅府秘书长、司法部部长、岭南大学文学系主任等职。著有《诗词学》《安庐吟草》《季龙先生遗诗》。

徐大纶，字君宜，号画江，安徽休宁人。道光十二年（1832）进士。与齐彦槐有交往。著《梅修书屋诗抄》2卷。

徐乃昌（1862—1936），字积余，号随庵，安徽南陵人。光绪十九年（1893）恩科举人。历任江苏候补知府。乃昌为翁同龢门生，长居上海，曾两度赴日本。藏书颇富，多珍稀版本。一生刊著甚多，包括《积学斋丛书》《皖词纪胜》《小檀栾室汇刻闺秀词》等。

徐子苓（1810—1875），字西叔，一字毅甫，安徽合肥人。道光十四年（1834）举人。同治五年，拣选知县，自请改教职，选授和州学正。谭献选同邑戴家麟、王尚辰及徐子苓所作，为《合肥三家诗》。著有《敦艮吉斋诗存》《文抄》。

徐方泰，字阶平，号幼穆，安徽庐江人。同治十二年（1873）拔贡。官至道州知府。著有《鸿渐轩诗集》。

徐汉苍，字荔庵，安徽合肥人。嘉庆县学增生，道光元年（1821）举孝廉方正。同治间卒。著有《碧琅玕馆诗余》。

徐宝善（1789—1838），字廉峰，安徽歙县人，迁江苏昆山。徐乾学曾孙。嘉庆二十五年（1820）进士，改庶吉士，官翰林院编修，擢御史。宝善与黄钺、姚莹等有买往。著有《壶园全集》。

徐宗亮（1834—1904），字晦甫，号菽岑，安徽桐城人。世袭骑都尉。官候补主事。工古文，为张裕钊、吴汝纶所推重。著有《善思斋文抄》《诗抄》《诗余》等。

徐树铮（1880—1925），字又铮，安徽萧县人。光绪诸生。曾赴日本留学。历任段祺瑞内阁国务院秘书长、陆军部次长等。好文学、能填词，度昆曲。著有《视昔轩遗稿》等。

奚侗（1878—1939），字度青，号无识，安徽当涂人。清末附生。后毕业于日本明治大学。宣统（1909—1911）时，先后任镇江审判厅推事，清河、吴县地方审判厅厅长。抗日战争期间，拒绝出任伪职务。工诗文，通训诂，曾加入南社。著有《庄子补注》《说文采正》等。

高骏烈，字仿青，一字舫琴，号拜经生，安徽宿松人。光绪癝贡生。肄业于湖北经心书院。后任辰州总教习。尝从谭献问学，经史子集古文词赋，无不甄综。著有《琴舫集》《楚游草》。

郭泽礼，字望溪，安徽舒城人，道、咸间癝贡生。性淡逸，嗜游览，诗亦得山水清音。著有《绿萝山庄诗集》。

唐莹（1813—1884），原名金波，字子瑜，安徽当涂人。道光十七年（1837）举人。官怀宁教谕。著有《谢家山人集》6卷。

唐尔炽（1870—1949），字雨梅，安徽桐城人。曾从吴汝纶学于保定莲池书院。著有《澹乐轩稿》10卷。

凌焕（1818—1874），字筱南，号损夅，安徽定远人。道光二十四年（1844）举人。官至江南巡盐道。著有《损夅诗抄》。

凌扬藻（1795—1845），字誉建，号药洲，安徽泾县人，寄籍广东番禺。诸生。工诗文，尤长考证。著有《春秋思闻抄》《药洲花农诗略》《文略》等，总名《海雅堂集》。又辑《岭海诗抄》24卷行世。

凌泰封（1783—?），字瑞臻，号东园，安徽定远人。嘉庆二十二年（1817）一甲二名进士，授编修。官湖州知府，以迁谨论罢。著有《东园诗抄》12卷。

涂踪瀛（1812—1894），字阆仙，安徽六安人。道光二十四年（1844）举人。官至湖广总督、兵部尚书。著有《六安涂大司马遗集》。

黄钺（1750—1841），字左田，号左军，井西居士，安徽当涂人。乾隆五十五年（1790）进士。任观礼部尚书，太子少保、户部尚书、军机大臣，卒谥勤敏。工诗文，善书画，精于鉴赏，曾参加编纂《秘殿珠林》《石渠宝笈》并为《全唐文》馆总裁。著有《壹斋集》，收诗近2000首。

黄曾寿（1877—1913），字念耕，安徽休宁人。因随父就官浙江，在钱塘应试，成为县学生。后任浙江两级师范学堂附属小学校长。著有《寄傲庵遗集》。

黄崇惺（约1810—?），原名崇姓，安徽歙县人。同治十年（1871）进士，改庶吉士。官湖南。著有《二江草堂诗》。

黄宾虹（1865—1955），原名质，字朴存、朴人，别号予向、虹庐、虹叟，安徽歙县人。生于浙江金华。南社最早成员。光绪二年（1876）返歙应童子试。嗣后往返于徽、浙之间。光绪二十五年至三十二年为新安中学堂国文教员，秘密进行反清活动。光绪三十三年（1907）被人告密，遭清政府通缉，遂潜逃上海，继续从事美术工作，与邓实合编画报《神州国光集》，出版美术丛书。后历任暨南大学、上海美专等学校教授。著有《黄宾虹全集》。

黄富民（1795—1867），字小田，号萍叟，安徽当涂人。黄钺子。道光五年（1825）拔贡，官礼部侍郎。工诗画，尤精评点。所评《儒林外史》《红楼梦》，剖析入徵，品评有致。著有《过庭小草》《礼部遗集》。

萧穆（1835—1904），字敬孚，一字敬甫，安徽桐城人。同治诸生。善古文。曾师事钱泰吉、刘宅俊、方宗诚等，受古文法。著有《敬孚类稿》。

曹沁泉（1864—1938），一作心泉，名沄，以字行，安徽休宁人。善吹笛，精昆曲、皮黄音律，并工谱曲。曾任礼制馆乐律主任、中华戏曲专科学校歌剧系主任。著有《剧韵新编》《百年昆曲消长录》《清代内廷演剧回忆录》。

曹蓝田（1811—1858），字琢之，号璞山，安徽铜陵人。道光十七年（1837）举人。选颍上教谕，用为知县。著有《璞山存稿》12卷。

龚元凯（1869—?），字黼屏，号蜕龛，安徽合肥人。光绪二十九年（1903）进士，授翰林院编修。民国后，历任凉渭川道尹。著有《蜕龛诗集》8卷。

虚谷（1824—1896），本姓朱，名怀仁，安徽歙县人。移居扬州。初任清军参将。后出家为僧，名虚谷，号紫阳上人。往来苏州、上海间卖画为生。著有《虚谷和尚诗录》。

崔预（1776—?），字晋元，安徽宣城人。家世寒素，喜好吟咏。道光五年举人。十六年（1836），年已六十，应聘至陕西，为华原文正书院山长。著有《师水斋诗集》。

章绡（?—1922），原名士笏，号竹虚，更名锡嘉，字宿五，安徽桐城人。道光诸生。善为黄莺词，多脍炙人口。著有《屋里青山诗抄》。

章贺龄（1803—1860），字六襄，号六峰。安徽贵池人。贡生。以授徒为生，时人目为通儒。辑有《池诗存》。著作多散佚，仅存门人刘瑞芬所刊《静观书屋诗集》7卷。

程淑（1858—1899），一名文淑，字秀介，一字绣桥，安徽休宁人。汪渊室。自幼精研诗词。嫁汪氏后，伉俪情笃，日事吟咏。光绪十六年（1890）出版的《麝尘莲寸集》，由汪渊集宋元人词句，笺注、校正工作。

著有《绣桥诗存》《词存》。

程长庚（1811—1880），名椿，一名浣；字玉珊，一作玉山，安徽潜山人。出身科班。道光至光绪初年，长期为"四大徽班"之一的三庆班老生台柱和班主，曾兼任"精忠庙"会首，在京剧艺术形成过程中，贡献很大。与余三胜、张二奎并称"老生三杰"、谭鑫培、汪桂芬、杨月楼、孙菊仙、陈德霖等均受其教益。

程秉钊（1837—1891），字公勖，号蒲孙，安徽绩溪人。光绪十六年（1890）进士，选庶吉士。少治经学，通训诂，尤好龚自珍文。著有《龚定庵年谱》《少思长室文存》《龚学斋古今体诗》《琼州杂事诗》和《丹荃馆诗馀》等。其子宗沂曾为另编《程蒲孙遗集》。

程恩泽（1784—1837），字云芬，号春海，安徽歙县人。昌期子。嘉庆十六年（1811）进士。由翰林官国子祭酒至户部侍郎。著有《程侍郎遗集》。恩泽诗宗宋学黄，为祁隽藻，何绍基，郑珍所推重。又主持风会，奖掖人才。《清史稿》传云："时乾嘉宿儒多殂谢，惟大学士阮元为士林尊仰，恩泽名位亚于元，为足继之。"

程朝仪，字仲威，号抑斋，安徽黟县人。廪生。光绪三十四年（1908）受安徽巡抚冯煦荐举鸿儒硕彦。宣统元年（1909）住存古学堂监督。著有《逸士吟》《尚友吟》《抑斋手稿》。

程鸿诏（约1821—1942），字伯甫，号黟农，安徽黟县人。道光二十九年（1849）举人。咸丰间，入曾国藩幕，授按察使衔。善属文，通音律，著有《有恒心斋文》《有恒心斋诗余》等。

程善之（约1882—1942），名庆余，安徽歙县人。南社社员。工诗，并擅长创作小说。著有《骈枝馀话》《倦云忆录》《讴和室文存》《讴和室诗存》等。

童揖芳（1859—1933），字茂倩，晚号养园老人，安徽合肥人。光绪诸生，官陆军部主事，诗学唐人，古体尤工。著有《存吾春馆诗集》。

蒯光典（1857—1910），字礼卿，一字季逑，号金粟道人，安徽合肥人。光绪九年（1883）进士，官翰林院检讨，淮扬道候补，晋三品京堂。

治汉学，富收藏，精考据。著有《金粟斋选集》《经堂遗诗》。

蒯德模（1814—1875），字子苑，安徽合肥人。咸丰末，以诸生治团练保知县。官至四川夔州知府。著有《带耕堂遗诗》。

鲍康（1809—1873），字子年，号臆园，安徽歙县人。道光十九年（1839）举人。官内阁中书，四川夔州知府。嗜癖古泉。著有《观古阁丛稿》。

鲍鸿，字逵卿，又字龙山，号雪汀，安徽歙县人。光绪举人。工诗，尤长于楹帖。著有《龙山联语》《龙山诗稿》。

鲍瑞骏，字桐舟，号渔梁山樵，安徽歙县人。道光二十三年（1843）举人。历官山东馆陶、黄县令，擢候补知府，著有《桐华舸诗抄》。

鲍源深（1812—1884），字穆堂，号花潭，晚号澹庵，安徽和州人。道光二十七年（1847）进士。官至山西巡抚，有政声。著有《补竹轩诗文集》《史鉴节要便读》。

鲍增祥，字绍庭，号云巢，安徽歙县人。幼好经世之学，游幕数十年。工诗、词、画、篆刻，著有《绿雨楼集》。

蔡邦甸，字篆青，安徽合肥人。咸丰贡生。擅制艺。李鸿章、彭玉麟曾先后出其门。著有《晚香亭诗抄》。

裴景福（1856—1926），字伯谦，号睫闇，安徽霍邱人。光绪十二年（1886）进士，授户部主事。历任广东陆丰、潮阳知县。著有《睫闇诗抄》。

阚寿坤（1852?—1878?），字德娴，安徽合肥人。凤楼女，同治十年（1871）随父寓居上海，与其嫂周桂清"同作诗词，昕夕靡已"。嫁同邑诸生方承霖。光绪初随方宦靖江、卒年二十七岁。工诗词。著有《红韵阁遗稿》。

阚凤楼（1821—1886），字仲韩，安徽合肥人。贡生。官奉贤知县。著有《六友山房诗集》。

翟金生（1774—?），又名之虎，号西园，安徽泾县人。屡应童子试，不售。专以经术文章教后学。咸丰末年犹在世。擅诗词书画。尝"以三十年心力，造泥子活版，数成十万"，并排印了自著诗词集《泥版试印初编》等，在印刷史上成为罕见的自著、自编、自刻、自印的人物之一。

潘桂，字月丹，一号辛崖，安徽颍上人。光绪二十五年（1899）进士，官礼部主事。年三十三卒。著有《望云书屋诗稿》。

潘镇，字端甫，号意莲，安徽泾县人。贡生，以教塾为业。著《意莲诗抄》5卷，有光绪三十四年排印本。

潘世镛（1774—?），字东甫，安徽歙县人。诸生。少时即以诗鸣。道光二十年（1840）刻《吟古镜斋诗集》26卷，收诗2680首。附《琴言诗抄》，为其室方掌珍遗作。

潘庆澜（1845—?），字安涛，安徽泾县人。潘锡恩孙。优贡生。官至四川顺庆知府。著有《宜识字斋诗抄》。

潘慎生，字子慎，安徽怀宁人。寄籍宛平。道光二十九年（1849）举人。历主沂水、卜里书院，年四十卒于汾州。著有《香樊遗稿》《绿生囊词》《空清馆词》《微息斋遗诗》。

薛时雨（1817—1885），字慰农，一字澍生，晚号桑根老人，安徽全椒人。咸丰三年（1853）进士。太平军起，参李鸿章幕。擢苏州知府，改杭州知府。晚主崇文书院讲席。著有《藤香馆诗抄》《续抄》。

霍翔，字骞甫，安徽庐江人。光绪五年（1879）举人。官至工部郎中。著有《漱艺山房诗存》。

戴钧衡（1814—1855），字存庄，号蓉洲，安徽桐城人，道光二十三年（1843）举人。诗得方东树指授，工古文，与同邑苏惇元重订《方望溪文集》，增集外文十之四。著有《味经山馆诗抄》《文抄》。

2002年9月

吴保初和他的《北山楼集》

　　清朝末年，国政不纲，外侮交至，国势之危，"若累九棋"。在民族灾难十分深重之时，许多志士仁人力图拯救。庐江吴保初即志士仁人之一。彼时，以名公之子锐意革新，而兼擅诗文之名者，有湖南浏阳谭嗣同、江西义宁陈三立、广东丰顺丁惠康及保初，天下称为"清末四公子"，以与"明末四公子"之方以智、陈贞慧、冒襄、侯方域相比。其中，谭嗣同之学，陈三立之诗，影响尤大，声名尤盛，然谭、陈、丁三人皆只志在维新，而随着历史的发展，保初后来还"屡以身家遮蔽"革命党人"章太炎、沈翔云之徒"，太炎等被捕入狱，保初又力任"营救似助诸事"[1]。但又不薄维新党人，"周旋于保皇、革命两党之间，而皆为人所詟服，则清风亮节故也"[2]。盖其"品节极高"（同上），"至性惇愨"[3]，而立足中国，放眼世界，随时代的发展而发展，始终立于先进者的行列，尤为难能可贵。他的诗文，也反映了时代面貌，成为时代心声，不仅有文学价值，且为历史资料。从本集附录诸家评论来看，当时名流几无一不推服其诗文，梁启超的《广诗中八贤歌》即其一例。因此，研究中国近代史、中国近代文学史的人，自当知其人读其书，而爱好文史或从事语言文字工作者，亦可于其诗文取得借鉴。

---

　　[1] 章士钊：《北山楼诗文集后序》。
　　[2] 汪国垣：《光宣诗坛点将录》。
　　[3] 陈诗：《尊瓠室诗话》。

二

吴保初（1869—1913），字彦复，号君遂，晚号瘿公，安徽庐江人。故居在庐江县城南之沙湖山。家有北山楼，因以名集，故又被人称为北山先生。他的祖父廷香，字兰轩，优贡生从事教读颇久，曾举孝廉方正。父名长庆，淮军将领之一，曾率部平靖朝鲜内乱，阻遏了日人吞并朝鲜阴谋。长庆虽为武将，颇通文学，尤能爱才好士，范当世、朱铭盘、张謇等皆被罗置幕府，且因以成名。因此，时人称为"渔阳老将多回席，鲁国诸生半在门"。官至广东水师提督，卒谥武壮。

保初幼随其父在军营读书。与范、朱、张等朝夕相处，交在师友之间。范、朱、张皆究心时务，张謇尤负时名。保初既与三人切磋，又广泛接触了许多文人学者，且执贽于老诗人宝廷之门。宝字竹坡，与黄体芳、张之洞、张佩纶数上书言事，当时称为"翰林四谏"，目为"清流"。保初见闻既广，立志又高，诗文根底槃深，与其师友影响不无关系。

光绪十年（1884），长庆自朝鲜回国，屯驻金州，旋患重病。保初驰往侍疾，恪尽孝道，事闻于朝，特旨褒嘉，且授主事。服丧期满入都，分兵部学习，光绪二十一年（1895）补授刑部山东主事，旋派充贵州司主稿，秋审处帮办。他在职期间，不畏权势，力平冤狱，文集中说帖两篇，其一即针对荣禄而发，以此颇获时誉。"胸填五岳恨难平，前席无人泪暗倾"（王尚辰赠诗），他早想上书论事，光绪二十三年（1897），鉴于甲午战败，保初乃上陈时事疏，直"以亡国之说，告之于皇上"，冀其"怵危亡"而"谋富强"。这封奏疏中还指斥了"大珰"（八指头陀赠诗："一疏惊天动大珰，不妨风雅更清狂。"）。时刚毅为刑部尚书，抑不上达。保初乃愤然引疾南归。故范当世称其"以行得官以言去，古人如此亦堂堂。"他未去职以前，早有变法维新思想。梁启超初入京时，年才二十四，尚未甚知名。保初即目为"奇士""冠世"，并向孙家鼐力荐，启超因之得入自强书局。戊戌政变前后，他著文痛论阻挠新法之害。变法失败，谭嗣同等就义，他时已南归，又写哭六君子诗并"为亡人讼冤"。庚子（1900）时，他写信给袁世凯劝其"行桓文之事"（与乐抚书），他对义和团认识不足，那是阶级局限，但信的主旨在于支持光绪帝实行变法，这在当时还是有进步意义的。辛丑（1901）以后，他又入京上疏，请求慈禧太后归政，辞旨切直，天下忌之。梁启超说："回銮以后，薄海所想望者，唯此一举，然莫敢言也，惟君毅然犯政府所最忌而言之"（《饮冰室诗话》）。书为权势所格，又弗得达，然疏语流传，直声益震天下。既而回至上海，对维新、革命两党活动，多所支持，声望益高。当时南北人士以及由海外归来者，凡至沪，无不访晤保初，日本、朝鲜人士亦多就请教。他亦曾亲游日本，于马关题诗，写其"伤心"之情。光绪末，至天津，为袁世凯所困，"金尽裘敝"①。其间适袁一变退居，保初曾与往来唱和，诗集中有和袁感事之诗，其言"坐昧连横失霸图"，当即批评袁在庚子时未能采其书中主张。袁世凯早先曾在长庆幕府，与保初为兄弟之交，袁贵之后，保初勉以"君王神武丁多故，好建奇功答圣时"，但袁不肯采纳。因此，袁虽赠以重金，保初亦斥而不受。宣统三年（1911）春，南归上海。其女婿章士钊回忆云："项城（即袁世凯）利用时局，帝制自为之阴谋左计，又使之（指保初）中心隐痛，无从言说，于是，先生不得不病矣，不得不逃实归虚，而以风痹终矣"②，卧床两载，于民国二年二月二十一日逝世，年才四十五岁。遗命葬沪，墓在静安寺第六泉旁。

三

吴保初生当封建末世，面临列强交侵，蒿目时艰，忧深思远，积极参加到当时先进的中国人的行列，为国家富强，大声疾呼，然为事势所格，终于抑郁以死，这是时代的悲剧，他的一生事迹，也就哀感动人。他的诗文是他的心声，也是他那时代心声，是文苑精华的一部分，也是近代史文

---

① 孙宝瑄：《忘山庐日记》。

② 《北山楼诗文集后序》。

献之一。

就文而言：清代散文主要是桐城一派。但它以雅洁见长，不足以表现巨大的时代面貌与历史变化。阮元—刘师培倡"文言"之说，以骈文为宗，欲以救"桐城"之弱，然骈文不适于用，亦自显然。龚自珍—章太炎上取庄骚，下法魏晋，蹊径独辟，令人耳目一新。唯其古泽斑斓，亦不便于普及。康梁"新民"一体，适用于报章，而艺术性则相对减弱。保初之文，既不受桐城之局限，亦不为魏晋之附庸，合骈散于一冶，以适用为指归。于侃侃直陈之中，兼排比铺陈之美，言必有物，意无不达。如请归政疏，历数垂帘听政之弊，又单刀直入地指出"亲政巨典一日不行，则外间浮言一日难靖，即邦本一日不安。"接着又言"万寿山之风景依然，颐和园之花鸟无恙，湖山钟鼓，暮景堪娱"以此劝慈禧"安居深宫、藉资颐养"，则又兼骈俪之美，以藻绘为工。其陈时事疏中，指出"今天下病亟矣……谁秉国钧？谁尸国政？祸阶之厉，至于此极！"大声疾呼，垂涕而道。又云："诚恐皇上春秋鼎盛，犹日与宫人宦寺为押昵，日以博弈演剧为戏乐，而四方解体，兆姓寒心……"淋漓痛快，气盛言宜，清新秾郁，两妙俱臻。康有为评其"文似汉人"，盖由其骏快劲悍，意无不达，近于贾谊晁错的缘故。

就诗言之：清诗在嘉道以后，龚自珍开创新风，影响最大；光宣之后，则"江西"一派，亦颇盛行。吴保初卓立诗坛，"俯仰身世，托之于诗"，其幽愤深广，寄意渊徽，未尝不受龚之影响，而峭折坚劲，则又有敢于"江西"而最重要的还在其写出时代心声，有着他自己的个人特色。如：

> 悻悻人间小丈夫，愤来直欲斫珊瑚。谁为天下奇男子，臣本高阳旧酒徒。正则怀沙终为楚，子胥抉目欲存吴。何堪更作哀时赋，萧瑟江关泪已祜。
>
> ——《自题批鳞草后》

总角年华致此身，涓埃无复答君恩。诗书聊欲酬先志，名字深惭

籍党人。北阙舻棱重回首，南山风雨独伤神。从今膝下承欢去，清泪
潸潸出国门。

——《国门》

圣朝不杀士，尼父吊三仁。西市诸君子，东林旧党人。涓涓流碧
血，扰扰窜黄巾。未必逢天怒，阴霾暗紫宸。

——《读东林传》（哭六君子）

杏花零落柳毵毵，独倚危拦望碧潭。春到江南肠已断，况无春色
到江南。

——《江南》

万顷云涛玄海滩，天风浩荡白鸥闲。舟人那识伤心地，遥指前程
是马关。

——《玄海滩》

这些诗，正如汪国垣所云："生遭世变，哀乐特过于人，激楚之音，
出以清怨"（《光宣诗坛点将录》）。我们应该看他以"屈子骚心"而"抵
掌开襟话五州"（八指头陀语），从而"穷愁纳骚雅，吐词独隽绝"（陈立
三语）。襟怀高旷，故得陶韦之髓；沉着痛快，故得老杜之神，沉思渊旨，
故有王安石之风（参看宋恕、梁启超评语）。熔铸古今，不名一体，放眼
世界，自开新境。我们不仅可以从中看出其造诣，且可以看出诗在近代的
变化发展，很值得文学史特别是近代文学史研究者的研究与总结。至其为
近代史资料之一，足供史学工作者取材，那更是无待详言的。

<h2 align="center">四</h2>

吴保初诗文，在其生前曾排印过《未焚草》与《北山楼集》。他去世
后，他的学生陈诗柴（诗）先生又曾加以整理，印出了《北山楼续集》。
陈先生也是近代著名诗人之一，他长于吴保初，而以吴保初为师。这种精
神，至足感人！吴保初死时，陈先生珍护遗书，又广泛搜辑，加以传播，

其古道高风，亦令人钦敬。陈先生家极清贫，而热心安徽文献，先后独立编成《皖雅》《庐州诗苑》《庐江诗隽》诸书，其中皆有吴保初作品。续集中还收了康有为、章士钊所撰志传，对研究者很有帮助。我们这次整理是在陈先生工作基础上继续进行的。

下面，谨就这次整理中的辑补、编年、标点和附录的情况做一些说明。

辑补方面：主要是会合已印的几种，又搜集了一些集外作品，有的见于他书，有的出自保初手迹。经过辑补结果，共得诗三六一首，词六阙，文二十六篇。就目前说，这已是最足之本了。

编年方面：原印本中，有的注有写作年代，也有未注的，也有注误的，现在详加考订，按年编排，且一一作了注明。只有十首诗，未能考出，只好阙疑，另编于后。诗经编年，即无异于年谱，保初行实，于此基本可见。这是有助于知人论世的。

标点方面：采取新式标点，以便普及。在标点时，细审文理语气，结合前人读书习惯，务求当于作者之心，便于读者之读。

附录方面：分为四类，一是序跋；二是传志；三是题赠；四是杂评。我们广泛搜集了近、现代的文集、诗集、诗话、笔记，还有现在还健在的人的回忆与论述。凡与吴保初生平事迹及其诗文有关的，一概录入。这对于研究吴保初及其诗文当然是有帮助的，它还将有助于近代史的研究。

总之，由于吴保初在当时交游很广，接触者多，又关心国事，议论纵横，因而从他和他的朋友来往中，就反映了近代史的某些侧面，反映了近代文人学者生活的某些侧面，这本集子整理的意义，就远超了一本"别集"的整理出版，也就是说，这本"别集"，它可以从多方面满足各个学科研究者的需要。区区微旨，当邀鉴察。至于疏漏，在所难免，更希望读者多多指教。

[原载《江淮论坛》1990年第1期]

康有为、谭嗣同、梁启超不属桐城派

　　《江淮论坛》1982年第四期发表的《桐城派末代主要作家》一文，简要地评介了桐城派后期一些作家的情况，很有参考价值，对于进一步展开关于桐城派的研究，是有帮助的。但是，文章在援引胡适的"严复、林纾是桐城嫡派，谭嗣同、康有为、梁启超是桐城派变种"的话后，认为应将以上三人附列桐城派末流作家之后，则显然是轻率的、不妥当的。它既不符合胡适的原意，更不符合康、谭、梁的实际。

　　让我们先来研究一下胡适的意见。1922年，胡适在《五十年来中国之文学》一文中说了"谭嗣同、康有为、梁启超是桐城派变种"这句话，其用意在于说明：康、谭、梁这些具有创新思想的文学家，也曾不同程度地受到桐城派的影响，而不是说他们三人属于桐城派。在这篇论文中，他明确地认为："谭嗣同与梁启超都经过一个桐城时代，但他们后来都不满意于桐城的古文。"当分析到梁启超的报章文体具有"魔力"的原因时，他认为："文体的解放，打破一切'义法''家法'，打破一切'古文''时文''散文''骈文'的界限。"他所说的"义法""古文"，当专指桐城派而言。这就强调告诉人们，梁启超在文学上与桐城派是对立的。康有为、谭嗣同、梁启超三人，尽管由于时代的关系，都接受过桐城派的熏陶，有的甚至在较长的时间里有意地模仿过桐城派的文章。但是，就他们的文学主张和创作实践来看，都是同桐城派大相径庭的。如果我们因其一时受到影响，而将他们附列于桐城派末流作家之后，那未免过于简单化了。不久前，报载周扬同志的一次讲话里提到，毛泽东同志的文章有着桐城文派的影响。这是一个很有兴味的问题，值得研究。然而，有谁认为，毛泽东同志也属于桐城派呢？

为了讨论的方便，这里也采取分别评述的方式，对康有为、谭嗣同、梁启超是否属于桐城派的问题做一点辨正。

康有为是19世纪末期中国政治学术界一个特出的思想家和活动家，也是资产阶级改良派的重要作家之一。

他早期的文学活动，同他早期在政治上一样，充满着进取精神。他在《与菽园论诗兼寄任公、孺博、曼宣》诗中所云："新世瑰奇异境生，更搜欧亚造新声。深山大泽龙蛇起，瀛海九州云物惊。""意境几于无李杜，目中何处着元明。飞腾作势风云起，奇变犹见神鬼惊。"都表现了他在文学上的倔强自信和宏大抱负。他瞧不起享有盛誉的前代大家，后起的桐城派，就更不在其眼下。他的诗作，大气磅礴，痛快淋漓，继承了龚自珍的传统，而又实践着自己追求的"异境""新声"，紧紧地配合着当时的"诗界革命"。他的散文，无视传统古文的程式，汪洋恣肆，一无羁束，以畅所欲言、直抒己见为指归。这种风格，实为梁启超的"新文体"作了先导。有人称赞他："发为文章，则糅经语、子史语，旁及外国佛语、耶教语，以至声光化电诸科学语，而冶以一炉，利以排偶，桐城义法至有为乃残坏无余，恣纵不傥。"[1]虽不无过誉之词，但至少可以说明，他与桐城派是南辕北辙的。

谭嗣同是资产阶级改良运动中激进的思想家和活动家。戊戌变法失败，有人劝其出走，他说："各国变法，无不从流血而成，今日中国未闻有因变法而流血者，此国之所以不昌也。有之，请自嗣同始。"[2]临就义时，又说："有心杀贼，无力回天，死得其所，快哉快哉！"[3]其献身精神，令人感佩。

---

① 钱基博：《中国现代文学史》，岳麓书社1986年版，第330页。
② 梁启超：《谭浏阳传》。
③ 见复旦大学中文系编著：《中国近代文学史稿》，中华书局1960年版。

他在文学上，早年确曾刻意学过桐城派。但后来转变为"自惭"并"毕弃之"。《三十自纪》在叙述这段经历时，写道：

> 嗣同少颇为桐城所震，刻意规之数年，久自以为似矣。出示人，亦以为似。诵书偶多，广识当世淹通缚壹之士，稍稍自惭……。

《莽苍苍斋诗自序》也说：

> 三十前之精力，敝于所谓考据词章，垂垂尽矣。勉于世，无一当焉。愤而发箧，毕弃之。

这些都说明，他是不甘作桐城派的。特别是在紧张从事改良运动的时候，他不主故常，狂飙突进，希望冲破重重网罗，其中便包括"冲决俗学若考据、若词章之网罗"[①]，矛头直接指向了桐城派。在《论艺绝句六篇》之二及其注文中，他更以批判的态度，论述了古文发展中的流弊，对桐城派尊奉的古文大师深致不满，而对不受桐城派拘囿的龚自珍、魏源等人表示了极大的尊敬。诗曰：

> 千年暗室任喧豗，汪（江都汪容甫中）魏（邵阳魏默深源）龚（仁和龚定庵自珍）三（湘潭王壬秋闿运）始是才。万物昭苏天地曙，要凭南岳一声雷。
>
> 文至唐已少替，宋后几绝。国朝衡阳王子（按：指王夫之），膺五百之运，发斯道之光，出其绪余，犹当空绝千古。下此若魏默深、龚定庵、王壬秋，皆能独往独来，不因人热，其余则章摹句效，终身役于古人而已。至于汪容甫，世所称骈文家，然高者直逼魏晋，又乌得仅目曰骈文哉：自欧、曾、归、方以来，凡为八家者，始得谓之古文，虽汉魏亦鄙为骈丽，狭为范以束迫天下之才，千夫秉笔，若出一手，使无方者有方，而无体者有体，其归卒与时文律赋之雕镵声律墨

守章句局促辕下而不敢放辔驰骋者无异……。

为了鼓吹变法，他大力称赞和推荐新兴报章的"兼容并包，同条共贯，高挹遐揽，广收毕蓄，识大识小，用宏取多"，并热情指出报章乃"经国之大业，不朽之盛事，人文之渊薮，词林之苑囿，典章之穹海，著作之广庭，名实之舟楫，象数之修途，……自生民以来，未有如报章之备哉灿烂者也。"①这在当时，无疑都是相当通达、相当进步的文学观点。

至于谭嗣同的作品，其代表作《仁学》，便是他在散文方面的一个很好的实践。全文洋洋数万言，而说理条畅，层次井然，语言通俗，富有论辩力量。他的诗，如绝笔作《狱中题壁》："望门投止思张俭，忍死须臾待杜根。我自横刀向天笑，去留肝胆两昆仑。"正气凛然，激情喷溢，音节苍凉，更是人们所熟知的、"诗界革命"中的重要作品之一。

梁启超在资产阶级改良运动中，以其杰出的才学，成为活跃的宣传家和文学巨子。他幼年虽也读过桐城派古文，但他后来公开声明说："启超夙不喜桐城派古文"②，并且对桐城派的弊病，作了尖锐的批判。他说：

> 然此派者，以文而论，因袭矫揉，无所取材；以学而论，则奖空疏，阏创获，无益于社会；且其在清代学界，始终未尝占重要位置，今后亦断不复能自存。③

这一段话，是他在经历了文学改良运动之后，深感当时桐城派势力的强大顽固，严重阻碍了文学变革所进行的评价，反映了他对桐城派的基本态度。因此，没有任何根据足以说明梁启超属于桐城派。由他大力提倡和最后完成的"新文体"，本身就是五四运动之前，对桐城派的一次最有力的冲击。

梁启超提倡的"新文体"，是由古文向现代白话文过渡的一种新的文

---

① 谭嗣同：《报章文体说》。
② 梁启超：《清代学术概论》，上海古籍出版社 2005 年版，第 72 页。
③ 梁启超：《清代学术概论》，上海古籍出版社 2005 年版，第 58 页。

体，推动了散文形式的解放。他曾经颇为自喜地介绍过这种文体的情况：

> 幼年为文，学晚汉魏晋，颇尚矜炼，至是自解放，务为平易畅达，时杂以俚语韵语及外国语法，纵笔所至不检束，学者竞效之，号新文体。老辈则痛恨，诋为野狐，然其文理明晰，笔锋常带情感，对于读者，别有一种魔力焉。①

这并非夸饰之言。在清末民初的数十年间，"新文体"确曾风靡一时。连反对他的严复也说："任公文笔原自畅达，其自甲午以后，于报章文字，成绩为多，一纸风行，海内观听为之一耸。"②至其历史贡献，"五四"以后，著名的新文学家钱玄同、郭沫若，都曾对他做过公正的评价。钱玄同说：

> 梁任公先生实为近来创造新文学之一人，……鄙意论现代文学之革新，必数及梁先生。③

郭沫若在回顾文学革命的历程时说：

> 文学革命是资产阶级革命的一种表征，所以这个革命的滥觞，应该要追溯到清朝末年资产阶级的意识觉醒的时候。这个滥觞时期的代表，我们当推数梁任公。④

总之，我们从康有为、谭嗣同、梁启超的全部文学活动来考察，完全不可能得出他们应当属于桐城派的结论。从主导方面说，他们的文学活动，带有许多不同于前人的新的特点。即使当康、梁在他们的后期，政治

---

① 梁启超：《清代学术概论》，上海古籍出版社2005年版，第72页。
② 严复：《与熊纯如书札》。
③ 见《新文学大系·理论建设集》。
④ 郭沫若：《文学论集续集·文学革命之回顾》。

思想日趋保守或反动，文学上也不再闪耀光彩的时候，他们从来也没有投到桐城派的阵营中去。这历史的事实，是非常分明的。

[原载《江淮论坛》1982年第6期]

读丘逢甲的《柏庄诗草》残稿

台湾省籍爱国诗人丘逢甲（1864—1912），是中国近代诗坛上的一位十分重要的作家。他早年即以诗名于世。戊戌变法前后，又与提倡"诗界革命"的诗人们声气相应，取得了比较突出的成绩。

丘逢甲的传世作品，人们最初仅能从1913年刊行的《岭云海日楼诗抄》中，得见其由台湾内渡后的诗篇一千四百余首。其余部分，则被认为"甲午（1894）之役，与台湾俱亡"[1]。尔后，经过丘氏亲属的搜求辑录，至1936年增补《选外集》再版，然其总数也只不过一千七百余首。剩下的，几乎肯定地被看作是沧海沉珠，再也无从寻觅了。唯有连横在《台湾诗乘》中提出过一个新的线索。他说：

> "仙根（仓海）在台之时，有《柏庄诗草》，乙未（1895）之后散佚，闻为里人所得，……。"

但是，对于这个说法，有些人也持怀疑态度。直到1980年前后，台湾还有人著文说："《柏庄诗草》，想因日人入侵台中后，火焚柏庄时烧毁，至云'里人所得'，恐为讹传"[2]。

那么，《柏庄诗草》有无可能成为幸免秦火的劫余呢？事有凑巧，20

---

① 丘瑞甲：《岭云海日楼诗跋》。
② 郭兆华：《丘逢甲先生的生平》，《逢甲学报》1979年9月第12期。

世纪70年代后期，丘氏柏庄故址的邻居在清理地基时，竟意外地从地下掘得《柏庄诗草》手稿一册。手稿的扉页上有丘逢甲的亲笔题记。文曰："柏庄诗草，壬辰（1892）年作。台湾丘逢甲吉父著。起正月，讫闰六月，计古近体诗二百四十九首。"这一发现，对研究丘逢甲及其诗歌创作，无疑有着相当重要的价值。

现存的这本《柏庄诗草》，远非它的全璧，据丘琮《仓海先生丘公逢甲年谱》记载，丘逢甲是在清光绪十六年（1890）迁居柏庄新宅的，至光绪二十一年（1895）内渡时才离开。他在这里一共住了六个年头。由此可知，《柏庄诗草》绝不会只有此一卷。倘从丘逢甲居留台湾的全部时间看，他生长、战斗在这块故土上，前后有三十年之久。其所作诗歌，当亦远非是此区区二百余首的数目；即与他在内渡后的十八年间所作诗篇相较，这半年中的作品，也仅及《岭云海日楼诗抄》的六分之一左右。但是，吉光片羽，弥足珍贵。即使是这少量的诗篇，却为我们提供了诗人在内渡前的一段时间中的生动、形象的思想资料和艺术资料。

19世纪末叶，由于清王朝的腐败，外国资本主义列强不断地对我国进行野蛮的经济侵略，掀起了瓜分割地的狂潮。处在东南海疆的宝岛台湾，尤时刻在日本侵略者的觊觎之中。但是，朝廷上下，却毫无惊悟。那些窃据要津的大臣们，依然过着醉生梦死的生活。他们为着一己的私利，争权夺势，媚上压下，歌"功"，颂"德"，粉饰太平，把国家和民族的安危完全置诸脑后。在这样情势下，丘逢甲蒿目时艰，忧心如焚，在《柏庄诗草》残稿中，对当时面临的严重危机，发出了深沉的悲叹：

"时平作危想，龙蛇忧起陆。自从互市来，门庭据非族。……祸机伏眉睫，患气延心腹。……要津半例进，长枝谮吏牍。余事颂升平，谁念贾生哭？抗怀古臣谊，浩叹惟仰屋。"

——《得友人书述怀奉答四十韵》

这首诗，作于中日甲午战争之前的三年，应当说丘逢甲是有相当的识见的。

在《柏庄诗草》残稿中，占有很多篇幅的是对台湾官场黑暗的揭露。这些诗篇，有着普遍的意义。当时，台湾的大小官吏，大都是清政府委派去的。他们在职期间，贪赃枉法，肆意诛求，给当地人民造成了深重的灾难。但是这批害人虫一旦装满私囊，离职去台之际，却又沽名钓誉，尽力标榜自己清廉，刻意为自己洗刷罪恶，涂脂抹粉。对于这种"既要做婊子，又要立牌坊"的丑行，丘逢甲怀着无比的愤怒，对他们投以辛辣的讽刺。如《去思词》四首：

> 子规声里使君归，原草初长马正肥。
> 剜肉医疮无限泪，春风吹遍万民衣。

> 官声好处听民歌，荐剡频登上考多。
> 莫道无心谈抚字，年年才力尽催科。

> 千箱万篑运脂膏，饱挂归帆意气高。
> 岂是郁林无石载，宦囊已足压波涛。

> 遍征诗册艳归装，自撰清操刻报章。
> 他日偏登循吏传，人间遍地是龚黄。

这几首诗，无论就思想性或艺术性来说，都是很好的作品。它嬉笑怒骂，具有"戚而能谐，婉而多讽"的特点，淋漓尽致地刻画了台湾乃至全国官吏的贪得无厌和凶残暴虐的狰狞面目，入木三分地鞭挞了他们卑鄙无耻的行径。

不止如此，在题为《游仙词》十二首中，丘逢甲更借传统的形式，借题发挥，把犀利的笔锋直指上层统治阶级。如：

> 丹鼎功成夕上笺，遍携鸡犬共升天。

妖狐更擅通灵术，早拥幢幡领列仙。

未许人间望戴盆，诸天体统本来尊。
空唠呵壁灵均问，虎豹沉沉守九阍。

这实际上，已是对清王朝的腐败黑暗，做出总体性的批判了。

《柏庄诗草》残稿中另一重要的内容，是丘逢甲对自己处境的怨愤。这些诗，固有其个人的牢骚和不平，但同时也表现了一个爱国者对国家兴亡的深切关怀。比如："风月有天难补恨，江山无地可埋愁"①，"难删诛意心中史，欲觅医愁时后方"（走笔）等等。这些诗句，出自孤悬海外的爱国志士之口，实为可贵。而《纵酒》一首，则更为鲜明地表示了诗人忧国忧民的积极态度。诗云：

纵酒狂歌强自宽，茫茫愁思海云端。
西荒神异挑灯说，南斗灾祥把剑看。
孤岛十年民力尽，边疆千里将材难。
闻鸡谁作中宵舞，一席名山愧便安。

这样的诗篇，对于我们理解丘逢甲的思想及其内渡后的作品，都是大有帮助的。

就艺术特色说，《柏庄诗草》残稿，既表现着丘逢甲在诗学上的深厚根底，同时也反映出他在诗艺上的某些追求和探索。他似乎比"诗界革命"的正式揭幕，还要早一些地注意到诗歌的改革。他努力使作品通俗化，并将新事物、新名词运用到诗歌里去。请看：

种罢春田学种鱼，鱼经珍重等农书。
秧针渐绿鱼苗出，春水桃花二月初。

---

① 《颂巨和旧作鸥字韵诗，叠韵酬之》其二。

未逢惊蛰已闻雷，雨足春田接熟梅。

早稻欲花春事晚，饭香又入梦中来。

      ——《农歌》八首之三、之六

轮舟通后海门开，万垒防秋拱将台。

不动夷氛三十载，等闲笑看火车来。

      ——《塘沽坐火轮车抵津门》之二

  这些诗，信手拈来，不假雕饰。它们活泼清丽，流畅通俗，大有民歌之风，与"诗界革命"主将黄遵宪"我手写我口"的一些诗篇风格，至为相近。因此，1942年就有人将两位作家的诗编为《丘黄二先生遗稿合刊》行世，这倒不是没有道理的。

  附记：承黄志萍同志借阅有关资料，谨此致谢。

           [原载《艺谭》1984年第3期]

陈诗与《皖雅初集》

  在清末民初诗坛上,《皖雅初集》的编者陈诗,无疑是一位卓然自立、具有重要影响的著名诗人。他"以诗为性命"①,毕生尊诗、爱诗、学诗、作诗、编诗,为诗歌事业做出过许多有益的贡献。

  陈诗,字子言,又字鸣郊,号鹤柴,安徽庐江马厂岗石虎村(今属庐城镇)人。其名字含义,他的老师曾谓:"陈生诗,以诗名,盖欲以诗自鸣也;其贞白介特,类东野之为人,故字曰鸣郊。"②至于鹤柴,则以其有如清操自守、啸傲九霄之"独鹤"也③。

  陈诗出身官宦世家。太高祖陈大化(1715—1786),乾隆十三年(1748)进士,选庶吉士,散馆授编修,历官江苏常镇道、松太道、苏松粮道,署臬司。著有《北游小草》《蓉静轩诗集》。祖父陈昌文(1821—1871),咸丰、同治年间,官广东茂晖、双恩等地盐场大使。著有《艺菊园闲录》。父陈希谦(1844—1881),同治六年(1867)官广东遂溪县典史,次年补授遂溪县尉。著有《含辛诗集》等。陈诗出生于广东,光绪四年(1878)十五岁时,始随父亲由粤返回本籍,潜心读书,但不喜八股

---

  ① 冒广生:《据梧集序》。

  ② 吴保初:《藿隐诗草序》。

  ③ 见吴保初《藿隐诗草题词》:"寒梅发残萼,冷艳风飀飀。独鹤时一闻,众鸟声啾啾。"

文，考秀才未中①。有幸的是，古邑庐江的浓厚文风，和家祖的殷殷教诲，却使陈诗自幼培养起无意功名、不求仕进的思想，从而与诗歌结下了不解之缘。他自己说："余少耽诗，受命于祖"②，便清楚地指出自己喜爱诗歌之渊源所自。

迨至年长，陈诗与诗，更凸显出一种"天授"的特殊情结。"鹤柴百无营，嗜诗天所授"③。他奉诗唯恭唯谨，常怀虔诚与敬畏之心；他"冥心孤往，一意苦吟"④，迥非一般诗人所能比拟。他的长辈对其学诗，曾有过一段生动的描述：

> 陈生笃学能文，多闻强识，嗜诗尤酷。自汉魏六朝，下逮有明及国朝诸老先生有诗集者，莫不广搜博访，必得一见乃已。或贫不能致，则担簦负笈，驰书献赞，乞假于藏书之家，得则钩深讽咏，寓目靡有遗忘。⑤

而他自己，亦常常自道其创作甘苦，直入如醉如痴的境地。他说：

> 生事渐逼迫，奔走抗尘土。逋负既须偿，呕吟沛莫御。有时道路中，稠叠腹稿聚。少休觅茶肆，假笔幸莫拒。尘世虽扰心，艺圃乐可补。⑥

光绪二十四年（1898），著名诗人、晚清四公子之一的同邑刑部主事，因上疏言事吴保初，请求慈禧太后归政，尚书刚毅拒不代呈，保初愤而辞官归里，陈诗闻讯，登门拜谒求教。保初读其诗，甚为赏爱，并且接受长

---

① 吴孟复：《陈诗小传》，载孙文光主编：《中国近代文学大辞典》，黄山书社1995年版。

② 陈诗：《皖雅初集跋》。

③ 王潜：《皖雅题词》。

④ 陈衍：《石遗室诗话》。

⑤ 吴保初：《霍隐诗草序》。

⑥ 陈诗：《丙子新岁雨雪寂居不出赋此遣兴以左手书之亦病中强自适也》。

于自己五岁的陈诗为诗弟子，一时传为佳话。越二载，陈诗随保初去南京、上海，在老师引领下，广泛结识诗坛名流，"而贤豪长者亦以其有是癖也，恒乐顾之"①。当时大家、名家如文廷式、陈三立、郑孝胥、沈曾植、范当世、冒广生、陈衍、吴昌硕、俞明震、狄葆贤等，均相与唱酬。辛亥革命前夕，俞明震邀陈诗入甘肃提学使幕。既而，俞去职，陈诗复回沪，应狄葆贤之邀，入报馆工作，此后便终身留沪，以卖文及亲友资助为生。他家无半亩，一生又未尝涉足政界，这在清末诗人中，是颇为罕见的。他十分注重品德修养，早年交往，多为清末维新志士，声应气求。晚岁值日寇侵略，目睹其友人郑孝胥、王揖唐、梁鸿志等先后投敌，陈诗立即与他们绝交，并自营生圹于沪郊，请李宣龚题碑"布衣陈子言墓"，以示不肯辱身之决心②。民国三十二年（1943）一月十五日，陈诗因病逝于上海，享年七十九岁。

然而，陈诗终究是一位以"一生性命付诗卷"的"苦吟"诗人③。他在"世人皆学宋，君独近唐音"的背景下，"精严自喜，不随风气转移"，赢得了"此其过人处也"的高度评价④。他笔耕不辍，与其谋生糊口有关，但大量作品的编著，却不失为诗人努力追求的"名山事业"。据不完全记载，陈诗出版的自著，诗集有《霍隐诗草》《据梧集》《尊瓠室诗》《鹤柴诗存》《凤台山馆诗抄》《凤台山馆诗续抄》等；诗话有《尊瓠室诗话》《静照轩笔记》等；编纂有《冶父山志》《庐江疆域考》《安徽通志艺文稿》《庐江诗隽》《庐州诗苑》《皖雅初集》等。此外，尚有参与编撰的奉贤、萧山等四县县志以及代人编著的大量作品。

与尊诗、爱诗相比肩，陈诗对故乡文献的整理和传承，有着独特的理解和奉献。他的老友夏敬观在《七十赠言》中说："六十成诗隽，七十成《皖雅》。独于文献勤，谁似吾子者！"弟子庄羲在《祝鹤柴师杖国大庆》

---

① 冒广生：《据梧集序》。
② 吴孟复：《陈诗小传》。
③ 袁思亮：《皖雅题词》。
④ 汪辟疆：《光宣诗坛点将录》。

中说："万古高名《皖雅》矣，故乡文献独肩之。"都十分实在地指出他勇于担当"舍我其谁"的高度自觉。而前辈著名诗人许承尧在其《七十赠言》中更直接揭示其深刻含义："晚更泽乡间，张皇故吟侣。此意比嘘枯，功德博难数。"

当然，对于陈诗编纂刊刻文献，也有人曾经不解地当面问难：君贫士，何役役刻他人诗？陈诗回答：他的太高祖陈大化尝捐金刻过辽阳名士戴遂堂先生《庆芝堂诗》十八卷矣，"余虽不敏，敢忘承先绪哉"！[①]

在陈诗大量的著作中，最引人注目的，当数《皖雅初集》。这部著作，耗时最长，用力最勤，倾注心血也最多。它对陈诗或安徽诗史，都是一座前所未有的纪念丰碑。安徽"自古钟毓才杰，被服儒雅，号声名文物之区"[②]，诗史源远流长。从公元二世纪的东汉时算起，安徽诗坛即已名家辈出，佳作如林，一大批诗词大家、名家，如曹操、曹丕、曹植、嵇康、张籍、杜荀鹤、梅尧臣、郭祥正、张孝祥、周紫芝等，都像灿烂的星辰，在天宇中闪闪发光。但是，宋元而后至明清时代，安徽却出现了"诗篇散落，越三百年"和总集"阙如"的怪异现象[③]，而且，令人担忧的是："历今无复起而董理之者。先民故老，辛苦所托，渐即泯灭"[④]。面对如此严酷的现实，有识之士无不感到关切，而诗人陈诗，当更"深有恫焉"[⑤]。

民国十八年（1929），陈诗以一介寒士之身，奋然独立挑起《皖雅初集》的编纂重担。他近乎赤手空拳，吁请吟坛师友、故旧亲朋，伸出援手，帮助《皖雅初集》征集作品，筹募资金；同时联系上海美艺图书公司负责出版印刷，并且破例地将几册预编的成稿先行印出，用以宣示全书必定成功，招邀更多的读者和社会人士的赞助。特别是，全书封面和扉页，分别敦请诗词届的领袖人物陈三立、朱祖谋题签、撰序，更扩大了影响，成为当时诗坛的一桩盛事。但是，由于经济的拮据，编纂工作常常陷入举

①陈诗：《庐州诗苑跋》。
②陈三立：《皖雅初集序》。
③分别见于陈诗《皖雅初集跋》《皖雅初集自序》。
④陈三立：《皖雅初集序》。
⑤陈三立：《皖雅初集序》。

步维艰，甚至难以为继的尴尬境地。时编时印，且编且印，成了印制中的一种常态。遇到特殊情况，陈诗师友中的书画大家如陈衍、冒广生、夏敬观、叶恭绰、李宣龚等不得不联名发布《庐江陈子言鬻文润例》，帮助他卖文售字，用以解决燃眉之急。这样，经过多年的奋斗，《皖雅初集》终于在民国二十一年（1932）初冬之际，宣告全璧完成。陈诗这才如释重负，长长地舒了一口气。当时，他在《感逝词五首为继室任孺人作》之四中云：

> 问暖虚寒意，黔娄得著书。今朝成皖雅，感慨剩唏嘘。

诗篇沉痛追忆多年来任孺人在《皖雅初集》编纂过程中所给予的关切和支持，重新回味"贫贱夫妻百事哀"的濡沫相依的生活，从一个侧面反映了编纂工作之不易。第二年中元节后，陈诗又专程赴静安寺第六泉傍公墓，拜谒先师吴保初之墓，并撰《中元节后重谒吴比部彦复师墓感赋》，诗曰：

> 秋风浩荡中元节，歇浦荒凉第六泉。《皖雅》书成重拜墓，白头弟子纂遗编。

更是情真意切，感戴师恩，质朴无华地表露出《皖雅初集》的沉沉分量！

2016年

为时代留影

——祝《安徽当代诗词选》出版

邹人煜、徐味主编的《安徽当代诗词选》，近日由中华诗词出版社出版发行。这是新中国成立以来正式出版的第一本《安徽当代诗词选》，也是距1929年陈诗（鹤柴）编纂的《皖雅》问世八十年后的又一部安徽诗歌总集。它的出版，是诗歌界的一件盛事，值得我们为之高兴和庆贺。

安徽文化底蕴深厚，诗词历史源远流长。从公元二世纪的东汉时起，安徽诗坛即已名家辈出，佳作如林。汉乐府民歌中著名的长篇叙事诗，《孔雀东南飞》（一题《古诗无名氏为焦仲卿妻作》），它以深刻的社会内容和精湛的艺术技巧，显示出安徽早期诗词创作的实绩。与此几乎同时，曹操、曹丕、曹植父子崛起于建安（196—219）时期，他们的诗歌，反映现实，抒发忧思，歌唱理想，具有"慷慨悲凉"的独特风格，形成了"建安风骨"的创作传统，开创了"建安文学"的新时代。他们普遍采用新兴的五言形式写作，为五言诗的最终定型奠定了坚实的基础。嗣后，随着时代的前进和诗歌自身的发展，安徽诗坛不断涌现出引人瞩目的大家和名家。比如晋代之嵇康，唐代之张籍、杜荀鹤，北宋之梅尧臣、郭祥正，南宋之张孝祥、吴潜、周紫芝，元代之贡师泰，明代之方以智、萧云从，清代之龚鼎孳、钱澄之、施闰章、姚鼐、黄钺，近代之姚莹、江开、吴保初、吴汝纶、姚永概、许承尧，以及现当代之黄宾虹、吕碧城、陈独秀、胡适、陈诗、赵朴初、宛敏灏、张涤华、吴孟覆、马茂元、章荑荪、张恺帆、宋亦英、祖保泉、荒芜、方竹等，他们各以其创作成果，丰富和充实着中华诗词的宝库。其中,特别值得指出的是,张籍所身体力行的乐府诗创作,梅尧臣所鼓吹、实践的诗文革新运动,都是转移一代风气、影响全国诗坛的重大事件,为中国古典诗词的健康发展,做出了独特的贡献。

20世纪中叶,由于抗日战争、解放战争、社会主义革命和社会主义建设等原因,以丁宁、冒效鲁、朱光、刘夜烽、邹人煜、徐味等为代表的"客籍"诗人,从四面八方来到安徽,参加革命和建设工作,充实了安徽诗人的队伍。他们扎根安徽,视安徽为第二故乡,创业于斯。终老于斯。与安徽人民同呼吸,共命运;同哀乐,共歌哭,兼收并蓄,转益多师,为安徽诗词创作,注入了新鲜内容和新的活力,大大丰富了安徽诗词的内涵,为安徽吟坛赢得了新的荣誉。

不独如此,安徽得天独厚的地理条件,也是极好的人文渊薮和诗词沃土。安徽地当南北之交,长江、淮河贯穿全境;巢湖浩瀚居中;黄山、天柱、九华、琅琊、敬亭诸山,奇峰耸峙,毓秀钟灵,为一代又一代的安徽诗人,提供了滋养生命的乳汁和取之不尽,用之不竭的诗材。正是在这些背景下,安徽诗词的发展自有其独到的特色,在全国吟坛上占有重要的地位。这本《安徽当代诗词选》,也就会以自己特有的面貌,呈现在读者面前。

《安徽当代诗词选》,共收录作者700余人,诗、词、曲作品计约一千四百首,基本上涵盖了近百年来安徽诗人的佳作。在作者中,既有以诗词名世的大家、名家,也有声名不显的普通作者;既有诗词研究精深的专家,也有一般的诗词爱好者;既有大量土生土长的皖籍作者,也有不少长期在安徽生活、工作的"客籍"诗人。编者不拘一格,以诗存人,以诗证史,与传统的"以人存诗"等偏见背道而驰。因此,这本诗词选,实际上是对近百年来安徽诗人队伍和诗歌创作的一次很好的检阅。而且,通过700多名作者,从不同角度、不同侧面、不同层次,采用多种手法和多种风格所共同绘制的历史画卷,更能形象而又真实地反映出近百年间的时代精神与社会风貌。这些,也正是本诗词选的显著特色之一。

其次,《安徽当代诗词选》体现了为时代留影、为历史存真的良苦用心。近百年来，历史车轮滚滚向前，全国和安徽都发生了天翻地覆的变化，出现过无数动人心魄的人物和事件。安徽诗人不辱使命，在各个历史阶段，相应地都对时代的风云变幻，人民的喜怒哀乐，个人的酸甜苦辣，作了生动、形象的反映。如何在特定的有限篇幅内，全面展现这近百年的历史沧桑内容，并非易事。但是，本书编者秉持公心，把握诗词特质，以卓越的眼光和科学的勇气，商量别择，斟酌去取，尽可能地做到入选作品，大都是时代的回响和作者的肺腑音声，具有真情实感，血肉饱满，形象鲜明，能够产生震撼人心的效果。其中一些优秀作品，思想内容与艺术技巧达到很高的水平，广泛地在读者中传诵；有的甚至可以成为传世之作。而对那些假、大、空的"豪放"篇什，以及忸怩作态的"婉约"作品，则又尽可能地予以摒弃。比如张恺帆的"墙外桃花墙里血，一般鲜艳一般红"（《龙华悼念死难烈士》）和"无心偏惹'三还'①恨，有口难吹'七字'尘"②。（《被诬陷狱中随感》）分别作于1933年底或1934年初的国民党政府白色恐怖的年代和1966—1976年的"文化大革命"时期。两诗高度凝练地写出了革命家视死如归的高尚品格，和对社会现实的痛切挞伐之情，典型地反映了那两个历史阶段的特殊印记。而徐味的"天下不愁佳士少，朝中只怕佞臣多"（《城父怀古》），锋芒所向，直指当时正在横行的"四人帮"，既表现了诗人的胆识和勇气，同时也传达了广大人民群众不堪忍受的愤怒情绪。

其三，《安徽当代诗词选》，比较集中地展示了安徽诗人在诗词方面的新的探索。20世纪之初，吴保初、蒯光典、吴芝瑛等活跃于诗坛，与梁启超等提倡的"诗界革命"，桴鼓相应。南社成立之后，安徽诗人有50余位先后参加。1916年，五四新文化运动前夕，胡适曾作《沁园春·誓师》，表示他关于诗歌和文学革命的强烈愿望和决心：

"要前空千古，下开百世，收他腐朽，还我神奇。为大中华，造

---

① "三还"：指"吃饭还原、住房还原、自留地还原"。
② 七字尘：指"反党、反社会主义"。

新文学，此业吾曹欲让谁？诗材料，有簇新世界，供我驱驰。"

他所写的诗词，也表现其希望承继"诗界革命"健将黄遵宪的"新意"而有所突破。

然而，自觉而执着于诗词创新者，当数赵朴初。他自信："浅涉藩篱唐与宋，偶试元人令套。知变化、鲲鹏有道。雅什民谣相会处，认前途且把榛芜扫。"①尽管"屡试复屡颠"，他却始终坚持"诗重思想质领先，由来体式随时迁"的见解。②在放宽选韵范围，创制"自度曲"调等方面，反复进行了大胆而又成功的实验。收入本书的《某公三哭》等，便是腾誉众口的代表之作。

此外，安徽诗人杨宪益、荒芜、邹人煜等与聂绀弩、黄苗子诸家形成的杂文诗流派，在当代诗坛上呈现出特异的光彩。他们"不写风花雪月辞，苍生霖雨系相思"③的主张和实践，让读者对杂文诗这一新的流派的体察，更加觉得情新而又厚重。

当然，作为诗歌的总集，《安徽当代诗词选》也有其美中不足之处。主要表现在：搜罗尚不广泛，致使一些诗人成为遗珠，这不能不说是一件憾事。其二，由于资料不足的困难，入选作品不可能是每位作者的代表作。而若干诗作，也难免落入平庸的俗套。但是，瑕不掩瑜。我们相信将来再版时，这些不足，都是会得到很好的补充和修订的。

［原载《安徽吟坛》2009年总第30期］

---

① 《金缕曲》。
② 《毛主席致诗刊函发表二十周年纪念座谈会献词》。
③ 《荒芜〈感怀〉》。

芜湖与诗的不解之缘

——《芜湖历代诗词》序

佳丽芜湖县，千年拱帝京。

树连淮浦碧，江逐海潮平。

天地容疏拙，风波托死生。

不将诗句觅，对景若为情。

这是五百多年前，明代中叶一位名叫罗钦顺的江西诗人写的一首《过芜湖》的五言律诗。诗篇以极其精炼、准确的词句，反映芜湖山川形胜、风土人情的特色，以及古往今来多少生长于斯或游历于斯的人对芜湖的挚爱与信赖。特别是结尾两句，作者表示"不将诗句觅，对景若为情"的一往情深的态度，几百年之后，犹令人为之感动不已。

芜湖为什么会如此得到诗人的青睐和倾倒呢？确是很值得人们去寻味和探讨的。《芜湖历代诗词》的编辑与出版，似乎为此作了一些回答。这就是：芜湖本是一方诗的热土；芜湖与诗有着不解之缘。

芜湖位居长江之滨，近海襟淮，形势险要，是我国东南的一颗璀璨的明珠。她与诗结下不解之缘，首先是因为她的自然形胜得天独厚，毓秀钟灵，饱含丰富的诗的气质和诗的元素，极便激发诗人的创作热情。芜湖山明岭秀，水媚川辉，尽昱锦绣江南本色。大江流日夜，"浪淘尽千古风流人物"，同时也留下了历代诗人墨客的屐迹与诗痕。从南朝到现代的1800年间，一大批第一流的诗人，都相继到过芜湖，或探亲访友，或纵览湖山，或居官任职，或怀古伤今，或经商行旅，或漂泊谋生，创作了大量的诗篇。[①]他们中间，有宰相、有统帅、有方外、有隐士、有思想家、有政治家、有学术大师、有艺术大家、有诗坛领袖。大家都围绕芜湖这一特定的对象，进行写作，进一步昭示着诗人因芜湖而使作品获得灵魂和生命；而芜湖则因诗人的名篇警句，腾播众口，饮誉八方，发出夺目的光彩。其最生动的例子，当莫过伟大诗人李白写的那首《望天门山》：

> 天门中断楚江开，碧水东流至此回。
>
> 两岸青山相对出，孤帆一片日边来。

李白这首七绝，在中国堪称家弦户诵，妇孺皆知；在海外也有很高的知名度。诗篇吟唱的天门山，就坐落在芜湖市境内，并且，"天门烟浪"是"芜湖十景"之一。它的"夹踞洪流"，"如鲸张鳞"（李白《天门山铭》）的自然景观，直接推动这位伟大诗人，文思泉涌，灵感遄飞，写作了这首大气磅礴的千古绝唱。芜湖也以李白吟咏过的这座天门山作为永恒的地标，特别受到人们的关注。

再有，家居芜湖的张孝祥，写过一首〔蝶恋花·怀于湖〕词：

> 恰则杏花红一树。捻指来时，结子青无数。漠漠春阴缠柳絮，一天风雨将春去。　　春到家山须小住。芍药樱桃，更是寻芳处。绕院碧

---

① 其最著者，如南朝之鲍照、谢朓；唐代之孟浩然、王昌龄、高适、王维、李白、刘禹锡、贾岛、李贺、杜牧、温庭筠、李商隐、韩偓；两宋之林逋、梅尧臣、蔡襄、司马光、王安石、郭祥正、苏轼、苏辙、黄庭坚、米芾、贺铸、张耒、张元干、陆游、范成大、杨万里、朱熹、张孝祥、姜夔、文天祥、汪元量；元代之赵孟頫、萨都剌；明代之高启、解缙、王守仁、王世贞、梅鼎祚、汤显祖、袁宏道、袁中道、谭元春；清代及民国之黄宗羲、钱澄之、顾炎武、宋琬、龚鼎孳、施闰章、朱彝尊、屈大均、王士禛、查慎行、刘大櫆、吴敬梓、袁枚、蒋士铨、赵翼、姚鼐、翁方纲、邓石如、洪亮吉、黄景仁、黄钺、张问陶、包世臣、姚莹、梅曾亮、祁寯藻、曾国藩、张之洞、袁昶、樊增祥、沈曾植、陈三立、吴保初、李光炯、许承尧、李辛白、王国维、房秩五、黄炎培、谢无量、柳亚子、朱蕴山、汪东、林散之、常任侠、卢前、宛敏灏等。

莲三百亩，留春伴夹春应许。

写家乡景色如此光昌流丽，写故里乡情如此淳厚温馨，让许多人为之心驰神往。但是，如果没有一树杏花，满天飞絮，红透樱桃，繁花芍药；如果没有对故乡的一片绵邈深情，张孝祥又焉能写出如此温婉的作品！

其次，芜湖物产丰饶，农耕发达，商贾繁荣，关榷森严等，为关注社会、关注民生的诗人，多方面提供了丰富的素材，为各个时期的社会形态留下形象的写照。唐代诗人刘秩写的《过芜湖》诗，是一首很有代表性的作品。诗曰：

> 百里芜湖县，封侯自汉朝。
> 荻林秋带雨，沙浦晚生潮。
> 近海鱼盐富，濒淮粟麦饶。
> 相逢白头叟，击壤颂唐尧。

刘秩是大史学家刘知几的第四子，对历史也颇有研究。他用史家的笔法，如实地写出自己对芜湖的印象，通过简朴的文字，透露出当时芜湖所含有的"盛唐气象"的气息。因此，直到现在，我们还会把刘秩这首《过芜湖》，看作是高度浓缩的唐代芜湖的形象史。

到了宋代，芜湖农村耕作高度发达，农民生活殷实富庶，与陆游齐名的大诗人杨万里目睹农村的繁荣景象，情不自禁地写道：

> 圩田岁岁镇逢秋，圩户家家不识愁。
> 夹路垂杨一千里，风流国是太平州。

——杨万里《过广济圩》

> 桑畴入眼郁金黄，麦陇千机绿锦坊。
> 诗卷且留灯下读，轿中只好看春光。

——杨万里《行春圩》

在宋代，芜湖属太平州，故诗篇所写，实为芜湖一带圩田见闻。"风流都是太平州"，应是诗人的最高赞誉。

明代以后，古老的中国出现了资本主义萌芽，市民阶层不断扩大，社会生活也相应地有了变化，这在历代有关芜湖的诗词里都有所反映。三度来过芜湖的汤显祖便曾有"一别楚天如梦里，妓衣灯火记于湖"（《再寄身之二首》）的诗句。而清代散文家魏禧在其《芜湖塔题壁》诗中，更发出"万家灯火倚江东，赤县神州此大风"的惊叹。

清代光绪二年（1876），芜湖成为我国早期对外开放的口岸之一，并且也是全国四大米市之一。半封建半殖民地的社会性质，给芜湖带来了前所未有的巨变和繁荣，但也带来了"别有伤心"的隐痛。同光诗坛领袖陈三立在其《江行杂诗·芜湖为米商所集》诗中写曰：

> 蔼蔼东南一都会，金银楼观压山川。
> 岁时四海腾丰穰，别有伤心问米船。

作者是著名的"晚清四公子"之一，是推行新政的湖南巡抚陈宝箴的儿子。他关心国事，系念苍生，因而能以"伤心人别有怀抱"的特别心情，为晚清的芜湖留下了凝重的一笔。

第三，芜湖历史悠久，人文底蕴丰厚。春秋以来，芜湖境内发生过多次重大历史事件，为诗人凭吊兴亡，伤今怀古，探索历史真相，反思历史教训，抒发家国情怀，提供了足资咏叹的史实，从而创作出许多脍炙人口的诗篇。

芜湖，拥有"千年拱帝京"的区位优势，向为兵家必争之地。三国时，刘备对孙权说过："江东先有建业（南京），次有芜湖"。晋时，芜湖又称于湖，并为重镇，大将军谢尚、王敦皆镇守于此。太宁二年（324），晋明帝密知王敦欲叛，微行至芜湖，阴察敦营垒。于是产生了"王敦梦日"与"老妪玩鞭"的故事。晚唐诗人温庭筠误读《晋书》，将明帝"至于湖，阴察敦营垒"，误为"至于湖阴，察敦营垒"，作《湖阴曲》叙其事，在中国文学史上留下了一段佳话。后世诗人如苏辙、张耒、吕本中、洪亮吉等，都就《湖阴曲》写过考辨的诗篇。《湖阴曲》中的警句"吴波不动楚山晚，花压阑干春昼长"，也因其特色鲜明，词语形象而著称于世。

南宋末年，奸相贾似道兵败鲁港，独乘单舟逃命，远窜扬州，导致金陵失陷，加速了南宋的覆亡。后来，民族英雄文天祥被俘，在解往燕京途中，路过芜湖，身临贾似道怕死逃窜之地，不禁忿从中来，悲愤地写下一首《鲁港》的诗：

> 方夸金坞筑，岂料玉床摇。
> 国体真三代，江山旧六朝。
> 鞭投能几日，瓦解不崇朝。
> 千古燕山恨，西风卷怒潮。

再后来，绵延277年的明王朝覆亡时，芜湖也留下了一段不能磨灭的记忆。顺治二年（1645），清兵渡江，进攻南京。南明福王弘光帝朱由崧连夜仓皇逃往太平府，百姓闭门不纳。无奈，又直奔芜湖水师黄得功兵营。清兵截其退路，黄得功战死，最后由总兵田雄挟持其投降，成了俘虏，次年被杀于北京。对于这一段屈辱的历史，遗民诗人们如丧考妣，痛彻心脾，纷纷赋诗，尽情抒发其故国之思和亡家之苦。其中，尤以流寓芜湖的当涂诗人泛燕生写的《赭山怀古》四首，最为真切动人。今录其一，以见一斑：

> 赤铸山头鸟不飞，上皇曾此易青衣。
> 无多侍从争投匕，有限生灵但掩扉。
> 五国城西边月苦，景阳楼下夜钟微。
> 心伤莫唱淋铃曲，未得生从蜀道归。

诗篇哀婉悽怆，极富沧桑之感，使人不忍卒读。清初诗坛泰斗吴伟业

（梅村）见之，曾大加激赏，并称之为"诗史"。

第四，芜湖诗人以文会友，广结诗缘，为芜湖诗坛赢得了声誉。清代大诗人袁枚曾写过一首充满激情的七言古诗，叙述了他在芜湖阻风六日的亲身经历：

> 芜湖贤士多相识，拟到芜湖留一日。
>
> 何图舟阻石尤风，六日舟停行不得。
>
> 故人闻讯纷纷来，争携鲁酒谈奇谐。
>
> 赭山亭边倚槛坐，蛟姬庙里剪波回。
>
> 阻风领得嬉游趣，翻怕风来吹我去。
>
> 但愿前途再阻风，都像留人在此处。
>
> 梅岑弟子情更浓，朝朝闲话来舟中。
>
> 祝风留我风不答，偷卷长帆当投辖。
>
> ——《芜湖阻风六日，喜故人毕至》

清新洒脱的风格，娓娓动人的词句，足见芜湖士人对诗坛耆老的尊重与爱戴。但这只不过是个别的例子而已，芜湖历来都是张开双臂，热忱欢迎、接待来自四面八方诗人的。

芜湖作为东南要冲之一，南望武汉，北接金陵，西承淝水巢湖，东启皖南门户，舟车辐辏，来往过客如流。这些，恰恰也是广结诗缘的重要条件。芜湖本籍有成就的诗人，并不甚多。但有了张孝祥、萧云从、黄钺等几位[1]，也可与有影响的诗人、词人比肩。他们与全国诗坛，同声相应，同气相求，终使芜湖诗词在赞美大好河山，弘扬民族正气，揭露腐败黑暗，批判社会现实等方面，都取得了不俗的成绩。比如萧云从，身经"乱离迁播，亲友凋残"[2]的苦况，师承杜甫余绪，写出了颇具沉郁顿挫风格

---

[1] 张孝祥原籍安徽和县、黄钺原籍安徽当涂，他们随其先世很早就迁来芜湖定居。故亦可视他们为芜湖人士。

[2] 萧云从：《移居诗·自序》。

的作品，他的诗虽为其画名所掩，然其人品、诗品，均为时人所翕服。一大批大诗人如施闰章、王士祯、方文等，都争相与之题赠或酬唱，在明遗民诗人中，高标远举，卓荦不同凡响。

此外，芜湖地方官员的重视文教，对诗词创作，也有着潜移默化的推动作用。元代进士欧阳玄（1274—1358），曾为芜湖县尹，文采风流，深得人民的敬仰。他首唱的《芜湖八景》诗，已成为研究芜湖地方文化史的重要文献资料。调离芜湖时，他作有《解任别芜湖父老》一诗：

临歧分袂三千里，别骑回头第一书。
政绩在公从毁誉，交情临别见亲疏。
数声摇橹苍茫外，一点寒灯寂寞初。
好是心如篷外月，今宵都到故人居。

意切情真，反映出诗人对芜湖的深深眷恋。而另一位声名显赫的诗人袁昶（1846—1900），进士出身，在其出任总理衙门大臣职务之前，也曾以徽宁池太广分巡道道员的身份，驻跸芜湖，对芜湖文化，特别是诗坛，颇多建树。他身体力行，创作不懈；尊师敬友，诗酒盘桓，并将在芜湖任所写作的诗，结成专集《于湖小集》问世。1900年，当他在“庚子事变”中殉难之后，芜湖士民无不放声悲悼，深切怀念这位为芜湖做过好事的官吏。清朝重臣、袁昶的老师张之洞看到这种情况，在《过芜湖吊袁沤簃四首》中无限感触地写道：

民言吴守治无双，士道文翁教此邦。
白叟青衿各私祭，年年万泪咽中江。

此景此情，我们也可以把它视作芜湖与诗有着不解之缘的一个形象的注脚。

最后，说一点关于本书的情况。《芜湖历代诗词》是一部历代有关题咏芜湖的诗词选集。上起南朝，下讫现代，时间跨度约为1500年。即自6世纪的南朝起至1949年9月新中国成立前夕止的历史时段。全书辑录作家计785人，作品2300多首，在目前当是最为丰富的选本。不过，由于历代有关芜湖的诗词积累丰厚，本书辑录的远非全璧，遗珠之憾，在所难免。在编选过程中，我们注意到文献性与文学性的结合，入选作品，大都思想内容充实，艺术特色显著，堪为我们认识芜湖、热爱芜湖的形象读物。但因我们水平有限，编选工作肯定有着不当之处，更望方家和广大读者赐予教正。

2010年10月15日

《中国近代文学大辞典》后记

　　这本《中国近代文学大辞典》，从酝酿到发排大约经历了八个年头。估计到全书的正式出版发行，有可能已是第十个年头了。在这些年里，本书的编写者们，大家都有自己的教学、科研或其他的任务，不可能倾注全副精力专门从事此项工作。但是，"十年辛苦不寻常"，由于分散在各地，各个岗位上的专家学者们的鼎力支持，共襄盛举，终究使本书得以问世。这是首先应当引为高兴的。

　　近代文学，是中国文学史的一个极为重要的组成部分。它是中国古代传统文学的结穴，又是现代新文学的滥觞。它的承先启后的过渡性特征，对于总结辉煌灿烂的古代文学的经验和探索别开生面的新文学的发展，都有极其重要的意义。然而，这门学科的研究工作，一直比较薄弱。20世纪20年代起，鲁迅、周作人、郑振铎、陈子展、阿英等前辈学者，曾为近代文学的研究，进行过难能可贵的开创性的拓荒工作，可惜一支相对专攻的队伍，却没有接续地形成。50年代末，由北京大学、复旦大学倡导，近代文学研究开始兴盛。不久，遂为随之而来的"文化大革命"所延误，一停滞就几近20年。80年代后，近代文学研究的春天终于来临。标志是：近代文学学术研讨会相继召开，近代文学研究队伍日益壮大，中国近代文学学会应运诞生，近代文学研究成果不断问世。但是，这门学科，毕竟还很年轻，有许多工作，特别是基础工作，还需要费大力气去做。1985年，季镇淮先生、傅璇琮先生先后发表《近代文学史料序》和《编纂〈中国近代文学大系〉的建议》等两篇专文,对近代文学研究的历史和现状,做了科学的分析和估计,并且指出当务之急,要扭转"资料薄弱导致整个研究的薄弱"的局面,在他们的启发下,我们萌动了编纂本书的初步设想,期望通过对丰富的近代文字中资料的筛选、梳理、集纳等琐细工作,能为研究者和一般读者,提供一部切实可信地了解中国近代文学全貌的工具书,借免翻检之劳;同时也为研究工作的深入开展,提供一块铺路石。这一设想,很快便邀获黄山书社的同意和支持,并于1986年着手草拟出全书的框架结构以及进行有关的准备工作。但是由于经济条件等原因,全面开展工作实始于1989年秋季。现在,经过几年的努力,全书的编纂总算告成,我们愿就此机会,将在编纂过程中思考的若干问题和有关情况,向广大研究工作者和读者做一汇报并望得到指教。

（一）本书编纂之初,在致撰稿人的《中国近代文学大辞典编写原则》中指出:本词典"编写的目的,是为学术界提供一部知识性、学术性兼顾的词书。一般读者可以从中了解到有关近代的各种文学基本知识;研究工作者也可以从中得到进一步探索的启示。"因此,在编纂过程中,我们力图以《辞海》和《中国大百科全书》为榜样,对全书词条分别做出不同的处理。即对大多数的词条,要求文字写得简明扼要;而对一些重要的、涵盖面广的词条释文在字数上则予以放宽,并允许就相关的问题做出解说。同时,专设"近代文学概述"一项,分别介绍近代文学流派以及研究情况,为读者鸟瞰式地了解近代文学及其研究的轮廓,提供信息或线索。这样做,全书在体例上显然有些不够统一和匀称,但对于读者来说或许是有裨益的。

（二）近代文学资料浩如烟海,目前尚缺乏全面的梳理。如何在已有研究成果的基础上,进一步去做条分缕析、去伪存真的工作,是一项极其繁重的任务。本书在文学现象、作家、作品等项目中,都分别对一些不经见的人和事列条介绍,即意在进行初步的整理、归纳,为研究工作的深入开展提供资料。

（三）本书编纂是集体劳动的结晶,从顾问、撰稿人到参加具体编纂工作的人员，无一不为它付出了宝贵的心血。应邀担任本书顾问的王季思先生、任访秋先生、季镇淮先生、唐圭璋先生、顾廷龙先生，都是饮誉海内外的著名学者，堪称学界宗师。他们对本书的编写，都做了宝贵的贡献，并且多数还亲自为本书撰写词条的释文。季镇淮先生和顾廷龙先生又分别为本书写《序》和题签，为本书增添了光彩。唐圭璋先生在衰病中慨允担任顾问，并表示在健康状况好转时再为本书撰写若干词条，不料先生竟于1990年遽尔逝世，未及惠赐宏文和见到本书的出版，这是令人感到十分遗憾的。

在本书草创过程中，我们先后向张涤华、丁景唐、李灵年、顾复生、张中、郭延礼、管林、钟贤培、王俊年、王飚、裴效维、牛仰山、赵慎修诸位先生请教，他们对编写原则、收录范围、立条标准、释文写作等，都提出了十分中肯而又具体的意见，为确立本书的框架、规模乃至具体面貌，起着十分重要的作用。特别是我们约请的撰稿人，他们大半是中国近代文学研究的专家或其他研究领域卓有成就的学者，分别来自中国社会科学院、北京大学、复旦大学、中山大学、厦门大学等知名高校和研究院所。他们与编者谊兼师友，同道相谋，为了推动中国近代文学的研究，不辞辛劳，反复切磋，最终促成了这本"不求名高，而务切实际"（季镇淮先生语）的小书问世。

（四）本书小说部分和文艺理论批评部分的词条释文，分别由特约审稿人李灵年先生和汪裕雄先生审定。正文目录、分类目录和音序目录，分别由研究生方迎玖、周元琳编制。插页照片，由卢晓、沈醒狮同志摄影。此外，汪博天、方迎玖、彭国忠、路育松、康琳、刘诗能、毛敏捷、郑贤锋等同志先后参加过缮写、校对工作，其中尤以方迎玖费时最多，用力最勤。本书责任编辑王克谦先生、黄山书社的黄勤堂、沙宗复先生为本书的编纂出版，尽力劳神，特多贡献，也应当向他们表示深深的谢意。

1993年1月